集团企业税务风险管理

——来自江苏交控的创新实践

江苏交通控股有限公司 / 编著

Jituan Qiye Shuiwu Fengxian Guanli

—— Laizi Jiangsu Jiaokong de Chuangxin Shijian

东北财经大学出版社
Dongbei University of Finance & Economics Press

大连

图书在版编目（CIP）数据

集团企业税务风险管理：来自江苏交控的创新实践 / 江苏交通控股有限公司编著. —大连：东北财经大学出版社，2022.12
ISBN 978-7-5654-4673-3

Ⅰ.集⋯　Ⅱ.江⋯　Ⅲ.企业集团-税收管理-风险管理-研究-中国
Ⅳ.F812.423

中国版本图书馆CIP数据核字（2022）第212066号

东北财经大学出版社出版
（大连市黑石礁尖山街217号　邮政编码　116025）
网　　址：http://www.dufep.cn
读者信箱：dufep@dufe.edu.cn
大连天骄彩色印刷有限公司印刷　　东北财经大学出版社发行
幅面尺寸：185mm×260mm　字数：402千字　印张：17.75　插页：1
2022年12月第1版　　　　　　　　2022年12月第1次印刷
责任编辑：田玉海　刘晓彤　吴　茜　　责任校对：陆　校
　　　　　孙　平　周　慧　孙　越
封面设计：冀贵收　　　　　　　　　版式设计：原　皓
定价：58.00元

教学支持　售后服务　联系电话：（0411）84710309
版权所有　侵权必究　举报电话：（0411）84710523
如有印装质量问题，请联系营销部：（0411）84710711

序

  党的十八大以来，以习近平同志为核心的党中央高度重视税收工作，习近平总书记多次作出重要指示，强调要发挥税收在国家治理中的基础性、支柱性、保障性作用。江苏交通控股有限公司（以下简称"江苏交控"）作为江苏省属规模最大的国有企业，也是国家税务总局管理的"千户集团"成员。依法缴纳税费，准确、及时履行纳税义务，是我们江苏交控人义不容辞的责任与担当。近年来，江苏交控利润总额、资产规模、纳税总额始终保持省属国有企业第一，资产质量、经营效率和盈利能力在国内省级交通集团中保持领先，2019—2021年期间，江苏交控合计缴纳税款近160亿元，向党和国家交出了一份亮丽的答卷。

  居安思危，有备无患，我们一直在探索税务风险的"自醒"与"自省"。常思己过，善修其身，江苏交控长期以来高度重视集团税务风险，在国家税务总局《大企业税务风险管理指引（试行）》的引领下，在江苏省各级税务机关的指导帮助下，立足于本集团的实际情况，实事求是地从集团企业税务管理组织体系，税务专业人员队伍培养，税务风险管理流程制定与落实，税务风险识别与控制活动等方面，从集团层面统筹举措到纳税主体具体事项，把脉问诊、对症开方，提炼升华、推陈出新，通过不断的"自醒"与"自省"，集团税务风险防控水平在反复排查与优化中实现了稳步提升。

  以知促行，以行求知，我们一直在寻找税务工作的"务实"与"求真"。务实求真、开拓创新，这是江苏交控税务工作秉持不变的原则。本书将我们近年来税务工作的所思所想、所作所为进行总结、介绍与交流，有以下特点：①税务事项"实"，阐述的事项往往都是集团企业实际发生和存在的重要风险控制点，提出的风险管理措施、方法是对江苏交控或其他集团企业成功经验的总结提炼，对集团企业税务风险管理工作具有很好的借鉴意义。②税收法规"新"，引用的税制改革与税收征管措施，以及企业的税务风险管理活动，都关注了最新的实践情况，大大提升了本书的实用价值。③案例援引"细"，通过精细入微的列举、分析与阐述，引用了数百个具体的税收法律、法规和规范性文件，内容全面而翔实，便于读者阅读和使用，可资税务从业人员作为一本参考工具书。④风险分析"透"，对税收法规的要点力求讲明说透，更希望透过税务风险现象探究风险成因，进一步从集团企业强化管理、落实内控方面着手寻求化解风险之道。

  常制不可以待变化，一途不可以应无方，我们一直在思考税务管理的"长效"与"常新"。管理能力提升不能一蹴而就，管理经验不可墨守成规，江苏交控坚持开放共享的理念，面对日新月异的税务事项、层出不穷的税收政策、永无止境的税收改革，我们税务风险管理的实践探索亦不会停歇。本书是我们税务风险管理实践阶段性成果的呈现与报告，也是企业与企业间交流互鉴、相互学习、取长补短的媒介，江苏交控抛砖引玉，期待其他集团企业与读者们指出书中的不足及我们需进一步努力的方向，通过各种渠道向我们传授珍贵的理念、方法、经验。

"雄关漫道真如铁，而今迈步从头越"，江苏交控将以饱满的热情、谦虚的姿态、抓铁有痕的执着，做税务合规遵从的守护人，做税务风险管理的坚定实践者，在各个方面争当表率，争做示范，走在前列，为党和国家的税收事业筑牢基础、增强支柱、贡献智慧与力量。

江苏交通控股有限公司党委书记、董事长

2022 年 10 月

目　录

第一章　概述

第一节　税收与企业税务管理

一、税收的起源与特征

税收是国家为满足其履行社会公共管理职能的需要，凭借公权力，按照法律法规规定的标准和程序，参与国民收入分配，强制、无偿地向纳税人征集财政收入，由此所形成的一种特殊分配关系。关于税收的源起及存在的必要性，理论界存在不同的学说，较有影响的是利益交换说与义务说。利益交换说认为，国家与公民、实体是相互独立、平等的主体，公民、实体因为国家提供了公共服务而受益，理应向国家缴纳税款作为补偿，因而税收体现的是国家与纳税人之间的一种交换关系。义务说认为，公民、实体必须依赖国家而生存，为了维持国家生存、运转和发展所需要的财力，公民、实体有义务向其缴纳税款，其完全是一种无偿的、牺牲性的支付。从法学的角度来看，义务说已成为一种主流观点。

基于上述理论，一些学者从不同角度、不同层面对税收的特征作出归纳。有人认为：税收的权利主体是国家或地方公法团体；税收的义务主体包括自然人和社会组织；税收以财政收入为主要目的或随附目的；税收以满足法定构成要件为前提；税收是一种公法上的金钱给付义务；税收是一种无对价的给付；税收是一种强制性的给付（刘剑文和熊伟，2004）。也有人将税收特征归纳为：国家主体性；公共目的性；政权依托性；单方强制性；无偿征收性；标准确定性（张守文，2011）。从这些观点可以看出，虽然不同学者对税收特征的表述形式有所不同，但其提示的税收本质特征大同小异。今天，人们耳熟能详的是税收的三个最主要特征：强制性、固定性、无偿性。所谓强制性，是指国家以社会事务管理者的身份，以法律、法规规定等形式对纳税人的纳税义务予以事先规定，并据此强制征收。所谓固定性，是指据以征税的法律、法规中，对征税范围、对象、计税依据、税率等作出统一、确定性的规定，征纳双方不得自行调整和自由裁量。所谓无偿性，是指国家征收的税款构成公共财政收入，国家无需归还，无需向纳税人支付对价或其他回报。

二、税收风险与税收成本

对纳税人而言，缴纳税款是一项法定的、强制的义务，那么必然会引发两个非常重要的、相互关联的概念，即税收风险与税收成本。

税收风险是纳税人违反税收法规而导致的不利后果，包括法律法规上的惩处制裁、经济损失与形象损害。虽然税收是一种强制性的利益分配，但它并非随意、无序的国家意志和行为，征税必须有税法作为依据，才能让税务机关和纳税人有章可循，才能在法治的层面上实现税收公平。因此，国家要通过税收立法确立税种税目，明确征税对象和征税范围，设定计税依据的计算规则，统一税率，规定纳税义务发生的时间等。纳税人的行为一旦满足了法定构成要件，就会形成较为确定的纳税义务。为了强制纳税义务人履行法定纳税义务，税收制度中的滞纳金征收制度、强制执行制度、欠税清收制度、担保制度、保全制度等都是约束性的规制，税法中还设置了必要的罚则，纳税人如果不交、少交、迟交税款，会面临各种可能的不利后果，包括"法律制裁、财务损失或声誉损害"，这些就是税收风险。

而从纳税人的角度来看，税收自然就有另一重的成本特性。既然称之为成本，就说明其会导致纳税人利益的减损，现金的流出，从这个意义上看，它与生产成本、营业成本等概念有相同点。但税收成本又不同于生产成本、营业成本，它的含义更加宽泛，特点更加鲜明。首先，税收成本的产生是基于税法的规定，税收成本的大小不能如同生产成本那样依靠集中采购、与供应商进行议价谈判等方式进行控制，也不能如同采购成本那样与供应商讨论付款条件、付款时间甚至在无力偿债的情况下进行债务重组，它具有相当明显的刚性特征。其次，企业通过研发投入、精益制造加大成本投入获得了更加领先、优质的产品，进而获得市场优势地位特别是定价权，可以通过提高价格补偿企业已经发生的经营成本。而税收成本则不然，企业缴纳的税收与产品、服务的生产要素之间没有直接的对应关系，并且，企业在法定的纳税义务之外，如果多交、错交税款，不可能带来任何收入或其他利益回报。最后，企业的税收成本是满足了一定的法定构成要件而产生的，这些法定构成要件也可称为税收法律事实，因而，税收成本的可控性、可变性依赖于对税收法律事实的呈现、调整、变革。例如，企业将自身从一家普通企业变为国家重点鼓励的高新技术企业，自然会使得企业所得税成本发生较大幅度的减少。

税收风险与税收成本是同一事物的两个方面。纳税人要杜绝税收风险，就必须依法纳税，由此必然会产生税收成本。纳税人要控制税收成本，一旦与税法相背离、相冲突，就会产生违法的税收风险。

三、企业税务管理的内容

从税收风险与税收成本概念出发，可以引出企业税收事务管理两个最重要的任务：税收风险管理与税收成本管理（或称纳税筹划）。

面对税收风险时，企业会采取一系列手段进行税收风险管理。具体而言，当企业进入成长期或成熟期后，一般来说企业可以接受市场经营风险，但通常会厌恶违规风险和管理风险。由于税收是发生在国家与纳税人之间的法律关系，产生税收风险不但表明了企业的行为违反税法规定，而且反映了企业在承担社会责任方面存在瑕疵。所以，全面、系统、准确地学习、理解、执行税法规定，履行各项税收实体法与程序法所规定的纳税义务，识别自身可能存在的各种税收风险，并采取有效措施加以预防和管控，是企业内部控制与财务管理工作的重要内容。

与此同时，面对税收成本时，企业也会采取一系列手段进行税收成本管理（或称纳税筹划）。企业是理性的经济人，追求税后利润增长是其最直接的财务目标。在法律法规的范围内筹划各项税费的计算、申报、缴纳以及与之相关的具体事务，依法纳税的同时又要降低税收成本，杜绝多交、错交税款，减少税企争议，这理所当然地成为企业税务管理的另一项重要任务。

因此，企业在进行税务管理时就需要依法处理、合理平衡控制税收风险与降低税收成本之间的关系。企业要同时完成这两项任务，不失偏颇，相辅相成，是一项具有高度挑战性的工作。企业税务管理的核心内容与目标，如图1-1所示。

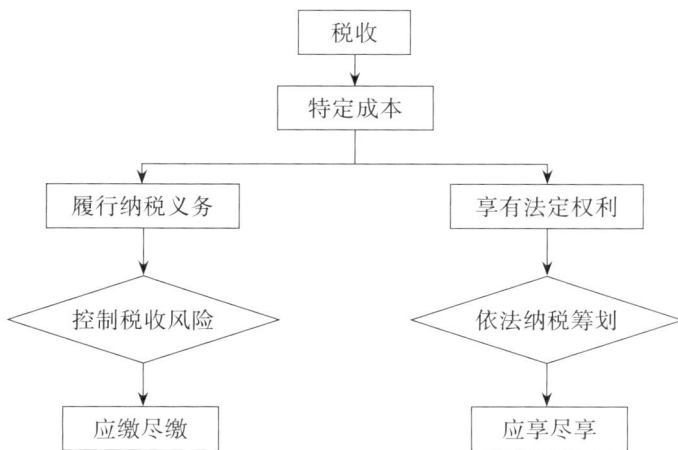

```
                    ┌─────────┐
                    │  税收   │
                    └─────────┘
                         │
                    ┌─────────┐
                    │ 特定成本 │
                    └─────────┘
                    ┌────┴────┐
            ┌───────────────┐   ┌───────────────┐
            │  履行纳税义务  │   │  享有法定权利  │
            └───────────────┘   └───────────────┘
                    │                   │
            ◇───────────────◇   ◇───────────────◇
            │  控制税收风险  │   │  依法纳税筹划  │
            ◇───────────────◇   ◇───────────────◇
                    │                   │
            ┌───────────────┐   ┌───────────────┐
            │   应缴尽缴    │   │   应享尽享    │
            └───────────────┘   └───────────────┘
```

图1-1　企业税务管理核心内容与目标图

第二节　集团企业税务管理

一、大企业与集团企业

本书研究的主题是"集团企业"税务管理，而在国家下发的诸多有关税收征收管理的文件中，并未直接使用"集团企业"这个概念，而更多地使用了"大企业"一词，这应该与国家各个部门对企业划型时通常采用大型、中型、小型、微型分类有关。大企业因为其"大"，所以税收成本总量大，纳税风险点多，企业税务管理的任务更加繁重，因此，大企业税务管理是一项特殊的征管课题。

在阐述我国大企业税务管理的发展历程之前，有必要先厘清大企业与集团企业这两个概念之间的关系。

有研究认为："企业集团、集团企业、大企业是一组相互关联又有所区分的概念，但在我国存在混淆和混用情形，有必要廓清。企业集团在世界各国普遍存在。一般而言，在研究探讨企业集群现象时，各国更倾向于使用企业集团这一带有企业集群特征的经济概念。""集团企业是从企业集团衍生出的概念，界定的是企业集团核心层。集团企业概念具有法律属性，企业集团概念具有经济属性。集团企业法律上必须以在国家工商行政管理部门注册登记为准[①]。企业集团是泛企业联合体，边界比较模糊，易受集团企业经营战略、策略及经济波动等因素的影响而经常变动。""而大企业指在一个国家或区域内，资产规模、经营规模和人员规模大的，具有很大影响力的企业。大企业与集团企业是处于不同语境的概念。集团企业有着明晰的法律阐述，但大企业则是一个'与时俱进'的概念，各国不同时期对大企业有不同的界定标准。""基于以上分析，集团企业是企业集团的核心层，主要指母公司以及核心子公司，拥有独立的法人资格，处于企业集团系统的核心位置，能

---

① 目前已改为：在市场监督管理部门的网站上公示。

够完全控制或部分控制企业产业链。从会计的视角也可将集团企业定义为：按照会计准则要求合并会计报表编制的控股企业及其成员企业，以及虽未合并编制会计报表但事实上可以控制被投资企业的企业，即企业集团总部及其全资控股或事实控股成员企业。"①

上面引述的内容较好地分析比较了大企业与集团企业、企业集团概念之间的关系。站在国家税务机关进行税源分析与管理的角度，使用大企业这个概念无疑更有针对性，也更加直白和易于接受。而站在企业的角度，核心企业进行决策、指挥、监督管理可触及的主体必然与核心企业之间存在控股权关系或控制与被控制关系，因此，超出单个的法人主体去讨论税务管理，其外延应该限于集团企业这个范畴内。不过，大企业作为各级税务机关最重要的征管对象，几乎无一例外不是集团企业这种法律形式，因而，国家针对大企业制定的各项税收征管政策与措施自然要覆盖到集团企业。基于此，有必要先对我国大企业税务管理的发展历程特别是现状加以回顾和认识，然后回归到企业端的集团企业税务管理话题上来。

二、我国大企业税务管理的发展历程

（一）大企业的划分标准

2001年，结合我国企业实际情况并借鉴国外大企业税收管理经验，国家税务总局提出大企业税收专业化管理的思路。2008年以来，国家税务总局和各地税务机关相继成立大企业税收管理部门，开始探索适合我国国情的大企业税收专业化管理模式。2009年，国家税务总局以国税发〔2009〕90号文件印发《大企业税务风险管理指引（试行）》的通知，以加强大企业税收管理及纳税服务工作，指导大企业开展税务风险管理，防范税务违法行为，依法履行纳税义务。此后，国家税务总局于2011年印发《国家税务总局大企业税收服务和管理规程（试行）》的通知（国税发〔2011〕71号）。该规程适用于国家税务总局定点联系企业（以下简称"企业"）的税收服务和管理，省税务机关确定的定点联系企业的税收服务和管理参照该规程实施。不过，在上述文件中，都没有给出大企业的明确定义及划分标准，人们习惯上认为，大企业特指资产总额、员工人数、营业额、应纳税额金额或数量较大的企业集群。在大企业税务管理的初期，国家税务总局定点联系企业（集团）仅为45户。

2015年，国家税务总局发布《关于开展全国千户集团名册管理工作有关事项的通知》（税总办函〔2015〕565号），国家税务总局将定点联系企业的规模扩大。该通知中提出，"开展千户集团税收风险分析工作，选取全国营业收入和缴纳税额排名靠前，且具有行业代表性的一定数量的企业集团为样本"。这里首次明确了遴选大企业所依据的三个指标：营业收入、缴纳税额、行业代表性（行业排名）。其具体规定为：

"全国千户集团（不局限一千户）是指在国际或国内企业排名靠前，税收规模较大，且具有行业代表性与良好成长性的企业集团及其成员单位。具体标准为：

（一）国际或国内企业排名靠前是指根据最新世界500强、中国500强、民营企业500强等权威发布信息，从前往后进行筛选。

---

① 国家税务总局税收科学研究所课题组. 集团企业税收风险管理问题研究［J］. 税务研究，2017（1）.

（二）税收规模较大是指2014年度集团企业纳税总额排名前3 000位以内的企业集团。

（三）行业代表性是指企业集团在同行业中位居领导者或第一方阵，其产品具有品牌号召力和较强的定价能力，主要依据行业协会的统计数据。

（四）良好成长性是指新兴业态（如电子商务）、国家七大战略新兴产业或契合国家重大战略布局（如'一带一路'倡议）的企业集团。"

2017年，国家税务总局发布《千户集团名册管理办法》的公告（国家税务总局公告2017年第7号），公告中规定："千户集团是指年度缴纳税额达到国家税务总局管理服务标准的企业集团，包括全部中央企业、中央金融企业以及达到上述标准的单一法人企业等。其中，年度缴纳税额为集团总部及其境内外全部成员企业境内年度纳税额合计，不包括关税、船舶吨税以及企业代扣代缴的个人所得税，不扣减出口退税和财政部门办理的减免税。"可见，到2017年，确定千户集团的主要标准就是年度缴纳税额。

同时，我国还存在省级税务机关管理一层的大企业，关于它的划型标准，各省、自治区、直辖市存在一定的差异性，在此不一一赘述。总体而言，大企业的划分标准一直处于不断调整、动态优化的过程，也是税务机关从理论到实践上一直研究、探索和完善的问题。

（二）我国大企业税务管理的方略

大企业的税收事务有如下几个方面：

1.集团企业规模大、成员企业数量多、地域分布广

大企业多以集团企业的形态存在，合并报表收入比较多，税收规模比较大。大企业分、子公司的数量众多，且分布在不同的地域，有的还具有跨国背景。这就决定了纳税人数量多，承担其税务基础管理职能的主管税务机关数量多。相应地，其产品、服务市场覆盖面广，在所处行业及产业链中处于优势地位，其往往是所在地的重点税源企业，对地方经济、社会发展有一定的影响力。

2.企业涉税事项复杂

大企业内部往往涉及多元化经营，即使相对专业化经营的集团企业，也会由主业辐射出相关产业，导致其涉及的税种和税收事项繁多。关联交易、并购重组、企业上市、跨境投融资等非常规事项的频繁发生，使得其涉税事项较为复杂。

3.具有一定的税法遵从意愿

大企业确立的宗旨、愿景、价值观通常都是以合法经营、可持续发展为基础的，它有能力采取各种税务合规措施。因此，许多大企业的税法遵从意愿和记录总体来说保持在一个良好的水平上。

4.大企业擅长纳税筹划活动

由于大企业有能力拥有优秀的税务人力资源，有能力投入税务合规所必需的制度、流程建设及信息化工具开发，也有能力聘请专业机构提供纳税筹划服务，因此，大企业的纳税筹划活动较之于中小企业更为频繁、更为复杂。有时，纳税筹划与避税之间的界限也会较为模糊。

针对以千户集团为代表的大企业，国家自然要采用区别于管理中小企业的征管方式。中办发〔2015〕56号文件首次在国家最高决策层面提出"以税务总局和省级税务局为主，

集中开展行业风险分析和大企业、高收入高净值纳税人风险分析"的工作要求。"提升大企业税收管理层级。对跨区域、跨国经营的大企业，在纳税申报等涉税基础事项实行属地管理、不改变税款入库级次的前提下，将其税收风险分析事项提升至税务总局、省级税务局集中进行，将分析结果推送相关税务机关做好应对。""建立健全随机抽查制度和案源管理制度，合理确定抽查比例，对重点税源企业每5年轮查一遍。"与此同时，国家也提出了要与大企业建立基于税企合作、信任的机制，既要加强管理，也要加强个性化服务，包括税收政策的精准推送与解读、响应大企业的特定需求、开通绿色通道、税收事先裁定等。

信息是对大企业进行税收征管的基础。为此，国家税务总局对大企业报送财务会计报表的内容、格式等作出规定，同时，就专门采集大企业的电子账套数据、企业填报数据等作出规范化要求。

经过多年的探索，我国税务机关在大企业税务管理机构的设置、队伍建设、信息采集、分析模型设计、风险指标分析、风险应对、纳税服务等方面已形成了一套较为完整、成熟的体系，大企业税务管理在税收征管工作中已占据较为核心的位置。

三、集团企业税务风险管理

如前所述，集团企业是我国大企业中最为重要的一个群体和一种组织形式，在国家日益重视与强化大企业税务管理的宏观背景下，集团企业税务工作的首要任务是管理税务风险，依法、合规纳税。

（一）集团企业税务风险的主要表现

税务风险产生的前提是违反税收法规，税收法规分为实体法与程序法，与之相对应的税收违法行为既有违反实体法，又有违反程序法。前者如少报、少交税款，后者如未按规定期限纳税申报和报送规定资料[①]。作为大型企业集团，一般来说不存在主观上少交、不交税款的问题，更多的是由于对税法信息的接收、认知、运用出现偏差，或者是在工作中出现失误等原因，导致税法遵从方面出现问题。基于此，从税务机关及征管改革的角度来看，通常采取有效措施，及时、充分发现这些风险因素，提示企业核查与应对各种可能存在的风险事项，避免事态的持续发展或反复发生，以风险为导向开展各项征收管理工作。

如前所述，由于集团企业规模大、成员企业数量多、地域分布广、涉税事项复杂，因而不可避免地存在各种税务风险因素与问题。集团企业常见的税务风险分析如下：

1.少交税款

按少交税款的不同结果，可分为两种情况：一是实际缴纳的税款低于依照税法规定应缴纳的金额。例如，企业未将土地使用权的价值按规定计入房产税计税依据，导致少交房产税。二是对特定的征税对象未按规定缴纳税款。例如，企业有坐落在异地的房产，由于工作疏忽而未申报房产税。按少交税款的动机、成因的不同，可分为主观故意与无意中的错误。

《中华人民共和国税收征收管理法》（以下简称《税收征收管理法》）第六十三条规

---

① 高允斌. 企业税收风险管理的要素与基本框架［J］. 财税与会计，2022（5）.

定："纳税人伪造、变造、隐匿、擅自销毁账簿、记账凭证，或者在账簿上多列支出或者不列、少列收入，或者经税务机关通知申报而拒不申报或者进行虚假的纳税申报，不缴或者少缴应纳税款的，是偷税。对纳税人偷税的，由税务机关追缴其不缴或者少缴的税款、滞纳金，并处不缴或者少缴的税款百分之五十以上五倍以下的罚款；构成犯罪的，依法追究刑事责任。扣缴义务人采取前款所列手段，不缴或者少缴已扣、已收税款，由税务机关追缴其不缴或者少缴的税款、滞纳金，并处不缴或者少缴的税款百分之五十以上五倍以下的罚款；构成犯罪的，依法追究刑事责任。"

上述法条中列举的"伪造、变造、隐匿、擅自销毁"等行为具有明显的故意违法特征，而在"账簿上多列支出或者不列、少列收入"有时则很难分别是主观故意还是疏忽大意或计算、申报错误。实务中，如果纳税人不能"自证清白"，存在从严处理的先例。不过，对于税法遵从意愿较好的大型集团企业，税务机关更多的时候还是采用柔性执法，企业自查补税后通常是被加收滞纳金，很少有更加不利的风险后果。

2.迟交税款

企业实际缴纳税款迟于税法规定的纳税时间，会产生税收滞纳金的不利后果。迟交税款的原因通常有二：一是一些企业习惯于按开票时间确认收入，不清楚税法关于纳税义务发生时间的规定在很多情况下是有别于开票时间和会计收入确认时间的；二是因工作过程中的粗心大意而错过了纳税申报期。

3.多交税款或不当负税

由于税收是企业的刚性成本，因此站在企业的角度看，多交税款或不当负税也是管理风险。多交税款或不当负税的原因主要是企业税务团队对税法的掌握与运用不够全面、专业。例如，企业用于办公的一幢房产中有部分区域对外出租并从租缴纳房产税，企业又将整幢房产按其原值从价缴纳房产税，这就产生了对外出租部分房产重复缴纳房产税的现象。又如，企业未关注到税法中的优惠政策，未及时申报享受从而导致了不当负税。

4.纳税申报错误

如果企业纳税申报的信息不实，即使未导致少交、不交税款，也可能产生不利后果。《税收征收管理法》第六十四条规定："纳税人、扣缴义务人编造虚假计税依据的，由税务机关责令限期改正，并处五万元以下的罚款。"纳税申报错误的另一种常见情况是申报地点错误，例如，将异地房产的房产税在机构所在地申报，一旦被查实，仍然要向房产所在地主管税务机关申报纳税并产生税收滞纳金。

5.未按规定进行发票管理

发票是市场主体间进行交易结算的凭据，是我国税收征管的重要抓手。虽然国家提出税收征管要由"以票管税"向"以数治税"转变，但这并不意味着发票的重要性降低，它只是变换了外在形式、使用与监管方式。中共中央办公厅、国务院办公厅印发的《关于进一步深化税收征管改革的意见》中就明确提出了"以发票电子化改革为突破口"。《中华人民共和国发票管理办法》中对在中华人民共和国境内印制、领用、开具、取得、保管、缴销发票的行为作出明确规定，制定了对违反规定的当事人所应给予的行政处罚措施。《中华人民共和国刑法》中对虚开增值税专用发票或者虚开用于骗取出口退税、抵扣税款的其他发票的，以及其他发票违法犯罪行为，规定了具体的刑事责任。虽然大型集团企业不会涉足对外虚开发票的"禁区"，但在接受发票时，由于发票来源广泛，如果不加以严格管理，即使是善意接受虚开发票，也会带来增值税进项税额抵扣和企业所得税税前扣除方面的风险问题。为加强发票与税收管理，国家税务总局先后出台了大量有关发票管理的规范性文件，如果企业不对照学习与执行，即使对外开具发票，也不能保证完全中规中矩。

6.未按规定报送信息资料

企业除了要进行正常纳税申报外，还要按规定向税务机关报送规定的其他信息资料。大型集团企业涉及的事项远远超出一般企业需要报送的常规性事项，例如，前述的千户集团企业必须报送电子账套数据、企业填报数据，关联关系与关联业务往来报告信息；达到规定规模的跨国企业集团需要报送国别报告；有境外投资的企业需要报告境外投资和所得信息等。《税收征收管理法》第六十二条规定："纳税人未按照规定的期限办理纳税申报和报送纳税资料的，或者扣缴义务人未按照规定的期限向税务机关报送代扣代缴、代收代缴税款报告表和有关资料的，由税务机关责令限期改正，可以处2 000元以下的罚款；情节严重的，可以处2 000元以上10 000元以下的罚款。"

7.未按规定留存备查资料

我国已将大量享受税收优惠、申报资产损失等涉及的证明材料或符合性材料规定为由企业留存备查，税务机关在事后进行跟踪管理时，如果企业不能提供符合要求的资料，则会对已享受的税收优惠、已申报扣除的资产损失等产生不利影响。

（二）集团企业税务风险的成因

通过对诸多企业产生税务风险背后的行为与动机的分析，可以将税务风险的成因归纳为如下三个方面：

1.制度性原因

它是指企业赖以计算和缴纳税款必须遵从的税收法规方面的原因，具体而言又有两点：一是税法的变动性。如果税制改革、调整频繁，税法变动不居，纳税人便可能会产生对税法掌握不及时、不完整的情况，导致税收风险的高发。二是税法的不确定性，包括税法语义的模糊性以及税法涵盖涉税事项的不完整性。我国广义税法中包括了部门规章和规范性文件，征纳双方对具体纳税事务的处理与结果正误的认定往往是直接依据规范性文件，它的体量大、变化多，难以及时跟进、全面照顾到复杂多变的涉税业务，可能在完整性、周密度上有所缺失，有时还不免语义不明，产生理解上的歧义[①]。

2.业务性原因

它是指产生实体税收结果以及税收征管程序上要求的企业各种生产经营活动、投资活动、融资活动等。税法的本质是事先以立法的形式规定一项特定行为发生后是否应当纳税、如何确定税款金额以及如何缴纳税款。如果企业的业务是单一的、稳定的、常规的，其纳税事务也就相对固定，适用的税收法规也会比较明确，无论是企业的财务部门还是非

---

① 高允斌. 企业税收风险管理的要素与基本框架［J］. 财税与会计，2022（5）.

财务部门，都会相对容易把握税法的相关规定。但是，集团企业的业务活动往往表现为跨越多个行业与业态，涉及不同行业、不同税种的税收政策，大量的业务创新活动可能还是税法尚未研究与规范的，同时，这些业务的流程会拉长，在集团企业内部要经过多个纳税主体、部门、岗位，客观上加大了企业税务风险管理的难度。

3.管理性原因

如前所述，由于集团企业规模大、成员企业数量多、地域分布广、涉税事项复杂，涉税信息沟通、传递的链条长，这就需要有与之相适应的税务风险管理意识与能力。如果集团企业在思想上没有高度统一的税法遵从理念，或者缺乏一个强有力的税收事务处理组织体系，在税收风险管理制度、流程与机制的建设方面较为薄弱，在税务管理信息化、数字化方面行动滞后，税务知识的培训、更新不及时、不到位等，这里任何一两个问题的存在都会导致税务风险的发生。

站在集团企业税务部门、岗位及税务风险管理的角度看，制度性原因、业务性原因是外因，管理性原因是内因，只有加强集团企业自身的内部管理，强基固本，主动响应、顺应外部制度变化与业务变化，才是"以不变应万变"管理税务风险的根本之道。

（三）集团企业税务风险管理的目标与流程

集团企业税务风险管理的总体目标是以专业化的税务团队为主体，以系统、完整的管理制度与流程为基础，以信息化工具为依托，防范、识别、化解企业经营活动中可能产生、存在的税务风险事项，为企业的高质量发展提供有力支持。

集团企业税务风险管理不同于单个纳税人的税务风险管理，它既要管理集团层面的税务风险，也要指导成员企业管理各自的税务风险；它既要分门别类排查出成员企业可能存在的共性税务风险事项，也要能够识别出部分企业、特定时期可能产生的个性化的税务风险事项。集团企业要从集团的高度甄别出哪些税务风险是高风险，哪些是中风险或低风险；哪些是高频发生的，哪些是偶然发生的。

集团企业税务风险管理的流程为：首先，梳理出税务风险事项；其次，分析产生风险事项的原因；最后，采取相应的风险管理措施。这包括集团统一领导下的税务管理组织体系建设、税法培训、制度建设、流程管理、信息化工具开发、信息沟通机制等。集团企业采取的风险管理措施必须与时俱进：一是要顺应国家税收征管改革大势，与之相容合拍，在风险管理领域（税种、事项等）、环节（事先、事中、事后）、重点（风险排序）、工具等方面，必须对标税务机关的征管措施。二是要切合集团企业自身的经营、管理情况，不可生搬硬套。集团企业的规模、组织形态、股权结构、行业特性、业务环节、财务管理等千差万别，在借鉴、吸收其他企业成功管理经验的同时一定要切合自身实际，特别是那些需要业务部门协同才能解决的税务风险事项。三是要密切关注国家的税制改革。因为一旦税收制度发生了变化，企业的纳税义务就会有较大的变化，在税制变革期，由于主观认识上的不足，客观上业务、财务、税务不可能一步到位并同步调整，便易于风险事项的发生。在这一税制的变革期，要求有特殊的风险管理措施为企业的发展保驾护航。集团企业税务风险管理的流程，如图1-2所示。

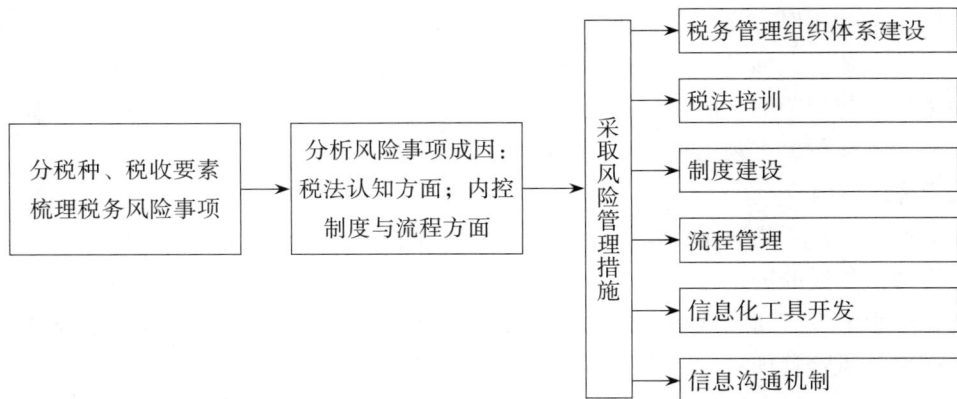

图 1-2 集团企业税务风险管理流程图

四、集团企业纳税筹划

（一）纳税筹划的概念

由于税收是企业的一项特殊成本与现金流出，广义的税收成本还包括企业由于未依法纳税、扣缴税款而导致的税收滞纳金、行政处罚，因此，依法、有效管理与控制税收成本是集团企业财务管理与税务管理的另一项中心任务，从而引出纳税筹划这一财务活动范畴。

一般认为，纳税筹划是纳税人采用各种合法的或非违法的方法，对照税法中的"可以为"、"不可为"和"非不可为"等不同规定，对涉税行为作出有利的事先策划和安排，事前管控税务风险，减轻税收成本，并谋求税后利润和企业价值的最大化。与纳税筹划相近的概念还有税收策划、税务规划等。《涉税专业服务监管办法（试行）》（国家税务总局公告 2017 年第 13 号）中规定税务专业服务机构可以从事的服务内容之一就是"税收策划"，它是"对纳税人、扣缴义务人的经营和投资活动提供符合税收法律法规及相关规定的纳税计划、纳税方案"。这个定义除了对纳税筹划覆盖的业务范围表述较窄，且将税收策划行为限定于"符合税收法律法规及相关规定"外，没有阐明"纳税计划、纳税方案"的目标是什么。但其含义应该是不言自明的，应该就是减税增效，其本质内涵就是纳税筹划，可以说这两个概念无本质上的不同。至于税务规划，其核心内容应该也是纳税筹划，只不过它的外延可能更广，集团企业的税务规划可以包括与中长期经营计划相对应的税务预算，税务规划也可能包括集团企业纳税总额在不同成员企业间的分配布局等。本书主要使用"纳税筹划"这一更加广为人知的概念。

（二）纳税筹划的目标

集团企业纳税筹划的总体目标是以专业化的税务团队为主体，对与本集团相关的税收政策作精细化研究，在重大业务活动决策过程中，从税收最优的角度参与方案的论证与优化，作出相对有利的纳税方案。具体来看，税收筹划是企业理财活动的一个分支，其目标已呈多元化的发展趋势[①]，主要包括：

1.纳税筹划的最主要目标是实现税后利益的最大化

除增值税外，企业应交的部分税款被记入了"税金及附加"或"管理费用"科目，应

---

① 高允斌. 公司税制与纳税筹划［M］. 北京：中信出版社，2011：5-13.

交的企业所得税被记入了"所得税费用"科目，它们都是计算营业利润的抵减项。增值税虽为价外税，但在总价（价税合计）既定的时候，增值税税率的高低与收入呈此消彼长的关系。所以，在收入一定及其他成本费用不变的情况下，纳税人如果设法减轻这种税收代价，自然会提高税后利润，而税后利润最大化往往是企业财务管理现实的、直接的目标。

2.推迟纳税义务的发生

许多纳税筹划方案，从短期看避开了某些现时的纳税义务，但从长远看，这项纳税义务还是要发生的，例如，企业重组中的企业所得税特殊税务处理、增值税进项留抵退税。此类筹划的目标并不在于节约税额本身，而是在于获取与延迟纳税对应的货币时间价值，这同样是纳税筹划的一项重要内容。在企业的财务管理活动中，合理使用资金，加速资金周转，降低资金成本，不断提高资金的使用效率，是一个永恒的主题。

3.控制办税成本，提高办税效率

纳税人所关心的与税收相关的成本主要为履行纳税义务的直接成本，其成本大小对应于税额的高低。与此同时，纳税人还关心为履行纳税义务而产生的间接成本，通常称为"办税成本"，此类办税成本表现在以下几个方面：（1）纳税人为组织相关的税款计算、会计核算、纳税申报而产生的人力、物力资源的投入。（2）纳税人内部进行税收风险管理而发生的成本。（3）为办理税法规定的各种税务管理程序和手续而发生的成本。（4）接受日常税务管理或接受税务检查而发生的成本。例如，一家法人企业在省内有数十座连锁经营的分公司性质的零售加油站，其筹划和选择申请增值税汇总纳税更多的是出于这方面的目的。

4.行使和维护自身的合法权益

税法赋予纳税人的权利有税收实体方面的，如依法享受税收优惠政策的权利，在规定条件下选择和使用计税方法的权利等，也有程序方面的权利，如对税收政策的知情权，对税务处理的听证权、复议权等。纳税人要从税法规定的这些权利和权益中真正得到实实在在的利益，不能靠"无心插柳"，而要"有心栽花"，要在精通税法、通晓税收征管实务的基础上，结合纳税人自身的生产经营活动，积极争取和精心维护。

（三）纳税筹划的本质特征[①]

1.事先策划性

纳税筹划是纳税人对应税行为在事先所作的一种有意识的趋利避害的安排。纳税筹划活动发生在涉税行为尚未实施之前，发生在会计处理和纳税处理之前，甚至可能发生于重大税收政策出台之前或之初。集团企业制订一项重大纳税筹划方案时，如果涉及某些税制不明事项，需要进行事先咨询和沟通，某些特定事项如关联交易转让定价，可以签订预约定价协议。从这个角度来看，纳税筹划具有一定的透明度。

2.非违法性

非违法性是纳税筹划与偷税、"灰色避税"最大的区别。《税收征收管理法》第六十三条对"偷税"的定性标准有明确规定，前文已经述及，其违法特征确凿无疑。那么什么是

---

① 高允斌. 公司税制与纳税筹划［M］. 北京：中信出版社，2011：13-26.

"避税"呢？《一般反避税管理办法（试行）》第四条指出：

"避税安排具有以下特征：

（一）以获取税收利益为唯一目的或者主要目的；

（二）以形式符合税法规定、但与其经济实质不符的方式获取税收利益。"

有一种观点认为，避税是非违法的，这种观点不能成立。如果避税行为没有违背税法规定的原则、方法，何来"反避税"呢？税务机关又怎么能够对避税行为实施调查调整呢？

虽然纳税筹划也可能是以减轻税收成本为目标的，但它与偷税、避税的不同之处就在于"非违法性"。纳税筹划与避税虽然具有相同的经济效果，"但前者是发掘立法意图并用通常的商业行为获取税收利益，而后者则违反了立法的意图或是采取了迂回、不合理的行为"①。最佳的纳税筹划方案是完全符合税法的规定，有确切的法条作为依据。但在条文法的法律背景下，税法本身往往也有空白、模糊之处，此时要求纳税方案"合法"便勉为其难。制订纳税筹划方案时，需要反向论证的是，方案中的每一计税过程是否有违立法者的意图，是否与税法更高一层的原则相冲突，是否会引发执法层面的反对及不利后果，只有这些答案为"否"，纳税筹划方案方可付诸实施。

3.权利性

税法在要求纳税人承担纳税义务的同时，也赋予了纳税人依法享受税收优惠的权利，选择税收政策的权利，依法申请退税的权利，缓缴税款的权利等。企业通过纳税筹划以符合税法规定的形式要件与实质条件，是纳税人行使正当权利的体现。例如，税法规定纳税人可以放弃免税，如果企业通过比较后认为放弃某项增值税免税政策后对其更为有利，它理所当然可以行使这项权利。

4.规范性

纳税筹划的规范性不仅主要是体现在结果上，更重要的是表现在筹划的过程中。无论是纳税人自己进行纳税筹划，还是由中介机构专业人士代为筹划，都应以严谨认真的态度对待这项工作，按照规范化的流程和步骤进行。

5.收益与风险并存

这里的风险不同于偷税或避税行为所导致的被补税、罚款的问题，也不是筹划过程中因错误地理解和运用税收法律法规而导致的失败风险——因为严格来讲这个过程不能称为纳税筹划。所谓的风险，首先是纳税筹划的客体即涉税活动往往受客观环境的影响，存在着高度的不确定性，从而导致所确定方案下的税收利益落空。其次是企业对生产经营活动的纳税筹划安排可能是基于现行税制和可预见的未来变动趋势，但未来的实际情况一旦发生逆转，同样会化有利为不利。

（四）纳税筹划的重要环节

纳税筹划是一项原则性与灵活性相结合的创造性税务管理活动，每一项具体的纳税筹划业务，其流程可能各有不同。不过，从集团总部组织统揽全集团成员企业开展纳税筹划

---

① 刘剑文，熊伟.税法基础理论［M］.北京：北京大学出版社，2004：112.

这项工作的角度出发，还是要有严密的组织和规划，按照既定的方案与流程有条不紊地开展工作，重点做好以下几个环节的工作：

首先，集团总部税务团队应组织各成员企业对综合税负、分税种税负进行统计分析，按税负占比、税负增长率高低等进行排序，锁定对集团税负影响最大的成员企业、税种乃至税目，在此基础上，解剖税负构成及影响因素，对比分析税负是否处于一个合理水平，评价税负筹划的可能空间。

其次，集团应组织各成员企业收集整理与本集团相关的所有税收优惠政策，本企业及交易对手所有可选择的计税方法、与形成计税依据相应的可选择的税收政策、同一业务事项产生纳税义务时间的不同判定标准、同一应税行为可选择适用的不同税率等，逐一对照本集团企业的实际计税情况，检查税收政策、方法的选择、适用是否合理、充分，税收优惠是否"应享尽享"，从而找到纳税筹划的空白点或薄弱地带，确定工作的发力点。

再次，集团企业应通过制度化的安排让税务团队在重大决策过程中参与进来，集团总部税务团队也应主动与各业务条线、集团法务、人力资源等部门联系，工作靠前，让纳税筹划真正成为企业决策不可或缺的一环。

最后，集团企业要处理好税务风险管理与纳税筹划的内在关系。税务风险管理更多的是常态化的工作，而纳税筹划的必要性和价值则体现在一项新的税收优惠政策的运用以及企业重组、关联交易、调整商业模式等重大决策，但二者又是有内在联系的。企业许多的税务风险往往就是事前缺乏对纳税方案的论证与筹划，导致业务操作过程中的涉税事项无章可循，不同部门、不同环节自行其是，导致了大量的风险隐患。而纳税筹划时，如果没有风险控制的理念和措施，天马行空，无"法"无度，这样的筹划方案不但不会实现应有的筹划目标，反而会产生巨大的税收风险。所以，集团税务团队必须辩证地处理好两者之间的关系。

第三节　研究内容与研究方法

一、研究内容

本书以近年来国家宏观税制改革和税收征管改革为背景，分析研究其对集团企业税收事务管理及纳税筹划活动产生的影响，包括在组织、制度、流程、管理工具、人力资源等方面应作出的反应与同步变革。本书重点以江苏交控税务管理及纳税筹划实践为基本素材，以其他大企业税务管理的经验作为有益补充，从集团和成员企业两个层面结构化地展开集团企业的税收风险管理活动与纳税筹划活动，其中，既有所有集团企业共性存在的问题和事项，例如，集团企业资金统借统还的税收问题，也有江苏交控以路桥运营为主业而产生的特殊性问题和事项，例如，"建管分离"而产生的税收问题。通过对共性化问题的分析，对解决方案与心得体会的分享，可以引起其他集团企业的共鸣，可以在同一平台上进一步切磋交流，推动大企业税务管理水平的提高。对于所研究的特殊的、个性化的税收问题，可以相互交流解决问题的思路、方法，促进税企各方共同深入开展这方面税收政策的研究，为完善国家税制、改进税收征管作出有益的贡献。

由于集团企业总部承担统筹业务运营、统一组织管理的职能，集团层面的业务带有明显的全局性、垂直化和业务线特征，本书在研究集团层面税务问题与事项时，先从分类解析具体的涉税业务事项入手，再切入到相关的财税政策以及企业执行政策、处理纳税事务的实际情况，总结出各类业务事项下的税务风险与纳税筹划点，最终提出解决税务风险问题、进行相应纳税筹划的方案。在研究成员企业层面税务问题与事项时，则主要以税种为维度，以问题为导向，以税法分析应用为重心，阐述其中的风险管理要点与纳税筹划策略。

二、研究方法

本书采用的主要研究方法包括调查研究法、经验归纳法、演绎法。

（一）调查研究法

调查研究法是通过事先制订调研计划，采用适合的调查方式收集各种材料、信息，并作出分析，综合得到相关结论的研究方法。本书研究采用了问卷调查法、现场访谈法、信息资料收集法等三种不同的具体调查方法。在问卷调查中，对江苏交控总部及下属控股成员企业就其涉税基本信息、增值税纳税信息特别是进项留抵信息、纳税信用等级、享受税收优惠情况、过去三年接受纳税评估与税务检查情况、关联交易类型等进行了问卷调查并进行了调查结果的统计分析。在现场访谈中，通过事先制作的访谈提纲，就增值税进项发票风险管理、增值税增量留抵退税政策、研发费用税收优惠政策等赴宁杭高速、宁沪高速、润扬大桥、省交建局进行了现场访谈与业务交流，还就研究中发现的一些政策不确定性问题向税务机关进行了咨询与交流。

（二）经验归纳法

经验归纳法是以人们积累的税收事务处理经验及知识素材为依据，寻找出其中的共同规律，并假设其他同类税收事务也服从这些规律，从而将这些规律作为规范，指引其他同类事务正确处理方法的一种认知方法。本书研究归纳的税收风险控制及纳税筹划经验，其来源有三个方面：一是编写组成员在过去涉税业务处理中积累的经验，例如，增值税进项税额抵扣方面的风险事项与应对措施；二是通过媒体等渠道获悉的税务机关在执法检查、日常纳税服务中发现的问题及重要案例；三是江苏交控成员企业在调查、访谈过程中提供的信息，例如，房产税的风险事项。在归纳过程中，对经验结果分别从涉税业务类型、税种、税收要素等维度进行分类归纳，总结出风险多发领域、中高风险事项及存在纳税筹划的主要领域。在风险成因分析后，归纳、提炼出产生税收风险的主要因素，进而提出解决问题的应对方案。

（三）演绎法

演绎法是从普遍性结论推导出个别性结论的论证方法。本书对所有问题的研究，其所基于的普遍性结论是相关税收法规，作为要求纳税人强制遵从的税收规范，它规定了纳税人、税务机关必须为、不可为、可以为、如何为的基本要求。将这些基本税收规范落实到江苏交控及其他大企业的涉税业务时，自然会演绎推理产生必须为、不可为、可以为、如何为的具体事项与操作流程、方法，以及与此相背离时的税收风险。作为问题研究，还要分析这些基本税收法规可能存在的理解上的歧义，由于具体业务场景的千差万别而可能导致的执行偏差，从而提出需要与税务机关进行事先沟通、争取形成事先裁定的政策确定性事项，提示在涉税业务操作过程中需要防范的主观认识误区。

本书的主要内容与结构，如图1-3所示。

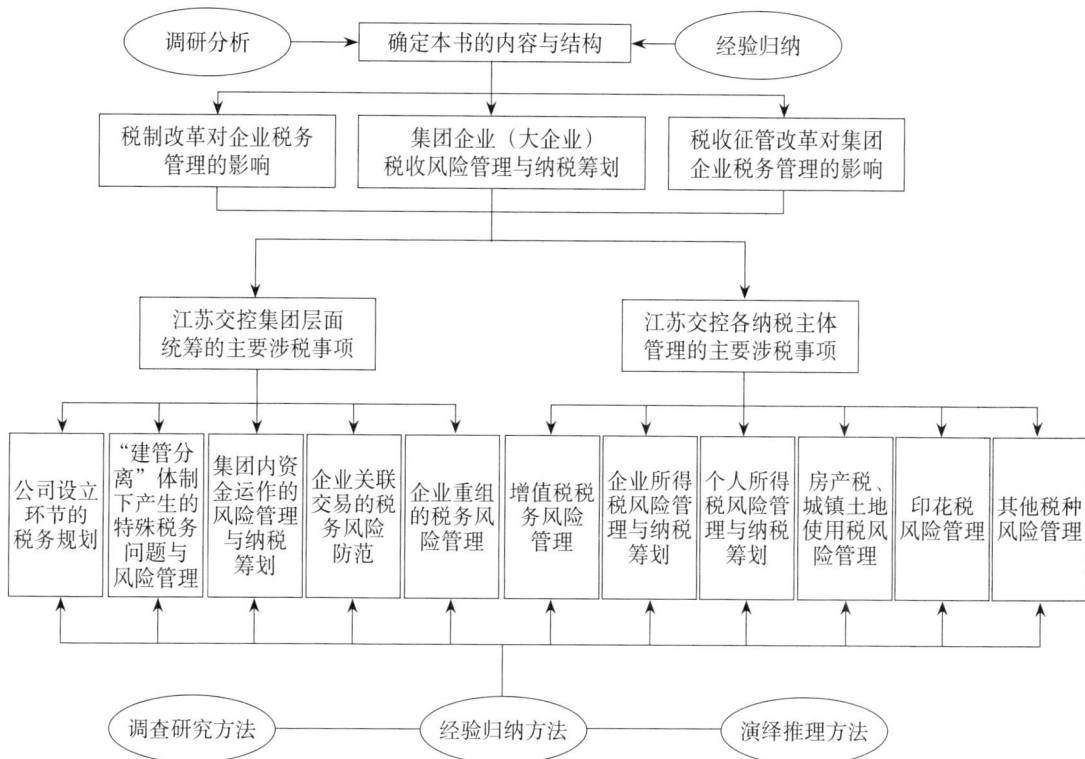

图1-3 本书主要内容与结构图

第二章　税制改革对企业税务管理的影响

税收制度是指国家以法律或法规的形式确定的各种课税方法的总称。一般来说，税收制度是由税收主体、税收客体、税目、计税依据、税率、征收程序和违章处置等要素构成的。本章重点介绍和分析我国近年来实体税制的改革情况及其对纳税人的影响。

第一节　我国近年税制改革的基本情况

一、落实税收法定原则

广义上的"税法"包括税收法律、行政法规、行政规章、规范性文件等，而税收法定原则中的"法"则仅指由国家最高权力机构制定的税收法律。《中华人民共和国立法法》第八条中明确了"税种的设立、税率的确定和税收征收管理等税收基本制度"只能由法律规定。这一规定意义重大，是我国确立和贯彻落实税收法定原则的纲领性制度，它将创设税制、规定税收的权力归属于最高国家权力机关，有力推动了我国税收法治的建立和完善，使征税行为更加法治化，纳税人财产权利将得到更好保护。

税收法定原则的基本内涵，可以归纳为三个方面：一是税收要素法定，即纳税人、征税对象、税率、计税依据、税收优惠、税收征收程序等税收基本要素应当由法律规定；二是税收要素确定，即税收法律的规定必须明确清晰，尽可能避免出现漏洞和歧义；三是征税程序合法，即征税机关必须严格按照税收法律规定的程序和权限征收税款，非经法定程序，不得随意加征、减征、停征或免征税收。

我国现行税法体制源于改革开放初期，基于当时社会经济发展的实际需要，全国人大及其常委会授权国务院制定相关税收行政法规。在《中华人民共和国立法法》修正之前，我国只有企业所得税、个人所得税、车船税3个税种制定了相关法律。这种税制结构在特定历史时期为建立税收法律关系、规范税收秩序、组织财政收入发挥了积极作用。但是，大量的税种没有上升到法律的高度，税法的刚性、稳定性、周密性可能会有所缺失，对纳税人义务的明确、权利的保护，对税务机关执法权、自由裁量权的约束也会有所不足。在新的历史条件下，落实税收法定原则成为一个紧迫的问题，党的十八届三中全会首次明确提出了落实税收法定原则的要求。2015年3月25日，经党中央审议通过的《贯彻落实税收法定原则的实施意见》中明确落实税收法定原则的改革任务，对税收法定相关工作作出安排部署，明确开征新税种的，应当通过全国人大及其常委会制定相应的税收法律，并对现行的税收条例修改上升为法律或者废止的时间作出安排。

截至目前，我国现行的18个税种已有12个通过立法，加上《税收征收管理法》，共计13部税收专门法律，同时，增值税、消费税等重要税种的立法也进入关键阶段，土地增值税法、增值税法、消费税法都已经公开征求意见，关税法等立法工作正在抓紧进行。

　　2022年3月8日，第十三届全国人民代表大会第五次会议主席团第二次会议通过了《第十三届全国人民代表大会财政经济委员会关于2021年中央和地方预算执行情况与2022年中央和地方预算草案的审查结果报告》，其中明确：进一步推进财税改革和税收立法；进一步完善综合与分类相结合的个人所得税制度；优化消费税税目税率设计，推进消费税征收环节后移改革并稳步下划地方；健全地方税体系；适应数字经济发展需要，抓紧研究完善税收管理制度；积极推进增值税法、关税法等税收立法工作，2022年提请全国人大常委会审议。

　　2022年4月11日，第十三届全国人民代表大会常务委员会第114次委员长会议修改了《全国人大常委会2022年度立法工作计划》，其中明确：初次审议的法律案（24件）中包含关税法等税收法律。

　　我国现行的税种与税收立法情况，见表2-1。

表2-1　　　　　　　　　　　　现行税种与税收立法情况一览表

序号	税种	税收法律	制定修改	施行日期
1	个人所得税	中华人民共和国个人所得税法	1980年9月10日第五届全国人民代表大会第三次会议通过；根据2018年8月31日第十三届全国人民代表大会常务委员会第五次会议《关于修改〈中华人民共和国个人所得税法〉的决定》第七次修正	本法自公布之日起施行，最近一次修正自2019年1月1日起施行
2	企业所得税	中华人民共和国企业所得税法	2007年3月16日第十届全国人民代表大会第五次会议通过；根据2018年12月29日第十三届全国人民代表大会常务委员会第七次会议《关于修改〈中华人民共和国电力法〉等四部法律的决定》第二次修正	本法自2008年1月1日起施行，最近一次修正自2018年12月29日起施行
3	车船税	中华人民共和国车船税法	2011年2月25日第十一届全国人民代表大会常务委员会第十九次会议通过；根据2019年4月23日第十三届全国人民代表大会常务委员会第十次会议《关于修改〈中华人民共和国建筑法〉等八部法律的决定》修正	本法自2012年1月1日起施行，最近一次修正自2019年4月23日起施行
4	环境保护税	中华人民共和国环境保护税法	2016年12月25日第十二届全国人民代表大会常务委员会第二十五次会议通过；根据2018年10月26日第十三届全国人民代表大会常务委员会第六次会议《关于修改〈中华人民共和国野生动物保护法〉等十五部法律的决定》修正	本法自2018年1月1日起施行，最近一次修正自2018年10月26日起施行

续表

序号	税种	税收法律	制定修改	施行日期
5	船舶吨税	中华人民共和国船舶吨税法	2017年12月27日第十二届全国人民代表大会常务委员会第三十一次会议通过；根据2018年10月26日第十三届全国人民代表大会常务委员会第六次会议《关于修改〈中华人民共和国野生动物保护法〉等十五部法律的决定》修正	本法自2018年7月1日起施行，最近一次修正自2018年12月26日起施行
6	烟叶税	中华人民共和国烟叶税法	2017年12月27日第十二届全国人民代表大会常务委员会第三十一次会议通过	本法自2018年7月1日起施行
7	车辆购置税	中华人民共和国车辆购置税法	2018年12月29日第十三届全国人民代表大会常务委员会第七次会议通过	本法自2019年7月1日起施行
8	耕地占用税	中华人民共和国耕地占用税法	2018年12月29日第十三届全国人民代表大会常务委员会第七次会议通过	本法自2019年9月1日起施行
9	资源税	中华人民共和国资源税法	2019年8月26日第十三届全国人民代表大会常务委员会第十二次会议通过	本法自2020年9月1日起施行
10	城市维护建设税	中华人民共和国城市维护建设税法	2020年8月11日第十三届全国人民代表大会常务委员会第二十一次会议通过	本法自2021年9月1日起施行
11	契税	中华人民共和国契税法	2020年8月11日第十三届全国人民代表大会常务委员会第二十一次会议通过	本法自2021年9月1日起施行
12	印花税	中华人民共和国印花税法	2021年6月10日第十三届全国人民代表大会常务委员会第二十九次会议通过	本法自2022年7月1日起施行
其他尚未立法税种的立法进展				
13	土地增值税	土地增值税法	草案于2019年7月向社会公开征求意见	
14	增值税	增值税法	草案于2019年11月向社会公开征求意见	
15	消费税	消费税法	草案于2019年12月向社会公开征求意见	
16	房产税	房地产税法	《十三届全国人大常委会立法规划（共116件）》第一类"项目条件比较成熟、任期内拟提请审议的法律草案（69件）"之"48.房地产税法"，由全国人大常委会预算工委、财政部牵头起草，且未出现现有的房产税、城镇土地使用税。2021年10月23日全国人大常委会通过了《关于授权国务院在部分地区开展房地产税改革试点工作的决定》，开启了房地产税的试点	
17	城镇土地使用税			
18	关税	关税法	草案计划于2022年全国人大常委会初次审议	

二、持续推进大规模的减税降费

近年来，国家持续推出大量减税降费政策，从"结构性减税"向"结构性减税+普惠性减税"转变，与此同时，国家不断优化调整诸如研发费用加计扣除等政策，企业可享受的税收优惠政策面进一步扩大。

（一）减税降费的政策背景

减税降费是我国深入推进供给侧结构性改革的一项重大举措，也是积极财政政策的重要组成部分。近年来，我国将减税降费政策的制度性安排、阶段性政策和临时性措施结合起来，统筹兼顾，系统推进。从侧重总量到侧重结构，从侧重减轻企业负担到侧重激发企业创新动能，减税降费政策侧重点的变化轨迹揭示了深化改革、推动经济高质量发展、加快构建新发展格局的深刻含义。在全球经济增长低迷、国际经贸摩擦加剧、国内经济下行压力加大、新冠肺炎疫情冲击等诸多困难挑战下，习近平总书记强调，宏观政策要强化逆周期调节，积极的财政政策要加力提效，减税降费政策措施要落地生根，让企业轻装上阵。减税降费直击当前市场主体的痛点和难点，是既公平又有效率的政策。

2022年3月，财政部部长刘昆在全国两会首场"部长通道"上指出，今年政府工作报告公布的"一揽子"减税降费措施主要有四个特点：一是退税减税的规模历史上最高，达2.5万亿元。二是支持方向聚焦制造业、小微企业，制造业等6个行业的退税减税达1万亿元的规模，中小微企业和个体工商户受益受惠也达1万亿元的规模，精准发力。三是主要措施为增值税的留抵退税。通过提前退还尚未抵扣的税款，直接为市场主体提供现金流约1.5万亿元。同时，延续实施部分税收优惠政策，坚决打击偷税漏税骗税，坚决制止乱收费。四是帮助地方缓解减收压力。中央财政大幅增加对地方的转移支付，保障减税降费政策落地生效。

（二）减税降费的主要政策和成效

1.减税降费的主要政策

自2018年以来，我国减税降费政策密集推出，力度空前。现分别主要税种介绍受惠面、影响面较大的相关政策情况。

（1）增值税方面的减税政策。现按减税政策发布时间先后为序列示主要政策，见表2-2。

表2-2　　　　　　　　　　　　　增值税若干主要减税政策表

序号	文件号	文件名	减税项目与主要内容	备注
1	财政部　税务总局公告 2019 年第 20 号	关于明确养老机构免征增值税等政策的通知	企业集团内单位（含企业集团）之间的资金无偿借贷行为，免征增值税。符合条件的为老年人提供集中居住和照料服务的各类养老机构，免征增值税	政策有效期延长到2023年12月31日

续表

序号	文件号	文件名	减税项目与主要内容	备注
2	财政部 税务总局 海关总署公告 2019 年第 39 号	关于深化增值税改革有关政策的公告	增值税一般纳税人发生增值税应税销售行为或者进口货物，原适用16%税率的，税率调整为13%；原适用10%税率的，税率调整为9%。购进国内旅客运输服务的进项税额允许抵扣。允许生产、生活性服务业纳税人按照当期可抵扣进项税额加计抵减应纳税额	加计抵减政策有效期延长到2022 年 12 月31 日
3	财政部 税务总局 国务院扶贫办公告 2019 年第 55 号	关于扶贫货物捐赠免征增值税政策的公告	对单位或者个体工商户将自产、委托加工或购买的货物通过公益性社会组织、县级及以上人民政府及其组成部门和直属机构，或直接无偿捐赠给目标脱贫地区的单位和个人，免征增值税	政策有效期延长到2022年12月31日
4	财政部 税务总局公告 2019 年第 87 号	关于明确生活性服务业增值税加计抵减政策的公告	生活性服务业纳税人按照当期可抵扣进项税额加计15%，抵减应纳税额	政策有效期延长到2022年12月31日
5	财政部 税务总局公告 2020 年第 22 号	延续实施普惠金融有关税收优惠政策的公告	对金融机构向农户、小型企业、微型企业及个体工商户发放小额贷款取得的利息收入，免征增值税	政策有效期延长到2023年12月31日
6	财政部 税务总局公告 2020 年第 40 号	关于明确无偿转让股票等增值税政策的公告	纳税人无偿转让股票可不确认增值额；土地所有者依法征收土地，并向土地使用者支付土地及其相关有形动产、不动产补偿费，免征增值税	
7	财政部 税务总局公告 2021 年第 40 号	关于完善资源综合利用增值税政策的公告	从事再生资源回收的增值税一般纳税人销售其收购的再生资源，可以选择适用简易计税方法。增值税一般纳税人销售自产的资源综合利用产品和提供资源综合利用劳务，可按规定享受增值税即征即退政策	
8	财政部 税务总局公告 2022 年第 11 号	关于促进服务业领域困难行业纾困发展有关增值税政策的公告	航空和铁路运输企业分支机构暂停预缴增值税。对纳税人提供公共交通运输服务取得的收入，免征增值税	自 2022 年 1 月1 日至 2022 年12 月 31 日
9	财政部 税务总局公告 2022 年第 14 号	关于进一步加大增值税期末留抵退税政策实施力度的公告	对小微企业、制造业等6个行业增值税期末留抵退税实行增量留抵退税及存量留抵退税	自 2022 年 4 月1 日起施行，分步实施

序号	文件号	文件名	减税项目与主要内容	备注
10	财政部　税务总局公告 2022 年第 15 号	对增值税小规模纳税人免征增值税的公告	增值税小规模纳税人适用 3% 征收率的应税销售收入，免征增值税	自 2022 年 4 月 1 日至 2022 年 12 月 31 日
11	财政部　税务总局公告 2022 年第 21 号	关于扩大全额退还增值税留抵税额政策行业范围的公告	将制造业等行业按月全额退还增值税增量留抵税额、一次性退还存量留抵税额的政策范围，扩大至批发和零售业等 6 个行业	自 2022 年 7 月纳税申报期起申请

（2）企业所得税方面的减税政策。现按不同减税政策类型列示主要政策，见表 2-3。

表2-3　　　　　　　　　　**企业所得税若干主要减税政策表**

类型	文件号	文件名	减税项目与主要内容	备注
扣除优惠	财税〔2018〕51 号	关于企业职工教育经费税前扣除政策的通知	企业发生的职工教育经费支出，不超过工资薪金总额 8% 的部分，准予在计算企业所得税应纳税所得额时扣除；超过部分，准予在以后纳税年度结转扣除	
	财税〔2018〕54 号	关于设备器具扣除有关企业所得税政策的通知	新购进的设备、器具，单位价值不超过 500 万元的，允许一次性计入当期成本费用在计算应纳税所得额时扣除	政策有效期延长到 2023 年 12 月 31 日
	财政部　税务总局　国务院扶贫办公告 2019 年第 49 号	关于企业扶贫捐赠所得税税前扣除政策的公告	符合条件的用于目标脱贫地区的公益性扶贫捐赠支出，准予在计算企业所得税应纳税所得额时据实扣除	政策有效期到 2022 年 12 月 31 日
	财政部　税务总局公告 2019 年第 66 号	关于扩大固定资产加速折旧优惠政策适用范围的公告	适用财税〔2014〕75 号、财税〔2015〕106 号规定固定资产加速折旧优惠的行业范围，扩大至全部制造业领域	
收入优惠	财政部　税务总局公告 2019 年第 57 号	关于铁路债券利息收入所得税政策的公告	对企业投资者持有 2019—2023 年发行的铁路债券取得的利息收入，减半征收企业所得税	
区域优惠	财政部　税务总局　国家发展改革委公告 2020 年第 23 号	关于延续西部大开发企业所得税政策的公告	对设在西部地区的鼓励类产业企业减按 15% 的税率征收企业所得税	自 2021 年 1 月 1 日至 2030 年 12 月 31 日
	财税〔2020〕31 号	关于海南自由贸易港企业所得税优惠政策的通知	对注册在海南自由贸易港并实质性运营的鼓励类产业企业，减按 15% 的税率征收企业所得税。对在海南自由贸易港设立的旅游业、现代服务业、高新技术产业企业符合条件的新增境外直接投资取得的所得，免征企业所得税	自 2020 年 1 月 1 日至 2024 年 12 月 31 日

类型	文件号	文件名	减税项目与主要内容	备注
区域优惠	财税〔2020〕38号	关于中国（上海）自贸试验区临港新片区重点产业企业所得税政策的通知	区内从事集成电路、人工智能、生物医药、民用航空等关键领域核心环节相关产品（技术）业务，并开展实质性生产或研发活动的符合条件的法人企业，自设立之日起5年内减按15%的税率征收企业所得税	
产业优惠	财政部　税务总局　国家发展改革委　工业和信息化部公告2020年第45号	关于促进集成电路产业和软件产业高质量发展企业所得税政策的公告	对相关企业或项目实行定期减免税优惠	
环境保护	财政部　税务总局　国家发展改革委　生态环境部公告2019年第60号	关于从事污染防治的第三方企业所得税政策问题的公告	对符合条件的从事污染防治的第三方企业减按15%的税率征收企业所得税	政策有效期延长到2023年12月31日
	财政部　税务总局　国家发展改革委　生态环境部公告2021年第36号	关于公布《环境保护、节能节水项目企业所得税优惠目录（2021年版）》以及《资源综合利用企业所得税优惠目录（2021年版）》的公告	公布新的优惠目录，以及新旧政策的衔接办法	
科技创新优惠	财税〔2018〕64号	关于企业委托境外研究开发费用税前加计扣除有关政策问题的通知	委托境外进行研发活动所发生的费用，按照费用实际发生额的80%计入委托方的委托境外研发费用。委托境外研发费用不超过境内符合条件的研发费用三分之二的部分，可以按规定在企业所得税前加计扣除	
	财政部　税务总局公告2021年第13号	关于进一步完善研发费用税前加计扣除政策的公告	制造业企业开展研发活动中实际发生的研发费用，未形成无形资产计入当期损益的，在按照规定据实扣除的基础上，自2021年1月1日起，再按照实际发生额的100%在税前加计扣除；形成无形资产的，自2021年1月1日起，按照无形资产成本的200%在税前摊销	

类型	文件号	文件名	减税项目与主要内容	备注
科技创新优惠	财政部 税务总局 科技部公告2022年第16号	关于进一步提高科技型中小企业研发费用税前加计扣除比例的公告	税收优惠同制造业企业	
小微企业优惠	财政部 税务总局公告2022年第12号	关于中小微企业设备器具所得税税前扣除有关政策的公告	中小微企业在2022年1月1日至2022年12月31日期间新购置的设备、器具，单位价值在500万元以上的，按照单位价值的一定比例自愿选择在企业所得税税前扣除。其中，企业所得税法实施条例规定最低折旧年限为3年的设备、器具，单位价值的100%可在当年一次性税前扣除；最低折旧年限为4年、5年、10年的，单位价值的50%可在当年一次性税前扣除，其余50%按规定在剩余年度计算折旧进行税前扣除	
	财政部 税务总局公告2021年第12号	关于实施小微企业和个体工商户所得税优惠政策的公告	对小型微利企业年应纳税所得额不超过100万元的部分，在《财政部 税务总局关于实施小微企业普惠性税收减免政策的通知》（财税〔2019〕13号）第二条规定的优惠政策基础上，再减半征收企业所得税	执行期限为2021年1月1日至2022年12月31日
	财政部 税务总局公告2022年第13号	关于进一步实施小微企业所得税优惠政策的公告	对小型微利企业年应纳税所得额超过100万元但不超过300万元的部分，减按25%计入应纳税所得额，按20%的税率缴纳企业所得税	执行期限为2022年1月1日至2024年12月31日

（3）个人所得税方面的减税政策。2018年8月31日，第十三届全国人民代表大会常务委员会第五次会议通过了新修改的《中华人民共和国个人所得税法》，新法惠及了大多数个人所得税纳税人。具体来讲，一是将工资薪金、劳务报酬、稿酬和特许权使用费4项所得纳入综合征税范围，实行按月或按次分项预缴、按年汇总计算、多退少补的征管模式。二是完善个人所得税费用扣除模式。一方面合理提高基本减除费用标准，将基本减除费用标准提高到每人每月5 000元，另一方面设立子女教育、继续教育、大病医疗、住房贷款利息或者住房租金、赡养老人等6项专项附加扣除。国发〔2022〕8号文件又设立了3岁以下婴幼儿照护个人所得税专项附加扣除。三是优化调整个人所得税税率结构。以现行工薪所得3%～45%七级超额累进税率为基础，扩大3%、10%、20%三档较低税率级距，

25%税率级距相应缩小，30%、35%、45%三档较高税率级距保持不变。

除了上述税法的重大变化外，近年来还有几项重要的个人所得税优惠政策事项，见表2-4。

表2-4　　　　　　　　　　　　　个人所得税若干主要减税政策表

序号	文件号	文件名	减税项目与主要内容	备注
1	财税〔2018〕58号	关于科技人员取得职务科技成果转化现金奖励有关个人所得税政策的通知	依法批准设立的非营利性研究开发机构和高等学校，根据《中华人民共和国促进科技成果转化法》的规定，从职务科技成果转化收入中给予科技人员的现金奖励，可减按50%计入科技人员当月"工资、薪金所得"，依法缴纳个人所得税	
2	财税〔2019〕8号	关于创业投资企业个人合伙人所得税政策问题的通知	创投企业选择按单一投资基金核算的，其个人合伙人从该基金应分得的股权转让所得和股息红利所得，按照20%税率计算缴纳个人所得税	执行期限为2019年1月1日至2023年12月31日
3	财政部　税务总局　证监会公告2019年第78号	关于继续实施全国中小企业股份转让系统挂牌公司股息红利差别化个人所得税政策的公告	个人持有挂牌公司的股票，持股期限超过1年的，对股息红利所得暂免征收个人所得税。个人持有挂牌公司的股票，持股期限在1个月以内（含1个月）的，其股息红利所得全额计入应纳税所得额；持股期限在1个月以上至1年（含1年）的，其股息红利所得暂减按50%计入应纳税所得额；上述所得统一适用20%的税率计征个人所得税	自2019年7月1日起至2024年6月30日止执行
4	财税〔2019〕31号	关于粤港澳大湾区个人所得税优惠政策的通知	广东省、深圳市按内地与香港个人所得税税负差额，对在大湾区工作的境外（含港澳台）高端人才和紧缺人才给予补贴，该补贴免征个人所得税	自2019年1月1日起至2023年12月31日止执行
5	财税〔2020〕32号	关于海南自由贸易港高端紧缺人才个人所得税政策的通知	对在海南自由贸易港工作的高端人才和紧缺人才，其个人所得税实际税负超过15%的部分，予以免征	自2020年1月1日起至2024年12月31日止执行
6	财政部　税务总局公告2021年第12号	关于实施小微企业和个体工商户所得税优惠政策的公告	对个体工商户年应纳税所得额不超过100万元的部分，在现行优惠政策基础上，减半征收个人所得税	执行期限为2021年1月1日至2022年12月31日
7	财政部　税务总局公告2021年第42号	关于延续实施全年一次性奖金等个人所得税优惠政策的公告	财税〔2018〕164号规定的全年一次性奖金单独计税优惠政策，执行期限延长至2023年12月31日；上市公司股权激励单独计税优惠政策，执行期限延长至2022年12月31日	
8	财政部　税务总局公告2021年第43号	关于延续实施外籍个人津补贴等有关个人所得税优惠政策的公告	财税〔2018〕164号规定的外籍个人有关津补贴优惠政策、中央企业负责人任期激励单独计税优惠政策，执行期限延长至2023年12月31日	

（4）其他方面的减税降费政策。在其他税费政策方面，国家延续、完善了一系列特殊的税收优惠政策。为帮扶弱势群体，国家出台了进一步落实重点群体创业就业税收政策的通知，进一步扶持自主就业退役士兵创业就业等有关税收政策。为支持特定行业与业务的发展，国家出台了关于继续实施支持文化企业发展的增值税政策，关于继续实施物流企业大宗商品仓储设施用地城镇土地使用税的优惠政策，关于养老、托育、家政等社区家庭服务业的税费优惠政策，延续实施普惠金融有关税收优惠政策，住房租赁有关税收优惠政策等。为支持企业改制重组，继续阶段性地实施企业改制重组有关土地增值税、契税政策。为帮助小微企业渡过难关，规定由省、自治区、直辖市人民政府根据本地区实际情况，以及宏观调控需要确定，对增值税小规模纳税人、小型微利企业和个体工商户可以在50%的税额幅度内减征资源税、城市维护建设税、房产税、城镇土地使用税、印花税（不含证券交易印花税）、耕地占用税和教育费附加、地方教育附加。

为应对新冠肺炎疫情带来的冲击，国家连续三年出台了关于支持新型冠状病毒感染的肺炎疫情防控组合式税费优惠政策，既有对困难行业的税费减免，也有阶段性缓缴税款的政策，还有阶段性缓缴社会保险费等政策，这些临时性政策的出台对助企纾困无异于及时雨，产生了良好的社会效果。

2.减税降费的政策成效

据统计，我国2018年减税降费约1.3万亿元；2019年减税降费约2.36万亿元，超过原定的2万亿元规模；2020年实施阶段性大规模减税降费，与制度性安排相结合，全年为市场主体减负超过2.6万亿元；2021年全年新增减税降费约1.1万亿元。自"十三五"规划以来的6年间，我国累计减税降费规模超8.6万亿元。我国2018—2021年的4年间减税降费规模，如图2-1所示。

图2-1 2018—2021年减税降费总量图

从单项政策的实施效果来看，部分主要减税降费政策的效果非常显著，以研发费用加计扣除为例，全国享受政策的企业户数由2015年的5.3万户提升至2019年的33.9万户，5年间扩大了5.4倍；减免税额由726亿元提升至3 552亿元。

三、调整中央与地方税收收入的分享制度

我国开征的各个税种，按其在中央财政、地方财政的归属，可分为中央税、地方税和共享税。所谓中央税，是指该税种全部属于中央的财力范围；所谓地方税，是指该税种全部属于省级及省级以下的财力范围；共享税则是由中央与地方按一定比例共同分配该税种下的税收收入。我国对各个税种的财力归属作出多次调整，最近一次较大的调整政策为《全面推开营改增试点后调整中央与地方增值税收入划分过渡方案》（国发〔2016〕26号），其中规定：所有行业企业缴纳的增值税均纳入中央和地方共享范围；中央分享增值税的50%；地方按税收缴纳地分享增值税的50%。现将企业缴纳的部分税种税款在中央与地方之间的分配比例通过表2-5进行列示。

表2-5　　　　　　　　　企业缴纳部分税种税款在中央与地方之间分配比例表

序号	税种	中央分配比例（%）	地方分配比例（%）
1	增值税（除海关代征部分）	50	50
2	企业所得税（特定企业除外）	60	40
3	个人所得税	60	40
4	土地增值税		100
5	房产税		100
6	城镇土地使用税		100
7	契税		100
8	印花税	证券交易印花税，100%归属中央	其他税目印花税，100%归属地方
9	城市维护建设税（特定企业集中缴纳的除外）		100
10	教育费附加、地方教育附加		100
11	环境保护税		100
12	耕地占用税		100
13	消费税	100	
14	关税	100	
15	资源税	海洋石油企业缴纳，100%归属中央	非海洋石油企业缴纳，100%归属地方。水资源税另有规定

表2-5中，属于各省分配的税收进入地方库，该部分税收还要在省级及省级以下财政之间再次分配。

企业在开展经营活动、处理纳税事务的过程中，对自己缴纳的各项税收之财力归属应有基本的了解，从而知晓对国家和地方财政与社会经济事业的发展作出的直接贡献。

第二节　税制改革对市场主体的影响

税制改革直接影响到纳税人的权利与义务，企业作为最重要的市场主体，应当意识到这方面的影响既有现实的，又有长远的。

一、遵循税收法定原则处理涉税事务

税收法定原则一方面是对税务机关代表国家行使征税权施加严格的规范和约束，推动税制改革从行政管理向依法治税的转变，另一方面也对纳税人依法纳税作出明确的、刚性的规制，减少、堵塞了税收制度中的漏洞或模糊地带。《中华人民共和国立法法》颁布实施后，国家税务总局发布了《税务规范性文件制定管理办法》（国家税务总局令第41号），并进行了两次修订，对税务规范性文件的起草、审查、决定、发布、备案、清理等工作作出统一规定，要求各级税务机关从事纳税服务和政策法规工作的部门或者人员（以下统称纳税服务部门、政策法规部门）负责对税务规范性文件进行审查，包括权益性审核、合法性审核、世界贸易组织规则合规性评估。其中，纳税服务部门负责权益性审核；政策法规部门负责合法性审核和世界贸易组织规则合规性评估。在税收法定的前提下，不仅税收立法级次得以提升，而且对税法的解释也得以规范。在这种大背景下，无论是各级财政部门、税务机关，还是广大的纳税人，都不应依赖对税收政策解释权的放大甚至依靠事后人事方面的协调来调节、解决具体的涉税事项。纳税人管理自身的税收风险，应当事先及时掌握、学习税法，正确理解、执行和运用税法的原则与内在含义，以税法为准绳来规划和操作各项涉税事务。如果遇到重要的税法不确定事项，可以通过事先裁定等方式防风险于未然。如果事后产生税企之间对税法理解的重大分歧，可以通过法律赋予的救济权等渠道依法解决争端。

税收法定的另一重影响是增强了税法的稳定性和可预期性，纳税人可以更好地制订经营计划，进行合规有效的税务筹划，在重大商业决策之前预测各项税收成本及需要办理的各项税务管理手续。不过我们也要认识到，我国的税收法律建设总体上还处于初级阶段，任重而道远，作为纳税人，不能片面地认为既然税收法定了，只要将全国人大制定的法律掌握了就可以解决企业的实务问题了，这种认识又失之偏颇。在当前乃至今后相当一段时期内，要践行税收法定原则，既要学习与执行税收法律，也要学习与执行大量税收行政法规、部门规章、地方性法规、规范性文件等。

首先，我国在税收立法时往往规定，全国人大及其常委会有权授权国务院制定行政法规。例如，《中华人民共和国企业所得税法》（以下简称《企业所得税法》）第五十九条授权国务院根据本法制定实施条例。

其次，在计税依据的计算规则上，也有大量的税法授权。例如，《企业所得税法》第二十条规定："本章规定的收入、扣除的具体范围、标准和资产的税务处理的具体办法，由国务院财政、税务主管部门规定。"此后，我们看到了财政部、国家税务总局发布的诸如广告及业务宣传费、佣金、利息费用、固定资产加速折旧等涉及计税依据的规范性文件。

再次，虽然《中华人民共和国立法法》明确税率由法律规定，但并不排除单个税种的法律条款上确定一个合理的税率幅度，同时授权国务院或地方在该幅度内确定和调整具体适用税率。例如，《中华人民共和国环境保护税法》第六条规定，应税大气污染物和水污染物的具体适用税额的确定和调整，由省级政府在该法所附《环境保护税目税额表》规定的税额幅度内提出，报同级人大常委会决定，并报全国人大常委会和国务院备案。又如，《中华人民共和国契税法》第三条规定，契税税率为3%至5%。同时，该法规定："契税的具体适用税率，由省、自治区、直辖市人民政府在前款规定的税率幅度内提出，报同级人民代表大会常务委员会决定，并报全国人民代表大会常务委员会和国务院备案。省、自治区、直辖市可以依照前款规定的程序对不同主体、不同地区、不同类型的住房的权属转移确定差别税率。"

最后，税法中往往授权国务院或省级人民政府根据情况制定税收优惠政策。例如，《企业所得税法》第三十六条规定："根据国民经济和社会发展的需要，或者由于突发事件等原因对企业经营活动产生重大影响的，国务院可以制定企业所得税专项优惠政策，报全国人民代表大会常务委员会备案。"

因此，企业应当完整、准确地把握税收法定的精神实质，在税收法治的轨道内正确前行。

二、基于减税降费政策依法合理筹划

从宏观层面看，减税降费稳定了市场预期，"放水养鱼"，培育了税源，更重要的是促进了企业的转型升级。从微观层面看，减税降费意在降低企业的制度性成本，促进企业高质量发展。企业应当意识到，减税降费政策有的是附有条件的，有的是有特定的适用场景的，同样的政策对不同的纳税人税负产生的影响在幅度上甚至方向上都有可能是不同的。因此，企业应深入研究、准确理解减税降费政策所带来的影响，积极谋划，趋利避害，为企业在激烈的市场竞争中谋取优势。

（一）积极研究与应对减税降费政策对不同市场主体的影响

降低增值税税率是本轮减税降费的重头戏，而增值税作为一种间接税，其税率的降低会因传导机制对企业采购与销售定价、合同条款的约定等产生影响，主要表现在对不同议价能力的企业税负水平的影响。如果企业对上游企业（供应商）议价意识和能力较强，对下游企业（客户）议价意识和能力较弱，企业会随着增值税税率的调整同步下调销售端的含税价，导致减税红利转移到下游企业或消费者。如果企业对上下游企业、客户议价意识和能力都偏弱，上游环节难以降低成本，同时又必须对下游让出价格空间，在这种情况下企业的利润反而会下降。如果企业对上下游企业议价意识和能力较强，企业可以不降低或少降低含税销售价，计入企业收入的不含税价会随着增值税税率的下调而增加，对于与上游企业的交易，至少可以坚持不含税的成本价不变，进而增加企业的利润。因此，虽然减税降费政策减轻了全产业链企业的总成本，但是具体到产业链上的各个环节，各家企业实际税负水平下降的幅度还是会各不相同的。对资金密集型、重资产投入的路桥企业而言，更要综合考量资金借贷、建设投资、运营、管养等各环节涉及的税收政策变化情况，在产业链条各方主体的激烈博弈中发挥自身优势，维护自身权益。

（二）因势利导，合理调整经营行为

税收的主要职能是组织财政收入，减税降费政策就是重新调整国家与纳税人的分配关系。税收还有引导与调节经济运行的功能，在此方面，国家出台政策的直接目的不是降低税额、费额，而是引导纳税人转到国家所鼓励、倡导的产业政策、经营方式等方向上来，因此，企业享受减税降费之"果"有赖于调整业务、优化业务、创新业务之"因"。以鼓励科技创新为例，当前研发费用加计扣除政策中大幅放宽研发活动和研发费用的范围并提高加计比例。企业重视研发费用税收优惠政策的运用，表明企业顺应国家科技强国、科技兴企的号召，积极转型发展，在此过程中成功申报研发费用加计扣除，抵减企业所得税应纳税所得额，等同于从国家手中持续获得间接财政补贴，从而实现了国家扶持企业科技创新，企业通过科技创新获得竞争优势并实现高质量发展，企业高质量发展又为国家培植了长期税源的良性互动和循环。

（三）优惠政策的充分利用有赖于企业围绕财务目标加强业务协同

企业的直接财务目标是实现税后利润最大化，而税收是企业的一项特定成本，因此，依法控制税收成本是实现企业财务目标的题中应有之义。如前所述，税收是业务"结果的结果"，国家出台减税降费优惠政策后，并非每个企业自然就能得到相应的政策红利，因为税收优惠政策往往是附带条件的。要满足这些条件，仅仅依赖会计核算、纳税处理方面的技巧是远远不够的，更多的是要从业务模式选择、业务定性、业务路径和流程规划、形成恰当的业务资料、业务成果确认等方面着手。所以，减税降费会促使企业进行纳税筹划，而纳税筹划工作需要企业各部门协同一致，围绕依法降低税收成本的目标，有序推进各项工作。

（四）进一步提升准确掌握与合理运用税收政策的意识和能力

税收筹划工作以遵从税法为前提，准确、合理运用这些减税降费政策会带来企业税后利润的增长，为企业节省资金流，而一旦政策理解错误、执行时走偏，就会给企业带来风险。因此，企业需要对税收法律法规及政策背景进行全面、深入的理解和把握，在企业的财务团队中，需要有专业人员或借助外部顾问力量相对固定、连续地跟踪学习、研究国家发布的与企业日常经营、投资、融资相关的各项税收优惠政策，研究与企业业务行为、财务活动无缝对接的方案等。在税收筹划方案实施过程中，要持续关注政策的调整情况，进而对已有的方案进行同步调整。

三、集团企业积极参与税制改革进程

税法虽然是外在于纳税人的行为规范，但它与纳税人之间并非只是外部强加与被动接受的关系。我国的税制改革越来越强调遵循和坚持科学、民主、公开、统一的原则，"开门立法"正成为一种常态，在税收法律制定过程中，会向社会广泛征求意见。作为大型集团企业，应当积极参与到税收法治建设进程中来，从本行业、本企业的实际出发，立足于深入的调查研究，提出自己的真知灼见。只有充分反映了问题、需求、意见、建议，立法者才能广泛吸收各方面的观点与意见，才能制定出真正的"良法"，这样的"良法"才能得以善治和很好的遵从。

税法颁布实施之后，既定的成文法可能会遇到原先不曾考虑到的新问题，为规范解决这些新问题，需要对税法进行必要的修改与补充。税法是人们主观见之于客观的产物，在制定过程中，可能针对不同的政策目标、不同角度的考量最终作出折中的选择，它不可能非常完善，在执行过程中一些固有的问题会逐渐暴露出来，需要及时填补原有税法之漏洞。大型集团企业会最早、最多地发现这些问题，有条件、有能力为税法建设持续贡献自己的力量。大型集团企业应当注重定期、不定期地收集税法执行过程中存在的问题，分析这些问题的成因，加强内部研讨，加强与各级税务机关的政策沟通、信息反馈与交流。这样既有利于加强与税务机关的良性互动，也有利于国家的税收法治建设，并从另一个维度上促进自身深化对税法的认知与准确运用。

第三章　税收征管改革对集团企业税务管理的影响

第一节　税收征管改革的目标任务

税收征管是指税务机关对税款征纳活动进行组织、管理、检查、服务等一系列工作的总称。企业是税收法律关系中的行政相对人，税收征管改革的每一项措施都会对其纳税事务处理与税收风险管理产生直接影响。

一、税收征管的主要内容

依据《税收征收管理法》和《税收征收管理法实施细则》，结合税收征管实际情况与改革目标，税收征管的主要内容可归纳为如下方面：

（一）税务管理

税务管理事项涉及纳税人的税务登记，账簿、凭证管理，纳税申报等。

税务登记是纳税人办理税务登记和扣缴义务人办理扣缴税款登记，按不同环节分为新设登记、变更登记、注销登记等。企业办理税务登记后取得的纳税人识别号，相当于纳税"身份证"，办理的增值税一般纳税人或小规模纳税人登记事关增值税纳税义务的履行与发票管理，登记的其他信息对未来涉税事务的处理也有重要作用。

由于企业计算、缴纳各税种的计税依据主要是基于会计数据即以货币计量的相关信息，因此，会计凭证、账簿管理是税收征管的基础，企业应当依法设置账簿，将财务会计制度及会计核算软件进行税务备案，报告银行账户账号，按会计制度及时登记凭证，组织会计核算。我国的税务管理事项中，发票的票种核定、领用、开具、取得、保管、缴销等事项尤为重要。

纳税申报是企业依照法律、行政法规等规定办理纳税申报（包括扣缴申报）的内容、方式、程序、手续等。纳税申报是税收征管的一项核心内容，企业是依照税法的规定自主申报，还是由税务机关做某些前置审批或必须办理备案后再行申报，这是建议现代税收征管体系的一个重要命题。缴纳税费的方式、渠道、时间、便利化措施等也是税收征管的具体内容。

（二）税款征收

税务机关依照法律、行政法规的规定征收税款，不得违反法律、行政法规的规定开征、停征、多征、少征、提前征收、延缓征收或者摊派税款，这是税收征管的一项基本规定。

税务机关作为税费征收机关，必须履行"应征尽征"的职能，同时也必须考虑税收征管的成本与效率。在税收征管工作中，必须探索对纳税人申报信息的完整性、真实性、准确性进行监控评价的方式方法，提升征管效能的手段措施。对于特定情况下的缓税核准、欠税清收、减免税事项办理、税款核定、责令缴纳税款等，也是税务机关履行征收职能过程中涉及的事项。

（三）税务检查

税务检查是法律赋予税务机关的行政执法权力，《税收征收管理法》规定了税务机关的检查权力范围、程序等，纳税人、扣缴义务人必须接受税务机关依法进行的税务检查，如实反映情况，提供有关资料，不得拒绝、隐瞒。

税务检查是税务机关为维护国家税收权益而设立的一个重要屏障，当然也涉及对检查权力的制约以及纳税人权益保护问题，国家在此方面规定了详尽的规程。税务检查要以税法为依据，以事实为基础，作出经得住合法性、准确性考验的检查结论。与税款征收相似，税务检查也要考虑检查效率与效果，税收征管是将税务检查的重心放在检查过程中，还是前移到检查对象与检查事项的精准、有效确定，检查人员构成与能力提升，检查方案与策略的制定等方面，也是影响税收征管格局的重要因素。

二、税收征管改革的目标任务

只要有税收征纳关系的存在，就离不开征管改革的任务与话题。近年来，我国持续推进税收征管改革，这与国家最高决策层对税收征管改革的重视和要求密不可分。

2015年，中共中央办公厅、国务院办公厅印发了《深化国税 地税征管体制改革方案》（中办发〔2015〕56号），提出的改革目标是："到2020年建成与国家治理体系和治理能力现代化相匹配的现代税收征管体制，降低征纳成本，提高征管效率，增强税法遵从度和纳税人满意度，确保税收职能作用有效发挥，促进经济健康发展和社会公平正义。"该文件明确了理顺征管职责划分、创新纳税服务机制、转变征收管理方式、深度参与国际合作、优化税务组织体系、构建税收共治格局等几项重点任务。其中，在转变税收征管方式方面，要求采取措施提高税收征管效能，着力解决税收征管针对性、有效性不强问题，其中提出的一系列举措已在过去几年得以落实并取得广为人知的成效。

2021年3月，中共中央办公厅、国务院办公厅印发《关于进一步深化税收征管改革的意见》，明确了税收征管改革的指导思想："以习近平新时代中国特色社会主义思想为指导，全面贯彻党的十九大和十九届二中、三中、四中、五中全会精神，围绕把握新发展阶段、贯彻新发展理念、构建新发展格局，深化税收征管制度改革，着力建设以服务纳税人缴费人为中心、以发票电子化改革为突破口、以税收大数据为驱动力的具有高集成功能、高安全性能、高应用效能的智慧税务，深入推进精确执法、精细服务、精准监管、精诚共治，大幅提高税法遵从度和社会满意度，明显降低征纳成本，充分发挥税收在国家治理中的基础性、支柱性、保障性作用，为推动高质量发展提供有力支撑。"同时，该文件制定了税收征管改革的目标任务：到2022年，在税务执法规范性、税费服务便捷性、税务监管精准性上取得重要进展。到2023年，基本建成"无风险不打扰、有违法要追究、全过程强智控"的税务执法新体系，实现从经验式执法向科学精确执法转变；基本建成"线下服务无死角、线上服务不打烊、定制服务广覆盖"的税费服务新体系，实现从无差别服务向精细化、智能化、个性化服务转变；基本建成以"双随机、一公开"监管和"互联网+

监管"为基本手段、以重点监管为补充、以"信用+风险"监管为基础的税务监管新体系，实现从"以票管税"向"以数治税"分类精准监管转变。到2025年，深化税收征管制度改革取得显著成效，基本建成功能强大的智慧税务，形成国内一流的智能化行政应用系统，全方位提高税务执法、服务、监管能力。

第二节 税收征管改革的主要内容

一、落实两个基本的税收征管理念

现代税收征管的两个重要理念是：纳税人自主遵从与自主申报；税收风险管理。

（一）纳税人自主遵从与自主申报

纳税人对照国家发布的各项税收法律法规与制度，自行计算、申报、缴纳各项税款，完成法定的涉税事务，这是现代税收征纳关系的一项基本要求。中办发〔2015〕56号文件中明确提出"推行纳税人自主申报"，在"放管服"的大背景下大幅度取消和下放税务行政审批项目，实现税收管理由主要依靠事前审批向加强事中事后管理转变，完善包括备案管理、发票管理、申报管理等在内的事中事后管理体系。按照中央的决策部署，各地税务机关陆续取消税收专管员制度，通过制度层面的规定明确税务机关与纳税人各自的职责清单，税务机关不再提供"保姆式服务"，还责于纳税人。取消税务专管员后，各涉税事项主要依靠企业的自主遵从，一旦延期或违规申报，纳税人需要直接承担责任。近年来，国家税务总局及各省级税务机关下发一系列文件，持续扩大涉税资料由事前报送改为留存备查的范围，如资产损失税前扣除、享受税收优惠等事项从以往的审批制改为备案制再到留存备查制，纳税人需要自行判断其合法性、正确性，并依规做好各项资料的留存备查管理。

1.目前保留的税收优惠核准事项（见表3-1）

表3-1 现有税收减免核准事项汇总表

税种	税收减免核准
个人所得税	其他地区地震受灾减免个人所得税（政策依据：财税〔2008〕62号）
	其他自然灾害受灾减免个人所得税（政策依据：中华人民共和国个人所得税法）
资源税	地震灾害减免资源税（政策依据：财税〔2008〕62号）
	事故灾害等原因减免资源税（政策依据：中华人民共和国资源税法）
房产税	企业纳税困难减免房产税（政策依据：国发〔1986〕90号）
城镇土地使用税	纳税人困难性减免城镇土地使用税优惠（政策依据：中华人民共和国城镇土地使用税暂行条例）
土地增值税	普通标准住宅增值率不超过20%的土地增值税减免（政策依据：中华人民共和国土地增值税暂行条例）
	因城市实施规划、国家建设需要而搬迁，纳税人自行转让房地产免征土地增值税（政策依据：财税〔2006〕21号）
	因国家建设需要依法征用、收回的房地产土地增值税减免（政策依据：中华人民共和国土地增值税暂行条例）

2.目前保留的税收优惠备案事项（见表3-2）

表3-2 现有主要税收优惠备案事项汇总表

税种	税收减免备案
增值税	安置残疾人就业增值税即征即退优惠（政策依据：财税〔2016〕52号）
	光伏发电增值税即征即退优惠（政策依据：财税〔2016〕81号）
	软件产品增值税即征即退优惠（政策依据：财税〔2011〕100号）
	新型墙体材料增值税即征即退优惠（政策依据：财税〔2015〕73号）
	风力发电增值税即征即退优惠（政策依据：财税〔2015〕74号）
	资源综合利用产品及劳务增值税即征即退优惠（政策依据：财税〔2015〕78号）
	黄金期货交易增值税即征即退优惠（政策依据：财税〔2008〕5号）
	有形动产融资租赁服务增值税即征即退优惠（政策依据：财税〔2016〕36号）
	动漫企业增值税即征即退增值税优惠（政策依据：财税〔2018〕38号）
	飞机维修劳务增值税即征即退优惠（政策依据：财税〔2000〕102号）
	管道运输服务增值税即征即退优惠（政策依据：财税〔2016〕36号）
	铂金增值税即征即退优惠（政策依据：财税〔2003〕86号）
企业所得税	境外投资者以分配利润直接投资暂不征收预提所得税（政策依据：财税〔2018〕102号）
个人所得税	残疾、孤老、烈属减征个人所得税优惠（政策依据：中华人民共和国个人所得税法）
	合伙创投企业个人合伙人按投资额的一定比例抵扣从合伙创投企业分得的经营所得（政策依据：财税〔2018〕55号、国家税务总局公告2018年第43号）
	天使投资个人按投资额的一定比例抵扣转让初创科技型企业股权取得的应纳税所得额（政策依据：财税〔2018〕55号）
土地增值税	对个人销售住房暂免征收土地增值税（政策依据：财税〔2008〕137号）
	转让旧房作为保障性住房且增值额未超过扣除项目金额20%的免征土地增值税（政策依据：财税〔2013〕101号）
	对企业改制、资产整合过程中涉及的土地增值税予以免征（政策依据：财税〔2011〕116号、财税〔2013〕3号、财税〔2011〕13号、财税〔2001〕10号、财税〔2003〕212号、财税〔2013〕56号）
	被撤销金融机构清偿债务免征土地增值税（政策依据：财税〔2003〕141号）
	合作建房自用的土地增值税减免（政策依据：财税字〔1995〕48号）
	企业整体改制重组暂不征收土地增值税（政策依据：财税〔2018〕57号）

3.推行税务证明事项告知承诺制

2018年以来，国家先后取消了61项税务证明事项，极大地简化了办税手续。对于确需保留的税务证明事项，国家逐步推行税务证明事项告知承诺制，拓展容缺办理事项。所谓税务证明事项告知承诺制，是指税务机关在办理有关事项时，以书面（含电子文本）形式将法律法规中规定的证明义务和证明内容一次性告知申请人，申请人书面承诺已经符合告知的条件、标准、要求，愿意承担不实承诺的法律责任，税务机关不再索要有关证明而依据书面（含电子文本）承诺办理相关事项。对于纳入试点范围的税务证明事项，申请人可自主选择是否采用告知承诺替代证明。国家税务总局先后下发了《开展税务证明事项告知承诺制试点工作方案》（税总函〔2019〕266号）、《全面推行税务证明事项告知承诺制实施方案》（税总发〔2020〕74号）等文件，对推行税务证明事项告知承诺制的实施方案进行详细布置。《关于部分税务证明事项实行告知承诺制 进一步优化纳税服务的公告》（国家税务总局公告2021年第21号）中推出了6项实行告知承诺制的税务证明事项，虽然该6项税务证明事项涉及的范围还较窄，但国家税务总局关于该公告的解读中指出：各省、自治区、直辖市和计划单列市税务局，对已经通过信息共享取得并可即时查验的税务证明，可公告决定不再索要有关证明材料，并报税务总局备案。由此可见，推行税务证明事项告知承诺制一方面是落实"减证便民"的要求，同时也体现了纳税人自主申报的征管理念。

（二）以税收风险为导向的管理模式

以税收风险为导向的管理模式，概括起来就是"无风险不打扰、有违法要追究"。

《国家税务总局关于加强税收风险管理工作的意见》（税总发〔2014〕105号）中指出：税收风险管理贯穿于税收工作的全过程，是税务机关运用风险管理理论和方法，在全面分析纳税人税法遵从状况的基础上，针对纳税人不同类型不同等级的税收风险，合理配置税收管理资源，通过风险提醒、纳税评估、税务审计、反避税调查、税务稽查等风险应对手段，防控税收风险，提高纳税人的税法遵从度，提升税务机关管理水平的税收管理活动。税收风险管理是现代税收管理的先进理念和国际通行做法，是完善我国税收管理体系、提高治理能力、实现税收现代化的有效举措，是构建科学严密税收征管体系的核心工作。实施税收风险管理，就是要把有限的征管资源优先配置到高风险领域和大企业税收领域，也是完成组织收入目标的重要抓手。《国家税务总局关于进一步加强税收风险管理工作的通知》（税总发〔2016〕54号）中进一步指出：税收风险管理是推进税收治理现代化的必然要求，是促进纳税遵从的根本途径，是提高税务机关主观能动性的重要抓手。

在以风险管理为导向的税收征管理念下，税务机关采取的具体举措有：

1. 收集涉税信息

将挖掘和利用好内外部涉税信息作为税收风险管理工作的基础，要求各级税务机关注重收集宏观经济信息、第三方涉税信息、企业财务信息、生产经营信息、纳税申报信息，整合不同应用系统信息，建立企业基础信息库，并定期予以更新。

2. 开展风险识别

各级税务机关要建立覆盖税收征管全流程、各环节、各税种、各行业的风险识别指标体系、风险特征库和分析模型等风险分析工具，运用风险分析工具，对纳税人的涉税信息进行扫描、分析和识别，找出容易发生风险的领域、环节或纳税人群体，为税收风险管理提供精准指向和具体对象。

3.确定等级排序

根据风险识别结果，按纳税人归集风险点，综合评定纳税人的风险分值，并进行等级排序，确定每个纳税人的风险等级。结合征管资源和专业人员的配置情况，按照风险等级由高到低合理确定需采取措施的应对任务数量。

4.组织风险应对

在风险应对过程中，分别风险等级采取风险提醒、纳税评估、税务审计、反避税调查、税务稽查等差异化应对手段。风险应对任务扎口管理，并统一推送下达。

5.实施过程监控及评价反馈

通过对风险识别的科学性和针对性、风险等级排序的准确性、风险应对措施的有效性等进行效果评价，形成风险管理工作的闭环。

6.建立相应的组织机构，划分工作职能

税总发〔2016〕54号和税总发〔2014〕105号文件中明确了在税务总局及省级税务机关成立税收风险管理工作领导小组和办公室，各级税务机关内部设立专司税收风险管理工作的部门。税务总局负责税收风险管理制度和机制的顶层设计，省级税务机关应按照税务总局工作部署，结合本地实际，建立健全税收风险管理工作机制，持续改进、优化风险管理特征库、模型和指标体系，统筹安排税收风险管理各项工作任务。

二、推行分级分类的税源管理方式

中办发〔2015〕56号文件中要求"对企业纳税人按规模和行业，对自然人纳税人按收入和资产实行分类管理"。税总发〔2015〕157号文件中提出了具体的管理办法，在按规模对纳税人进行分类的基础上，将大企业按行业、风险等级等标准进行细分，实施针对性管理。

就目前的税收征管格局看，"分类管理"又进一步细化为"分级分类管理"。所谓分级，就是将企业等纳税人按规模、纳税额等划分为不同层级，居于上层的企业，其税收管理的主要权限也上收到上级税务机关。所谓分类，是将纳税人按行业、地域、重要涉税事项、风险等级、特殊税种等进行分类，配备专业化的管理队伍，分类研究税收法规及其执行中存在的问题，分析不同类型纳税人及其涉税事项存在的规律性、多发性风险点，从而进行有针对性的管理。

三、形成职责上移的税收征管格局

在国家一系列的决策部署下，上级税务机关已承担起越来越重要的税收征管职能。

税总发〔2014〕105号文件中针对大企业税收管理，提出要提升大企业复杂涉税事项的管理层级，发挥各级税务机关的系统优势，实现大企业由基层的分散管理转变为跨层级的统筹管理。

中办发〔2015〕56号文件中要求对跨区域、跨国经营的大企业，在纳税申报等涉税基础事项实行属地管理、不改变税款入库级次的前提下，将其税收风险分析事项提升至税务总局、省级税务局集中进行，将分析结果推送相关税务机关做好应对。

税总发〔2016〕54号文件中对不同层级税务机关在税收风险管理中的征管职能作出

详细划分。税务总局负责税收风险管理制度和机制的顶层设计，包括：制定税收风险管理工作规程；统一业务口径及数据标准，开展数据治理；建立第三方涉税信息采集及应用制度；开发部署金税三期决策支持风险管理系统（以下简称决策支持风险管理系统）；建立健全全国或者区域范围的风险管理特征库、模型和指标体系；制定税收风险管理过程监控和效果评价标准。同时，组织开展区域性、行业性以及特定类型纳税人或者特定事项的税收风险分析工作（如千户集团税收风险分析）；整合风险应对任务并向省级税务机关推送；组织对省级税务机关及税务总局税收风险管理工作领导小组办公室（以下简称税务总局风险办）成员单位的风险管理过程监控和效果评价；开展纳税遵从行为规律分析；实施跨省风险管理任务调度；组织开展跨省数据集成和调度；组织征管主观努力程度监控及评价；组织制定税收风险管理战略规划。

在省级税务机关层面，要按照税务总局工作部署，结合本地实际，建立健全税收风险管理工作机制，开展数据治理，开展第三方涉税信息采集及应用工作，完善、应用省级决策支持风险管理系统，改进、优化风险管理特征库、模型和指标体系，统筹安排税收风险管理各项工作任务，接受税务总局风险办对其风险应对全流程的过程监控和效果评价。按照税务总局计划开展区域性、行业性以及特定类型纳税人或者特定事项的税收风险分析工作（如千户集团税收风险分析）；结合税务总局推送的风险应对任务，进一步开展专业分析，形成本省风险纳税人库；对纳税人进行风险等级排序，结合征管资源配置情况，确定应对任务；组织开展风险应对，或将风险应对任务推送给下级税务机关；组织对下级税务机关的过程监控及效果评价，并向税务总局反馈整体应对情况；开展纳税遵从行为规律分析；负责全省风险管理任务调度；负责全省数据集成和调度；组织征管主观努力程度监控及评价；组织制定本省税收风险管理年度规划。

市县税务机构层面的工作职责有了重大调整。中共中央办公厅、国务院办公厅印发的《关于进一步深化税收征管改革的意见》中，要求强化市县税务机构在日常性服务、涉税涉费事项办理和风险应对等方面的职责，进一步要求适当上移全局性、复杂性税费服务和管理职责。

目前，我国已形成了数据资源汇聚在高层、税务管理平台在高层、把握行业管理重心在高层、统筹跨区域税务管理在高层、典型税务案件交汇在高层的征管格局。

四、以纳税信用管理作为征管基础

2014 年，国家税务总局发布了《纳税信用管理办法（试行）》（国家税务总局公告 2014 年第 40 号），就税务机关对纳税人的纳税信用信息开展的采集、评价、确定、发布和应用等活动作出系统性规定。此后，国家税务总局发布了《纳税信用评价指标和评价方法（试行）》（国家税务总局公告 2014 年第 48 号），明确了纳税信用评价的具体规则。

《关于明确纳税信用补评和复评事项的公告》（国家税务总局公告 2015 年第 46 号）则进一步明确了《纳税信用管理办法（试行）》中纳税信用补评、复评使用的文书式样和具体操作要求。

《关于明确纳税信用管理若干业务口径的公告》（国家税务总局公告 2015 年第 85 号）则对《纳税信用管理办法（试行）》中适用范围、信息采集范围、起评分设定、评价范围、不得评为A级情形、直接判为D级情形、D级评价保留情形、评价结果发布等8个方面的业务操作口径作出具体规定。

《关于完善纳税信用管理有关事项的公告》（国家税务总局公告2016年第9号）则对《纳税信用评价指标和评价方法（试行）》中动态调整、通知提醒等条款内容进行了完善；对《纳税信用评价指标和评价方法（试行）》中部分评价指标的扣分标准进行了优化调整，提高了纳税评估、税务审计、反避税调查、税务稽查发现补税行为的扣分分值。

《关于纳税信用评价有关事项的公告》（国家税务总局公告2018年第8号）将新设立企业、全年没有营业收入的企业以及适用企业所得税核定征收办法的企业纳入纳税信用评价范围。

《重大税收违法失信案件信息公布办法》（国家税务总局公告2018年第54号）对重大税收违法失信案件公布标准、信息公布内容、信用修复、案件撤出等进行了修改，原办法相应废止。

《关于纳税信用修复有关事项的公告》（国家税务总局公告2019年第37号）对纳入纳税信用管理的企业纳税人实施纳税信用修复。

《关于纳税信用管理有关事项的公告》（国家税务总局公告2020年第15号）则增加非独立核算分支机构自愿参与纳税信用评价、增加纳税信用评价前指标复核机制，满足纳税人合理需求；调整纳税信用起评分的适用规则，调整D级评价保留2年的措施，适当放宽有关标准。

《关于纳税信用评价与修复有关事项的公告》（国家税务总局公告2021年第31号）重新规定了可向主管税务机关申请纳税信用修复的5种情形，对符合"首违不罚"规定的相关记录不纳入企业纳税信用评价。

上述一系列文件的出台，不断完善了纳税信用等级评价的公平公正性与合理性，为将纳税信用作为促进纳税人自主遵从、提高税收征管效能的基础提供了保证。这些文件大大促进了纳税人诚信自律，提高税法遵从度，从"要我遵从"向"我要遵从"转变，进而推进了社会信用体系建设。企业获得的高等级纳税信用等级并非一个"荣誉称号"，而是会对其办税行为及接受税务监管情况产生实实在在的影响。例如，在发票领用、使用方面更具便利性。《关于按照纳税信用等级对增值税发票使用实行分类管理有关事项的公告》（国家税务总局公告2016年第71号）中规定，纳税信用A级的纳税人可一次领取不超过3个月的增值税发票用量，纳税信用B级的纳税人可一次领取不超过2个月的增值税发票用量。以上两类纳税人生产经营情况发生变化，需要调整增值税发票用量，手续齐全的，按照规定即时办理。又如，在申请增值税增量留抵退税时，A、B级的纳税信用等级是必备条件。反之，如果是C或D的纳税信用等级，尤其是D级纳税人，不但被限制了许多行为权利或失去了诸多办税便利，而且还要接受税务机关的从严监管。

五、以大数据和信息系统为驱动力

税务信息系统的建设以运行多年的"金税三期"及正在开发的"金税四期"为代表。"金税三期"实现了"一二三四"的目标，即包含网络硬件和基础软件的统一的技术基础平台；依托该统一的技术基础平台，逐步实现税务系统的数据信息在税务总局和省级税务局两级集中处理；信息系统覆盖所有税种、覆盖税收工作的主要工作环节、覆盖各级税务机关的"三个覆盖"；包括征收管理、外部信息交换、决策支持和行政管理等四个系统。其中的核心征管模块主要是用于面向纳税人的基础事务处理，还包括了纳税评估、税务稽查、税收法治等部分内容，共分为税务登记、发票、认定、票证、优惠、评估审计、证明、稽查、申报、法治、征收、综合等业务域，涉及设立税务登记、税收减免核准等若干条工作流和底层功能。决策支持模块中的风险管理功能包括风险识别、风险分析、风险评价、风险应对、跟踪管理、宏观风险分析、联动管理、全程工作情况监控、专项分析、信用管理等部分。

"金税三期"的上线运行已产生显著成效。在纳税服务方面，更及时、精准地向纳税人推送资讯信息，网上办税更加方便快捷，为征纳双方提高工作效率、降低办税成本提供了物理条件。在税务管理方面，以此为核心工具而将风险管理理念落到实处，通过数据的互联互通、采集集中、清洗整理、格式规范统一、指标计算、分析利用等，真正实现大数据资源的有效挖掘利用，发挥了社会协同共治功能。在发票管理方面，对发票开具、使用等进行全环节即时验证和监控，实现对虚开骗税等违法犯罪行为的惩处，从事后打击向事前、事中精准防范转变，为全面推行电子发票提供了技术基础。在纳税信用建设方面，信用管理模块作为风险管理的子部分，依据风险识别环节设置的指标，科学、规范开展对纳税人的信用评定工作。

《关于进一步深化税收征管改革的意见》中明确要建成以税收大数据为驱动力的具有高集成功能、高安全性能、高应用效能的"智慧税务"。充分运用大数据、云计算、人工智能、移动互联网等现代信息技术，推进内外部涉税数据汇聚联通、线上线下有机贯通，驱动税务执法、服务、监管制度创新和业务变革，将"智慧税务"作为新发展阶段进一步深化税收征管改革的主要着力点。"金税四期"重点围绕"智慧税务"建设，以发票电子化改革为突破口，以税收大数据为驱动，推动构建全量税费数据多维度、实时化归集、连接和聚合。

《关于进一步深化税收征管改革的意见》中确定了具体的行动路线图。其中，2021年建成全国统一的电子发票服务平台，24小时在线免费为纳税人提供电子发票申领、开具、交付、查验等服务。2022年基本实现法人税费信息"一户式"、自然人税费信息"一人式"智能归集；建成全国统一规范的电子税务局，不断拓展"非接触式""不见面"办税缴费服务。2023年基本实现税务机关信息"一局式"、税务人员信息"一员式"智能归集，深入推进对纳税人缴费人行为的自动分析管理、对税务人员履责的全过程自控考核考评、对税务决策信息和任务的自主分类推送。2025年基本实现发票全领域、全环节、全要素电子化，着力降低制度性交易成本；实现税务执法、服务、监管与大数据智能化应用深度融合、高效联动、全面升级；建成税务部门与相关部门常态化、制度化数据共享协调机制，依法保障涉税涉费必要信息获取。

六、以社会化协同共治为征管保障

社会化协同共治是指税务机关通过与其他部门、单位的信息联通、合作协作，整合社会资源共同促进税收遵从度的提高。由于查账征收是最基本的征收办法，因此，通过电子发票与各类单位财务核算系统、金融支付、财政支付和电子档案管理信息系统的衔接，可加快推进电子发票的应用进程及功能的发挥。通过加强与外部的情报交换、信息通报和执法联动，可形成监管合力。通过发挥行业协会、专业服务机构等第三方机构的税法宣讲、鉴证、咨询、代理服务等，利用社会资源促进纳税人自觉遵从税法，及时改进企业纳税处理中的错漏、偏差，同时也有助于保护纳税人的正当权益。

近年来，国家也推出了许多社会化协同共治的举措。2016年，国家税务总局下发了《关于建立税务机关涉税专业服务社会组织及其行业协会和纳税人三方沟通机制的通知》（税总发〔2016〕101号），目的是要发挥税务师事务所等涉税专业服务社会组织在构建税收共治格局和优化纳税服务、提高征管效能等方面的积极作用。该文件明确了三方机制的沟通内容、沟通方式和工作要求。2019年6月26日，中国人民银行、工业和信息化部、国家税务总局、国家市场监督管理总局四部门联合召开企业信息联网核查系统启动会。该会议上，中国人民银行分别与相关部门签署了合作备忘录。中国工商银行、交通银行、中信银行、中国民生银行、招商银行、广发银行、平安银行、上海浦东发展银行等8家银行作为首批用户接入企业信息联网核查系统，其他银行、非银行支付机构将按照"自愿接入"原则陆续申请接入系统。国家税务总局还多次与司法、公安等部门制定联合办案、共同执法方面的文件。

第三节　税收征管改革对集团企业税务管理的影响

在国家税收征管改革的大背景下，集团企业应当研究各项改革措施出台的背景、政策目标、征管措施的具体变化及其对企业各项税收事务的影响，加强自身税务组织机构、制度、流程建设，提升税务风险管理能力。

一、推进税务风险管理组织与队伍建设

税务风险管理的主体是人及其所在的组织，在国家不再提供"保姆式"纳税服务的征管环境下，企业提高自身的管理能力显得尤为重要，因此，税务风险管理队伍建设是税收风险管理的组织保证。财务部门的职责之一是处理日常的税费计算、申报、解缴工作，办理税务登记，开具、取得、使用发票，经办税务核准、备案、备查事项等，并且对接税务机关的日常征管工作，因此，企业财务部门无疑要承担税务风险管理的主要职责。目前，一些大型企业集团都在总部设立了税务管理部，负责集团成员企业税务管理工作的制度设计、税务专员的岗位培训、纳税申报等数据信息的质量监控与集中分析、重大项目的税务筹划、重大案件的应对与经验教训内部分享、税收法规的个性化解析以及对成员企业的税务管理工作进行评价等。作为成员企业财务部门内置的税务专员岗位，执行集团税务部门制定的各项工作标准，接受纵向的业务指导，承担本企业具体的纳税事务处理与风险应对职能。这种横向到边、纵向到底的税务专业管理体系，为企业税收合规及正确、有效的纳税筹划发挥了强有力的支持作用。

作为国有大型企业集团，并不存在主观故意违反税法的动机与目的，但凡事都有两面性，少数企业管理层往往正因为如此而不太重视税务管理的重要性。从历史来看，我国在

相当长的一段时间内考核国有企业的"利税总额","利"与"税"的概念不分,没有认识到"税"是企业在同一部税法下无差别对国家应承担的强制义务,并且通常构成刚性财务成本;而"利"反映的是企业的经营能力及对投资者的回报,两者具有本质的区别。在这些观念的支配下,往往会由于缺乏完善的内部税务管理组织体系,缺乏专门、专业的税务岗位,对税法的掌握不全面,理解与执行不准确,内部复核缺位等问题,从而导致少交、不交、迟交、错交税款的现象。随着近年来考核导向由"利税总额"向"税后净利润"转变,随着国有企业混合所有制改革的推进,国有大型企业集团对税收重要性的认识有了长足的提高,在税务管理组织的设置与建设方面也在持续加大力度。

《关于中央企业加快建设世界一流财务管理体系的指导意见》(国资发财评规〔2022〕3号)中提出:"健全职能配置。树立'大财务'观,坚持不缺位、不越位、不错位,建立健全各级财务职能和岗位设置,不断夯实财务报告、资金管控、税务管理等基础保障职能。"由于税收风险管理与纳税事务筹划需要企业内部多个部门的协同,因此,企业税务管理组织体系的建设也应包括确定其他部门、岗位人员在税收事务管理中的职责,考察其胜任能力,组织常态化培训,形成以财务部门税务管理团队为核心,多部门协同共管的格局。

二、优化完善税务风险管理制度与流程

税务风险管理制度是企业根据国家的税收法规,结合企业自身实际情况制定的处理各项税收事务的行为标准、操作指引。它的核心内容有:第一,确立价值观,明确什么可以为,什么不可为,什么事必须经过论证、决策后方可为;第二,围绕本企业涉及的各实体税种编制纳税规范操作手册;第三,明确规定以财务部门为中心、相关部门协同参与的,以遵从税法为目标的部门、岗位工作任务项,并且将其定位于不同的时间节点上;第四,制定税务风险控制结果的绩效评价与奖惩制度。

税务风险管理流程是指各项税务风险管理活动的先后次序、流向,以及部门、岗位职责间的相互制约关系。例如,对于企业销售产品的适用税率(或征收率),应由财务部门税务管理部或税务专员对照税法事先逐一确定,后由IT部门维护进入公司的信息系统,销售部门或营运部门在签订销售合同、生成销售订单时,必须明确该税项,销售合同执行时,信息系统自动根据销售产品代码生成税率,进行价税分离,提取销项税额,再进入税务专员的纳税申报工作节点。

税务风险管理制度与流程虽有区别,但二者密不可分。制度是流程得以建立与运转的基础与保证,甚至可以说,"流程"本身就是制度中的制度;而流程是制度得以有效执行的经络血脉,离开了流程,制度就是一个个孤立的、僵化的"部件",只有连接上流程,才能成为有活力、有方向、有秩序的动态有机体[①]。只有建立健全税务风险管理制度与流程,才能在业务运行与财务活动中,统一各部门、各环节的行为准则,加强不同部门、不同岗位的涉税信息获取、沟通传递、输出反馈与相互制约,通过过程控制最大程度地消除风险因子。

---

① 高允斌.企业税收风险管理的要素与基本框架〔J〕.财税与会计,2022(5).

作为税务管理制度建设的一项重要内容，集团企业应当制定并持续完善税收操作手册。这个手册要能依照税法规定，事先将主营的、常规性的业务涉及的税收处理事项进行全面梳理与统一确定，作为上下统一的行动指南与工作标准，也为税收数字化管理系统的开发提供需求指引。税收操作手册的主体内容应当包括：

（1）实体税收要素的标准化。明确和统一企业涉及的税种、税目、税率、计税依据、计税方法、减免税优惠、纳税义务发生时间、纳税地点等。

（2）纳税程序类工作的标准化。制定发票等税收凭证的取得、使用、开具、保存规范；制定税收事务日历；明确和统一企业涉及的税收审批、备案、留存备查等事项及标准等。

（3）计税工作底稿的标准化。一些税收要素计算比较复杂，需要借助于自制的计算表、纳税调整台账、辅助账等，这些工作底稿的功能、格式、表内关系、表间关系以及工作底稿与纳税申报表的关系等应当标准化。

（4）作业流程的标准化。纳税事务作业流程可以归结为由路径、节点、顺序等要素构成。路径有起点、过程与终点，起点一般是某项业务的发起并输入数据信息，过程是税收事务处理的进程与结构化的活动，终点是输出既定的目标任务。路径应当完整而不冗长，清晰而不散漫。节点涉及处理纳税事务的所有部门与岗位职责、目标任务项。顺序则是工作流的前后顺位关系、因果关系、递进关系等。

需要注意的是，税收操作手册如果只是以文本的形式存在于企业，那么它的作用是有局限性的。只有将其植入企业的 ERP 系统等信息化体系，开发应用税务处理的数字化工具，真正实现业财税融合，才能起到"以数管税"的作用①。

有效的税务风险管理制度与流程，还体现在集团企业要有完备的税务信息核查机制与风险应对反应机制。要通过重大疑难问题的集中研判、常态化的纳税申报信息自查、委托外部专业机构的涉税鉴证、纳税评估或税务检查过程中的规范化配合应对，以降低或有的税收风险损失。

国家税务总局制定的《大企业税务风险管理指引（试行）》（国税发〔2009〕90号）中也指出，大企业可以参照该指引，结合自身经营情况、税务风险特征和已有的内部风险控制体系，建立相应的税务风险管理制度。税务风险管理制度主要包括：税务风险管理组织机构、岗位和职责；税务风险识别和评估的机制和方法；税务风险控制和应对的机制和措施；税务信息管理体系和沟通机制；税务风险管理的监督和改进机制。在税务风险管理流程方面，该指引中也有多方面的指导，例如，在日常税收事务的处理与管理方面，企业应建立科学有效的职责分工和制衡机制，确保税务管理的不相容岗位相互分离、制约和监督。税务管理的不相容职责包括：税务规划的起草与审批；税务资料的准备与审查；纳税申报表的填报与审批；税款缴纳划拨凭证的填报与审批；发票购买、保管与财务印章保管；税务风险事项的处置与事后检查等。而在企业整体的税务风险管理上，企业应针对重大税务风险所涉及的所有部门管理职责和业务流程，制定覆盖各个环

---

① 高允斌.税收风险过程控制方法之一：标准化作业［J］.财税与会计，2022（9）.

节的全流程控制措施；对其他风险所涉及的业务流程，合理设置关键控制环节，采取相应的控制措施。

三、探索建立税务风险评估与控制体系

《大企业税务风险管理指引（试行）》中要求大企业应全面、系统、持续地收集内部和外部相关信息，结合实际情况，通过风险识别、风险分析、风险评价等步骤，查找企业经营活动及其业务流程中的税务风险，分析和描述风险发生的可能性和条件，评价风险对企业实现税务管理目标的影响程度，从而确定风险管理的优先顺序和策略。

税务风险评估体系包括事前、事中、事后三个环节。事前评估是企业在经营活动方案和投融资活动决策之前，研究与形成符合税收法律法规及相关规定的纳税计划、纳税方案以及与之有内在逻辑关系的业务方案，也就是税务规划。税务规划的前提是全面、准确掌握本企业税收业务涉及的全部有效税收法规；它的核心价值是事先研判与消除税收风险因素；它的核心内容是基于不同的业务行动方案准确界定分别适用的税法、产生的税收成本、申报义务、风险因素及化解办法，以及其他涉税事务，再从税收角度反过来对业务行动方案作出积极干预、合理调整、优化选择。

税务风险的事中控制是税收风险管理活动的主体，税收风险预警指标体系的建立与运行是其中一种重要手段。企业要在涉税业务、财务收支、会计活动的发生、发展过程中，及时提示、识别税收风险，从而采取风险管理措施将其扼杀在萌芽状态，离不开一套量身定制的税收风险预警指标体系。作为大型集团企业，应与时俱进，顺势而为，重视税收风险控制信息化工具的开发与应用，在数字化建设过程中，注重业务、财务、税务、人力资源、研发等的一体化建设，从而在税收事务处理工作中实现风险管理与提高效率的平衡。可由集团牵头，逐步建立起适合企业自身行业特点的税收风险评估预警指标体系，一旦指标发生异常波动，要先及时查明原因，采取有效措施，减少事后被动接受税收风险评估的频率。税务风险事中控制的另一重要举措是内部控制程序及外部专业机构代理、鉴证工作并举。对于一般的税种，可以通过内部的信息工具与人工作业的组合，通过税务专员岗的前道处理与上级经理的复核，来降低风险发生的概率与程度。但对于复杂的税种，如企业所得税、土地增值税，需要借助于专业机构的代理、鉴证，在正式纳税申报之前，检查、识别、评估风险点，提出调整建议与风险排除方案，协助企业的税务团队在税费计算、申报、缴纳过程中有效管控风险。

在新的税收征管环境下，企业必须将税务风险控制的防线前移，从过去的事后控制转为事前规划、事中控制，将维护好高级别纳税信用等级、减少税务机关风险点的推送数量、降低税务检查频次、降低查补税款金额等指标作为考核税收风险管理绩效的主要评价标准。不过需要指出的是，企业不能由此走向另一个极端，在完成纳税申报后到税务机关税务检查前这一段期间，不能成为税务风险管理的真空地带，企业应建立事后风险评估、核查制度，其形式可以是集团财务部组织对下属企业的自我评估检查，或集团内企业间税务风险的互查，也可以是聘请外部专业机构的风险代理评估检查。通过风险的自我排查，可以采取补救措施，降低风险损失程度。

四、保持与各层级税务机关的税企合作关系

就既往情况看，企业比较重视与基层主管税务机关的联系，这一税企关系纽带无疑还要继续加强。但如前所述，目前国家对大企业的税收管理层级上收，国家、省级两级税务机关在集团整体涉税信息的采集与加工，税收风险疑点的筛查、推送，专项检查任务的布置，重大政策口径的把握等方面起到主导性作用。因此，在此新的征管环境下，大型集团企业也应当注意与上层税务机关建立起良好的工作关系，通过密切的、制度化的工作关系达成如下目标：

（一）及时、准确获取税收资讯与政策解读

税总发〔2015〕157号文件中要求由税务总局指导省级税务局，对于大企业执行税收政策遇到的热点难点问题，提供专业的政策解读，确保税法适用的确定性和税法执行的统一性。通过上层税务机关对税收政策的出台背景、含义、前后政策的变化、实际应用等方面的解读，可以有效解决大型企业集团因成员企业分布地域较广、主管税务机关众多，税企双方在政策理解上可能存在各种偏差而产生的税收风险。

（二）加强信息交流与沟通

及时向税务机关报告企业经营方面的重大信息，对于企业发生的创新业务、重大重组业务等，及时向税务机关通报信息，事先探讨其中存在的税收事项、适用的税收政策、应重点关注的风险点等，并可寻求税务机关对大企业的个性化服务。

（三）酌情申请重大政策不确定事项的事先裁定

《国家税务总局关于进一步加强大企业个性化纳税服务工作的意见》（税总发〔2013〕145号）中提出："试行大企业涉税事项事先裁定制度。以现行税收法律法规为依据，就大企业申请的关于未来可预期的特定事项应如何适用税法予以裁定，提升大企业防控税收风险的能力，推动大企业健全税务风险内控机制。建立健全事先裁定工作流程，完善工作机制，积累工作案例，增强税法适用的透明度和确定性。"虽然这一制度还在探索过程中，但是大企业应当积极推动、参与这一制度的建立与运行，进一步减少纳税事务处理过程中的不确定性。

（四）积极有效地进行税收风险应对

在纳税评估、税务检查工作中，应及时与各层级税务机关沟通，说明相应的业务背景、会计核算原理及纳税处理的实际情况，积极配合税务机关的工作。在纳税评估时，风险事项的具体应对往往是由地级市大企业分局组织的，或者由主管税务机关负责大企业风险评估的科室承担任务，对此，存在风险疑点的各个企业自然应积极配合纳税评估工作。但是，对于集团普遍存在的问题、频繁推送的疑点，特别是可能由于税收政策本身存在的不确定性，或企业的涉税业务、会计处理等方面存在需要说明、沟通以促进对方理解的事项，甚至可能是税务机关分析模型方面的固有局限导致"误判"的问题，就需要与更高层级税务机关主动进行工作联系。

（五）签订《税收遵从合作协议》，形成税企良性互动局面

《国家税务总局关于印发〈深化大企业税收服务与管理改革实施方案〉的通知》（税总发〔2015〕157号）中提出："选择税务风险内控制度较为完善、税法遵从度较高的大企

业，签订《税收遵从合作协议》，引导和约束税企双方共同信守承诺、防范风险。"对于符合条件的集团企业，应以开放的心态、积极的举措与税务机关签订《税收遵从合作协议》，对外、对内坚定、鲜明地确立和表达遵从税法的立场与意愿，在各层级税务机关的信任与支持下进一步提升遵从税法的能力，既有效管控税收风险，又为企业健康、持续、高质量发展提供保障和支撑。

第四章 江苏交控的税务风险管理实践

第一节 江苏交控集团简介

江苏交通控股有限公司（简称"江苏交控"）成立于2000年，是江苏重点交通基础设施建设项目省级投融资平台。公司主要承担四项职责：一是负责全省高速公路、铁路、机场、港口等重点交通基础设施建设项目的投融资。截至2021年底，累计完成投资任务4 122亿元。其中，高速公路3 260亿元，铁路723亿元，港口、机场及其他项目139亿元。二是负责省铁路集团、省港口集团、东部机场集团的出资任务。目前，公司占股省铁路集团96.25%，占股省港口集团29.64%，占股东部机场集团27.3%。三是负责全省高速公路、过江桥梁的运营和管理，公司目前管理全省88%的高速公路，管辖里程4 381公里，其中跨江大桥7座（分别为江阴大桥、苏通大桥、润扬大桥、泰州大桥、崇启大桥、沪苏通长江公铁大桥、五峰山大桥），收费站364个，服务区97对。江苏交控始终立足全省经济社会发展大局，在高效履行投资主体使命的同时，持续提升路桥管理水平，不断满足社会公众出行新需求、新期待，以一流的服务展示了江苏交通窗口的良好形象。江苏高速连续三届在全国干线公路养护管理大检查中名列前茅，以"畅行高速路、温馨在江苏""苏高速·茉莉花""苏式养护"为代表的江苏高速品牌享誉全国。建立的营运管理新机制，实施的路网保畅新举措，推行的道路管养新方法，采取的服务区商业新模式，既提升了公众的出行体验、服务体验，也为全国高速公路事业发展提供了"江苏方案"，贡献了"江苏智慧"。四是依托交通主业，负责涉及金融投资、电力能源、客运渡运、智慧交通、文化传媒等相关竞争性企业的经营管理。兹介绍其中几个代表性的公司：江苏金融租赁股份有限公司成立于1985年6月，是经中国银行保险监督管理委员会批准从事融资租赁业务的国有控股非银行金融机构，是国内著名的金融租赁公司之一。公司于2018年3月1日挂牌上市，是目前国内唯一登陆A股市场的金融租赁公司。公司聚焦绿色能源、汽车金融、高端装备等10大板块50多个细分市场，先后为数万家企业和个人提供了专业化、特色化融资租赁服务，累计投放各类设备数万台。公司充分发挥多元化股东优势，结合国际、国内租赁实践经验，不断创新服务模式，持续提升核心竞争力，致力于打造国际领先的设备租赁服务商。江苏云杉资本管理有限公司（以下简称"云杉资本"）是江苏交控于2015年7月设立的全资子公司，注册资本110亿元。云杉资本定位为江苏交控的投资发展平台、股权管理平台、资本运作平台和风险控制平台，云杉资本围绕服务于集团金融资产布局，实现自身与集团经营发展的财务协同、资金协同和资本协同的目标，通过平台化、市场化、专业化运作，成为助力江苏交控"一主两翼、双轮驱动"战略落地的资本运作平台。江苏通行宝智慧交通科技股份有限公司成立于2016年11月，是全国领先的为高速公路、干线公路以及城市交通等提供智慧交通平台化解决方案的国家级高新技术企业、江苏省现代服务业高质量发展领军企业，全国ETC发行服务行业首家上市企业。主要从事智慧交通电子收费业务、智慧交通运营管理系统业务和智慧交通衍生业务。这些产业及成员企业围绕主业、服务主业，同时又积极对外拓展业务发展空间，极大地充实、壮大了江苏交控的组织体系与市场竞争能力，为江苏交控的持续高质量发展提供了有力保障。

目前，公司下辖33家企事业单位，员工2.8万余名；公司控股上市企业3户，分别是宁沪高速（600377.SH；0177.HK）、江苏租赁（600901.SH）、通行宝（301339.SZ）。

截至2021年底，公司全口径总资产为7 396亿元、净资产为3 136亿元。2021年公司全口径营业收入618亿元，利润总额224亿元，净利润187亿元。近三年公司利润总额、纳税总额、资产规模始终保持省属企业第一，是国内省级交通集团中唯一一家年利润持续超百亿的企业。近年来，江苏交控在江苏省委省政府的正确领导下，坚持服从和服务于全省经济社会发展大局，围绕"交通强省"战略实施，基本构建了江苏高速、江苏铁路、江苏港口、江苏机场四大板块的产业布局，初步形成了以经营性综合大交通投融资为主体、金融和"交通+"为两翼的"一主两翼"发展格局。公司国内信用评级始终保持AAA级，国际评级处于行业顶尖水平，为全国首批、江苏唯一的TDFI企业。公司被授予"全国文明单位""全国五一劳动奖状""全国社会扶贫先进集体""江苏省优秀企业""江苏扶贫济困突出贡献奖"；公司党委被授予"全国先进基层党组织"；公司团委被评为"全国五四红旗团委"。

未来，江苏交控将立足打造"全省重点交通基础设施建设领域有带动力的投资商、全国综合交通产业领域有竞争力的运营商、全球高速公路领域有影响力的服务商"的发展定位，构建"卓越党建+现代国企"治理体系，以破解"钱从哪里来、人往哪里去、险从哪里防"三大难题为抓手，紧扣宽度一厘米的基本方向、深度一百米的发展内涵、长度一千米的产业布局、高度一万米的战略定位，着力在深化国企改革方面争当表率，在建设交通强国方面争做示范，在推动"十四五"高质量发展方面走在前列，高质量打造"国际影响、国内领先的万亿综合交通产业集团"和"世界一流企业"。

江苏交控业务领域框架如图4-1所示。

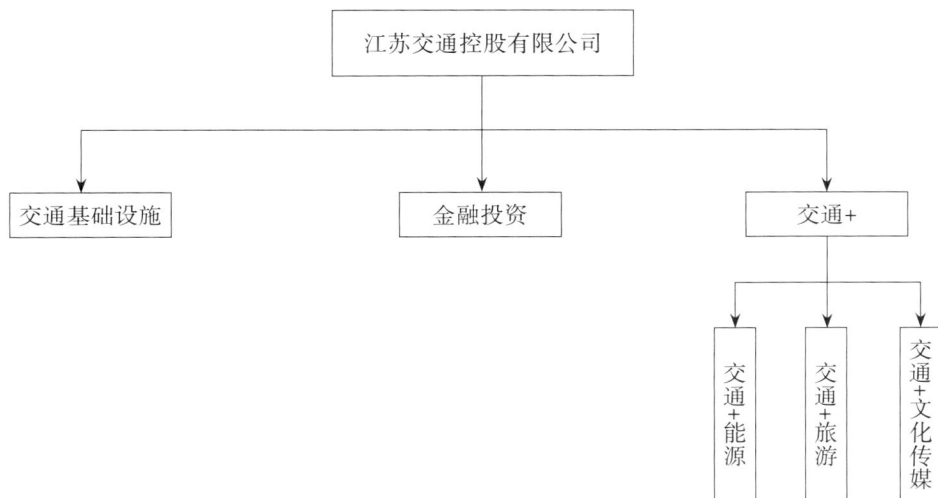

图4-1　江苏交控业务领域框架图

第二节　江苏交控税收事务与税务风险管理实践

一、江苏交控的纳税规模与税收事务情况

（一）江苏交控的纳税规模

2019—2021年，江苏交控集团合计缴纳税款159.03亿元。从税种结构来看，主要为缴纳的企业所得税和增值税。其中，三年共计缴纳企业所得税105.01亿元，占比66%；缴纳增值税46.07亿元，占比29%；缴纳或扣缴其他税种税款合计7.95亿元，占比5%，见表4-1。

表4-1　　　　　　　　　　江苏交控集团2019—2021年纳税情况　　　　　　　　　单位：亿元

税种	2021年	2020年	2019年
增值税	15.00	12.19	18.88
企业所得税	36.14	31.67	37.20
其他	3.83	1.66	2.46
合计	54.97	45.52	58.54

注：按照"千户集团"缴纳税款口径统计，尾数因四舍五入而有误差。

在增值税计税方法上，由于路桥企业拥有的主要路桥资产建造于2016年5月1日之前，因此基本上选择了增值税简易计税方法，部分"新项目"采用一般计税方法。在企业所得税方面，由于盈利状况较好的路桥成员企业开始营运时间较长，目前已不在国家重点扶持的公共基础设施项目所得税优惠期间，均按应纳税所得额缴纳25%的企业所得税。一些新设立的项目公司则因车流量不高、投资额上升等原因，多数处于亏损状态。疫情期间，路桥企业的营业收入受到不同程度的不利影响，国家及时出台了减税降费等扶持政策，江苏交控成员企业在增值税等税种上享受了一定的政策优惠，部分企业按规定申报并实现了增值税留抵退税。

（二）江苏交控的税收事务及其特点

江苏交控作为一家市场化经营的集团化企业，既有一般集团企业都普遍存在、日复一日发生的税收事项，又有与其特定的企业性质、组织形式及一业为主、适度多元化经营的业务格局相关的个性化税收事务。

1.共性税收事务

从实体计税工作方面看，江苏交控及其成员企业日常涉及的税种主要包括增值税及其附加税费、企业所得税、扣缴个人所得税、印花税、房产税、城镇土地使用税等，以中国境内税收为主，偶尔会处理一些跨境税收事项。财务部门、人力资源部门等负责及时、准确完成上述税款的计算、核算、申报缴纳工作。

从税收事务程序类工作方面看，江苏交控总部及其成员企业要完成一家企业设立时的规划论证、税务登记、新办企业信息登记或报送、税种认定、发票领购、购买税控盘等；

在日常纳税申报的同时，还要办理税法规定的税务事项核准、备案、资料留存备查等工作，配合税务机关的纳税评估、税务检查等。不同成员企业在不同阶段、不同节点上分别完成规定的事务性、程序性工作。

2. 个性税收事务

个性税收事务是相对于一般企业共性税收事务而言的，它表现在如下方面：

（1）企业性质影响的税收事务。江苏交控以国有性质为主体，部分成员企业兼有多种所有制成分，由此决定了江苏交控的一切税收事务都以税法遵从、税收合规为重心，江苏交控义不容辞地肩负着社会责任，依法纳税是其重要职责之一。即使是纳税筹划，也是以控制税务风险为主要目标。

在具体涉税事务方面，要完成国有企业身份下所产生的一些特定税收事务，例如国有企业间资产的划转等，还要遵照税法对国有企业的特殊规定和要求处理相应的涉税事务。例如，国税函〔2009〕3号文件规定，属于国有性质的企业，其工资薪金不得超过政府有关部门给予的限定数额。江苏省国资委印发了《江苏省省属企业工资总额管理办法》，江苏交控作为省属企业，可依规定职责确定下属企业工资总额预算，开展内部绩效考核与薪酬分配，各企业税务专员需收集相关资料作为税前扣除依据。由于部分成员企业兼有多种所有制成分，因此会产生有别于100%国有股权的国有企业的税收事务，例如扣缴股息、红利个人所得税；处理因股权激励所产生的企业所得税纳税调整与个人所得税扣缴申报；处理上市公司资本运作中的特殊税收事务等。

（2）企业经营业务影响的税收事务。江苏交控经营内容以路桥建设、运营、管养为主，同时围绕主业有适度的多元化经营布局，这些行业和企业主要有交通运输业、高速公路通行服务业、交通技术服务业、金融融资租赁、持牌财务公司、新能源产业等。江苏交控除了要处理各行业都会涉及的共性税收事务外，还要处理本行业的个性化税收问题，有些问题对应的经营活动持续时间久，跨越时间长，还要面对行业税收政策不完善、不明确时的困惑与挑战。

作为资金密集型的企业，江苏交控的资金融通形式、渠道多样，既有一般的银行贷款、企业间融资，也有在资本市场发行股票、发行普通债券等直接融资，还有永续债、可转债、基础设施领域不动产投资信托基金（REITs）等新型融资工具的发行。企业内部资金融通与管理，也会存在多种形式并存的情况。因此，与资金业务相关的税收风险管理与筹划是江苏交控税收事务中的一项重要任务。

由于路桥建设投资额巨大，建设时间长，在地理空间上横跨多个市、县，加之按照江苏省政府的要求，江苏交控的路桥建设采用"建管分离"模式，因此，对与建造活动各项成本费用相关的税务风险进行管理，提前进行有效的税务规划安排，是江苏交控税收事务中的另一项重要任务。

（3）企业规模及组织结构影响的税收事务。如前所述，江苏交控是一家大型国有企业集团，也是国家重点监管税收风险的大企业，自2015年即成为国家税务总局直接管理的"千户集团"成员企业，必须按照国家对"千户集团"企业的要求建章立制，向税务机关提交各项规定资料与信息，配合税务机关组织的各项管理活动。

一般的集团成员企业之间在货物购销、资金融通、劳务提供与接受、资产租赁、无形资产授权使用等方面会产生必要的、合理的关联交易，以达到集团内资源共享、互补、经济、高效使用的目标，江苏交控也不例外。不过与一般企业有所不同的是，江苏交控的关联交易更多地存在于资金融通、劳务提供与接受、资产租赁等领域，在区域上几乎全部为境内关联交易，极少产生跨境关联交易。在相应的税收事务方面，需要按照独立交易原则及税法指引的关联交易定价方法，合理、公允确定关联交易价格，申报关联交易的信息，准备规定的资料。在纳税筹划方面，应当研究和确定最规范、合理、经济的关联交易形式、路径，管控税收风险，避免产生不合理的税收成本。

由于成员企业设立时间先后不同，资源禀赋不同，同时也可能是为了消除一些冗余的关联交易，集团内成员企业间会进行必要的企业重组。从江苏交控的实际情况出发，集团成员企业间的重组形式主要有股权重组、企业合并、资产收购或置换重组、资产划转等形式，相关企业从重组的场景出发，充分研究、准确掌握重组业务涉及的各个税种，以及税法规定的征税、不征税、免税、暂不征税（递延纳税）政策，依法选择对自身最有利的适用政策，并且做好规定的核准、备案或资料留存备查等工作。

江苏交控的税收事务特征如图4-2所示。

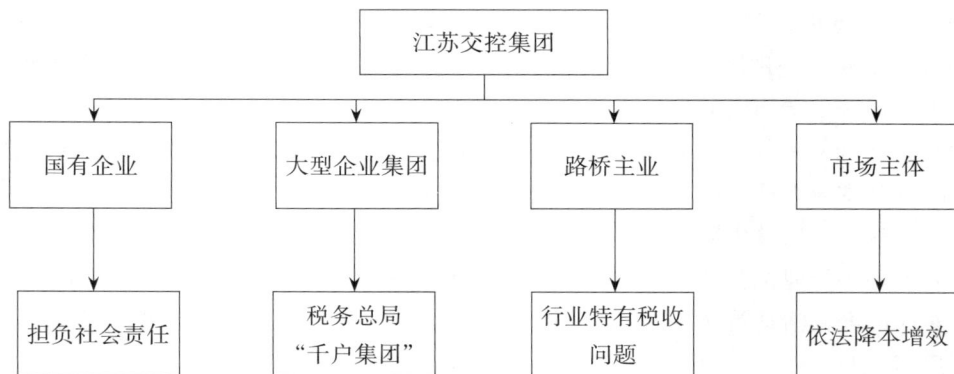

图4-2　江苏交控的税收事务特征

二、江苏交控税务风险管理实践

在国务院国资委发布的《关于中央企业加快建设世界一流财务管理体系的指导意见》中，提出要推进央企集团化税务管理，建立税务政策、资源、信息、数据的统筹调度和使用机制，做到税收"应缴尽缴，应享尽享"。江苏交控的税务管理工作从自身实际情况出发，遵循国家税务总局制定的《大企业税务风险管理指引（试行）》，接受各级税务机关的指导与帮助，通过多年的探索、实践，取得了一定的成效，现将江苏交控税务管理工作总结为如下四个方面：

（一）牢固确立税务风险管理意识

一般的观点认为，国有企业缴纳的税收与税后利润都属于国家，因此，国有企业没有主观上偷逃、规避税收的动机，确立税务风险意识、合规意识不是一个问题。江苏交控认为，这种观点是片面的。对于国有企业，仍然要反复强调、不断扎牢税务风险意识与合规理念，并以此引领税务管理的实践。

首先，税务风险并不必然都是在主观偷逃税的故意支配下所产生的。一家企业如果对税法不知、不会，或掌握得不准确、不及时，同样会导致税务风险的发生。其次，如果财务人员、税务专员个体上将税法掌握了，但是，企业整体上疏于管理，也会在操作层面发生计算错误、操作失误、税务资料与信息散失等方面的问题，或者出现业务部门、行政部门、财务部门互为"信息孤岛"，因信息沟通不畅产生的税务风险。再次，确立税务风险管理意识并不只是对财务人员、税务专员的要求，更重要的是对企业全体人员的要求，只有全员具备税务合规理念，才能从源头上控制风险，才能形成各部门协同管理风险的机制。最后，税务风险管理意识不能只是一时一事的，应该是持久而坚定的，它应该融会在企业的制度与文化之中。企业每制定一个新的战略规划、经营计划，都要讲税务风险管理；每成立一家新的公司或纳税主体，都要讲税务风险管理；每招聘一批新的员工，都要讲税务风险管理。

基于上述认识，江苏交控通过制度建设、宣传培训、责任考核、员工任职条件考察等工作，牢牢确立税务风险意识、管理意识、合规意识，表现在：首先，打造税务风险管理的环境、氛围，集团的高层领导高度重视，提出税务风险管理的目标、任务、要求，财务部门作为职能部门主抓宣传、培训和落实，其他部门协同响应，形成高层重视、全员参与的良性局面。其次，不让不具备相应税务合规处理能力的人从事相关的工作，在进行涉税管理与操作岗位人员选聘时，首先评价其是否具备合规能力。再次，在内部控制中突出税务风险管理意识。税务风险因素是时时刻刻存在的，而有了风险导向和管理意识，就可以指引具体的行动措施。最后，向税务机关充分表达税务合规的意愿。江苏交控与原江苏省国家税务局、原江苏省地方税务局于2018年1月9日签订《税收遵从合作备忘录》，成为省内第一家与税务机关签订税收遵从合作备忘录的国有企业，此次签约彰显了江苏交控的税法遵从意愿，标志着税企双方建立起平等、互信、合作和双向沟通的新型征纳关系，为进一步达成税收遵从合作协议、促进税企间的合作互信奠定了良好基础。备忘录签订后，江苏省税务局第一分局成为联系江苏交控与各税务机关的纽带，在协调解决江苏交控及其子公司在省内跨地区、跨层级的税收争议事项，在现行税法框架内明确回复江苏交控就重大税收政策提出的疑问，响应公司的税法知识需求等方面发挥了极大的作用。

（二）建立健全集团税务风险管理组织体系

江苏交控结合自身实际情况、经营战略和税务管理目标，搭建了横向融合、纵向贯通的多层级、多维度税务管理组织体系。在总部层面，江苏交控财务管理部形成了以财务报告、资金管控、税务管理和预算管理为基础的现代型部门架构；由专职人员负责组织税收事务的管理工作，除集团税务事项的日常管理外，更侧重于战略性税务管理，管标准、管政策、管筹划、管风险、管考核，包括但不限于制定集团税务管理制度、动态收集并研究国家（地方）新出台的税收政策、对经营活动与重大项目进行涉税分析与税务筹划、监控集团税务风险并采取相应风控措施、制订集团税务培训计划、指导与考核成员企业的税务管理工作等。根据各成员企业的规模大小，设置税务管理机构或专职税务岗位，负责涉税事项执行，具体包括纳税申报、涉税数据质量治理以及当地税务机关沟通协调等；同时接受总部税务人员的纵向业务指导与考核，形成垂直、扁平化的管理架构，通过自上而下、多层级的税务管理组织，明确各层级的任职要求和岗位职责，形成清晰明确的风险管控与信息沟通线路。此外，江苏交控还借助外部专家力量，聘请业内资深的税务师事务所为集团总部及成员企业提供专业的税收咨询服务，为自身税务管理工作的正常运行保驾护航。

近年来，受到外部监管要求和内部精益管理的驱动，江苏交控在完善税务管理组织架构的同时，不断重视培养符合企业价值增长的税务管理专门人才。就培养形式而言，江苏交控充分运用以赛促学、考证促学、校企合作和轮岗提升等多种手段，以学促工，发现人才、培养人才，提升税务管理人员的通用能力、专业能力和创新思维能力，培养复合型高素质人才。从培养效果看，江苏交控培养出了一批熟悉业务、精通税法、能力过硬、素质优秀的税务管理团队，在资源分配上对他们适当倾斜，营造出良好的"选人、用人、育人、留人"的环境，有效避免了成熟人才的流失。

（三）不断充实和完善税务风险管理制度与流程

按照国家税务总局的指引，在江苏省各级税务机关的指导下，江苏交控不断加强税收管理制度与流程建设工作，采用集团统一要求、成员企业结合自身业务与税务事项特点分别制定管理制度的办法。在集团层面，公司制定了《税务内控手册》，用以规范全系统的税务登记、发票管理、纳税申报、纳税筹划等税务管理工作，以实现税收事务管理工作的程序化、系统化、制度化，从而达到防范和控制税务风险、提高税务管理综合效益的目的。针对增值税进项税额抵扣这一重点税收风险领域，进行了系统的调研与风险排查，在此基础上，制定了《增值税进项税额管理操作手册》，详细提示了应重点关注的增值税进项税额抵扣风险事项；针对路桥企业采购不同类型货物或服务业务，制定了取得扣税凭证的风险管理要点，包括增值税扣税凭证类型与进项抵扣政策，发票审核及复核管理要点，采购货物、服务等应取得扣税凭证的时间及管理流程，等等；进项税额加计抵减政策的注意事项；扣税凭证在不同纳税主体间的安排与筹划等。由于路桥企业建设阶段投资额巨大，其间会产生较大的增值税进项留抵税额，可以依法申请增值税进项留抵退税。为保证全集团成员企业在享受税收优惠政策的同时依法合规，江苏交控集团编制了《申请增值税留抵退税操作手册》，下发全集团对照使用。目前，江苏交控正在组织编制研发费用加计扣除规范化管理操作手册。

在成员企业层面，有的公司制定了专门而系统的税务管理制度，例如《江苏润扬大桥发展有限责任公司税务管理制度》《江苏泰州大桥发展有限公司税务管理办法》《江苏连徐高速公路有限公司税务管理办法》等。这些内部管理制度明确了各自税务管理的任务、目标、内容，明确了职责分工，就税务登记、发票管理、税费申报与缴纳事务管理、纳税信用与风险管理、税务档案管理等内容作了具体规定，涵盖了税务管理工作的主要方面。有的公司在财务管理制度中单列专门的章节，对税务管理制度及流程作了规定。还有的公司针对特定的事项制定了管理制度，如票证管理。有的公司结合自身实际，制定了本公司适用的税务内控手册，例如江苏宁靖盐高速公路有限公司将合规性、前瞻性、效益性等作为税务风险内控工作应遵循的原则，编制了风险控制矩阵，在税费申报管理流程、风险分析管理流程、纳税筹划流程等方面编制、下达了具体的流程图，制度与流程的形式更加直观、明晰和系统。

在税务风险管理流程设计与落实方面，江苏交控注意将风险管理的流程拉长，环节切细、链条织牢。在进行重大决策前，充分考虑不同商业模式产生的税务影响，以及税法规定对企业选择和制定业务模式的作用力，分管税务的集团高管（包括总会计师和财务管理部部长）参与江苏交控重大经营计划的决策时，将税收风险的前置管理融入其中。在业务实施过程中，细化不同部门在不同环节各自工作职责上应当实现的税务管理目标，明确其必须办理的具体事项、步骤与要点，明确不同部门、不同岗位的相互关系，并进行责任考核。在税款计算、申报缴纳方面，从基础数据与信息资料的提供、信息系统上相关信息的维护、计税规则的确定、人工负责的部分税种应纳税款或税收要素的计算、申报表的填制、内部复核与批准、外部鉴证、事后管理、税务档案管理、内部税务数据的挖掘利用等方面努力进行流程化精细管理。

（四）常态化开展税务风险识别与应对工作

结合《江苏交通控股有限公司风险管理办法》的相关要求，在审计与风险管理委员会的指导下，江苏交控自2018年开始，每年组织开展风险识别与评估，并形成风险评估报告。税务风险是全面风险管理的重要内容，江苏交控积极探索建立集团税务风险评估体系，财务部门主要负责人亲自挂帅，事前评估重点风险事项，事中、事后核查风险事项，制定与落实风险管理措施，以促进公司税务风险管理工作的进一步完善。兹以两个事例予以说明。2016年4月，全面"营改增"政策发布后，集团财务管理部立即组织对相关政策的学习研究，敏锐地意识到，在江苏交控"建管分离"模式下，必须采取有效措施保证增值税进项税额抵扣的"三流合一"。集团财务管理部制定了具体的操作方案，邀请原江苏省国税局、江苏省交通运输厅、江苏省交通建设局、江苏交控集团内专家对方案进行论证，形成了为各方认可的实施方案，成为事前风险评估与管理的成功案例。集团财务管理部就"营改增"后的采购定价、合同签订等事项及时与业务部门、江苏省交通建设局等进行研讨，并聘请外部专业机构出具了《新建高速公路增值税业务咨询报告》，明确了"营改增"对新建高速公路流转税的影响及管理各环节应关注的事项。2022年7月14日上午，江苏交控邀请江苏省税务局第一税务分局、第三税务分局、货物和劳务税处、财产和行为税处、国际税收管理处一行7人到集团调研指导工作，从集团层面提出5项关于税收政策确定性方面的诉求，分别为路桥改扩建项目通车营运后的增值税计税方法确定问题、关联企业间融资利息的税前扣除问题、"建管分离"模式下的增值税进项抵扣问题、印花税重复征收问题、建设管理费用涉税问题等。调研组表示，会后将尽快会同相关处室研究具体措施，使本次会议的沟通成果落地生效，切实解决江苏交控发展中面临的涉税诉求。本次会议及前后所做的多次请示与沟通工作，对江苏交控提升税务管理水平、增强税务合规和风险管理能力产生了现实与长远影响。

为更加全面、系统、专业地评估江苏交控全集团存在的税收风险，依法合理进行税务规划，2021年，江苏交控立项"江苏交控系统涉税风险控制与纳税筹划"课题，聘请业内资深税务师事务所为该项目提供咨询服务，通过问卷调查、现场调研、以往纳税检查与评估结果资料收集分析等方式，将集团层面及成员企业存在的主要风险点及需要依法合理规划的事项分税种进行了全面梳理，对其中的政策不确定性事项向税务机关进行汇报、咨询，在此基础上起草了课题报告，并下发成员企业征求意见，在认真吸收部分成员企业的意见和建议后，数易其稿，形成了最终的课题报告。在课题评审会上，评审专家给予了充分的肯定。江苏交控以课题研究成果作为新的起点，组织全集团财务人员进行培训，并下发通知，要求各公司对照问题，自查自纠。通过此项活动，在江苏交控全系统深入宣贯了税收风险意识、合规意识、事前筹划意识，对重点税收法规、重要涉税业务的处理方法作了讲解与制度化的要求，对存在的共性问题同抓共管，对个性化问题，相关企业要结合课题中提出的思路与建议方案，结合企业实际情况，一事一策，有的放矢，其他企业则引以为戒。

多年来，江苏交控集团及各成员企业重视常态化的事中税务风险管理工作，对企业所得税年度纳税申报、研发费用加计扣除申报、土地增值税清算、高新技术企业申报等复杂业务，大多聘请了专业服务机构提供了鉴证服务，借助专业力量协助各企业用好用对税收政策。部分企业聘请了常年税收法律顾问，及时提供涉税事项的法律咨询意见，答疑解惑，在第一时间依法、合规处理税收事务。

经过全集团的共同努力，近年来，江苏交控全系统未发生重大税收风险案件。除少数新办企业外，各集团及成员企业的纳税信用等级基本上都保持为 A、B 级。

第五章　江苏交控集团层面统筹的主要涉税事项

第一节　公司设立环节的税务规划

一、企业组织形式的纳税筹划

集团企业在发展过程中总是伴随着组织机构和营业活动在空间地域范围上的扩张，当企业要投资一项新的业务活动时，采用什么样的组织形式，其与本企业或集团企业的法律关系如何，在什么样的地点设立新的组织机构，诸如此类的问题，既有可能涉及税负之高低，也会涉及公司办税成本及处理涉税事务的便利性。在投资决策时，其首要的问题是要不要新设一家某种形式的法律主体？如果有必要，该主体采用什么样的法律形式？对此，企业优先要考虑的是企业发展战略目标，考虑企业日常经营管理的需要，考虑由此产生的管理成本，也要考虑国家其他方面法律法规的规定，例如国资管理部门对压缩企业层级的要求。从纳税筹划的角度看，企业应当通盘掌握不同法律形式的组织结构所对应的税收事项，涉及的具体税收法规。在此前提下，再结合未来企业营收、效益及其他因素，对比分析其间的利弊得失，综合研判后筹划安排最合理的组织形式。

（一）设立子公司的税务事项及利弊分析

1.子公司涉及的税务事项

子公司是一家独立的法人公司，它要独立处理从税务登记到纳税申报再到风险应对等各种纳税事务，如果子公司是中国境内的法人公司，涉及的税种主要包括：

（1）增值税及其附加税费。《增值税暂行条例》第一条规定："在中华人民共和国境内销售货物或者加工、修理修配劳务（以下简称劳务），销售服务、无形资产、不动产以及进口货物的单位和个人，为增值税的纳税人，应当依照本条例缴纳增值税。"其中的"单位"自然包括公司制企业。子公司在缴纳增值税的同时还要缴纳城市维护建设税和教育费附加。

（2）企业所得税。《企业所得税法》第二条规定："企业分为居民企业和非居民企业。本法所称居民企业，是指依法在中国境内成立，或者依照外国（地区）法律成立但实际管理机构在中国境内的企业。"在中国境内设立的子公司自然是居民企业。《企业所得税法》第三条规定了居民企业的纳税义务范围为："居民企业应当就其来源于中国境内、境外的所得缴纳企业所得税。非居民企业在中国境内设立机构、场所的，应当就其所设机构、场所取得的来源于中国境内的所得，以及发生在中国境外但与其所设机构、场所有实际联系的所得，缴纳企业所得税。"《企业所得税法》第五十条规定："除税收法律、行政法规另有规定外，居民企业以企业登记注册地为纳税地点；但登记注册地在境外的，以实际管理机构所在地为纳税地点。居民企业在中国境内设立不具有法人资格的营业机构的，应当汇总计算并缴纳企业所得税。"

（3）其他税种的纳税义务或扣缴义务。法人公司应履行各项个人所得税扣缴义务。其他方面的纳税义务要视企业经营内容和财产状况而定。例如，要根据公司是否拥有不动产，确定是否要缴纳房产税、城镇土地使用税等。对所签订的应税合同、资金账簿等履行印花税纳税义务。

如果子公司设立在境外，要按所在地国家（地区）的税法独立纳税，处理纳税事务。

2.设立子公司的利弊分析与纳税筹划

设立子公司所产生的税收方面的利弊得失不是绝对的，一定要放在特定的场景下包括对未来经营趋势的预测下进行比较分析，进而才能作出正确的筹划、决策。

（1）子公司的盈亏情况。如果投资主体与新设子公司互有盈亏，一方存在企业所得税纳税义务，另一方有未弥补亏损，由于企业所得税以法人为单位确定纳税主体，双方不能盈亏互抵。如果亏损是暂时性的，那么产生的是货币时间价值方面的损失；如果亏损是长期性的，由此而产生的税收损失就可能是永久性的。这方面较典型的案例是，早年投资建设的高速公路项目公司多为盈利企业，而目前新建项目因为交通流量所限，往往出现亏损甚至持续亏损的状况，此时就应认真筹划用于承载新项目的法律主体及其形式了。

如果境内子公司是盈利的，未来分配给母公司的税后利润免交企业所得税且不属于增值税征税范围，不产生任何税收损失。如果子公司盈利但设立在境外，在境外缴纳的企业所得税可以按规定进行抵免。

（2）享受税收优惠情况。一些税收优惠是以企业整体为对象来规定认定条件的，此时要考虑是否设立一家新公司。例如，如果原企业在一个传统行业，投资新设项目属于高新技术产业，如果将其放在原来的公司，企业全部高新技术产品（服务）的收入很可能达不到收入总额的60%，无法申请认定国家重点支持的高新技术企业。而将其单独设立一家法人子公司，就有利于符合这方面的税收优惠条件。反过来，一家高新技术企业如果将销售部门独立出去设立专业化的销售公司，由此分流出去的利润就不能享受高新技术企业税率优惠了。

（3）关联交易及其定价。由于子公司是一个独立的企业所得税纳税主体，当它与集团内其他企业发生业务关系时，其交易定价就要符合独立交易原则。而集团企业有时会从融资、市场竞争等方面考虑双方的交易定价，这里就要注意与税务风险管理需求的相互协调问题，交易定价不能是单维度的，应综合考虑税法规定的原则、方法、信息申报要求以及潜在的调查风险。

（4）税收风险管理。设立子公司后，在经营管理方面会与集团内其他企业相对隔离，包括税收风险在内也是相对隔离的。子公司独立处理自身的纳税事务，接受税务机关的管理包括纳税评估、检查，如果有违法违规行为，影响范围往往也限于子公司这个个体，一般不会对其他集团企业产生影响。但是要注意某些特定事项的连带影响，如某一子公司因税收违法被评定为D级纳税信用等级或该子公司成为非正常户的，会因此而影响到集团内同一负责人负责经营的其他企业的纳税信用等级等。

（5）与地方财政之间的关系。由于法人公司独立缴纳所有的税款，对地方财政有直接的贡献，所以一些地方政府要求集团企业必须在当地设立法人公司，才可能取得诸如土地使用权等资源。

（二）设立分公司的税务事项及利弊分析

分公司不具有独立法人地位，它在纳税人身份及纳税义务方面也与子公司有所不同，但分公司毕竟是一家法人内部的分公司，因此它与法人税制又有关系，并且，它与子公司一样要办理税务登记。实务中，可以将设立分公司与设立子公司进行对照性的比较、评价，这样的纳税筹划结论会更全面系统、准确有效。

1.分公司涉及的税务事项

（1）增值税及其附加税费。《增值税暂行条例》第二十二条第（一）款规定："固定业户应当向其机构所在地的主管税务机关申报纳税。总机构和分支机构不在同一县（市）的，应当分别向各自所在地的主管税务机关申报纳税；经国务院财政、税务主管部门或者其授权的财政、税务机关批准，可以由总机构汇总向总机构所在地的主管税务机关申报纳税。"

因此，分公司一般情况下都是增值税及其附加税费的独立纳税人。

（2）企业所得税。除非居民企业在中国境内设立的分支机构，以及境内居民企业的分支机构存在其他极特殊情况（例如被税务机关视同独立纳税人的）外，分公司不是企业所得税的独立纳税主体。属于中央与地方共享范围的跨省市总分机构企业缴纳的企业所得税，实行"统一计算、分级管理、就地预缴、汇总清算、财政调库"的处理办法，总机构按上年度各省市分支机构的营业收入、职工薪酬和资产总额三个因素，将统一计算的企业当期应纳税额的50%在各分支机构之间进行分摊（总机构所在省市同时设有分支机构的，同样按三个因素分摊），各分支机构根据分摊税款就地办理缴库。企业总机构汇总计算企业年度应纳所得税额，扣除总机构和各境内分支机构已预缴的税款，计算出应补应退税款，分别由总机构和各分支机构（不包括当年已办理注销税务登记的分支机构）就地办理税款缴库或退库。如果总分机构都在同一省份，是否实行上述办法，由各省份分别规定。

如果分支机构设立在境外，通常会按境外国家或地区的税法及与中国签订的税收双边协定先在境外缴纳企业所得税，该税款可以在境内总公司按规定方法进行抵免。而在计算应税所得的关系上，财税〔2009〕125号文件规定："居民企业在境外设立不具有独立纳税地位的分支机构取得的各项境外所得，无论是否汇回中国境内，均应计入该企业所属纳税年度的境外应纳税所得额。""在汇总计算境外应纳税所得额时，企业在境外同一国家（地区）设立不具有独立纳税地位的分支机构，按照企业所得税法及实施条例的有关规定计算的亏损，不得抵减其境内或他国（地区）的应纳税所得额，但可以用同一国家（地区）其他项目或以后年度的所得按规定弥补。"

（3）其他税种的纳税义务或扣缴义务与设立子公司基本相同。

2. 设立分公司的利弊分析与纳税筹划

（1）分公司的盈亏状况及互抵效应。如果分公司是在境内的，当它与总公司相互之间互有盈亏时，自然就可以按法人税制的规定相互抵减，减少应税所得，优于设立子公司的方案。如果分公司是在境外的，其当年产生的亏损不得抵减境内总公司的所得，就没有这方面的抵减效应了。

（2）增值税的纳税方式。虽然各分公司都是增值税的纳税主体，但如果在同一省内的分支机构数量较多，例如高速公路两侧的加油站，经省级财政、税务机关的批准，可以将分支机构汇总缴纳增值税，特定行业、企业可以跨省汇总缴纳增值税。这种纳税方式总体上会降低办税成本，有利于集中管理税收事务、控制风险，在不考虑增值税进项留抵退税政策的情况下，可以实现不同机构间进项税额、销项税额的相互抵扣，节约货币时间价值。

（3）享受税收优惠情况。前文分析了以法人企业整体为对象来认定和享受税收优惠时，设立子公司的利与弊，与之相对的往往就是设立分公司的弊与利。如果税收优惠是以项目、产品（服务）为对象的，例如国家扶持的公共基础设施优惠项目，设立分公司与设立子公司之间并不会产生大的差别。

（4）关联交易及其定价。在企业所得税方面，总分公司交易定价的税收风险并不突出，也没有太多的筹划点，实务中，偶尔因计算企业所得税税款分配比例涉及营业收入这个指标，会关联到收入在总分机构间分布的问题。但在增值税、消费税方面，总分机构之间、各分支机构之间相互发送货物是否要视同销售，如果相互之间开票结算，又将如何定价，仍然是需要考虑的纳税筹划点。

（5）税收风险管理。分公司的税收风险与其纳税主体地位是相对应的。在纳税信用管理上，国家税务总局公告2020年第15号规定，非独立核算分支机构可自愿参与纳税信用评价。但该公告中并未指出，如果分公司申请参与纳税信用评价，其信用等级评定结果是否就与总公司相互切割。

（6）与地方财政之间的关系。分公司对地方财政也会贡献一定的税收收入。如果总分机构都在同一省份，且所在省份规定不就地预缴、汇总清算企业所得税，地方财政就得不到企业所得税这部分利益，此时，就可能要考虑总公司过去和未来的盈亏状态及企业所得税税负情况，与地方政府有所沟通。

（三）设立合伙企业的税务事项及利弊分析

集团企业设立合伙企业，要重点筹划的是企业所得税。

依照《企业所得税法》第一条的规定，合伙企业不缴纳企业所得税，所以，设立合伙企业时要筹划的企业所得税并非针对合伙企业本身，而是针对法人公司合伙人。假定集团母公司有两种投资方式，一是直接对外投资一家A公司，二是先投资设立一合伙企业，再通过它投资A公司，如图5-1所示。

如果母公司直接持有A公司股权，A公司直接对母公司分配的税后利润免缴企业所得税。而透过合伙企业持有A公司股权的情况下，A公司先对合伙企业分配利润，合伙企业不缴纳企业所得税，但与此同时，即使合伙企业不对母公司分配利润，母公司也要按

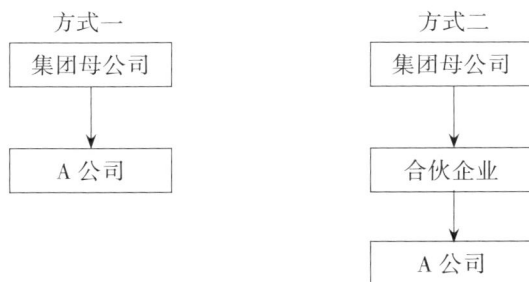

图5-1　设立合伙企业投资方式图

"先分后税"原则缴纳企业所得税，显然，这种投资架构相比直接投资A公司的架构重复缴纳了企业所得税。虽然税法规定法人合伙人通过有限合伙制创业投资企业采取股权投资方式直接投资于初创科技型企业或中小高新技术企业，投资期满2年的，可以享受一定的税收优惠，但总体来说还是会产生一定程度重复纳税的税收成本。当然，合伙企业的合伙人在进入与退出方面，法律程序、手续比较简便，很多情况下，集团企业在决策时便将税收因素作为次要因素考虑了。

有时，集团企业还有可能利用合伙企业作为股权激励平台，也有可能与其他个人合伙人共同组建合伙企业后再对外投资，合伙企业对个人合伙人的个人所得税影响，较之于公司对个人股东的个人所得税影响，二者存在一定的差异，其涉及的税收政策及纳税筹划点较为复杂，在此不作展开。

二、企业注册地的纳税筹划

企业选择的注册地一般要与其实际经营地点保持一致，从纳税筹划的角度看，主要是要考虑注册地有没有区域性税收优惠政策，地方财政扶持政策，以及纳税服务水平。

（一）区域性税收优惠政策

我国目前的税收优惠政策更偏重对鼓励产业、项目、特定群体（如小微企业）及研发创新、环境保护等行为的鼓励，区域性的税收优惠范围较小，且以所得税优惠为主。在现有的企业所得税区域性优惠政策中，一般都以从事鼓励类产业为前提。现将主要的区域性优惠政策列示如下，见表5-1。

表5-1　　　　　　　　　　　　企业所得税区域性税收优惠政策

序号	优惠事项名称	优惠内容概述	主要政策依据
1	民族自治地方的自治机关对本民族自治地方的企业应缴纳的企业所得税中属于地方分享的部分减征或免征	依照《中华人民共和国民族区域自治法》规定，实行民族区域自治的自治区、自治州、自治县的自治机关对本民族自治地方的企业应缴纳的企业所得税中属于地方分享的部分，可以决定减征或者免征。自治州、自治县决定减征或者免征的，须报省、自治区、直辖市人民政府批准	（1）《中华人民共和国企业所得税法》第二十九条 （2）《中华人民共和国企业所得税法实施条例》第九十四条 （3）《财政部　国家税务总局关于贯彻落实国务院关于实施企业所得税过渡优惠政策有关问题的通知》（财税〔2008〕21号）

序号	优惠事项名称	优惠内容概述	主要政策依据
2	新疆困难地区新办企业定期减免企业所得税	（1）2021年1月1日至2030年12月31日，对在新疆困难地区新办的属于《新疆困难地区重点鼓励发展产业企业所得税优惠目录》（以下简称《目录》）范围内的企业，自取得第一笔生产经营收入所属纳税年度起，第一年至第二年免征企业所得税，第三年至第五年减半征收企业所得税。享受上述企业所得税定期减免税政策的企业，在减半期内，按照企业所得税25%的法定税率计算的应纳税额减半征税。新疆困难地区包括南疆三地州、其他脱贫县（原国家扶贫开发重点县）和边境县市。 （2）2021年1月1日至2030年12月31日，对在新疆喀什、霍尔果斯两个特殊经济开发区内新办的属于《目录》范围内的企业，自取得第一笔生产经营收入所属纳税年度起，五年内免征企业所得税	（1）《财政部　税务总局关于新疆困难地区和喀什、霍尔果斯两个特殊经济开发区新办企业所得税优惠政策的通知》（财税〔2021〕27号） （2）《财政部　税务总局　发展改革委　工业和信息化部关于印发新疆困难地区重点鼓励发展产业企业所得税优惠目录的通知》（财税〔2021〕42号）
3	设在西部地区的鼓励类产业企业减按15%的税率征收企业所得税	自2021年1月1日至2030年12月31日，对设在西部地区的鼓励类产业企业减按15%的税率征收企业所得税。湖南省湘西土家族苗族自治州、湖北省恩施土家族苗族自治州、吉林省延边朝鲜族自治州和江西省赣州市，可以比照西部地区的企业所得税政策执行	（1）《财政部　税务总局　国家发展改革委关于延续西部大开发企业所得税政策的公告》（2020年第23号） （2）《国家税务总局关于深入实施西部大开发战略有关企业所得税问题的公告》（2012年第12号） （3）《西部地区鼓励类产业目录》（中华人民共和国国家发展和改革委员会令第15号） （4）《国家税务总局关于执行〈西部地区鼓励类产业目录〉有关企业所得税问题的公告》（2015年第14号）
4	对设在横琴粤澳深度合作区符合条件的产业企业，减按15%的税率征收企业所得税	对总机构设在横琴粤澳深度合作区的企业，仅就其设在合作区内符合本条规定条件的总机构和分支机构的所得适用15%税率；对总机构设在合作区以外的企业，仅就其设在合作区内符合优惠条件的分支机构所得适用15%税率。具体征管办法按照税务总局有关规定执行。对在横琴粤澳深度合作区设立的旅游业、现代服务业、高新技术产业企业新增境外直接投资取得的所得，免征企业所得税	《财政部　税务总局关于横琴粤澳深度合作区企业所得税优惠政策的通知》（财税〔2022〕19号）

序号	优惠事项名称	优惠内容概述	主要政策依据
5	福建平潭、深圳前海等地区的鼓励类产业企业减按 15% 的税率征收企业所得税	对设在福建平潭综合实验区和深圳前海深港现代服务业合作区的鼓励类产业企业，在 2025 年 12 月 31 日前减按 15% 的税率征收企业所得税	（1）《财政部　税务总局关于延续福建平潭综合实验区企业所得税优惠政策的通知》（财税〔2021〕29 号） （2）《财政部　税务总局关于延续深圳前海深港现代服务业合作区企业所得税优惠政策的通知》（财税〔2021〕30 号）
6	注册在海南自由贸易港并实质性运营的鼓励类产业企业，减按 15% 的税率征收企业所得税	对注册在海南自由贸易港并实质性运营的鼓励类产业企业，减按 15% 的税率征收企业所得税。对在海南自由贸易港设立的旅游业、现代服务业、高新技术产业企业新增境外直接投资取得的所得，免征企业所得税	《财政部　税务总局关于海南自由贸易港企业所得税优惠政策的通知》（财税〔2020〕31 号）
7	上海自贸试验区临港新片区的重点企业减按 15% 的税率征收企业所得税	对新片区内从事集成电路、人工智能、生物医药、民用航空等关键领域核心环节相关产品（技术）业务，并开展实质性生产或研发活动的符合条件的法人企业，自设立之日起，5 年内减按 15% 的税率征收企业所得税	《财政部　税务总局关于中国（上海）自贸试验区临港新片区重点产业企业所得税政策的通知》（财税〔2020〕38 号）

集团企业在区域性的扩张发展过程中，如果能够将注册地、实质经营地与上述存在税收优惠的区域（即所谓"税收洼地"）相匹配，自然是一个理想的结果。在作区域化布局时，还要注意三点：一是这些区域性税收优惠开始享受的起点与有效期，这些政策的可持续情况，新设立公司未来的盈亏情况及其在现行政策有效期内可能实现的优惠红利。因为有的税收优惠政策规定是从设立之日起享受，有的是从取得第一笔生产经营收入所属纳税年度起享受，等等，这些不同规定对企业实际能享受的政策红利会有较大的影响。二是有的区域性优惠只适用于法人企业，有的也可以适用于注册在区内的分支机构，企业可以针对这些具体规定，将区域性布局与企业组织形式的筹划结合起来，通盘考虑。三是税收征管方面越来越重视加强对"空壳"公司的管理，要求在"税收洼地"注册成立的公司必须具有实质性生产经营功能，具备必要的经营资产、人员、业务、财务管理活动等。

（二）地方财政扶持政策

集团企业在区域布局时，其战略目标应当是以企业高质量成长促进当地社会经济事业的发展，进而获得地方政府的重视、鼓励和政策扶持，建立政企合作的良性互动关系，营造健康的营商环境。企业在充分掌握了一般性税收法规与区域性税收政策的基础上，可以公司财务预测数据为基础进行税收贡献的敏感性分析，测算新设企业可能缴纳的税收额度以及对地方财政的贡献度。为此，集团企业投资、财务部门应当了解现行税种在中央与地方之间的分配关系，并进一步掌握归属于省级地方财政的部分在省及省以下财政尤其是企业注册地财政之间的分配关系。企业缴纳部分税种税款在中央与地方之间分配比例请见第二章表2-5。

（三）纳税服务水平

纳税服务水平是一项柔性评价指标，税务机关纳税服务水平体现在税收规范化、办税便利化措施、纳税服务常态化机制、促进诚信纳税机制、纳税服务投诉机制等方面的建立与运行情况。纳税服务水平是评价营商环境的重要指标，对企业未来税收事务的处理与管理有着一定的影响，当然也是企业投资兴业时需要考察的因素。

第二节　"建管分离"体制下产生的特殊税务问题与风险管理

在不动产建造期间，一般企业处理的税收事项主要包括：对与建造成本相关的扣税凭证进行审核、认证和申报抵扣，按规定申请增值税留抵退税；正确确定各项资产的计税基础，对会计原值与计税基础的差异实行台账管理；对项目公司签订的勘察、设计、施工、买卖、贷款等合同以及资金账簿申报缴纳印花税；准确享受建设期项目公司在耕地占用税、城镇土地使用税、房产税等方面的优惠政策，履行税务管理手续与应有的纳税义务；妥善处理与施工单位各自应承担的税费责任、义务等。

与一般企业建造不动产不同的是，江苏路桥建设实行"建管分离"体制，在执行和运用具体税收政策时必然会遇到一些具体问题，需要通过企业自身力量推动制度、流程的建立与完善，也需要通过税务规划及内外部的沟通协调来防范政策不确定性风险。

一、"建管分离"体制介绍

根据江苏省政府的安排，江苏省高速公路建设长期采取"领导小组决策、指挥部建设、公司筹资"的管理模式。高速公路（含桥梁、过江隧道）可研、立项等前期工作由江苏省交通运输厅牵头负责，经发改委审批并明确投资主体后，根据发改委相关文件，各投资主体共同组建高速公路项目公司，由项目公司负责融资及建成后的运营管理。项目建设由项目公司委托江苏省交通工程建设局（以下简称"交建局"）提供项目建设管理服务，建设期间项目招投标、建设管理等工作由交建局全权负责，项目公司按照发改委安排的年度计划及交建局用款申请向交建局拨付工程建设资金，交建局再根据工程量支付工程款项。待项目竣工验收后，经国家审计机关或社会中介机构审计后，将资产移交项目公司运营管理。由于资产的立项、建设均以项目公司为建设主体，所以这里所谓的"移交"并不办理产权转移之类的手续，特指交建局受托建设管理建成路桥资产后，将其交付给项目公司运营使用。该模式如图5-2所示。

交建局的前身是江苏省高速公路建设指挥部，成立于1991年。2007年6月，经江苏省政府批准，在江苏省高速公路建设指挥部的基础上组建成立了副厅级事业单位江苏省交通工程建设局，承担国家、省重点和大中型交通工程建设项目的建设管理，由江苏省交通运输厅管理。

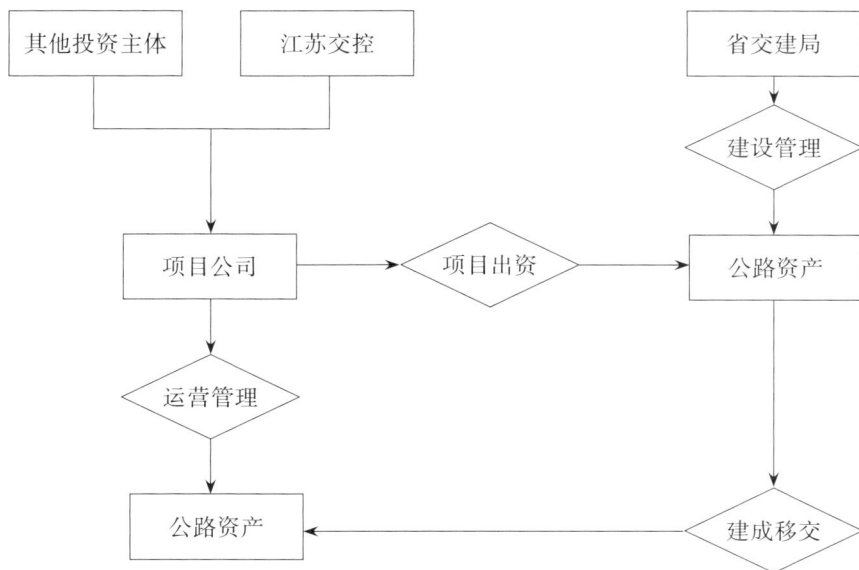

图5-2　"建管分离"体制

二、"建管分离"体制产生的特殊税务问题

在"建管分离"体制下，建设期内法律意义上的纳税主体与纳税事务的执行主体相分离，这就需要项目公司、交建局等通过制度保障与协同机制，实现项目公司增值税进项税额抵扣及企业所得税税前扣除的合法化、最大化，明确建设期间各项税费的纳税主体、计算与缴纳方法，保证计算、申报缴纳、减免税管理手续处理的合规性、及时性。具体而言，应通过与交建局等建设管理单位的业务协同，对如下重要税务事项进行税务风险管理与纳税筹划：

一是如何符合增值税进项抵扣"三流合一"的要求；

二是如何在税收政策多变的环境下，通过制度性保障及时获得合规的抵扣凭证；

三是如何在与供应商、施工企业等单位的博弈过程中充分实现项目公司的抵扣权益；

四是如何利用国家的增值税增量留抵退税政策，通过退税来增加项目公司建设期的现金流；

五是在建设过程中，如何将物化在工程建造、设备采购业务中的知识成果、技术要素分离确认，并享受相应的税收优惠；

六是在三个主体不同的角色下（项目公司——工程建设委托方；交建局——工程建设受托方；施工单位或供应商），如何正确确定印花税纳税主体问题。

三、"建管分离"体制下项目公司进项税额抵扣风险管理

（一）在实质与形式上保持"三流合一"

"建管分离"体制下常见的业务关系为：交建局与项目公司签订项目建设管理服务合同后，交建局再与施工单位、供应商、监理单位等签订工程施工承包合同、购销合同、委托监理合同等。项目公司按年度计划及交建局用款申请向交建局拨付工程建设资金，交建局再根据工程量向施工单位等支付工程款项。施工单位等将发票开具给项目公司。上述模式如图5-3所示。

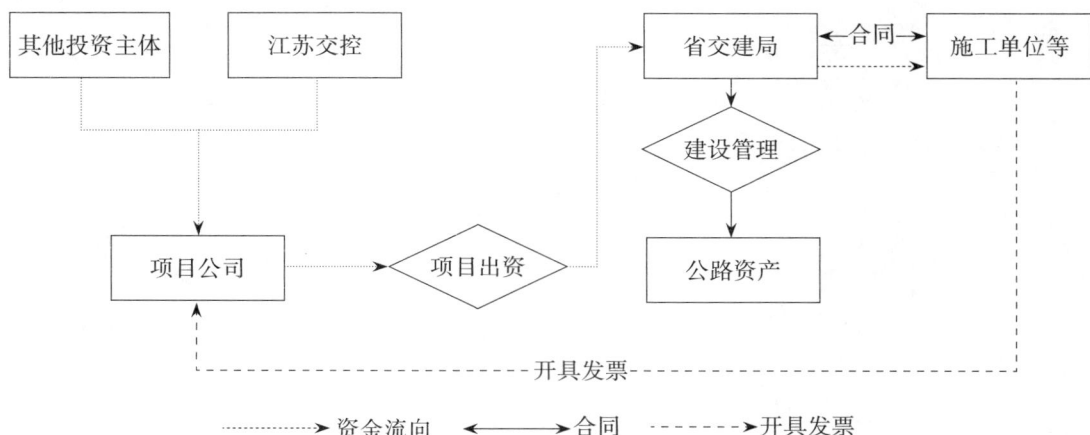

图5-3 "建管分离"体制下的模式一

在"营改增"之前，施工单位、监理单位开具的是营业税发票，即使是销售合同中供应商开具了增值税发票，因项目公司的通行费收入缴纳营业税，因此，不涉及增值税进项税额抵扣问题。

2016年全面实施"营改增"后，开票方与受票方增值税发票管理的规范性问题立刻凸显出来，因为项目公司直接支付款项的单位是交建局，而开票单位则是施工单位等。国税发〔1995〕192号文件第一条第（三）项规定："纳税人购进货物或应税劳务，支付运输费用，所支付款项的单位，必须与开具抵扣凭证的销货单位、提供劳务的单位一致，才能够申报抵扣进项税额，否则不予抵扣。"为解决"建管分离"体制下项目公司增值税专用发票开具与抵扣问题，原江苏省国税局、江苏省交通运输厅、交建局、江苏交控有关专家召开专题会议进行研究，并形成《新建交通建设项目"营改增"实施方案审查意见》（以下简称"审查意见"）。与会专家一致认为，"建管分离"体制下形成了"三流"形式上的不一致，但业务的本质是项目公司支付并承担了项目成本，存在真实的业务基础，应当取得合法的结算凭证。审查意见中指出，交建局在招标合同中应全面明确出资人、甲方、乙方的税务责任，凡涉及增值税事项的合同或协议，均应在交建局与施工单位、供应商或监理单位（以下简称"相关单位"）两方协议的基础上，签订包含项目公司在内的三方补充协议，三方补充协议仅约定相关单位向项目公司开具增值税专用发票，内容涉及增值税专用发票开票信息，如项目公司名称、纳税人识别号、地址、电话、开户行及账号等。交建局接受施工单位等的委托代收款项，同时将其开具的发票交由项目公司入账。按财税〔2016〕36号文件规定，"以委托方名义开具发票代委托方收取的款项"不属于价外费用，这样，交建局仅需就其自身收到的管理服务费缴纳增值税。通过三方补充协议，有效解决了"三流合一"问题，保证了增值税链条的清晰、完整，做到税收结果的不重不漏。

"十四五"期间，江苏交控拟开工建设路桥项目35个，总投资3 265亿元。随着路桥项目投资向县、乡延伸，"建管分离"体制下的业务链、资金链进一步延长。根据江苏省政府的规定和要求，路桥建设项目的前期征地拆迁工作由沿线地方政府负责，由交建局与沿线地方政府签订征地拆迁包干协议，具体实施则由市交通局成立的市（县）服务指挥部（临时机构）负责。由市（县）服务指挥部与迁改单位或个人签订拆迁建设合同，相应的资金由项目公司支付到省交建局，省交建局再支付到市（县）服务指挥部，市（县）服务指挥部再支付到具体迁改单位。该模式如图5-4所示。

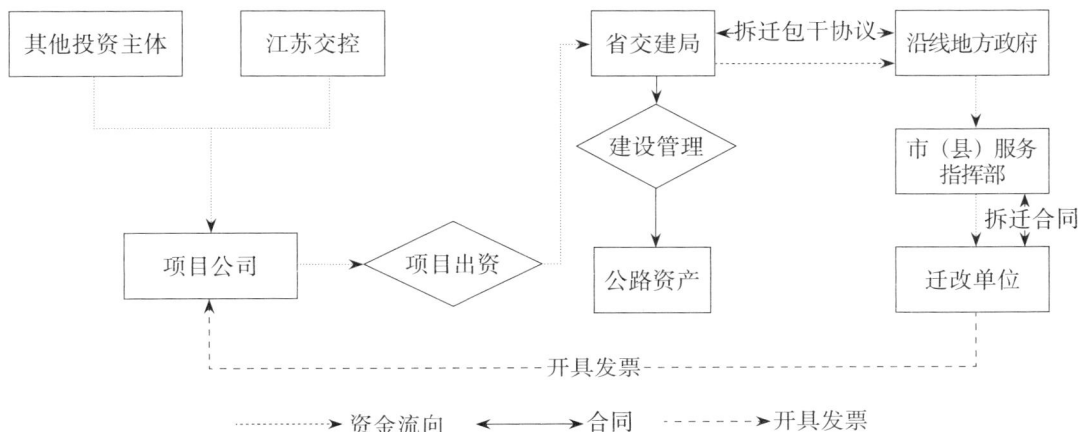

图5-4　"建管分离"体制下的模式二

在2016年全面实施"营改增"时形成的审查意见仅明确了基于项目公司、省交建局、相关单位签订三方补充协议而取得的增值税专用发票可以抵扣进项税额，没有考虑到其他业务情况。鉴于目前新建路桥项目业务链、资金链延长现象普遍存在，需要在原审查意见的基础上进行补充和完善。为此，江苏交控会同交建局等针对此项问题进行多次专题研究，就迁建单位提供的拆迁施工服务合同与内容进行梳理，分类确定其增值税纳税义务及应开具发票的项目、适用税率等，向税务机关提出了解决问题的建议方案：由项目公司、市（县）服务指挥部、迁建单位签订三方补充协议，明确增值税发票的开具事项，项目公司取得的增值税专用发票可以抵扣进项税额。对此方案，税企双方基本达成共识。

由于"建管分离"体制下涉及的主体与环节较多，江苏交控认识到，为符合增值税进项抵扣"三流合一"的要求，除了应完善三方协议之类的手续外，还需要严格执行增值税内部管控制度，在业务发生之初，财务部门要掌握业务详情，与有关各方充分讨论合同、协议条款，对发票的开具项目、税率、时间等作出合规要求和明确约定，结算付款前应严格核对合同、协议与开票内容是否一致。

（二）建设管理服务费用在各项目公司间分摊的问题

由于交建局承担项目公司建设期间的管理服务工作是由江苏省政府决定的，项目公司与交建局之间的管理服务协议中并无收取管理服务费及结算方面的条款。目前，交建局按现代服务税目对其收取的管理服务费缴纳增值税，同时按其每年管理服务的各路桥公司投资概算将管理服务费分配给各项目公司，分别开具增值税专用发票供其作进项抵扣。因为受票项目公司分散在全省各地，涉及较多的主管税务机关，为防范未来纳税评估、税务检查中的税企争议，减少未来沟通、协调的工作量，江苏交控主动向税务机关提出解决问题的建议方案：交建局制作建设管理服务费用分割表，由项目公司确认后，作为建设管理服务合同的一个补充，解决合同中无结算条款及交易对价问题。交建局向项目公司申请建设资金时，对管理服务费的金额单独标明，项目公司可以在支付资金时单独支付一笔等额管理服务资金，从而保证合同、资金、发票的一致性。这样，项目公司可以凭项目建设管理协议、管理费用分割表及增值税专用发票作为扣税凭证和证明材料。

四、"建管分离"体制下印花税风险管理

前文提及为满足"营改增"后项目公司进项税额抵扣时的"三流合一"要求，交建局、项目公司与相关单位补签了三方协议。在建设期间，交建局先与相关单位签订了两方协议，双方已根据合同类型（主要是建筑施工承包合同）分别缴纳了印花税。但实务中曾有个别地方税务机关认为，项目公司应就签订的三方补充协议，按照"建筑安装工程承包合同""购销合同"（注：我国《印花税法》中修改为"建设工程合同""买卖合同"）等补缴印花税。

对此，江苏交控及项目公司认真分析了三方补充协议的内容与性质。根据审查意见，三方补充协议仅约定了增值税专用发票的受票方和开票信息，协议内容并未涉及施工合同、购销合同中的各项权利与义务，因此，不应视为一份"建筑安装工程承包合同"或"购销合同"重复缴纳印花税。同时，江苏省高速公路"建管分离"体制是省委、省政府决策部署的，我国《印花税法》第十条规定："同一应税凭证由两方以上当事人书立的，按照各自涉及的金额分别计算应纳税额。"《关于印花税若干事项政策执行口径的公告》（财政部　税务总局公告2022年第22号）中也规定："书立应税凭证的纳税人，为对应税凭证有直接权利义务关系的单位和个人。"据此，在三方补充协议中，项目公司不涉及施工合同发包、承包主体等，也不涉及施工合同常见的权利、义务条款甚至合同金额，无须就此补充协议缴纳印花税。

第三节　集团内资金运作的风险管理与纳税筹划

资金是现代企业生存发展的命脉，也是企业财务管理的重中之重。集团资金管理，是指立足于集团总部对成员企业的资金进行管理与控制，对集团内的资金需求、资金流向、余额调度、利息结算和资金增值运作等进行的系统化管理，在确保满足各成员单位生产经营需要的情况下，通过资金的合理调配，减少外部融资规模，减少沉淀的闲散资金，降低资金风险，从而达到降低集团融资成本，提高资金运营效率的目的。

目前，集团资金管理在国内逐步探索出以下几种管理模式："资金池"集中管理模式、统借统还模式、分散管理模式等。不同的资金管理模式具有各自的特点与适用条件，集团可以根据自身经营特点和资金运行的实际情况选择适合的资金管理模式。本节将对不同资金管理模式涉及的税种及相关政策要点进行梳理和探讨。

一、集团企业资金管理的主要模式

（一）"资金池"管理模式

"资金池"是一种创新型资金集约化管理的方式，现已成为很多集团企业实现资金资源优化调配的重要手段和工具。资金池运作的主要方式是将所有成员单位的资金汇总到一个主账户中，根据集团统一调度，提高内部资金使用效率，是企业实现资金集中控制的配置中心，相当于企业的"内部银行"。

按照不同分类方式，资金池可以分为以下类型，见表5-2。

表5-2　　　　　　　　　　　　　　　　资金池类型划分

分类标准	类型
资金池依托载体	依托资金结算中心的资金池
	依托商业银行的资金池
	依托财务公司的资金池
资金上划下拨的时间规定	固定时间划拨资金池
	实时划拨资金池
是否涉及真正的资金拨付与流转环节	虚拟资金池
	实体资金池

1.依托资金结算中心的"资金池"管理模式

（1）业务模式。

资金结算中心通常是企业财务部门的下属单位，代表集团企业母公司进行资金管理，是专门致力于集团总部母、子、分公司等成员单位资金往来管理的独立运行中心。资金结算中心按照收支两条线的管理模式，集中管理集团范围内的资金，从而实现集团公司整体资金运营效益的最大化。

以固定时间划拨为例，依托资金结算中心的"资金池"管理的一般做法为：

①资金上划管理。

资金结算中心可向成员单位设定每日、每周或每月资金归集的最低限额，即规定成员单位外部银行账户的最高资金留存余额，超出规定的资金余额应划转至成员单位在结算中心的银行结算账户。

②资金下拨管理。

各成员单位办理付款业务，需上报资金使用计划，从资金结算中心的银行结算账户中进行下拨。若是资金使用计划所需资金超出账户余额，可以借款的方式向集团申请资金支持，下属公司在申请中应明确借款用途、金额、借款利率与还款时间。

依托资金结算中心的"资金池"管理模式常见业务流程如图5-5所示。

通过资金结算中心可以科学地管理各成员单位的资金，实时监控资金流向，合理调配各成员单位资金，并可以集团的名义统一对外融资，降低融资成本。结算中心除了资金结算外，还负有资金使用监督责任。集团通过结算中心系统性地获取成员单位的资金统计报表等数据信息从而实现对成员单位的资金监控、分析。

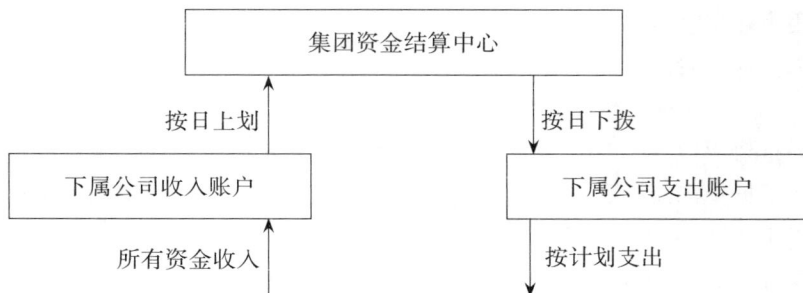

图5-5 依托资金结算中心的"资金池"业务流程图

资金结算中心模式，并不完全上收各成员单位内部资金管理权限，各成员单位日常资金使用，按照本单位内部资金管理程序进行审批，审批后进行资金对外划转和支付。集团资金结算中心更注重的是对于资金流向、资金预算控制、集团外部融资规划和布局的集约化管理。

（2）会计核算。

《企业会计准则解释第15号》（财会〔2021〕35号）规定，通过内部结算中心、财务公司等对母公司及成员单位资金实行集中统一管理的，对于成员单位归集至集团母公司账户的资金，成员单位应当在资产负债表"其他应收款"项目中列示，或者根据重要性原则并结合本企业的实际情况，在"其他应收款"项目之上增设"应收资金集中管理款"项目单独列示；母公司应当在资产负债表"其他应付款"项目中列示。对于成员单位从集团母公司账户拆借的资金，成员单位应当在资产负债表"其他应付款"项目中列示；母公司应当在资产负债表"其他应收款"项目中列示。详情见表5-3。

表5-3 **依托资金结算中心的"资金池"会计核算**

业务	结算中心	成员单位
资金上划	借：银行存款 　贷：其他应付款——应付资金集中管理款	借：其他应收款——应收资金集中管理款 　贷：银行存款
资金下拨	借：其他应收款 　贷：银行存款	借：银行存款 　贷：其他应付款
支付利息	借：财务费用——利息支出 　贷：银行存款	借：银行存款 　贷：财务费用——利息收入
收取利息	借：银行存款 　贷：财务费用——利息收入	借：财务费用——利息支出 　贷：银行存款

2.依托商业银行的"资金池"管理模式

（1）业务模式。

随着企业集团规模逐渐扩大，分布范围逐渐分散，大型集团企业与商业银行开展合作，在商业银行建立企业资金池，实现资金的集团化管理，也就是《中国银监会关于印发商业银行委托贷款管理办法的通知》（银监发〔2018〕2号）规定的"现金管理项下委托贷款"业务。"现金管理项下委托贷款是指商业银行在现金管理服务中，受企业集团客户委托，以委托贷款的形式，为客户提供的企业集团内部独立法人之间的资金归集和划拨业务。"

集团企业一般会与商业银行签订资金池业务服务协议，集团中纳入管理的成员单位必须在指定银行开立账户。商业银行在核定的透支额度内向集团内部约定的白名单成员单位账户提供法人账户透支服务。在办理资金归集时，遵循"先归还委托贷款后发放委托贷款"的原则，即各独立法人账户之间在同一时点上不能互有委托贷款余额。根据集团需要设置归集周期和归集时点，在每个归集时点成员单位资金上划至资金池主账户，形成成员单位对集团总部的委托贷款，当成员单位需要对外支付时，由集团总部下拨资金，首先归还成员单位对集团的委托贷款，超出部分形成集团向成员单位的委托贷款。资金池账户将向转入资金的成员单位支付存款利息，并向使用资金的成员单位收取利息，同时资金池的资金集中账户也会收取商业银行的存款利息。委托贷款的利率参照市场情况由企业自行决定，根据事先约定的时间完成利息划拨。具体业务流程如图5-6所示。

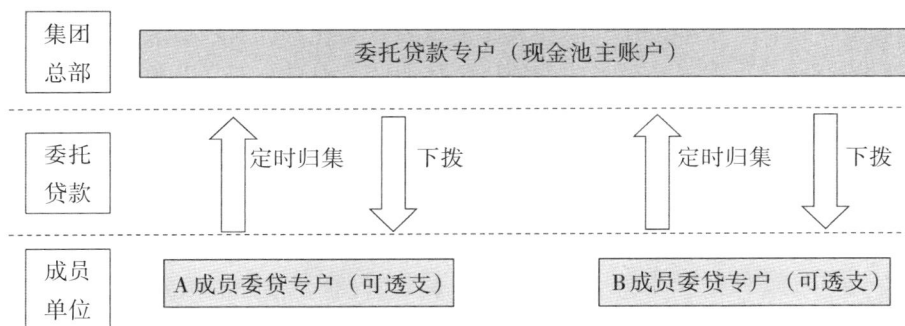

图5-6 依托商业银行的"资金池"业务流程图

（2）会计核算。

依托商业银行的"资金池"业务会计核算与依托资金结算中心的"资金池"业务会计核算一致，此处不再赘述。

3.依托财务公司的"资金池"管理模式

（1）业务模式。

财务公司是指以加强企业集团资金集中管理和提高企业集团资金使用效率为目的，为企业集团成员单位提供财务管理服务的非银行金融机构。财务公司具有独立法人资质，这是与其他资金池模式最大的区别。财务公司主要职能包括：办理成员单位之间的内部转账结算及相应的结算、清算方案设计；吸收成员单位的存款；对成员单位办理贷款；办理成员单位之间的委托贷款；从事同业拆借等。

成员单位可以将闲置资金存入财务公司，也能随时取出自用。财务公司按照成员单位存款时间计算和支付利息。成员单位有贷款需求时，可以向财务公司提出申请，财务公司根据该成员单位的资信情况等逐笔审批，将归集的闲置资金发放给贷款成员单位。另外，由于财务公司具有金融机构资质，在必要时也可以为满足成员单位的融资需求，向银行等金融机构进行同业拆借。具体业务流程如图5-7所示。

```
┌─────────────────────┐   ┌─────────────────────┐   ┌─────────────────────┐
│   资金盈余成员单位甲   │   │    股东资本金投入     │   │     同业拆借市场      │
└─────────────────────┘   └─────────────────────┘   └─────────────────────┘
          │      存款                │                         │
          └──────────────┬──────────┴─────────────────────────┘
                         ▼
                ┌─────────────────┐
                │     财务公司      │
                └─────────────────┘
          │      贷款                │      贷款                 │
          ▼                         ▼                          ▼
┌─────────────────┐       ┌─────────────────┐        ┌─────────────────┐
│    成员单位乙    │       │    成员单位丙    │        │   有价证券投资    │
└─────────────────┘       └─────────────────┘        └─────────────────┘
```

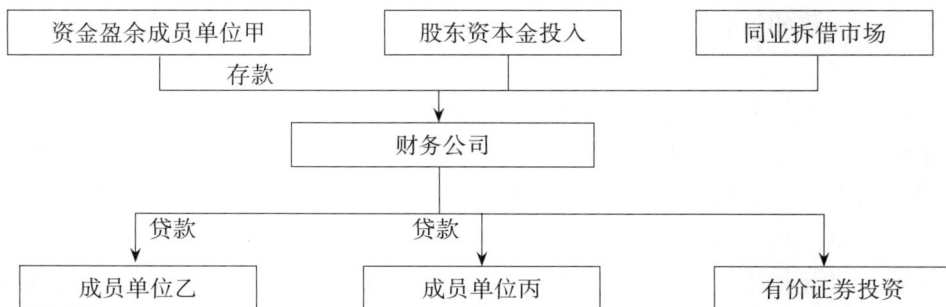

图 5-7　依托财务公司的业务流程图

除开展一般存贷款业务外，财务公司还部分开展委托贷款业务和统借统还业务，这也是财务公司发挥金融作用，服务集团发展的重要手段之一。委托贷款是由委托人提供资金并承担全部贷款风险，财务公司作为受托人，根据委托人确定的贷款对象、用途、金额、期限、利率等提供代为发放、协助监督使用并协助回收的服务。财务公司不承担贷款相关风险，只收取手续费。财务公司与委托人、借款人就委托贷款事项达成一致后，三方签订《委托贷款借款合同》。财务公司参与的统借统还业务，财务公司主要作为实施方，具体内容将在第（二）部分阐述。

（2）会计核算。

财务公司吸收成员单位存款，记入"吸收存款"科目。各成员单位将资金存入财务公司时，使用的会计科目不同，有的公司记入"银行存款——财务公司"科目，也有的公司记入"其他货币资金"或"交易性金融资产"科目。《企业会计准则解释第15号》对此进行了规范："对于成员单位未归集至集团母公司账户而直接存入财务公司的资金，成员单位应当在资产负债表'货币资金'项目中列示，根据重要性原则并结合本企业的实际情况，成员单位还可以在'货币资金'项目之下增设'其中：存放财务公司款项'项目单独列示。"

（二）"统借统还"管理模式

由企业集团或者集团层面的核心企业独立向外部金融机构借贷或向社会发行债券募集资金，获取资金后，再依成员企业的资金需求和申请拨付给其使用的模式，称为资金统借统还管理模式。

统借统还管理模式分为两种分拨模式：第一种是企业集团或者企业集团中的核心企业通过发行债券或向金融机构借款的方式，筹得资金后又分拨给下属单位（包括独立核算单位和非独立核算单位，下同），并按期向下属单位收取本息，用于向金融机构偿还本息；第二种是由企业集团从金融机构借款或发行债券，委托所属财务公司分别与集团内下属单位（以下称资金使用方）签订统借统还贷款合同并分拨借款，财务公司向资金使用方收取利息，再转付给企业集团，由企业集团统一向金融机构偿还。

（三）分散管理模式

资金集中管理是集团企业的首选模式，但集团资金管理若过于集中且缺乏灵活性，则会损害到下属公司经营的积极性。此外，对于集团内非100%控制的子公司以及参股公司，在相互之间进行资金融通时会采用更加市场化、分散化的交易方式。因此，一些集团企业在资金集中管理的同时，也会并存分散管理模式。资金分散管理模式下，集团与下属公司之间、下属公司和下属公司之间按照"公平互利、协商一致"的原则，商定资金拆借的利率和期限。

二、"资金池"管理模式下的税务风险管理

"资金池"管理模式通常采用结算利息模式，"资金池"向使用资金的单位收取利息，并向提供资金的单位支付利息，也有部分"资金池"采用无偿调拨资金模式。

（一）无偿调拨资金模式下的税务风险管理

在依托资金结算中心的"资金池"管理模式中，存在无偿调拨资金的情形，主要涉及增值税和企业所得税风险管理。

1. 增值税风险管理

《财政部　税务总局关于明确养老机构免征增值税等政策的通知》（财税〔2019〕20号）规定，自2019年2月1日至2020年12月31日，对企业集团内单位（含企业集团）之间的资金无偿借贷行为，免征增值税。《财政部　税务总局关于延长部分税收优惠政策执行期限的公告》（财政部　税务总局公告2021年第6号）将上述税收优惠政策执行期限延长至2023年12月31日。因此，2019年2月1日至2023年12月31日期间，集团内关联企业之间发生资金无偿划拨业务，不会产生增值税的视同销售问题。

值得注意的是，上述文件对集团内资金无偿借贷行为规定的是增值税免税优惠，资金借出方应按规定申报增值税免税销售收入。同时，用于免税项目的进项税额不得从销项税额中抵扣，无法划分不得抵扣的进项税额涉及按公式计算转出。因此，日常管理中，借出方需要注意分别核算各类项目，准确划分可抵扣进项税额；对于确实无法划分的进项税额，按照公式准确计算转出。

2. 企业所得税风险管理

目前，税收政策只对集团内无偿调拨资金业务的增值税处理规定了相关免税优惠政策，而在企业所得税上，关联方之间的无偿借贷行为可能涉及纳税调整。为便于分析，将其分为两种业务模型。

（1）以借入资金无偿划拨集团内企业使用。

A、B公司同属某一集团内下属公司，A公司向金融机构借入资金后，将资金无偿拆借给B公司。

关于企业借入资金无偿拆借给集团内关联方使用存在两种观点。

观点一：依据我国《企业所得税法》第八条及《企业所得税法实施条例》第二十七条，企业实际发生的与取得收入直接相关的支出允许在计算应纳税所得额时扣除，因上述从金融机构借入的资金没有直接用于A公司的生产经营，利息支出属于"与取得收入无关的支出"，不允许在企业所得税前扣除。

观点二：我国《企业所得税法》及其实施条例中规定了关联企业之间应当按照独立交易原则进行税务处理，即可以理解为关联公司无偿提供资金借贷，A公司应确认视同销售利息收入。持此观点的人士会进一步援引国家税务总局公告2017年第6号第三十八条："实际税负相同的境内关联方之间的交易，只要该交易没有直接或者间接导致国家总体税收收入的减少，原则上不作特别纳税调整。"此处又会引出如何证明关联方之间实际税负相同的问题。在政策层面及实务操作中，何为判定"实际税负相同"的标准，并无统一意见。

实务中，税务机关往往会采用观点一，认为A公司支付给金融机构的利息支出属于"与取得收入无关的支出"，要求A公司对该部分利息支出作纳税调增处理。因此，应尽量避免将融入资金无偿借与他人使用，尽可能地将其作为统借统还业务。

（2）以自有资金无偿划拨集团内企业使用。

A、B公司同属某一集团内下属公司，A公司将自有资金无偿拆借给B公司。A公司在企业所得税上涉及以下税务事项：

A公司以自有资金拆借给集团内关联方，当税务机关提出要求按照视同销售计算利息收入时，企业往往会援引上述国家税务总局公告（2017年第6号）第三十八条进行辩护。此外，税收征管中，税务机关对关联交易进行特别纳税调整需要严格执行相应的税收程序，在纳税评估和税务稽查环节一般不会启动特别纳税调整程序。故如果企业以自有资金无偿拆借给关联方，双方实际税负相同，在举证、沟通充分严谨的前提下，税务机关很可能认可A公司不再作企业所得税视同销售处理。国家税务总局亦曾在官网上对此问题给予答复，见表5-4。

表5-4　　　12366纳税服务平台答复以自有资金拆借给关联方的企业所得税处理

项目	内容
问题内容	财政部　税务总局公告2021年第6号，延续了企业集团内单位之间资金无偿借贷行为免征增值税政策，那么借贷双方所得税方面如何处理？
答复机构	12366北京中心
答复时间	2021-03-26
答复内容	您好，请参阅《中华人民共和国企业所得税法》规定："第四十一条　企业与其关联方之间的业务往来，不符合独立交易原则而减少企业或者其关联方应纳税收入或者所得额的，税务机关有权按照合理方法调整。"请参阅《国家税务总局关于发布〈特别纳税调查调整及相互协商程序管理办法〉的公告》（国家税务总局公告2017年第6号）："第三十八条　实际税负相同的境内关联方之间的交易，只要该交易没有直接或者间接导致国家总体税收收入的减少，原则上不作特别纳税调整。"企业集团内单位（含企业集团）之间的资金无偿借贷行为，应遵循上述规定处理

（二）结算利息模式下的税务风险管理

结息模式下的"资金池"业务在实务中更为常见，企业集团之间资金归集或资金划拨的利率由双方在协议中共同约定。协议约定中可选取固定利率、浮动利率、阶梯利率等计息模式，结息方式可设置为计息不结息、计息自动结息两种。

以依托商业银行的"资金池"管理模式为例：

1.增值税风险管理

（1）成员单位收取利息涉及的增值税事项。

①存放于集团资金池内的资金利息应缴纳增值税。

集团资金池业务不同于一般的公司间借贷，成员单位在集团公司的监管下仍可自由支配各自在资金池内的资金。因此，有观点认为其业务模式类似于成员单位在商业银行的存款，成员单位取得的利息为存款利息收入，属于财税〔2016〕36号文件附件2第一条第（二）款规定的不征收增值税项目。但设立主账户的集团母公司并不属于具有吸收存款资格的金融机构，通过法律关系分析，我们可以看到在资金池业务中，商业银行仅起到代理人和管理人的作用，成员单位将资金上存至资金池的行为属于成员单位将资金拆借给集团母公司。根据财税〔2016〕36号文件附件《销售服务、无形资产、不动产注释》："贷款，是指将资金贷与他人使用而取得利息收入的业务活动。各种占用、拆借资金取得的收入，包括金融商品持有期间（含到期）利息（保本收益、报酬、资金占用费、补偿金等）收入、信用卡透支利息收入、买入返售金融商品利息收入、融资融券收取的利息收入，以及融资性售后回租、押汇、罚息、票据贴现、转贷等业务取得的利息及利息性质的收入，按照贷款服务缴纳增值税。"因此，成员单位取得的上存资金利息收入，属于销售贷款服务，应按6%的税率缴纳增值税。只有集团母公司主账户资金余额存储在银行时收取的利息才属于不征收增值税收入。

②存放于财务公司的资金利息不应缴纳增值税。

根据中国银行业监督管理委员会令2006年第8号《企业集团财务公司管理办法（修订）》第二十七条："财务公司有下列变更事项之一的，应当报经中国银行业监督管理委员会批准：……（二）调整业务范围；"第二十八条："财务公司可以经营下列部分或者全部业务：……（八）吸收成员单位的存款……"

由此可见，财务公司吸收成员单位定期存款属于经中国银行业监督管理委员会（现为中国银行保险监督管理委员会）批准的业务，因而财务公司也属于国家规定的法定吸储机构，它的成员单位将资金存储在财务公司取得的利息应属于不征收增值税项目。

部分省级税务机关在"营改增"政策口径解答和12366问答中对此答复的口径不一，具体内容见表5-5。

表5-5　　　　　　　　　　　　**各地关于财务公司存款利息是否缴纳增值税的答复**

序号	地区	内容
1	河北省国家税务局	《关于发布〈河北省国家税务局关于全面推开营改增有关政策问题的解答（之五）〉的通知》①： "二、关于界定不征收增值税存款利息的问题 根据《营业税改征增值税试点有关事项的规定》，存款利息属于不征收增值税项目。存款利息是指按照《中华人民共和国商业银行法》的规定，经国务院银行业监督管理机构审查批准，具有吸收公众存款业务的金融机构支付的存款利息。"
2	安徽省国家税务局	问：属于不征税项目的存款利息如何界定？ 答：属于不征税项目的存款利息仅限于存储在国家规定的吸储机构所取得的存款利息
3	深圳市国家税务局	深圳市国家税务局全面推开"营改增"试点工作指引（之二）： "四、属于不征税项目的存款利息是指仅限于存储在国家规定的吸储机构所取得的存款利息。"
4	厦门市税务局	问题内容：您好，我想咨询下企业存于财务公司的存款利息收入是否需要缴纳增值税？② 回复内容：上述情况，你司需要按照贷款服务缴纳增值税

---

① 参见 https://12366.chinatax.gov.cn/nszx/onlinemessage/detail? id=ecf7caaf5b0b4485ac590b8903fa74ff。
② 参见 https://12366.chinatax.gov.cn/nszx/onlinemessage/detail? id=c2f5713861484335ba1e95cc4d05df95。

河北省、厦门市税务机关的政策执行口径，缩小了法定吸储金融机构的范围。考虑财务公司存款利息收入是否属于不征收增值税项目在实务中存在不同观点，为减少与主管税务机关可能产生的争议，相关成员单位将资金存入财务公司时，应规范执行《企业会计准则解释第 15 号》，使用"存放财务公司款项"科目进行核算。

（2）向成员单位收取利息应缴纳增值税。

财务公司向成员单位收取贷款利息收入，属于销售贷款服务，应按 6% 的税率缴纳增值税。同样，资金池向成员单位收取利息，也属于销售贷款服务，应按 6% 的税率缴纳增值税。

（3）增值税纳税义务发生时间。

上存资金的单位/委托人取得利息收入增值税纳税义务发生时间为，发生贷款行为并收讫销售款项或者取得索取销售款项凭据的当天；先开具发票的，为开具发票的当天。收讫销售款项，是指纳税人提供贷款服务过程中或者完成后收到款项。取得索取销售款项凭据的当天，是指书面合同确定的付息日期。因此，如果采用到期一次性还本付息方式发放委托贷款，委托方按月计提利息收入时，暂无需确认增值税，计提暂无需缴纳的增值税销项税额通过"应交税费——应交增值税——待转销项税额"科目核算。实际收到利息时，方产生增值税纳税义务。

（4）增值税进项税额抵扣。

因购进的贷款服务不能抵扣进项税额，故资金池业务中的交易双方一般以增值税普通发票结算贷款利息。

委托方或者借款人支付委托贷款手续费，银行提供"现金管理项下委托贷款"业务收取的手续费收入，根据财税〔2016〕36 号文件附件《销售服务、无形资产、不动产注释》，应按照"金融服务——直接收费金融服务"缴纳增值税。但根据财税〔2016〕36 号文件规定，纳税人接受贷款服务向贷款方支付的与该笔贷款直接相关的投融资顾问费、手续费、咨询费等费用，其进项税额不得从销项税额中抵扣。因此，有观点认为，委托方或者借款人支付委托贷款手续费属于与贷款直接相关的手续费，因而不能抵扣进项税额。不过，文件强调"接受贷款服务向贷款方支付的手续费"，委托方或者借款人向银行支付委托贷款手续费，属于向受托人（非贷款方）支付手续费，并不属于"接受贷款服务向贷款方支付的手续费"，故在取得增值税专用发票的情况下，应可以抵扣进项税额。

2. 企业所得税风险管理

（1）利率水平限制。

向金融企业和非金融企业支付借款利息，向关联方和非关联方支付借款利息，在企业所得税税前扣除的条件不同，税收政策对比见表 5-6。

委托贷款合同虽然涉及银行，但委托贷款涉及的借款人与贷款人均不是商业银行，因此，不论是成员单位支付给资金池的利息，还是资金池支付给成员单位的利息，均属于"非金融企业向非金融企业借款的利息支出"。根据《中华人民共和国企业所得税法实施条例》规定，企业在生产经营活动中发生的下列利息支出，准予扣除：非金融企业向非金融企业借款的利息支出，不超过按照金融企业同期同类贷款利率计算的数额的部分。也就是

表5-6	不同方式利息支出税前扣除政策对比表	
支付利息对象	关联方	非关联方
金融企业	依据财税〔2008〕121号文件第一条：企业实际支付给关联方的利息支出，除符合本通知第二条规定外，需满足税法规定的债资比例	据实税前扣除
非金融企业	（1）依据《中华人民共和国企业所得税法实施条例》第三十八条第二款，需满足"不超过按照金融企业同期同类贷款利率"条件。 （2）依据财税〔2008〕121号文件第一条：企业实际支付给关联方的利息支出，除符合本通知第二条规定外，需满足税法规定的债资比例	依据《中华人民共和国企业所得税法实施条例》第三十八条第二款，需满足"不超过按照金融企业同期同类贷款利率"条件

说，支付利息一方可以税前扣除的金额为"不超过按照金融企业同期同类贷款利率计算的数额的部分"。

根据《国家税务总局关于企业所得税若干问题的公告》（国家税务总局公告2011年第34号）的规定，在按照合同要求首次支付利息并进行税前扣除时，应提供"金融企业的同期同类贷款利率情况说明"，以证明其利息支出的合理性。"金融企业的同期同类贷款利率情况说明"中，应包括在签订该借款合同当时，本省任何一家金融企业提供同期同类贷款利率情况。该金融企业应为经政府有关部门批准成立的可以从事贷款业务的企业，包括银行、财务公司、信托公司等金融机构。"同期同类贷款利率"是指在贷款期限、贷款金额、贷款担保以及企业信誉等条件基本相同的情况下，金融企业提供贷款的利率。既可以是金融企业公布的同期同类平均利率，也可以是金融企业对某些企业提供的实际贷款利率。

（2）利率水平设置。

因资金池面向集团内部成员提供资金调度和结算，参与资金池的各方均为集团内部关联方。在利用资金池进行集团资金管理的过程中，可能会出现为了提高集团企业的经济效益、降低综合税负而灵活地设置利率水平的现象。但我国《企业所得税法》规定"企业与其关联方之间的业务往来，不符合独立交易原则而减少企业或者其关联方应纳税收入或者所得额的，税务机关有权按照合理方法调整"。因此，为规避税收风险，集团资金池必须在合法合理的前提下设置利率，切实遵循独立交易原则。

基于"公平互利、利益共享"的原则，综合考虑集团内企业相互融资的功能、风险等因素，一般来说，归集资金的利率水平应当不低于存入金融机构的利率水平，委托贷款的资金成本不高于同期同类从金融机构贷款的利率水平。

（3）债资比例限制。

如果借款人和委托人属于关联方，借款人的利息支出税前扣除除满足前文要求外，还应按照《财政部　国家税务总局关于企业关联方利息支出税前扣除标准有关税收政策问题的通知》（财税〔2008〕121号）规定进行处理。财税〔2008〕121号文件规定："在计算应纳税所得额时，企业实际支付给关联方的利息支出，不超过以下规定比例和税法及其实施条例有关规定计算的部分，准予扣除，超过的部分不得在发生当期和以后年度扣除。企业实际支付给关联方的利息支出，除符合本通知第二条规定外，其接受关联方债权性投资与其权益性投资比例为：金融企业 5：1、其他企业 2：1。""企业如果能够按照税法及其实施条例的有关规定提供相关资料，并证明相关交易活动符合独立交易原则的；或者该企业的实际税负不高于境内关联方的，其实际支付给境内关联方的利息支出，在计算应纳税所得额时准予扣除。"

除非借款方能够按照税法及其实施条例的有关规定提供相关资料，并证明相关交易活动符合独立交易原则的，或者借款方的实际税负不高于境内关联方的，借款方的利息支出受关联方债权性投资与其权益性投资比例 2：1 的限制。

江苏交控成员企业路桥建设项目有投资额大、回收期长的特点，目前新建项目运营初期往往出现亏损。在筹建期及运营初期可能向关联方付息融资，就有可能超过税法规定的一般企业债资比例 2：1。根据财税〔2008〕121 号文件，"超过债资比例的利息如果要在税前扣除，借款方必须证明相关交易活动符合独立交易原则，或者该企业的实际税负不高于境内关联方的。"由于项目公司建设期间的利息支出已作资本化处理，将随相应资产在未来若干纳税年度内折旧、摊销，项目公司要证明该企业的实际税负不高于境内关联方，操作起来较为复杂。考虑江苏交控及成员单位均为国有企业，融资行为具有经济上的必要性、合理性、真实性，因而向税务机关申请按照"交易活动符合独立交易原则"认定各项目公司超过债资比例的利息支出可以税前扣除，可以更好地减少征纳双方的管理成本和税收负担。

（4）利息结算凭证。

税务机关在涉及资金池业务的税务检查时往往会要求支付利息一方提供借款合同、增值税发票等扣除凭证。因此，采用资金池模式的集团企业需重视利息结算相关凭证的规范性，收取利息费用时仅开具收据这种规范性不强的行为存在一定的税务风险。

（5）取得利息收入的企业所得税纳税义务发生时间。

我国《企业所得税法实施条例》第十八条规定："利息收入，按照合同约定的债务人应付利息的日期确认收入的实现。"具体纳税调整及注意要点请见第六章第二节的相关内容。

3."资金池"业务中的印花税事项

2022 年 7 月 1 日我国《印花税法》实施后，《财政部　税务总局关于印花税若干事项政策执行口径的公告》（财政部　税务总局公告 2022 年第 22 号）明确规定，采用委托贷款方式书立的借款合同纳税人，为受托人和借款人，不包括委托人。我国《印花税法》规定，借款合同，指银行业金融机构、经国务院银行业监督管理机构批准设立的其他金融机构与借款人（不包括同业拆借）的借款合同，需要按照借款金额的万分之零点五缴纳印花税。商业银行和财务公司均属于金融机构，因而在"资金池"管理模式下，依托商业银行的"资金池"管理模式中的商业银行和借款人、财务公司贷款和委托贷款业务中的财务公司与借款人均需要缴纳借款合同印花税。

三、集团内资金"统借统还"税收优惠政策运用时的风险管理

（一）税法对"统借统还"利息收入免征增值税的基本规定及要求

根据财税〔2016〕36 号文件附件 3 第一条第（十九）款第 7 项，统借统还业务中，企业集团或企业集团中的核心企业以及集团所属财务公司按不高于支付给金融机构的借款利率水平或者支付的债券票面利率水平，向企业集团或者集团内下属单位收取的利息，免征增值税。统借方向资金使用单位收取的利息，高于支付给金融机构借款利率水平或者支付的债券票面利率水平的，应全额缴纳增值税。

税法规定的免征增值税的统借统还业务，具体是指：

其一，企业集团或者企业集团中的核心企业向金融机构借款或对外发行债券取得资金后，将所借资金分拨给下属单位，并向下属单位收取用于归还金融机构或债券购买方本息的业务。

其二，企业集团向金融机构借款或对外发行债券取得资金后，由集团所属财务公司与企业集团或者集团内下属单位签订统借统还贷款合同并分拨资金，并向企业集团或者集团内下属单位收取本息，再转付企业集团，由企业集团统一归还金融机构或债券购买方的业务。

根据相关政策，可以总结出"统借统还"享受增值税免税政策，必须同时满足以下条件：

一是统借主体的限定。借款人必须是企业集团、企业集团中的核心企业两者之一。

二是资金来源限定。资金来源必须为金融机构借款或发行债券。

三是利率水平限定。统借方向内部单位收取的利息，不得高于对外借款或发债的利率水平。

四是分拨贷款范围限定。统借方只能将资金直接转贷给下属单位。

1. 符合增值税相关规定的业务图示

模式一：企业集团或其核心企业（统借方）直接分拨资金，如图 5-8 所示。

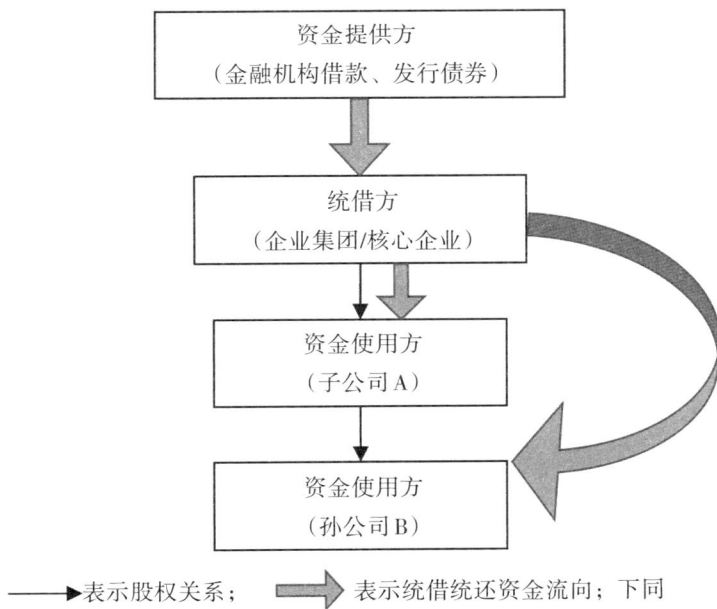

贷款资金流向：金融机构→企业集团本部或核心企业→下属各企业（A、B）
归还资金流向：下属各企业（A、B）→企业集团或核心企业→金融机构

图5-8　企业集团或其核心企业（统借方）直接分拨资金业务图示

公司 A 如将从集团取得的资金向公司 B 转贷，收取的利息不符合统借统还免税条件。

模式二：企业集团（统借方）通过所属财务公司（代管方）分拨资金，如图 5-9 所示。

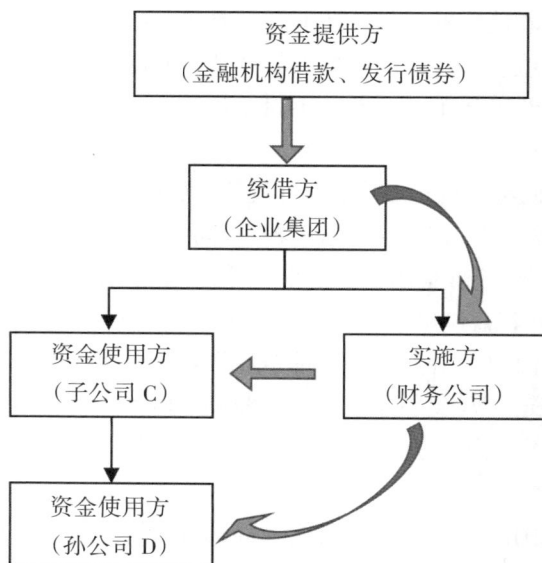

贷出资金流向：金融机构→企业集团本部→财务公司→下属公司（C、D）

归还资金流向：下属公司（C、D）→财务公司→企业集团本部→金融机构

图5-9 企业集团（统借方）通过所属财务公司（代管方）分拨资金业务图示

模式二中，公司 C、D 之间转贷业务同样不可以适用统借统还利息免交增值税的政策。

2. 不符合增值税相关规定的业务图示

模式三：向上/平行分拨资金，如图 5-10 所示。

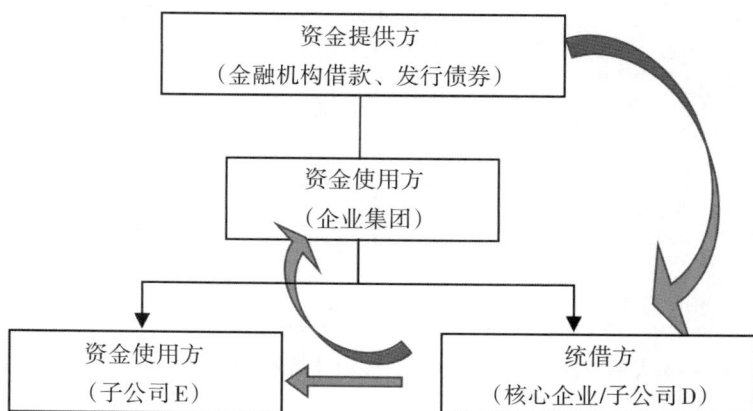

贷出资金流向：金融机构→集团核心企业（子公司 D）→企业集团/兄弟公司（子公司 E）

归还资金流向：企业集团/兄弟公司（子公司 E）→集团核心企业（子公司 D）→金融机构

图5-10 向上/平行分拨资金业务图示

模式四：二次分拨资金，如图 5-11 所示。

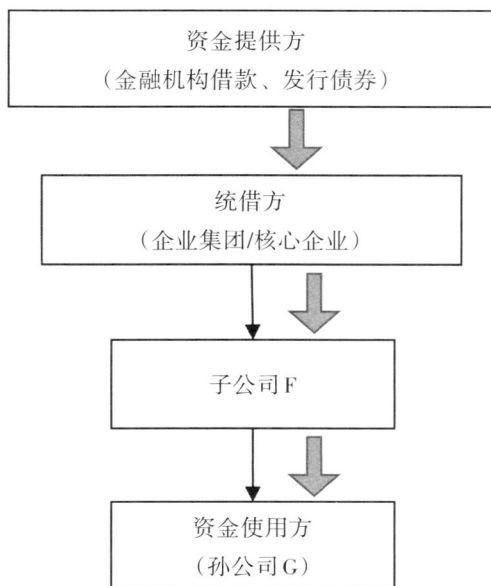

贷款资金流向：金融机构→企业集团本部或核心企业→子公司（F）→孙公司（G）
归还资金流向：孙公司（G）→子公司（F）→企业集团本部或核心企业→金融机构

图 5-11　二次分拨资金业务图示

（二）几种需要加以筹划的资金统借统还业务

1. 扁平化管理资金转贷业务

"统借统还"享受增值税免税政策要求统借方只能将资金下拨或放贷给企业集团或企业集团的下属单位。目前，企业集团往往采用金字塔形管理模式，以模式四为例，孙公司 G 需要资金，往往会先向其母公司 F 提出资金需求，再由公司 F 向集团提出申请。拨付资金时也是采用集团将资金拨付给子公司 F，再由子公司 F 向孙公司 G 拨付的资金流向。但对于统借统还业务，目前税务机关只认可集团内部第一层单位贷款享受税收优惠，即子公司 F 向孙公司 G 拨付资金不能享受统借统还免税优惠，需要全额征收增值税。因此，为严格符合统借统还业务的免税要求，企业集团内部资金借贷应尽量做到扁平化管理，由统借方或通过财务公司直接向资金使用单位发放贷款，而不再通过中间层级，如图 5-12 所示。

2. 附手续费（咨询费）的借入资金转贷业务

"统借统还"享受增值税免税政策要求统借方向内部单位收取的利息，不得高于对外借款的利率水平。统借方所收取的借款利息，高于其支付外部借款利率水平的，不符合免征增值税的条件，统借方从资金使用单位取得的利息应视为贷款服务，全额征收增值税，不能片面理解为收取的利息中用于对外偿还利息的部分可免征增值税，超额收取的利差才缴纳增值税。

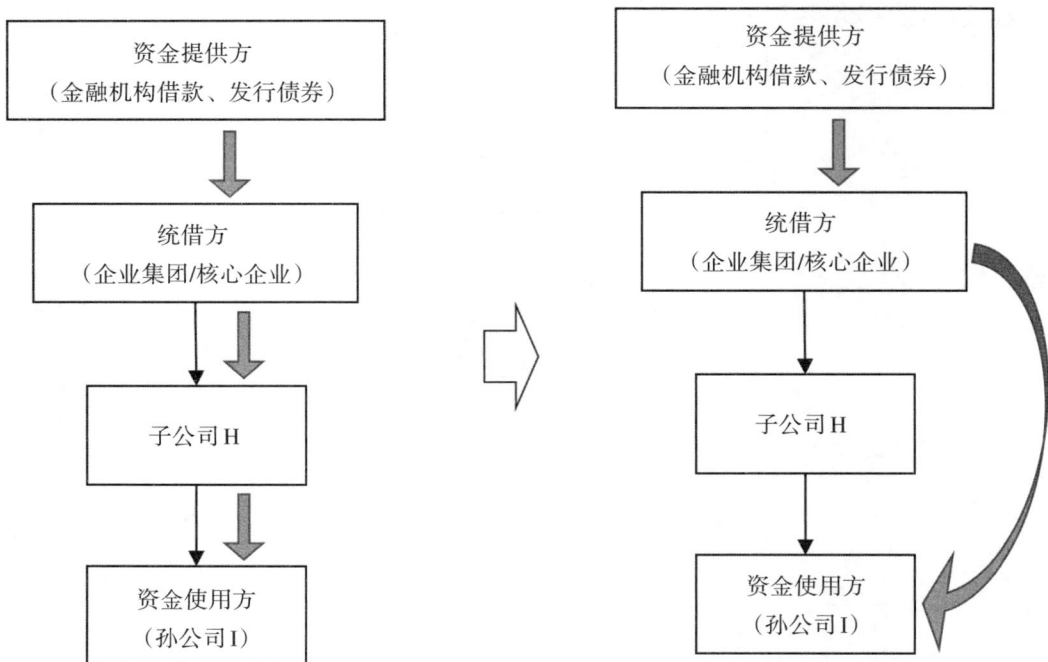

图5-12　资金多重转贷业务图示

　　金融机构发放贷款时，往往会随贷款一并收取投融资顾问费、咨询费等，导致该条款很容易被变相执行，从而造成涉税风险。例如：企业集团本部按6%的利率向银行取得贷款，同时银行向集团本部收取2%的贷款咨询费。集团本部将该笔贷款转贷给子公司时，考虑该笔资金的综合成本，按照8%的利率向子公司收取贷款利息。实务中，税务机关往往会认为统借方向子公司收取的利息高于对外借款的利率水平，从而要求统借方对收取的全部利息缴纳增值税。此种情形下，可将集团本部转贷给子公司的借款合同作一调整，在协议条款中明确该笔资金来源于某某银行，向子公司按照6%的利率收取利息费用，同时按照2%收取贷款咨询费用，这样集团本部向子公司收取的6%的利息可以享受增值税"统借统还"免税优惠。值得注意的是，统借方支付给银行的2%的贷款咨询费用、下属企业支付给统借方的贷款咨询费用均不得抵扣进项税额①。附手续费（咨询费）的借入资金转贷业务，如图5-13所示。

　　3. 从多渠道借入高低不等利率的资金转贷业务

　　企业的资金来源往往是多渠道的，用途也是多样的，可能难以做到借入和借出资金的一一对应，由此而带来适用"统借统还"的税收风险。现通过一个案例来作分析。

　　集团本部向银行取得两笔贷款各1亿元，利率分别为4%和6%，集团本部按平均利率5%将其中1.5亿元资金分拨给子公司。"统借统还"享受增值税免税政策要求统借企业向内部单位收取的利息不得高于对外借款的利率水平，因此，税务机关在掌握该政策时，往往要求资金来源与去向必须能准确对应，统借和分拨贷款可以"一对一"或者"一对多"，但不能"多对一"或者"多对多"。集团本部按平均利率5%向子公司收取的利息，往往因无明确证据表明其不高于资金来源的利率水平，而不能享受免税优惠。

---

　　① 陈迎，高允斌. 集团企业资金统借统还业务纳税筹划［J］. 财务与会计，2021（13）：69-71.

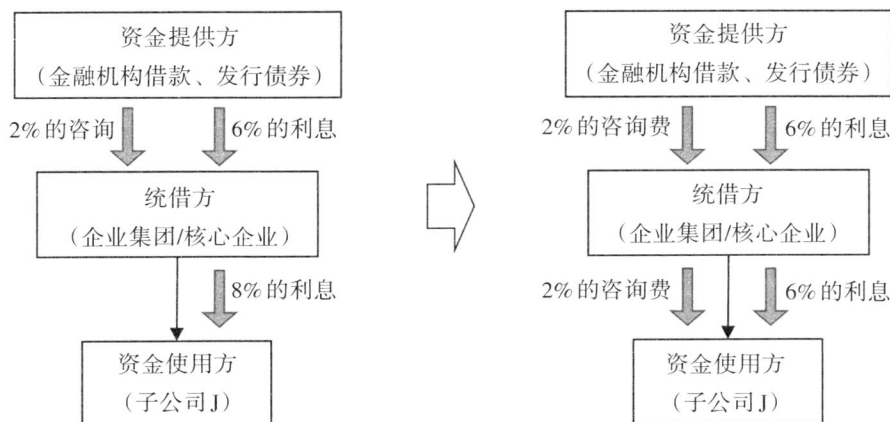

图5-13　附手续费（咨询费）的借入资金转贷业务图示

　　因此，统借方在与各借款单位签订"统借统还"协议时，必须提前做好税收要素设计，尽可能在转贷协议上体现符合"统借统还"免税的各项条件。首先，考虑到统借方不加息是免税的硬性条件，贷款合同和统借协议应尽量做到"一对一"或"一对多"，即收到一笔银行贷款、发债资金，就与一个或多个子（孙）公司签订贷款协议，不要将不同利率的资金积累在一起签订，这样容易产生税收风险。其次，应在与子公司签订的统借协议中列明贷款资金来源，明确企业向外部融资所支付的利率水平和向内部借款单位收取的利率水平。以多渠道借入高低不等利率的资金转贷业务，如图5-14所示。

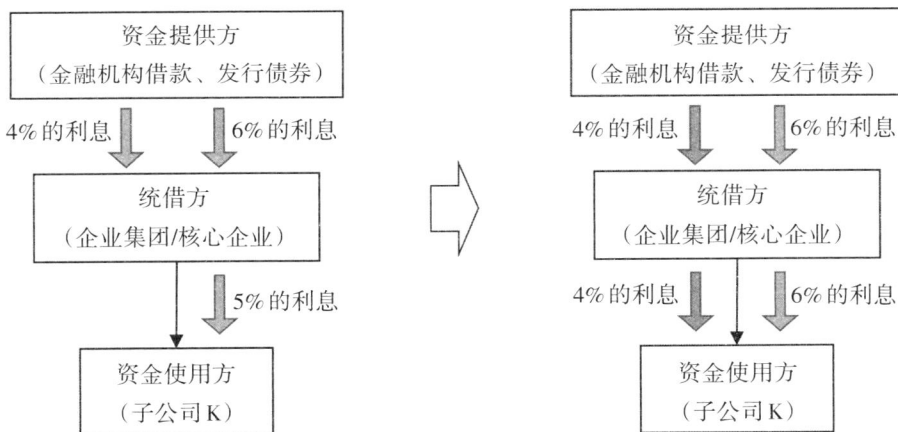

图5-14　以多渠道借入高低不等利率的资金转贷业务图示

　　4.以发行债券筹集的资金用于转贷业务

　　企业发行债券可能会采用折价或溢价发行方式，其实际利率水平与票面利率水平是不一致的。而"统借统还"免税条件要求必须是按"债券票面利率水平"收取的利息才能享受免税优惠。对于企业发行的可转换债券，由于其中嵌入了衍生金融工具，因而票面利率水平偏低，转贷时也只能据此收取利息方可免税，如果按照实际利率水平收取利息，应考虑应交增值税因素。对于企业发行的永续债，如果是作为权益工具核算的，未来即使有分配，其性质是股息而不是利息，那么这种来源的资金用于转贷下属企业，收取的利息就难以适用增值税免税优惠了。如果是作为债务工具核算的，同样要注意以对投资人支付的票面利率、合同约定跳升利率等为依据，向下属企业收取利息[①]。

5. 外部融资期限与分拨资金期限匹配要求

"统借统还"享受增值税免税政策要求资金来源必须为金融机构借款或发债融资，即统借方贷款的资金不能来源于自有资金或股权性融资。

实务中，容易对该条款产生执行偏差的是外部融资期限与分拨资金期限错配问题。例如，集团本部从银行贷款后转贷给子公司，但银行贷款到期后子公司仍需要资金，无法将资金偿还给集团本部。集团本部将贷款归还给银行后，此时其拆借给子公司的借款资金来源就已由外部借款转换为自有资金，从资金来源条件上看，已不满足免税条件，不能再继续享受免税优惠。

因此，集团本部分拨资金给下属公司时，分拨期限应不长于集团本部对外借款期限。上述案例中，可采用集团本部在外部银行贷款到期前另行拆借一笔资金给子公司，子公司再用该笔资金归还集团本部的统借统还分拨贷款。集团本部和子公司均应保留好外部融资和内部资金流转的各类证据材料，说明子公司属于"借新还旧"，避免因外部融资期限与分拨资金期限错配带来的"统借统还"享受增值税免税优惠风险。外部融资期限与分拨资金期限匹配要求，如图 5-15 所示。

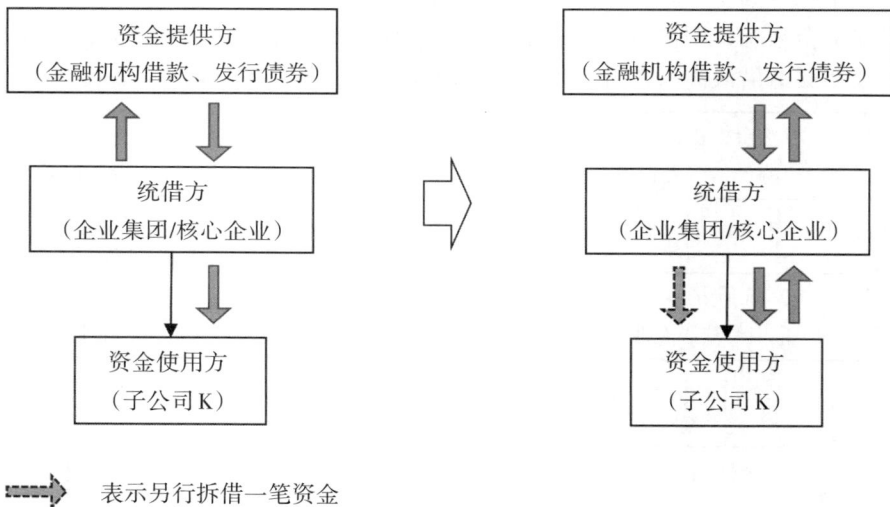

┅┅▶　表示另行拆借一笔资金

图 5-15　外部融资期限与分拨资金期限匹配要求业务图示

6. 统借统还利息结算时间要求

企业从金融机构取得的贷款资金往往是按季付息，但统借方向下属单位分拨资金，考虑关联方结算的简便性，可能采用按年对账，收取拨付资金利息的方式。如此一来，统借方按季度归还给金融机构的利息的资金来源就变成了统借方的自有资金，从而带来了享受增值税免税优惠的风险。

因此，为清晰反映统借方为下属公司融资且无营利目的，不仅分拨贷款本金的来源与

---

① 陈迎，高允斌. 集团企业资金统借统还业务纳税筹划 [J]. 财务与会计，2021（13）：69-71.

去向必须能准确对应，归还贷款利息的资金来源与去向也应当做到准确对应，统借方应先向下属单位收取转贷利息，再归还外部融资利息。

（三）统借统还业务企业所得税处理

在统借统还业务中，实际使用款项的单位需要向统借方支付借款利息，根据我国《企业所得税法实施条例》第三十七条：企业在生产经营活动中发生的合理的不需要资本化的借款费用，准予扣除。那么对于支付的该项利息费用在性质上如何界定？是按照我国《企业所得税法实施条例》第三十八条第一款的规定，作为向金融企业借款的利息支出，还是应该按照第三十八条第二款的规定，作为向关联方的非金融企业借款的利息支出扣除呢？目前税法尚未对此作出明确规定。

从表5-6可以看出，如果作为向金融企业的借款利息支出，可以不受"金融企业同期同类贷款利率"的条件限制，也不受财税〔2008〕121号文件规定的债资比限制。

国税发〔2009〕31号文件第二十一条对房地产统借统还业务利息支出税前扣除作出了规定，使用借款的企业分摊的合理利息准予在税前扣除，但是并没有直接说明这种企业集团统一向金融机构借款分摊集团内部其他成员企业使用的，是否属于关联方借款。国税发〔2009〕31号文件第二十一条规定，企业的利息支出按以下规定进行处理：企业集团或其成员企业统一向金融机构借款分摊集团内部其他成员企业使用的，借入方凡能出具从金融机构取得借款的证明文件，可以在使用借款的企业间合理地分摊利息费用，使用借款的企业分摊的合理利息准予在税前扣除。

此前，有部分地区税务机关曾发文明确，这种统借统还方式不属于关联企业之间借款，允许在企业所得税税前扣除，见表5-7。

表5-7　　　　　　　　　　**统借统还业务不同地区政策口径**

序号	地区	文件内容
1	苏州	苏州地税函〔2009〕278号　苏州市地方税务局关于做好2009年度企业所得税汇算清缴工作的通知 问：集团公司统贷统还的利息，是否可以税前扣除？ 答：对集团公司和所属企业采取"由集团公司统一向金融机构借款，所属企业按一定程序申请使用，并按同期银行贷款利率将利息支付给集团公司，由集团公司统一与金融机构结算"的信贷资金管理方式的，不属于关联企业之间借款。对集团公司所属企业从集团公司取得使用的金融机构借款支付的利息，凡集团公司能够出具从金融机构取得贷款的证明文件，其所属企业使用集团公司转贷的金融机构借款支付的利息，不高于金融机构同类同期贷款利率计算的数额的部分，允许在企业所得税前扣除
2	大连	大国税函〔2010〕20号　大连市国家税务局关于印发《企业所得税若干业务问题规定》的通知 关于非金融企业之间借款的利息支出税前扣除问题 集团公司统一向金融机构借款，所属企业按一定的程序申请使用，并按同期银行贷款利率将利息支付给集团公司，由集团公司统一与金融机构结算。凡集团公司能够出具从金融机构取得贷款的证明文件和利息计算分配表的，其所属企业使用集团公司转贷的金融机构借款支付的利息，允许在税前全额扣除

3	大连	大地税函〔2009〕91号 大连市地方税务局关于企业所得税若干税务事项衔接问题的通知 十三、关于集团公司统贷统还的利息税前扣除问题 对集团公司和所属企业采取"由集团公司统一向金融机构借款，所属企业按一定程序申请使用，并按同期银行贷款利率将利息支付给集团公司，由集团公司统一与金融机构结算"的信贷资金管理方式的，不属于关联企业之间借款。对集团公司所属企业从集团公司取得使用的金融机构借款支付的利息，凡集团公司能够出具从金融机构取得贷款的证明文件，其所属企业使用集团公司转贷的金融机构借款支付的利息，不高于金融机构同类同期贷款利率计算的数额的部分，允许在企业所得税前扣除
4	河北	冀地税发〔2009〕48号 八、关于集团公司统贷统还的利息税前扣除问题 对集团公司和所属企业采取"由集团公司统一向金融机构借款，所属企业按一定程序申请使用，并按同期银行贷款利率将利息支付给集团公司，由集团公司统一与金融机构结算"的信贷资金管理方式的，不属于关联企业之间借款。凡集团公司能够出具从金融机构取得贷款的证明文件，其所属企业使用集团公司转贷的金融机构借款支付的利息，不高于贷款银行同类同期贷款利率计算数额的部分，允许在企业所得税前扣除

根据上述部分省市的原地方性文件，部分省市税务机关认为统借统还业务不属于关联企业之间借款。退一步讲，如果将统借统还业务作为关联方借款处理，即使超过财税〔2008〕121号文件第一条规定的债资比例，也不应该进行纳税调整，主要是因为实际用款单位向统借方支付的利息费用是按照统借方向金融机构支付的利率水平支付的，符合该文件所要求的独立交易原则。

此外，统借方从资金使用方收取的利息应确认为收入，计算缴纳企业所得税。但实务中部分企业作为统借方并没有向借款单位开具发票，而是以收据作为结算凭证。借款单位仅凭收据作为企业所得税税前扣除凭证存在税务风险，依据国家税务总局公告2018年第28号文件规定，只要取得收入一方属于增值税应税项目，包括免税项目，都应当提供增值税发票，否则支付费用一方不得税前扣除。虽然大部分企业营业范围中并无贷款业务，但这并不影响企业按照真实业务开具贷款服务项目的发票。

四、分散管理模式下的税务风险管理

（一）无偿占用资金的税务风险管理

资金分散管理模式下，无偿占用资金涉及的税务风险管理与"资金池"管理模式下的无偿调拨资金相似，此处不再赘述。

（二）有偿使用资金的税务风险管理

1.增值税风险管理

（1）出借方收取利息是否应缴纳增值税。

出借方向借款方收取的利息收入，属于销售贷款服务，应按6%缴纳增值税。因购进的贷款服务不能抵扣进项税额，出借方一般开具增值税普通发票结算。

（2）规划好资金有偿借贷主体与链条，避免重复缴纳增值税。

由于财税〔2016〕36 号文件规定，贷款利息以及与贷款服务直接相关的融资费用对应的进项税额不得抵扣，因此，实务中要避免集团内资金的多重有偿借贷行为。

例如，A 公司从集团内 B 公司借入资金 1 亿元，年利率为 8%，之后将该资金转贷给下属 C 公司使用并向 C 公司收取年利率为 8% 的利息，收取的该笔利息不符合增值税免税条件。A 公司在向 B 公司支付利息时，B 公司必须缴纳利息收入的增值税，而 A 公司即使取得 B 公司开具的"贷款服务"增值税专用发票，按财税〔2016〕36 号文件规定，不得抵扣进项税额，从而形成了增值税的重复纳税。对于此类业务，应当策划为由集团内 B 公司与集团内 C 公司直接签订资金拆借合同，精简资金链条，避免重复缴纳 6% 的增值税（如图 5-16 所示）。

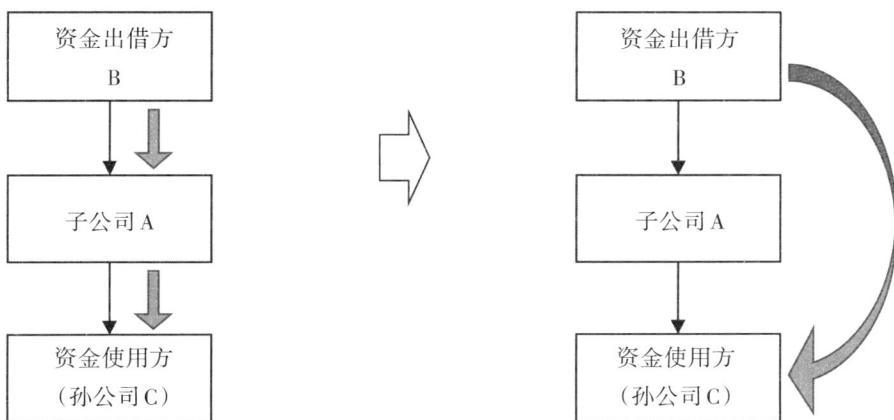

图 5-16　规划资金有偿借贷主体与链条业务图示

2. 企业所得税风险管理

资金分散管理模式下，有偿拆借资金涉及的企业所得税风险管理事项与"资金池"业务下的结算利息模式相似，借出方利息支出税前扣除同样受到利率水平限制、债资比例限制和结算凭证的要求，此处不作重述。

第四节　企业关联交易的税务风险防范

一、关联交易应遵循的基本原则

关联企业之间由于存在同一控制等方面的特殊关系，存在着操纵交易形式、扭曲交易价格来规避税收成本的空间，因而为税法所特别规制。集团企业基于产业布局、业务协同、资源共享等方面的需要，必然会形成大量的关系交易，因此应当理解和把握税法对关联交易管理方面的各项规定，在此基础上依法进行整体的税务规划。

（一）关联关系认定

1.关联关系的一般情形

根据《国家税务总局关于完善关联申报和同期资料管理有关事项的公告》（2016 年第

42号）（以下简称"42号公告"）第二条的规定，企业与其他企业、组织或者个人具有下列关系之一的，构成关联关系：

（1）一方直接或者间接持有另一方的股份总和达到25%以上；双方直接或者间接同为第三方所持有的股份达到25%以上。

如果一方通过中间方对另一方间接持有股份，只要其对中间方持股比例达到25%以上，则其对另一方的持股比例按照中间方对另一方的持股比例计算。

两个以上具有夫妻、直系血亲、兄弟姐妹以及其他抚养、赡养关系的自然人共同持股同一企业，在判定关联关系时持股比例合并计算。

（2）双方存在持股关系或者同为第三方持股，虽持股比例未达到第（1）项规定，但双方之间借贷资金总额占任一方实收资本比例达到50%以上，或者一方全部借贷资金总额的10%以上由另一方担保（与独立金融机构之间的借贷或者担保除外）。

借贷资金总额占实收资本比例=年度加权平均借贷资金/年度加权平均实收资本，其中：

$$年度加权平均借贷资金=\sum_{i=1}^{n} i 笔借入或者贷出资金账面金额 \times i 笔借入或者贷出资金年度实际占用天数/365$$

$$年度加权平均实收资本=\sum_{i=1}^{n} i 笔实收资本账面金额 \times i 笔实收资本年度实际占用天数/365$$

（3）双方存在持股关系或者同为第三方持股，虽持股比例未达到第（1）项规定，但一方的生产经营活动必须由另一方提供专利权、非专利技术、商标权、著作权等特许权才能正常进行。

（4）双方存在持股关系或者同为第三方持股，虽持股比例未达到第（1）项规定，但一方的购买、销售、接受劳务、提供劳务等经营活动由另一方控制。

上述控制是指一方有权决定另一方的财务和经营政策，并能据以从另一方的经营活动中获取利益。

（5）一方半数以上董事或者半数以上高级管理人员（包括上市公司董事会秘书、经理、副经理、财务负责人和公司章程规定的其他人员）由另一方任命或者委派，或者同时担任另一方的董事或者高级管理人员；或者双方各自半数以上董事或者半数以上高级管理人员同为第三方任命或者委派。

（6）具有夫妻、直系血亲、兄弟姐妹以及其他抚养、赡养关系的两个自然人分别与双方具有第（1）至（5）项关系之一。

（7）双方在实质上具有其他共同利益。《国家税务总局关于进一步深化税务领域"放管服"改革培育和激发市场主体活力若干措施的通知》（税总征科发〔2021〕69号）进一步明确，企业与其他企业、组织或者个人之间，一方通过合同或其他形式能够控制另一方的相关活动并因此享有回报的，双方构成关联关系。

2.关联关系的豁免情形

42号公告规定仅因国家持股或者由国有资产监督管理部门委派董事、高级管理人员而存在关联关系一般情形中第（1）至（5）项关系的，不构成关联关系。《企业会计准则第36号——关联方披露》第二章第六条规定："仅仅同受国家控制而不存在其他关联方关系的企业，不构成关联方。"42号公告规定的关联关系豁免情形较企业会计准则的规定进一步扩大。

（二）关联交易类型

根据42号公告的有关规定，关联交易主要包括以下五种类型：

（1）有形资产使用权或者所有权的转让。有形资产包括商品、产品、房屋建筑物、交通工具、机器设备、工具器具等。

（2）金融资产的转让。金融资产包括应收账款、应收票据、其他应收款项、股权投资、债权投资和衍生金融工具形成的资产等。

（3）无形资产使用权或者所有权的转让。无形资产包括专利权、非专利技术、商业秘密、商标权、品牌、客户名单、销售渠道、特许经营权、政府许可、著作权等。

（4）资金融通。资金包括各类长短期借贷资金（含集团资金池）、担保费、各类应计息预付款和延期收付款等。

（5）劳务交易。劳务包括市场调查、营销策划、代理、设计、咨询、行政管理、技术服务、合约研发、维修、法律服务、财务管理、审计、招聘、培训、集中采购等。

（三）转让定价的概念

转让定价一般是指关联企业间在销售货物、提供劳务、转让无形资产等时制定的价格。

在转让定价中，关联交易可能因为追求最大限度减轻企业税负或税收以外的动机而不按照市场公允价值进行交易，这是与非关联交易最大的不同。随着我国经济的发展，大型集团化企业内部的关联交易越来越普遍，并且具有复杂、频繁的特点，转让定价在大型集团化企业中也凸显其重要性。

（四）独立交易原则

在跨国经济活动中，为保证跨国企业税收公平分配，集团内部关联企业间的交易必须趋近于独立企业之间的交易，参照没有关联关系的交易各方确定的成交价格和营业常规，即独立交易原则。独立交易原则已被世界大多数国家接受和采纳，成为关联交易应遵循的基本原则。

根据《企业所得税法》第六章和《税收征收管理法》第三十六条的规定，我国税法也规定关联交易应遵循独立交易原则。如果企业发生的关联交易不符合独立交易原则，税务机关有权选择合理的方法进行调整。税务机关在审核、评估、调整关联交易时同样也要遵循独立交易原则。

江苏交控作为大型集团企业，各成员企业都是受到严格考核的独立利润中心，集团要求关联交易定价应从市场规律出发，按照独立交易原则进行议价定价，不以规避税收为目的。但在具体实施关联交易时，需要通过掌握和运用税法规定的转让定价方法来提高税收遵从度。

二、转让定价方法

（一）转让定价方法的核心

选择合理的转让定价方法，其核心是针对关联交易进行可比性分析。可比性分析就是将关联交易与收集到的相同或相似的市场独立交易进行比较，确定企业在独立交易原则下的价格（利润）水平。在进行可比性分析时，优先使用公开信息，也可以使用非公开信息。

《国家税务总局关于发布〈特别纳税调查调整及相互协商程序管理办法〉的公告》（2017年第6号）（以下简称"6号公告"）规定，可比性分析考虑的因素，包括交易资产或者劳务特性，交易各方执行的功能、承担的风险和使用的资产，合同条款，经济环境，经营策略等五个方面：

（1）交易资产或者劳务特性，包括有形资产的物理特性、质量、数量等；无形资产的类型、交易形式、保护程度、期限、预期收益等；劳务的性质和内容；金融资产的特性、内容、风险管理等。

（2）交易各方执行的功能、承担的风险和使用的资产。功能包括研发、设计、采购、加工、装配、制造、维修、分销、营销、广告、存货管理、物流、仓储、融资、管理等；风险包括投资风险、研发风险、采购风险、生产风险、市场风险、管理风险及财务风险等；资产包括有形资产、无形资产、金融资产等。

（3）合同条款，包括交易标的、交易数量、交易价格、收付款方式和条件、交货条件、售后服务范围和条件、提供附加劳务的约定、变更或者修改合同内容的权利、合同有效期、终止或者续签合同的权利等。合同条款分析应当关注企业执行合同的能力与行为，以及关联方之间签署合同条款的可信度等。

（4）经济环境，包括行业概况、地理区域、市场规模、市场层级、市场占有率、市场竞争程度、消费者购买力、商品或者劳务可替代性、生产要素价格、运输成本、政府管制，以及成本节约、市场溢价等地域特殊因素。

（5）经营策略，包括创新和开发、多元化经营、协同效应、风险规避及市场占有策略等。

（二）转让定价方法的具体内容

6号公告提出，转让定价方法除可比非受控价格法、再销售价格法、成本加成法、交易净利润法、利润分割法外，还明确了其他符合独立交易原则的方法，包括成本法、市场法和收益法等资产评估方法，以及其他能够反映利润与经济活动发生地和价值创造地相匹配原则的方法。

1.可比非受控价格法

可比非受控价格法以非关联方之间进行的与关联交易相同或者类似业务活动所收取的价格作为关联交易的公平成交价格。可比非受控价格法可以适用于所有类型的关联交易。

（1）有形资产所有权的转让。

成员企业选择可比非受控价格法作为有形资产使用权或者所有权交易的转让定价方法，应充分考虑前述的五个方面因素，不能进行简单的价格比较，而是应该通过比较五个方面因素的异同后，对交易价格水平进行不同方向、不同幅度的调整。例如，向关联方销售产品时，销售方企业不需要承担大量的营销宣传成本，通常也不会承担较高的坏账风险，这些因素决定其销售价格可以适度低于同类产品的市场独立交易价格。

（2）有形资产使用权的转让。

成员企业采用可比非受控价格法确定有形资产使用权转让的转让定价，应该注意以下可比性因素：

① 有形资产的性能、规格、型号、结构、类型、折旧方法等；

② 提供使用权的时间、期限、地点、费用收取标准等；

③ 资产所有者对资产的投资支出、维修费用等。

（3）金融资产的转让。

成员企业选择可比非受控价格法作为金融资产转让交易的转让定价方法，应该注意金融资产的实际持有期限、流动性、安全性、收益性。其中，股权转让交易的分析内容包括公司性质、业务结构、资产构成、所属行业、行业周期、经营模式、企业规模、资产配置和使用情况、企业所处经营阶段、成长性、经营风险、财务风险、交易时间、地理区域、股权关系、历史与未来经营情况、商誉、税收利益、流动性、经济趋势、宏观政策、企业收入和成本结构及其他因素。

（4）无形资产使用权或者所有权的转让。

成员企业选择可比非受控价格法作为无形资产使用权或者所有权的转让交易的转让定价方法，应该注意以下可比性因素：

①无形资产的类别、用途、适用行业、预期收益；

②无形资产的开发投资、转让条件、独占程度、可替代性、受有关国家法律保护的程度及期限、地理位置、使用年限、研发阶段、维护改良及更新的权利、受让成本和费用、功能风险情况、摊销方法以及其他影响其价值发生实质变动的特殊因素等。

成员企业与关联企业发生收取或者支付特许权使用费的交易，应考虑以下情形，避免税务机关实施特别纳税调整：

①无形资产价值是否发生根本性变化。

②特许权使用合同中是否存在特许权使用费调整机制。

③在无形资产使用过程中，成员企业及其关联方执行的功能、承担的风险或者使用的资产是否发生变化。

④对无形资产进行后续开发、价值提升、维护、保护、应用和推广作出贡献而是否得到合理补偿。

⑤无形资产使用费金额是否带来经济利益，是否对无形资产价值创造作出贡献，是否与企业带来的经济利益相匹配等。判定成员企业及其关联方对无形资产价值的贡献程度及相应的收益分配时，应当全面分析集团企业的全球营运流程，充分考虑各方在无形资产开发、价值提升、维护、保护、应用和推广中的价值贡献，无形资产价值的实现方式，无形资产与集团内其他业务的功能、风险和资产的相互作用。成员企业仅拥有无形资产所有权而未对无形资产价值作出贡献的，不应当参与无形资产收益分配。无形资产形成和使用过程中，仅提供资金而未实际执行相关功能和承担相应风险的，应当仅获得合理的资金成本回报。

值得成员企业关注的是特许权使用费与技术（软件）服务费的区别。《国家税务总局关于执行税收协定特许权使用费条款有关问题的通知》（国税函〔2009〕507号）规定，在服务合同中，如果服务提供方提供服务过程中使用了某些专门知识和技术，但并不转让或许可这些技术，则此类服务不属于特许权使用费范围。但如果服务提供方提供服务形成的成果属于税收协定特许权使用费定义范围，并且服务提供方仍保有该项成果的所有权，服务接受方对此成果仅有使用权，则此类服务产生的所得，适用税收协定特许权使用费条款的规定。在转让或许可专有技术使用权过程中如技术许可方派人员为该项技术的使用提供有关支持、指导等服务并收取服务费，无论是单独收取还是包括在技术价款中，均应视为特许权使用费。在实务中，企业应当关注服务合同是否与使用或有权使用相关权利相关，如知识产权使用权、专有技术使用权等。一般而言，服务提供方同意将其未公开的技术许可给服务接收方，使接收方能自由使用，服务提供方通常不亲自参与服务接收方对被许可技术的具体应用，并且不保证实施的结果，此时应作为特许权使用费来对待。例如，服务提供方仅将专利、非专利技术以软件形式提供、许可给接受方使用，并不公开软件源代码，也不参与接收方的具体应用。

（5）资金融通。

成员企业参照独立企业间类似融通资金的正常利率水平确定转让定价，或者参照贷款市场报价利率（LPR）确定转让定价，应当注意融资的金额、币种、期限、担保、融资人的资信、还款方式、计息方法等方面的可比性。

（6）劳务交易。

成员企业参照独立企业间类似劳务交易的正常收费标准确定转让定价，应该注意劳务性质、技术要求、专业水准、承担责任、付款条件和方式、直接和间接成本等方面的可比性。

2.再销售价格法

再销售价格法，是指使用以关联方采购同样的产品销售给独立第三方的价格，扣除相应独立交易的合理毛利后的金额作为关联方之间交易的价格。

再销售价格法一般适用于再销售者未对商品进行改变外形、性能、结构或者更换商标等实质性增值加工的简单加工或者单纯购销业务。

运用再销售价格法时，成员企业需特别考察关联交易与非关联交易中企业执行的功能、承担的风险、使用的资产和合同条款上的差异，以及影响毛利率的其他因素，具体包括营销、分销、产品保障及服务功能，存货风险，机器、设备的价值及使用年限，无形资产的使用及价值，有价值的营销型无形资产，批发或者零售环节，商业经验，会计处理及管理效率等，并合理确认再销售商的毛利水平。

3.成本加成法

成本加成法以关联交易发生的合理成本加上可比非关联交易毛利后的金额作为关联交易的公平成交价格。成本加成法一般适用于有形资产使用权或者所有权的转让、资金融通、劳务交易等关联交易。

（1）有形资产使用权的转让。

成本加成法适用于成员企业之间半成品、特定设备等使用权转让的情形。此时，成员企业需考察关联交易与非关联交易中企业执行的功能、承担的风险、使用的资产和合同条款上的差异，以及影响成本加成率的其他因素。

（2）有形资产使用权的转租。

成员企业转租其租入的有形资产，可以按其实际支付的租金加上合理的费用及正常利润后的金额作为转让定价。

（3）资金融通。

成员企业向他人融入资金后转借给关联企业的，可按其借入的利息，加上合理费用及正常利润后的金额确定转让定价。

（4）劳务交易。

成员企业发生关联劳务交易时可以按照自身发生的劳务成本加上合理费用及正常利润后的金额确定转让定价。成员企业间的人员借调服务通常可以采取该方法。

4.其他合理方法

在上述三种转让定价方法均不能适用时，成员企业可采用交易净利润法、利润分割法及其他符合独立交易原则的方法。交易净利润法以可比非关联交易的利润指标确定关联交易的利润。利润分割法根据企业与其关联方对关联交易合并利润（实际或者预计）的贡献计算各自应当分配的利润额。其他符合独立交易原则的方法包括成本法、市场法和收益法等资产评估方法，以及其他能够反映利润与经济活动发生地和价值创造地相匹配原则的方法。成员企业采用其他合理方法，关键在于该方法的合理性和使用条件。

（1）资产评估方法。

成员企业在日常经营活动中频繁发生的货物、资金、劳务、无形资产使用等方面的交易定价，应在集团统一规划、指导下进行合理的交易定价，而如果是非经常性的资产交易，例如大宗不动产交易、股权交易，原则上以聘请专业评估机构出具资产评估报告为宜，以此为依据可在较大程度上化解税企双方对资产价值认知水平上的分歧。

（2）成本分摊协议。

成本分摊协议，是两个以上企业之间议定的一项框架，用以确定各方在研发、生产或获得资产、劳务和权利等方面承担的成本和风险，并确定这些资产、劳务和权利的各参与者的利益的性质和范围。关联方承担的成本应与非关联方在可比条件下为获得上述受益权而支付的成本相一致。涉及劳务的成本分摊协议一般适用于集团采购和集团营销策划。《财政部　税务总局关于广告费和业务宣传费支出税前扣除有关事项的公告》（2020年第43号）第二条规定："对签订广告费和业务宣传费分摊协议（以下简称分摊协议）的关联企业，其中一方发生的不超过当年销售（营业）收入税前扣除限额比例内的广告费和业务宣传费支出可以在本企业扣除，也可以将其中的部分或全部按照分摊协议归集至另一方扣除。另一方在计算本企业广告费和业务宣传费支出企业所得税税前扣除限额时，可将按照上述办法归集至本企业的广告费和业务宣传费不计算在内。"

三、集团企业应重点管理的关联交易风险事项

（一）几种常见的关联交易风险事项

集团企业往往经营业务范围广泛，涉及的税种和税收政策已非常复杂，加之对税收政策理解的不确定，就可能引发非主观性税务风险，集团企业关联交易更是如此。集团企业涉及的关联交易，不符合独立交易原则的，税务机关有权在该业务发生的纳税年度起10

年内进行调整。

常见的集团企业关联交易风险有：

1.无偿使用关联企业资产、无偿提供或接受劳务

集团企业因按业务板块管理、考核的原因，在相同业务板块内容易出现无偿使用关联企业资产、无偿提供或接受劳务的情形，常见的有：

（1）成员企业无偿使用关联企业房屋建筑物、运输设备、办公设备等；

（2）成员企业无偿为关联企业提供服务，如人员在成员企业间的无偿借调，为关联企业无偿提供信息技术服务等；

（3）成员企业无偿为关联企业提供担保、"内保外贷"等财务担保服务。

成员企业可以关注以下迹象，及时发现该类关联交易风险：

（1）成员企业账面上无房屋建筑物类资产（或未缴纳房产税、土地使用税等），同时也未支付相关房屋建筑物租赁费；

（2）成员企业账上无运输设备资产（或未缴纳车船税等），但列支相关汽车费用，如汽油费、车辆维修费等；

（3）成员企业没有员工及薪酬费用，由关联企业员工兼职提供服务；

（4）成员企业的审计报告，其审计费由集团企业母公司或其他企业承担；

（5）成员企业税务专员应与资金部门保持沟通，关注是否存在为关联企业提供担保、"内保外贷"等财务担保服务的情况。

2.转让定价不合理、不公允

集团企业关联交易发生频繁，涉及成员企业众多，容易出现转让定价不合理、不公允的情形，常见的有：

（1）成员企业向关联企业出租房屋，其租赁价格较房产坐落地周边租赁价格明显偏低，以此降低房产税计税依据；

（2）集团企业可能依照成员企业税收优惠、税收盈亏情况等，在不同税负的成员企业之间调节关联交易定价，不能真实反映企业经营情况。

成员企业可以关注以下迹象，及时发现该类关联交易风险：

（1）成员企业关联交易占营业收入比重较大，但一直处于微利或亏损状态，该类型成员企业易于受到税务机关的关注和监管；

（2）成员企业内部交易定价政策经常性变更且脱离市场正常波动；

（3）成员企业确定转让定价时，迫于业绩考核、降低税负的压力，缺少交易双方在关联交易中承担的功能风险、价值贡献的分析，缺乏对市场公允价值的论证；

（4）成员企业关联交易的转让定价以集团企业指令性文件确定，成员企业缺少自主定价权。

3.集团母公司费用分摊未区分受益劳务和非受益劳务

符合独立交易原则的关联劳务交易应当是受益性劳务交易，并且按照非关联方在相同或者类似情形下的营业常规和公平成交价格进行定价。受益性劳务是指能够给劳务接受方带来直接或者间接经济利益，且非关联方在相同或者类似情形下，愿意购买或者愿意自行实施的劳务活动。企业购买关联方提供的受益性劳务而支付的费用可以在税前扣除。受益性劳务能够分别按照各劳务接受方、劳务项目为核算单位归集相关劳务成本费用的，成员企业应当以劳务接受方、劳务项目合理的成本费用为基础，确定交易价格。成员企业发生的受益性劳务不能分别按照各劳务接受方、劳务项目为核算单位归集相关劳务成本费用的，应当根据劳务性质合理确定，可以根据实际情况采用营业收入、营运资产、人员数量、人员工资、设备使用量、数据流量、工作时间以及其他合理指标进行合理分配，分配结果应当与劳务接受方的受益程度相匹配。

　　成员企业需要关注6号公告明确指出的非受益性劳务情形，避免被税务机关纳税调整，见表5-8：

表5-8 **非受益性劳务活动主要内容**

非受益性劳务活动	劳务活动主要内容
劳务接受方从其关联方接受的，已经购买或者自行实施的劳务活动	
劳务接受方从其关联方接受的，为保障劳务接受方的直接或者间接投资方的投资利益而实施的控制、管理和监督等劳务活动	①董事会活动、股东会活动、监事会活动和发行股票等服务于股东的活动； ②与劳务接受方的直接或者间接投资方、集团总部和区域总部的经营报告或者财务报告编制及分析有关的活动； ③与劳务接受方的直接或者间接投资方、集团总部和区域总部的经营及资本运作有关的筹资活动； ④为集团决策、监管、控制、遵从需要所实施的财务、税务、人事、法务等活动； ⑤其他类似情形
劳务接受方从其关联方接受的，并非针对其具体实施的，只是因附属于企业集团而获得额外收益的劳务活动	①为劳务接受方带来资源整合效应和规模效应的法律形式改变、债务重组、股权收购、资产收购、合并、分立等集团重组活动； ②由于企业集团信用评级提高，为劳务接受方带来融资成本下降等利益的相关活动； ③其他类似情形
劳务接受方从其关联方接受的，已经在其他关联交易中给予补偿的劳务活动	①从特许权使用费支付中给予补偿的与专利权或者非专利技术相关的服务； ②从贷款利息支付中给予补偿的与贷款相关的服务； ③其他类似情形
与劳务接受方执行的功能和承担的风险无关，或者不符合劳务接受方经营需要的关联劳务活动	
其他不能为劳务接受方带来直接或者间接经济利益，或者非关联方不愿意购买或者不愿意自行实施的关联劳务活动	

集团总部、区域总部不可将非受益性劳务成本分摊给成员企业承担，更不可视为一种服务行为而向成员企业收取价款。如《国家税务总局关于母子公司间提供服务支付费用有关企业所得税处理问题的通知》（国税发〔2008〕86号）规定："母公司以管理费形式向子公司提取费用，子公司因此支付给母公司的管理费，不得在税前扣除。"

成员企业可以关注以下迹象，及时发现该类关联交易风险：

（1）集团企业存在"一套班子、几块牌子"的情况，需重点关注是否存在人为调节成本费用分摊的问题；

（2）集团企业母公司分摊劳务服务费时，分配指标时常发生变化，或者分配结果与劳务接受方的受益程度不匹配，如针对投资型公司采用营业收入作为法律咨询服务的指标进行分配；

（3）成员企业支付关联劳务费时，仅有服务合同、发票作为依据，缺少服务内容、服务过程记录、服务成果等文件、资料，以及分配方式等证明依据，重点关注是否承担了非受益性劳务的支出。

4.集团内成员企业之间进行重组时未考虑税法制定的规则

集团企业基于发展战略、产业板块等的调整，成员企业发生企业重组也是常见的关联交易，其常见的税务风险情形有：

（1）不区分具体业务场景，零对价或平价转让股权，例如，针对亏损企业简单采取平价转让股权或无偿划转亏损企业股权的处理；

（2）短期内高价买入股权、低价卖出股权，实现投资损失主体的变更，或作相反操作。

其他风险事项请见本章第四节的相关内容。

成员企业可以关注以下迹象，及时发现该类关联交易风险：

（1）重点关注"长期股权投资""其他权益工具投资"等科目以及"资本公积"科目，成员企业这些科目的发生额往往与此类风险事项相关；

（2）关注企业重组过程中相关资料的完整性，如缺少资产评估报告的重组便需按照税法规定作进一步风险分析；

（3）关注企业重组可能涉及的一揽子交易或交易计划，针对连续交易、分步重组的重组交易，需要关注是否具有合理商业目的的问题；

（4）成员企业需格外关注特殊性税务处理及特定交易事项，如基础设施领域不动产投资信托基金（REITs）、公益股权捐赠等事项，此类事项存在特殊的税收政策及适用条件。

5.集团企业通常对成员企业的资金实施资金池管理，可能形成不同税负成员企业间资金融通方面的税务风险

此类税务风险情形及其应对问题已在本章第三节中阐述，此处不再重述。

6.代为承担费用

集团企业母公司往往承担投资、管理等职能，承担很多本应由子公司承担的费用，其常见的情形有：

（1）新设企业时，母公司经常承担子公司的开办费用；

（2）集团企业经常出现共用"一套人马"的情况，导致成本费用划分不清，容易出现关联企业代为承担费用的情况；

（3）集团企业母公司代为成员企业承担离退休人员、捐赠支出等费用。

集团企业母公司及成员企业可以关注以下迹象，及时发现该类关联交易风险：

（1）费用报销流程发起人其劳动关系并不在本企业；

（2）费用类型与本企业业务无直接的相关性；

（3）费用规模与"人、资产"规模不匹配，如成员企业并无员工，但存在较高管理费用等。

（二）关联交易风险事项导致的税务风险成本分析

1.增值税视同销售或进项抵扣转出风险

成员企业间的无偿使用资产或劳务不属于"用于公益事业或者以社会公众为对象"，因此应当视同提供租赁服务、技术服务或其他服务，按同类商品或服务的可比价格缴纳增值税。

成员企业代为承担费用产生的风险是其进项税额不得抵扣。例如，《国家税务总局关于国内旅客运输服务进项税抵扣等增值税征管问题的公告》（2019年第31号）第一条规定，《财政部　税务总局　海关总署关于深化增值税改革有关政策的公告》（2019年第39号）第六条所称"国内旅客运输服务"，限于与本单位签订了劳动合同的员工，以及本单位作为用工单位接受的劳务派遣员工发生的国内旅客运输服务，关联企业员工在本企业报销差旅费所对应的进项税额不得抵扣。

2.企业所得税纳税调整风险

依据《企业所得税法》第八条及《企业所得税法实施条例》第二十七条，企业实际发生的与取得收入直接相关的支出允许在计算应纳税所得额时扣除。拥有资产的成员企业因其资产被关联企业无偿使用，没有直接用于自身的生产经营，税务机关往往会认定对应的折旧、摊销支出属于"与取得收入无关的支出"，不允许在企业所得税税前进行扣除。

税务机关也有可能提出要按照独立交易原则核定资产租赁收入、服务收入。6号公告第三十八条规定："实际税负相同的境内关联方之间的交易，只要该交易没有直接或者间接导致国家总体税收收入的减少，原则上不作特别纳税调整。"关于"实际税负相同"含义的理解，应注意如下两点：

（1）6号公告规定原则上可不作特别纳税调整的情形限于境内关联方之间的交易。如果关联方之间的跨境交易直接或者间接导致应税利润从我国境内转移到境外的，税务机关有权对其进行特别纳税调整。

（2）实务中，有的企业认为只要交易各方企业所得税法定税率均为25%，则税负保持一致。这种理解不够全面、准确。有关企业所得税负的计算，可参考《国家税务总局关于印发〈纳税评估管理办法（试行）〉的通知》（国税发〔2005〕43号）中的规定，税负率=应纳所得税税额÷利润总额×100%。该计算公式中，影响应纳所得税税额的因素，除了税率以外，还包括所得减免、弥补以前年度亏损等因素，因此不能简单地以税率来衡量关联企业税负。

税务机关对成员企业实施特别纳税调整，涉及成员企业向境外关联方支付利息、租金、特许权使用费的，除另有规定外，不调整已扣缴的税款，这就有可能产生重复纳税的风险。

3.房产税纳税主体风险

在成员企业无偿提供房产租赁的关联交易中，存在房产税纳税主体风险。《财政部 国家税务总局关于房产税、城镇土地使用税有关问题的通知》（财税〔2009〕128号）规定："无租使用其他单位房产的应税单位和个人，依照房产余值代缴纳房产税。"交易价格不公允的，也可能被税务机关核定交易价格补征税款。

4.个人所得税扣缴风险

员工在集团境内成员企业之间流动任职、同时任职多家企业且有多处支付薪酬的，需要明确结算规则以及扣缴办法，按规定正确用好全年一次性奖金、专项附加扣除政策以及累计预扣税款方法。如果成员企业将员工派至境外子公司，要注意特定的个人所得税扣缴风险。《财政部 税务总局关于境外所得有关个人所得税政策的公告》（财政部 税务总局公告2020年第3号）规定："居民个人被境内企业、单位、其他组织（以下称派出单位）派往境外工作，取得的工资薪金所得或者劳务报酬所得，由派出单位或者其他境内单位支付或负担的，派出单位或者其他境内单位应按照个人所得税法及其实施条例规定预扣预缴税款。居民个人被派出单位派往境外工作，取得的工资薪金所得或者劳务报酬所得，由境外单位支付或负担的，如果境外单位为境外任职、受雇的中方机构（以下称中方机构）的，可以由境外任职、受雇的中方机构预扣税款，并委托派出单位向主管税务机关申报纳税。中方机构未预扣税款的或者境外单位不是中方机构的，派出单位应当于次年2月28日前向其主管税务机关报送外派人员情况，包括：外派人员的姓名、身份证件类型及身份证件号码、职务、派往国家和地区、境外工作单位名称和地址、派遣期限、境内外收入及缴税情况等。中方机构包括中国境内企业、事业单位、其他经济组织以及国家机关所属的境外分支机构、子公司、使（领）馆、代表处等。"

集团企业资金交易、资产重组所涉及的税务风险请进一步参考第四章第三节、第五节的相关内容。

（三）关联交易风险管理

1.集团企业关联交易的梳理与风险识别、排序

集团企业总部应当根据税法规定的基本原则、方法，结合企业会计准则的规定及会计信息披露情况，以及其他部门法规对关联交易方面的规定与要求，组织全集团对现存的以及即将开展的关联交易情况进行全面的梳理与风险排查。建议参照如图5-17所示的流程实施本项工作。

2.优化与调整关联交易的形式、类型与规模

对于中高风险的关联交易事项，集团企业应当综合各方面因素，对关联交易进行统筹规划和必要调整。

交易各方关系　　交易类型　　税收风险事项　　交易规模、频率与涉税金额

```
                                  ┌─ 有形资产租赁 ─┐  ┌─ 无偿使用资产 ─┐
                                  │                │  │                │
                                  ├─ 有形资产转让   │  ├─ 无偿使用劳务   │
        ┌─ 100%同一 ──────────────┤                │  │                │      ┌─ 高风险 ─┐
        │   控制下的               ├─ 无形资产使用   │  ├─ 转让定价不公允 │      │          │
        │   关联交易               │                │  │                │      │          │
关联交易 ┤                         ├─ 无形资产转让   │  ├─ 母公司费用分摊不合理 ├─────┼─ 中风险 ─┤
        │                         │                │  │                │      │          │
        │   非100%同一             ├─ 金融资产转让   │  ├─ 资金交易风险   │      │          │
        └─ 控制下的 ───────────────┤                │  │                │      └─ 低风险 ─┘
            关联交易               ├─ 资金融通       │  ├─ 重组交易风险   │
                                  │                │  │                │
                                  ├─ 劳务交易       │  ├─ 代为承担费用   │
                                  │                │  │                │
                                  └─ 其他           │  └─ 其他           │
```

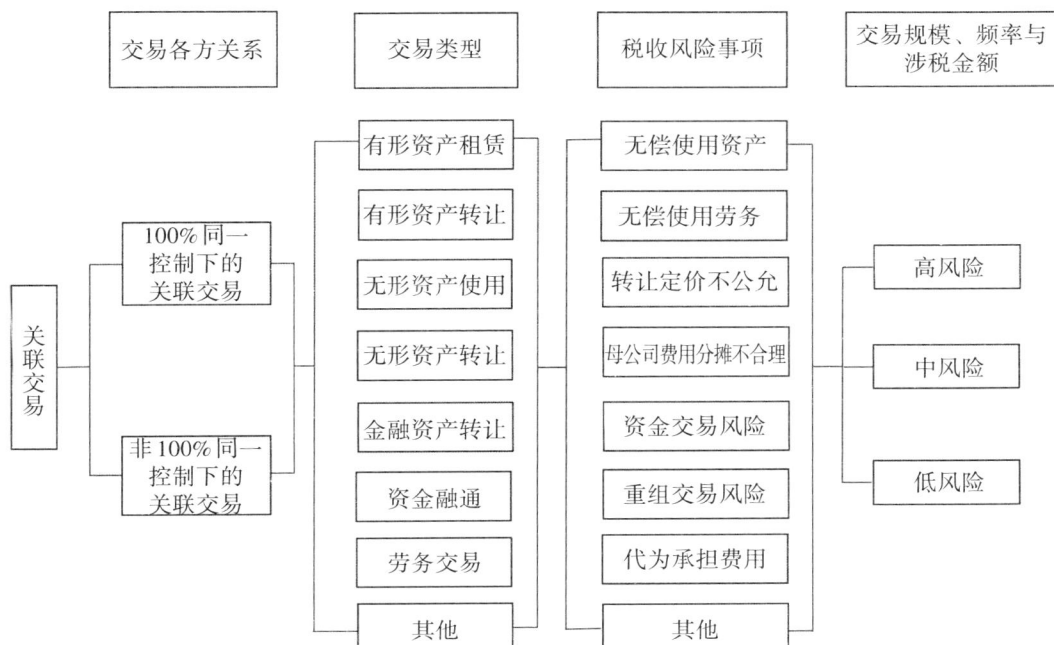

图 5-17　关联交易风险评估流程图

说明：非100%同一控制下关联企业间的关联交易还要注意非税风险，例如，上市公司的关联交易应当符合证券法规对关联交易及其定价的法定程序、信息披露等方面的监管要求。

（1）在有偿交易与无偿交易之间的取舍。

无对价的关联交易便于操作，如果是历史沿革下来的，更易于为交易各方接受，但它隐含了不同税种下不同的税务风险。如果综合评估后认为风险较高的，应当考虑调整为有偿交易。

（2）在资产转让交易与使用权交易之间的取舍。

前者属于一次性的关联交易，资产转让给目前无偿使用方之后，后续的关联交易就可能消除或减少了。使用权交易是将目前的无偿使用资产改为有偿支付使用费（租金、利息、技术使用费等），关联交易会持续发生。不同类型的关联交易会引发不同的外部监管与信息报告，其中的税收成本也会有高低不同，所以应当在进行比较分析后作出选择。

（3）在主要责任人与代理人之间的取舍。

企业会计准则规定，企业应当根据其在向客户转让商品前是否拥有对该商品的控制权，来判断其从事交易时的身份是主要责任人还是代理人。企业在向客户转让商品前能够控制该商品的，该企业为主要责任人，应当按照已收或应收对价总额确认收入；否则，该企业为代理人，应当按照预期有权收取的佣金或手续费的金额确认收入。在成为关联方代理人的情况下，关联交易的标的金额降低，但是会产生其他税务风险管理方面的问题，例如，代收代付而可能产生的价外费用问题，佣金和手续费税前扣除问题等。

（4）通过企业重组、资产重组来消除一些不必要、不合规的关联交易。

如果个别成员企业无实际经营场所、无固定员工及其薪酬费用，进而引起非正常关联

交易关注的，可以研究通过吸收合并、将法人公司转为关联方分公司、企业注销等方式予以清理。如果一方长期无偿占用另一方的资产组，有偿结算价款会导致内部关联交易的链条延长、规模加大，同时又可能增加税收成本的，可以研究通过资产无偿划转、整体资产投资、资产置换等方式理顺资产关系，消除此类不必要、不合规的关联交易。

（5）注意"人""事"归属的一致性。

资产是由人来使用的，资产又是用于特定的生产经营活动的，因此，无论是通过一般交易的方式，还是通过企业重组、资产重组的方式对资产进行重新整合，都要考虑到与此相关的人员与业务的同步整合，切不可头痛医头、脚痛医脚。在轻资产的成员企业，则应注意优化调整后人、事（业务）与费用关系的统一性。

（6）定期清理集团内企业间的往来账项。

集团企业内部有时会存在"互负债务""三角债"甚至"多角债"的情况，应通过系统的往来账项清理，通过签订双边、多边债务抵销协议等，清理不必要的内部往来余额，减少形式上的关联企业资金占用。

3.依规、合理进行关联交易的结算

针对无偿使用资产、劳务以及代为承担费用的税务风险，成员企业可以通过有偿结算来化解风险，那么，下一步的工作便是研究科学的结算方式、定价方法和合理的定价水平，尤其要注意基础信息和数据的支撑作用。对于定价不公允的关联交易，也是如此。

现以集团企业间关联劳务交易为例，说明劳务费用在关联企业间的分担、结算的合规性与合理性问题。依照税法规定，集团企业可以采取服务交易方式和成本分摊方式。

服务交易方式即服务提供方向服务接受方提供了企业管理服务、现代服务等，应按市场公允交易价格结算费用。

成本分摊方式即服务提供方将为服务接受方发生的管理成本分摊给服务接受方承担。根据《企业所得税法》第四十一条规定的原则，关联企业间共同提供、接受劳务发生的成本，在计算应纳税所得额时应当按照独立交易原则进行分摊。

成本分摊方式与服务交易方式的区别在于：后者往往发生于"一对一"的关联交易之中，前者则多发生于由一家关联企业牵头集合若干家集团内企业共同接受外部第三方劳务，或者集团内企业共同接受集团内某一方劳务；后者应按市场交易价格进行结算，交易价格中包含合理的商业利润，前者则按成本价为依据结算。后者适用于各类关联企业之间，前者通常适用于100%的关联企业之间。后者需要开具税务发票，前者可以分割单进行结算。后者属于正常商业行为，无须履行税务管理手续；前者则要按《国家税务总局关于规范成本分摊协议管理的公告》（2015年第45号）文件的规定，自与关联方签订（变更）成本分摊协议之日起30日内，向主管税务机关报送成本分摊协议副本，并在年度企业所得税纳税申报时，附送《中华人民共和国企业年度关联业务往来报告表》。

当然，税收政策中也有出现概念混淆的地方，《国家税务总局关于母子公司间提供服务支付费用有关企业所得税处理问题的通知》（国税发〔2008〕86号）中规定，母公司向其多个子公司提供同类项服务，也可以采取服务分摊协议的方式，即由母公司与各子公司签订服务费用分摊合同或协议，以母公司为其子公司提供服务所发生的实际费用并附加一定比例利润作为向子公司收取的总服务费，在各服务受益子公司（包括盈利企业、亏损企业和享受减免税企业）之间按《企业所得税法》第四十一条第二款的规定合理分摊。这里要求分摊费用时必须加上合理利润，实际上就是服务交易方式了。

建议存在关联交易的成员企业，要根据税法的规定，结合以往年度税务检查时提出的问题，处理好如下几个重点事项：

（1）根据关联方股权关系是否为100%相互控制或被同一控制的关系，确定关联交易结算方式是服务交易方式还是成本分摊方式。如果是服务交易方式的，建议采用成本加成定价方法，在实际发生的成本基础上加成合理比例的利润，再加上增值税，在此基础上向委托管理方收取费用。鉴于一家成员企业存在为多家关联企业服务的情况，因此，可以将总的成本加成价确定后，采用合理标准和比例向各劳务接受方分配，分配标准可以根据实际情况采用营业收入、营运资产、车辆数据流量以及其他合理指标，分配结果应当与服务接受方的受益程度相匹配，一经选择，原则上不作变更。如果采用成本分摊方式的，同样要选择合理的分摊标准，并且要按税法规定履行报送成本分摊协议副本及纳税申报的手续。

（2）如果是母公司向子公司提供服务的，无论是采用什么样的结算方式，都要注意6号公告规定的"非受益性服务"费用不得向子公司收取。

（3）服务提供方应该通过会计核算系统或辅助账的形式，较为准确地归集核算为履行受托服务而发生的人员薪酬、服务实施中的物资消耗、各项费用支出等。在实际结算时，能够提供成本费用清单。

（4）如果服务接收方纳税申报表中申报的基本信息中没有职工人数、工资薪金支出，那么，其账面就不应再发生职工福利费等其他职工薪酬，否则会导致纳税风险疑点，引起不必要的纳税调整，应予关注。

4.依法、及时、完整地履行关联交易申报义务

（1）关联交易申报及同期资料管理。

根据42号公告的规定，存在关联交易的成员企业应当填报《中华人民共和国企业年度关联业务往来报告表》，如果有境外成员企业的，应当填报国别报告。达到规定标准、存在特殊交易的集团企业总部或成员企业应当提供同期资料。同期资料包括主体文档、本地文档和特殊事项文档，企业仅与境内关联方发生关联交易的，可以不准备此类文档。

（2）受控外国企业管理。

随着集团企业发展之需要，部分集团企业在境外设立子公司，以便拓展国际市场。受控外国企业是指根据所得税法第四十五条的规定，由居民企业，或者由居民企业和居民个人控制的设立在实际税负低于所得税法第四条第一款规定税率水平50%的国家（地区），并非出于合理经营需要对利润不作分配或减少分配的外国企业。因此，集团企业应当关注受控外国企业管理，在年度企业所得税纳税申报时提供对外投资信息，附送"对外投资情

况表"，降低受控外国企业的税务风险。

计入中国居民企业股东当期的视同受控外国企业股息分配的所得，应按以下公式计算：中国居民企业股东当期所得=视同股息分配额×实际持股天数÷受控外国企业纳税年度天数×股东持股比例。中国居民股东多层间接持有股份的，股东持股比例按各层持股比例相乘计算。

中国居民企业股东能够提供资料证明其控制的外国企业满足以下条件之一的，可免于将外国企业不作分配或减少分配的利润视同股息分配额，计入中国居民企业股东的当期所得：设立在国家税务总局指定的非低税率国家（地区）；主要取得积极经营活动所得；年度利润总额低于500万元人民币。

5.预约定价安排管理

日常关联交易工作中，除了依法履行关联交易申报和提供同期资料外，集团企业还可以提前与税务机关进行沟通，针对复杂且重大关联交易业务，与税务机关就其未来年度关联交易的定价原则和计算方法达成预约定价安排。预约定价安排适用于主管税务机关向企业送达接收其谈签意向的"税务事项通知书"之日所属纳税年度起3至5个年度的关联交易。通过预约定价安排，集团企业可以依规、合理进行关联交易的结算。需要注意的是，预约定价安排一般适用于主管税务机关向企业送达接收其谈签意向的"税务事项通知书"之日所属纳税年度前3个年度每年度发生的关联交易金额4 000万元人民币以上的企业。有关预约定价安排的具体规定请各成员企业按照《国家税务总局关于完善预约定价安排管理有关事项的公告》（2016年第64号）执行。

第五节　企业重组的税务风险管理

《国务院关于进一步优化企业兼并重组市场环境的意见》（国发〔2014〕14号）提出："兼并重组是企业加强资源整合、实现快速发展、提高竞争力的有效措施，是化解产能严重过剩矛盾、调整优化产业结构、提高发展质量效益的重要途径。"我国借鉴国际经验，结合国内企业重组实践，逐步构建了一套企业重组的税收政策体系和管理制度，借由免税、暂不征收和递延纳税等政策，提高重组交易的经济效率，在激活资产增值潜能后再收回政府让渡的税收，发挥税收引导调节企业重组的功能，这也是重组相关税收政策设计的初衷。

在重组中，涉及有形动产、不动产、无形资产、股权等组合式流动，涉及人员劳动关系的变化，支付对价方式既有股权支付、非股权支付，还有混合式支付，因此，其涉及的税种和税收要素众多，存在征税、免税、不征税、暂不征收等不同的税收待遇，税收管理方式也有核准、备案、自行申报等不同要求。这就需要在重组方案设计、尽职调查和法律文本起草过程中充分考虑税收因素的影响，前置性地进行税务风险管理与纳税筹划，设计规划不同的重组路径方案，在充分比较、论证后，再做最终决策，合法、合理地降低企业重组的税务成本。

一、集团内企业涉及的主要重组类型

（一）企业重组的定义

在我国现行税法文件中，《财政部　国家税务总局关于企业重组业务企业所得税处理若干问题的通知》（财税〔2009〕59号）将企业重组定义为："企业重组，是指企业在日常经营活动以外发生的法律结构或经济结构重大改变的交易，包括企业法律形式改变、债务重组、股权收购、资产收购、合并、分立等。"这个定义中的关键词是"日常经营活动以外"和"重大改变"，这是重组业务区别于普通资产、股权交易的主要特征。《财政部　国家税务总局关于促进企业重组有关企业所得税处理问题的通知》（财税〔2014〕109号）中增加了资产"划转"的政策规定，《财政部　国家税务总局关于非货币资产投资企业所得税处理问题的通知》（财税〔2014〕116号）中增加了"非货币性资产对外投资"的政策规定，但这两种重组形式很难说是完全独立的重组形式。其他税种税收政策中对企业重组概念没有具体定义，对其中的具体形式也未作详细列举。在《中华人民共和国民法典》《中华人民共和国公司法》等民商法中，未就"企业重组"作出专门的定义和规定，而是对其中的部分重组形式，例如企业合并、分立等作出单独规定。在实务中，也存在将企业重组与资产重组混为一谈的现象，对一项业务是否为企业重组，税务机关与企业的认知经常有异，争议较多。要正确理解相关政策和实施好企业重组，首先要注意分别民商法、税法、会计准则中关于各类企业重组形式内涵、外延上的异同之处。

（二）税法规定的企业重组类型

兹以企业所得税政策文件为主，列示其所规定的企业重组类型及定义。

（1）企业法律形式改变，是指企业注册名称、住所以及企业组织形式等的简单改变。

（2）债务重组，是指在债务人发生财务困难的情况下，债权人按照其与债务人达成的书面协议或者法院裁定书，就债务人的债务作出让步的事项。

（3）股权收购，是指一家企业购买另一家企业的股权，以实现对被收购企业控制的交易。

（4）资产收购，是指一家企业购买另一家企业实质经营性资产的交易。

（5）合并，是指一家或多家企业将其全部资产和负债转让给另一家现存或新设企业，被合并企业股东换取合并企业的股权或非股权支付，实现两个或两个以上企业的依法合并。

（6）分立，是指一家企业将部分或全部资产分离转让给现存或新设的企业，被分立企业股东换取分立企业的股权或非股权支付，实现企业的依法分立。

（7）非货币性资产投资，是指以非货币性资产出资设立新的企业，或将非货币性资产注入现存的企业。

（8）资产划转，是指两个居民企业之间按账面净值划转股权或资产。

伴随企业重组交易的发生，有关资产的权属发生了转移，必然会涉及企业所得税、增值税、印花税事项，若涉及不动产转移时还会涉及土地增值税、契税等税种。本节主要针对常见的股权收购、企业合并、资产置换、企业分立、资产划转这五种重组形式作具体阐述。

二、股权收购的税务风险管理

（一）股权收购的交易类型

企业重组中涉及的股权收购，以实现对被收购企业控制为目的，标的股权的比例一般较大。按支付对价形式的不同，股权收购的操作模式有四种：第一种是用现金收购；第二种是收购方用自己的股权（或股份，下同）作为对价；第三种是收购方以控股企业的股权作为支付对价；第四种是以部分现金加股权作为混合支付对价。其中，第二、第三种模式也叫换股模式。

1.以买方的股权作为支付对价（如图5-18所示）

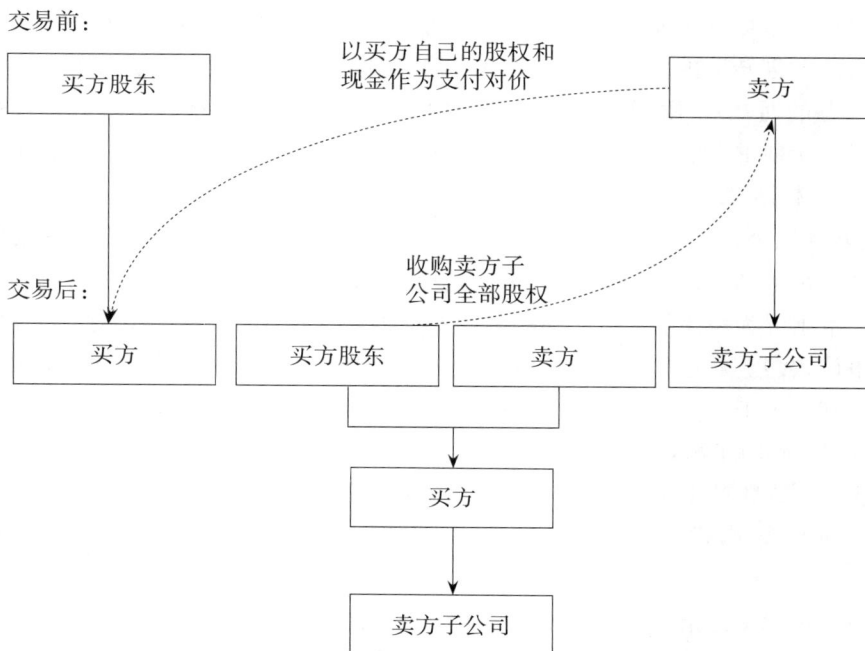

图5-18　以买方股权作为支付对价的股权收购业务图示

2.买方以控股企业的股权作为支付对价（如图5-19所示）

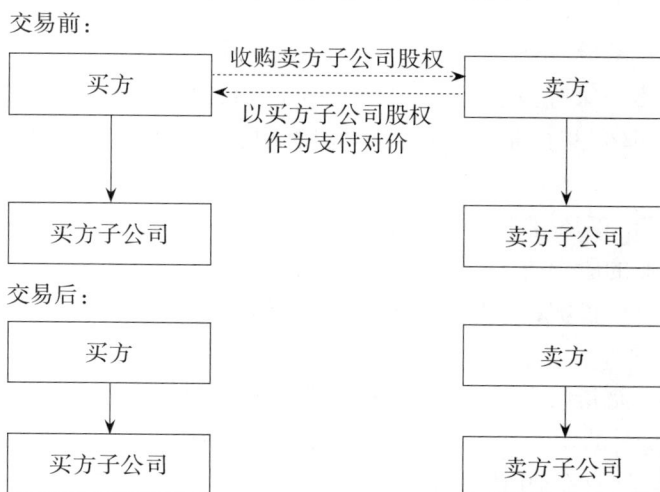

图5-19　以买方控股企业股权作为支付对价的股权收购业务图示

（二）股权收购的企业所得税风险管理

1.一般性税务处理

转让方应确认股权转让所得或损失，收购方取得股权的计税基础应以公允价值为基础确定。确认和计算股权转让所得的注意要点请见第六章第二节相关内容。

2.特殊性税务处理

（1）特殊性税务处理适用条件。

①具有合理的商业目的，且不以减少、免除或者推迟缴纳税款为主要目的。

"合理商业目的"条件来源于《企业所得税法》第四十七条和《企业所得税法实施条例》第一百二十条的规定，《国家税务总局关于发布〈企业重组业务企业所得税管理办法〉的公告》（国家税务总局公告2010年第4号）第十八条又细化了判断条件：应从重组活动的交易方式、交易形式及实质、重组活动带来的税务状况变化、财务状况变化、异常经济利益和潜在义务等6个方面来进行判断、认定企业重组活动的合理商业目的。

②股权比例要求：收购企业购买的股权应不低于被收购企业全部股权的50%。

③经营连续性要求：企业重组后的连续12个月内不改变重组资产原来的实质性经营活动，即企业转让股权后，买方在连续12个月内不得再次转让该股权，且应继续用于同样目的的经营业务。

④转让企业缺乏纳税必要资金：收购企业在该股权收购发生时的股权支付金额不低于其交易支付总额的85%。

⑤权益连续性要求：企业重组中取得股权支付的原主要股东，在重组后连续12个月内，不得转让所取得的股权。

上述条件符合性的证明材料，系通过股权重组的一系列法律文件及实施情况来证实的，涉及规定的税务备案与后续管理。

（2）转让方和收购方的企业所得税处理。

股权收购中，符合政策规定条件的当事各方可以适用特殊性税务处理，享受递延纳税待遇，递延纳税待遇的主要享受方是股权转让方。

按照财税〔2009〕59号的规定，转让方在交易发生时，对交易中股权支付部分可暂不确认有关资产的转让所得，其取得收购企业股权的计税基础，以被收购股权的原有计税基础确定。收购方取得被收购企业股权的计税基础，以被收购股权的原有计税基础确定。收购企业、被收购企业的原有各项资产和负债的计税基础和其他相关所得税事项保持不变。而对于非股权支付部分，由于转让方具有纳税能力，因此应在交易当期确认相应的资产转让所得或损失，并调整相应资产的计税基础。具体计算公式为：

$$\text{非股权支付对应的资产转让所得或损失} = \left(\text{被转让股权的公允价值} - \text{被转让股权的计税基础} \right) \times \left(\text{非股权支付金额} \div \text{被转让股权的公允价值} \right)$$

如A公司以发行市价为450万元的自身股票和支付50万元现金向B公司收购其持有的M公司100%股权，该股权的公允价值为500万元，B公司持有该股权的计税基础为300万元人民币。本案例基本条件符合特殊性税务处理规定，假定A、B公司一致选择适用特殊性税务处理，则双方税务处理如下：

B公司应确认非股权支付对应的转让所得20万元（（500−300）×（50÷500））；

B公司取得A公司股票的计税基础为320万元（300+20）；

A公司取得对B公司股票的计税基础为320万元（300×（450÷500）+50）。

（3）对被收购企业股权比例超过50%的理解。

财税〔2009〕59号第五条第二款规定收购企业购买的股权应不低于被收购企业全部股权的50%，那么从不同股东方购买的股权是否可以累加计算比例？不同地区税务机关存在不同意见。我们认为税法原文表述为"不低于被收购企业全部股权的50%"，并没有限定从单一股东手中购买的股权不低于被收购企业全部股权的50%，因此收购若干股东（均为企业所得税的纳税人）股权合计超过50%的，也应认可符合特殊性税务处理条件之一。

（4）适用特殊性税务处理的申报要求和后续管理。

①特殊性税务处理的税务管理方式。特殊性税务处理由企业申报享受，按要求履行备案手续。国家税务总局公告2015年第48号规定：企业重组业务适用特殊性税务处理的，除财税〔2009〕59号文件第四条第（一）项所称企业发生其他法律形式简单改变情形外，重组各方应在该重组业务完成当年，办理企业所得税年度申报时，分别向各自主管税务机关报送"企业重组所得税特殊性税务处理报告表及附表"和申报资料。

②申报主体及申报顺序。股权收购业务中转让方可能有多家企业，国家税务总局公告2015年第48号规定："股权收购，主导方为股权转让方，涉及两个或两个以上股权转让方，由转让被收购企业股权比例最大的一方作为主导方（转让股权比例相同的可协商确定主导方）。""重组主导方申报后，其他当事方向其主管税务机关办理纳税申报。申报时还应附送重组主导方经主管税务机关受理的'企业重组所得税特殊性税务处理报告表及附表'（复印件）。"

可以看出，首先申报的是主导方，即最大的股权转让方，其次是其他转让方。股权转让方是重组所得的实现主体和递延纳税待遇享受主体，也是税务机关的管理重点。

③企业所得税年度纳税申报表的填写。适用特殊性税务处理进行企业所得税申报时需要填写的表格有两类：第一类是国家税务总局公告2015年第48号附件中规定的表格，主要用途是专门向税务机关就特殊性税务处理事项申报，将适用特殊性税务处理的各方和各类信息传递给税务机关；第二类表格是企业所得税年度纳税申报表，主要涉及表格有"A000000企业所得税年度纳税申报基础信息表"、"A105000纳税调整项目明细表"和"A105100企业重组及递延纳税事项纳税调整明细表"。以下其他类型的重组业务都会涉及规定的纳税申报，不再——说明。

（三）股权收购涉及的其他税种风险管理

1.股权收购是否涉及增值税问题

税法规定对金融商品转让征收增值税，因此，被收购的标的如果是非上市公司股权，则不属于增值税的征税范围；被收购企业如果是上市公司，则转让方（个人投资者除外）应按照转让金融商品计算缴纳增值税。对于转让全国中小企业股份转让系统（新三板）挂牌公司的股票是否征收增值税，目前各地税务机关在实践中处理各不相同，但大多数省份的答复是应按照金融商品转让征收增值税。

2.股权收购是否涉及土地增值税问题

《国家税务总局关于以转让股权名义转让房地产行为征收土地增值税问题的批复》（国税函〔2000〕687号）曾对一案例的处理问题作出批复："鉴于深圳市能源集团有限公司和深圳能源投资股份有限公司一次性共同转让深圳能源（钦州）实业有限公司100%的股权，且这些以股权形式表现的资产主要是土地使用权、地上建筑物及附着物，经研究，对此应按土地增值税的规定征税。"该文件是按"实质重于形式"的原则来掌握征收与否的，实务中存在不同的见解，目前，各省份对类似案例是否征收土地增值税的执行口径也有所不同，应注意事前对政策执行口径的确认，且注意因地、因事而异。

3.股权收购是否涉及契税问题

由于股权收购是股东层面的权益交易，不涉及公司层面的土地、房屋权属变更，因此不属于契税的征税范围。

4.股权收购印花税政策

转让上市公司股票需要按照证券交易缴纳印花税，由转让方按照成交金额的千分之一单边缴纳。转让非上市公司股权需要按照产权转移书据缴纳印花税，交易双方按照合同金额的万分之五缴纳。

三、企业合并的税务风险管理

（一）企业合并的类型

企业合并按交易对价形式的不同分为现金购并、换股合并、混合对价合并、无须支付对价而合并。按合并双方合并后组织形式的变化，常见的有以下三种类型：

1.吸收合并

吸收合并一般是指两个或者两个以上的公司合并时，其中一个或者一个以上的公司并入另一个公司的法律行为，被吸收方办理注销登记。如果采用换股形式，其形态变化如图5-20所示：

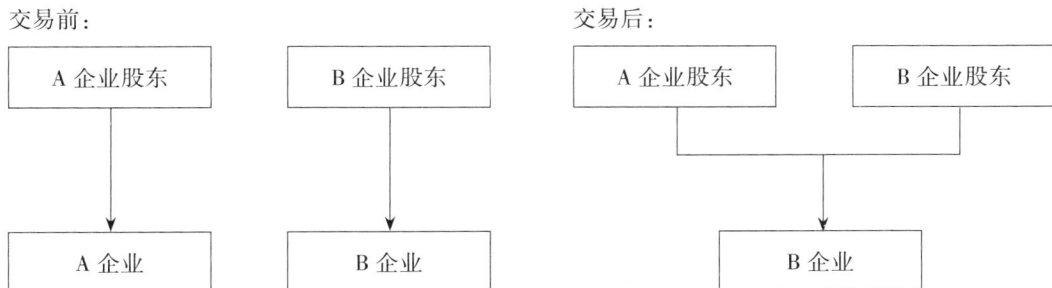

图5-20　吸收合并业务图示

2.新设合并

新设合并是指两个或者两个以上的公司组合成为一个新公司的法律行为。这种合并的主要特征是参与合并的原公司法人资格需要注销。如果采用换股形式，其形态变化如图5-21所示：

交易前：

A 企业股东	B 企业股东

A 企业	B 企业

交易后：

A 企业股东	B 企业股东

新企业

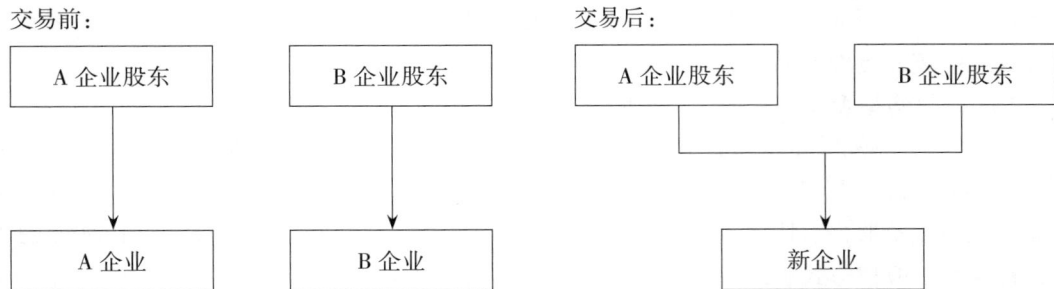

图5-21　新设合并业务图示

3.同一控制下且不需要支付对价的企业合并

同一控制下且不需要支付对价的企业合并是目前企业合并采用最多的形式，具体可以分为以下三种类型，如图5-22所示：

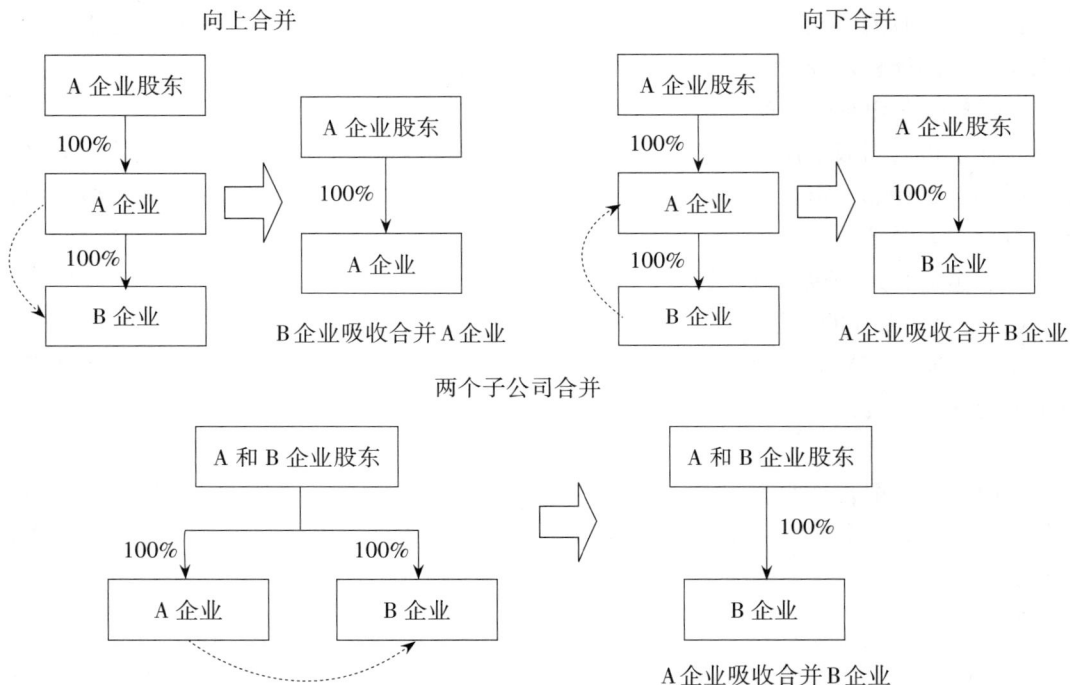

向上合并

A 企业股东
100%
A 企业
100%
B 企业

→

A 企业股东
100%
A 企业

B企业吸收合并A企业

向下合并

A 企业股东
100%
A 企业
100%
B 企业

→

A 企业股东
100%
B 企业

A 企业吸收合并B企业

两个子公司合并

A 和 B 企业股东
100%　　100%
A 企业　　B 企业

→

A 和 B 企业股东
100%
B 企业

A企业吸收合并B企业

图5-22　同一控制下且不需要支付对价的企业合并业务图示

（二）企业合并的增值税风险管理

1.税法的基本规定

国家税务总局公告2011年第13号和财税〔2016〕36号规定，纳税人在资产重组过程中，通过合并、分立、出售、置换等方式，将全部或者部分实物资产以及与其相关联的债权、负债和劳动力一并转让给其他单位和个人，不属于增值税的征税范围，其中涉及的货物、不动产和土地使用权转让，不征收增值税。不征收增值税项目不是免征增值税，因而不涉及进项税额转出问题。

上述政策没有明确重组中涉及的除土地使用权外的无形资产转让、金融商品转让是否也一并不征增值税。按照资产重组增值税的基本原则，只要是资产、负债和劳动力一并转让，构成了业务的转让，应当不属于增值税征税范围。不过，由于政策规定中有所缺失，实际操作中需要与主管税务机关提前沟通确定。

2.企业合并业务中不征收增值税项目是否可以开具发票

《国家税务总局关于增值税发票管理若干事项的公告》（国家税务总局公告2017年第45号）附件"商品和服务税收分类编码表"中"未发生销售行为的不征税项目"增加了"607资产重组涉及的房屋等不动产"、"608资产重组涉及的土地使用权"和"616资产重组涉及的货物"。按照该公告的规定，企业合并中涉及的货物、不动产和土地使用权转移，被合并方可以按照对应的金额向合并方开具发票，解决实务操作中企业担心的企业所得税扣除凭证问题。

3.被合并企业增值税留抵税额处理

《国家税务总局关于纳税人资产重组增值税留抵税额处理有关问题的公告》（国家税务总局公告2012年第55号）中规定：增值税一般纳税人在资产重组过程中，将全部资产、负债和劳动力一并转让给其他增值税一般纳税人，并按程序办理注销税务登记的，其在办理注销登记前尚未抵扣的进项税额可结转至新纳税人处继续抵扣。也就是说，被合并方为一般纳税人的，可以将其留抵的进项税额结转至合并方继续抵扣，实务操作中要注意办理迁移手续。

（三）企业合并的企业所得税风险管理

1.一般性税务处理与特殊性税务处理比较（表5-9）

表5-9　　　　　　　　　　企业合并的企业所得税处理比较

项目	一般性税务处理	特殊性税务处理
适用情形	在任何情况下适用	被合并企业股东取得的股权支付金额不低于其交易支付总额的85%，以及同一控制下且不需要支付对价的企业合并
合并方	按公允价值确定接受被合并企业各项资产和负债的计税基础	接受被合并企业资产和负债的计税基础，以被合并企业的原有计税基础确定
被合并方	按财税〔2009〕60号按清算进行所得税处理：清算所得=全部资产可变现价值或交易价格-资产的计税基础-清算费用-相关税费+债务清偿损益等	暂不确认有关资产的转让所得或损失的，其非股权支付仍应在交易当期确认相应的资产转让所得或损失，并调整相应资产的计税基础。如何调整相应资产的计税基础，目前存在政策上的不确定性
被合并企业股东	按财税〔2009〕60号按清算进行所得税处理：法人股东清算所得=（全部资产的可变现价值或交易价格-清算费用-职工的工资、社会保险费用和法定补偿金-清算所得税-其他企业债务-累计未分配利润和累计盈余公积）×持股比例-投资成本	被合并企业股东取得合并企业股权的计税基础，以其原持有的被合并企业股权的计税基础确定
被合并方亏损和优惠事项的处理	①被合并企业合并前的项目所得优惠由合并企业按规定承继；②被合并企业的亏损不得在合并企业结转弥补	①被合并企业合并前的相关所得税事项由合并企业按规定承继；②可由合并企业弥补的被合并企业亏损的限额=被合并企业净资产公允价值×截至合并业务发生当年年末国家发行的最长期限的国债利率

2.特殊性税务处理中被合并企业待弥补亏损的税务处理

国家税务总局公告2010年第4号明确："《通知》第六条第（四）项所规定的可由合并企业弥补的被合并企业亏损的限额，是指按税法规定的剩余结转年限内，每年可由合并企业弥补的被合并企业亏损的限额。"

从上述规定可以看出，并不是被合并企业所有的亏损均可以结转到合并企业弥补，有限额限制。可由合并企业弥补的被合并企业亏损的限额与两个因素有关，一个是被合并企业净资产公允价值，另一个是最长期限的国债利率。

此外，企业合并大多发生在年度中间，被合并企业在合并当年1月1日至合并日这段时间，仍要作为一个单独的纳税年度进行汇算清缴。如果被合并企业合并当年的经营期汇算清缴产生了亏损，这就产生了一个问题，当年产生的亏损在合并企业弥补时，是否受财税〔2009〕59号文件规定的公式限制？被合并企业可弥补亏损的期限如何处理？现行税法没有明确规定，在实务中需要关注各省级税务机关掌握的政策口径。

3.企业合并适用特殊性税务处理的申报要求及后续税务管理

企业合并的主导方为被合并企业，涉及同一控制下多家被合并企业的，以净资产最大的一方为主导方。合并中重组一方涉及注销的，应在尚未办理注销税务登记手续前进行申报。除此之外，企业合并适用特殊性税务处理的税务管理方式和纳税申报要求与股权收购业务类似，此处不再赘述。

另外，企业合并需报送资料中有"6.市场监管部门等有权机关登记的相关企业股权变更事项的证明材料"，因特殊性税务处理的企业合并申报应在税务注销之前进行，而税务注销又先于工商注销，因此适用特殊性税务处理的企业合并在申报时无法提供工商注销资料，税务机关在实际管理中一般会允许企业完成相关手续后再行补充相应资料。

适用特殊性税务处理规定的企业合并，在合并后会涉及下列管理事项：

（1）合并后的12个月内，生产经营活动应具连续性，原主要股东权益应具连续性，否则应改为一般性税务处理。

（2）被合并企业资产、负债在合并企业入账的价值与其计税基础有差异的，应在处置年度进行纳税调整。

（四）企业合并的土地增值税风险管理

1.一般企业涉及的土地增值税政策及其执行中应注意的问题

财政部、税务总局公告2021年第21号规定："二、按照法律规定或者合同约定，两个或两个以上企业合并为一个企业，且原企业投资主体存续的，对原企业将房地产转移、变更到合并后的企业，暂不征土地增值税……五、上述改制重组有关土地增值税政策不适用于房地产转移任意一方为房地产开发企业的情形。"

享受该政策时需注意以下问题：第一，"原企业投资主体存续"意味着不能完全以现金作为支付对价，被合并企业的股东必须在合并后的企业作为股东持股，但对持股比例和持股期限没有限制，应可以引入新的股东方；第二，合并方、被合并方均不能是房地产开发企业，对于房地产开发企业的范围界定也是实务中的常见争议点，此处不再讨论；第三，"暂不征土地增值税"，实质上是一种递延纳税的处理。财政部、税务总局公告2021

年第21号规定："改制重组后再转让房地产并申报缴纳土地增值税时，对'取得土地使用权所支付的金额'，按照改制重组前取得该宗国有土地使用权所支付的地价款和按国家统一规定缴纳的有关费用确定。"也就是说在下一次转让计算土地增值税时，按照合并前的成本计算扣除，相当于把合并时未征收入库的土地增值税补征了回来。由于土地增值税实行超率累进税率，很可能会导致适用更高一级的税率，这也是需要统筹考虑的地方。

此外，该文件名为"企业改制重组有关土地增值税政策"，因此，部分税务机关在实践中将"改制重组"作为享受暂不征收土地增值税的一个前提条件。然而，现行政策并没有对"改制重组"进行明确的解释，虽然这种说法经常在各种文件中出现，但是一直没有一个明确的定义。从国发〔2014〕14号等文件基本精神的角度，对于各类企业的经济结构和法律结构发生的改变都应属于改制重组行为，财政部、税务总局公告2021年第21号文件原则上也不应该做过多的限制。

2.不具备土地使用权证的路桥资产在重组中是否涉及土地增值税事项

江苏省内高速公路建设时，征地手续是由各地公路建设指挥部办理的，项目公司并不受让国有土地使用权，也不拥有公路资产的土地使用权证。在进行企业合并等资产重组时，或者政府征收公路资产等原因而产生公路资产权属变化的，需要考虑是否涉及土地增值税的事项。如果不涉及该税项的，则无须办理免税手续；如果涉及该税项的，即使可以免税，也要办理免税申报、核准与资料留存备查手续。之所以提出这一问题，是因为国税函〔2007〕645号规定："土地使用者转让、抵押或置换土地，无论其是否取得了该土地的使用权属证书，无论其在转让、抵押或置换土地过程中是否与对方当事人办理了土地使用权属证书变更登记手续，只要土地使用者享有占有、使用、收益或处分该土地的权利，且有合同等证据表明其实质转让、抵押或置换了土地并取得了相应的经济利益，土地使用者及其对方当事人应当依照税法规定缴纳营业税（已停征）、土地增值税和契税等相关税收。"实务中可能会有人据此提出土地增值税的征免问题。鉴于目前高速公路建设用地主要为划拨用地，未来不管是合并、投资、置换还是征用等，路桥资产的价值或补偿金额都与土地使用权的价值没有关系，自然也就谈不上土地"增值"及土地增值税了。对此类事项，应在事前、事中加强与主管税务机关的沟通。

（五）企业合并的契税风险管理

财政部、税务总局公告2021年第17号规定："两个或两个以上的公司，依照法律规定、合同约定，合并为一个公司，且原投资主体存续的，对合并后公司承受原合并各方土地、房屋权属，免征契税。"

享受该政策同样需注意"原投资主体存续"的要求，但对合并各方是否是房地产开发企业并无限制。

四、企业分立的税务风险管理

（一）企业分立的类型

原国家工商行政管理总局《关于做好公司合并分立登记支持企业兼并重组的意见》（工商企字〔2011〕226号）规定，公司分立可以采取两种形式：一种是存续分立，指一个公司分出一个或者一个以上新公司，原公司存续；另一种是解散分立，指一个公司分为两个或者两个以上新公司，原公司解散。

股本分割可以分为两种典型做法，以存续分立为例：（1）被分立企业的全部股东按原持股比例均衡地同时取得被分立企业、分立企业的股权。（2）被分立企业的一个股东群体取得被分立企业的股权，另一个股东群体取得分立企业的股权。具体如图5-23所示：

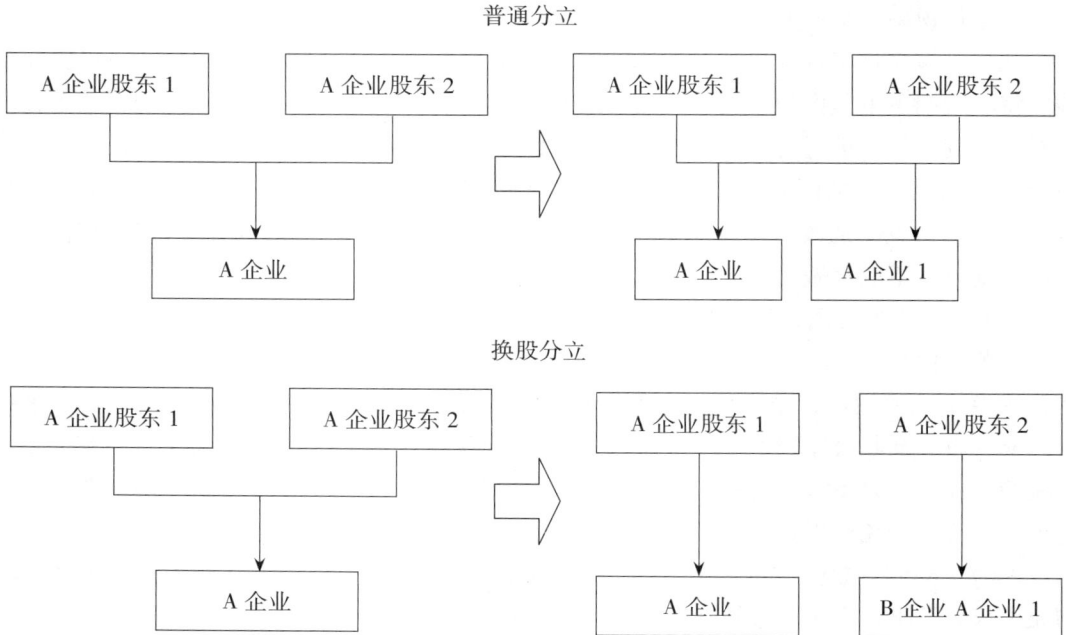

普通分立

换股分立

图5-23　普通分立和换股分立业务图示

（二）企业分立的增值税风险管理

企业分立中涉及货物、不动产等转移，因而也涉及增值税处理问题。企业分立中的增值税政策规定、税务管理等与企业合并的增值税处理是一致的，此处不再赘述。

（三）企业分立的企业所得税风险管理

1.一般性税务处理与特殊性税务处理比较（见表5-10）

表5-10　　　　　　　　　　　企业分立的企业所得税处理比较

项目	一般性税务处理	特殊性税务处理
适用情形	在任何情况下适用	被分立企业所有股东按原持股比例取得分立企业的股权，分立企业和被分立企业均不改变原来的实质经营活动，且被分立企业股东在该企业分立发生时取得的股权支付金额不低于其交易支付总额的85%
被分立企业	被分立企业对分立出去资产应按公允价值确认资产转让所得或损失	暂不确认有关资产的转让所得或损失的，其非股权支付仍应在交易当期确认相应的资产转让所得或损失，并调整相应资产的计税基础

续表

项目	一般性税务处理	特殊性税务处理
分立企业	分立企业应按公允价值确认接受资产的计税基础	①分立企业接受被分立企业资产和负债的计税基础，以被分立企业的原有计税基础确定；②被分立企业已分立出去资产相应的所得税事项由分立企业承继
被分立企业的股东	①被分立企业继续存在时，其股东取得的对价应视同被分立企业分配进行处理。投资企业从被投资企业撤回或减少投资，其取得的资产中，相当于初始出资的部分，应确认为投资收回；相当于被投资企业累计未分配利润和累计盈余公积按减少实收资本比例计算的部分，应确认为股息所得；其余部分确认为投资资产转让所得。②被分立企业不再继续存在时，被分立企业及其股东都应按财税〔2009〕60号按清算进行所得税处理	被分立企业的股东取得分立企业的股权（以下简称"新股"），如需部分或全部放弃原持有的被分立企业的股权（以下简称"旧股"），"新股"的计税基础应以放弃"旧股"的计税基础确定。如不需放弃"旧股"，则其取得"新股"的计税基础可从以下两种方法中选择确定：直接将"新股"的计税基础确定为零；或者以被分立企业分立出去的净资产占被分立企业全部净资产的比例先调减原持有的"旧股"的计税基础，再将调减的计税基础平均分配到"新股"上
亏损弥补	企业分立相关企业的亏损不得相互结转弥补	被分立企业未超过法定弥补期限的亏损额可按分立资产占全部资产的比例进行分配，由分立企业继续弥补。现行政策中未明确在计算相关比例时，是总资产还是净资产，是按账面价值还是按公允价值进行计算

2.企业分立适用特殊性税务处理的注意要点

财税〔2009〕59号规定，"被分立企业所有股东按原持股比例取得分立企业的股权"作为适用特殊性税务处理的前提条件之一，也就是说，换股分立无法适用特殊性税务处理，在分立企业设立时也不能有其他新股东加入。

此外，财税〔2009〕59号规定，"分立企业和被分立企业均不改变原来的实质经营活动"，企业分立中保持"经营连续性"不仅对发生权属转移的资产有此要求，对被分立企业保有的资产也有同样要求。

企业分立适用特殊性税务处理的应按规定进行纳税申报，企业分立主导方为被分立企业，应主导做好税务备案及后续税务管理工作。

（四）企业分立的土地增值税风险管理

财政部、税务总局公告2021年第21号规定："三、按照法律规定或者合同约定，企业分设为两个或两个以上与原企业投资主体相同的企业，对原企业将房地产转移、变更到分立后的企业，暂不征土地增值税……五、上述改制重组有关土地增值税政策不适用于房地产转移任意一方为房地产开发企业的情形。"

享受该政策时需注意以下问题:"与原企业投资主体相同"意味着,被分立企业的股东必须在分立企业作为股东持股,但对持股比例变动没有限制。此外,如果在分立中引入新的股东方,应当就不符合暂不征收土地增值税的条件了。除此之外,企业分立享受土地增值税优惠政策的注意事项及管理要求与企业合并时相似。

(五)企业分立的契税风险管理

财政部、税务总局公告2021年第17号规定:"公司依照法律规定、合同约定分立为两个或两个以上与原公司投资主体相同的公司,对分立后公司承受原公司土地、房屋权属,免征契税。"

五、资产收购的税务风险管理

(一)资产收购的类型

站在购买方的角度,按照支付对价形式的不同,分为以下类型:

(1)以现金支付方式收购标的公司的实质经营性资产。

(2)以股权(票)作为支付对价收购标的公司的实质经营性资产,这种交易形式也可以理解为转让方以其拥有的实质经营性资产对购买方进行股权投资。

(3)以非货币性资产交换对方的实质经营性资产,即双方进行非货币性资产交换。

文件中的"资产收购"即为狭义的资产重组,它与普通的商品交易不同之处在于标的物为"实质经营性资产"并导致企业经营结构的重大改变。国家税务总局公告2010年第4号对此作了进一步解释:"实质经营性资产,是指企业用于从事生产经营活动、与产生经营收入直接相关的资产,包括经营所用各类资产、企业拥有的商业信息和技术、经营活动产生的应收款项、投资资产等。"

有些情况下,资产收购业务从另一个角度又可能变成股权收购重组业务。

例如,甲公司以持有的A公司60%股权作为支付对价,取得B公司的一家分公司。站在B公司的角度,它以支付非货币性资产形式收购了甲公司持有的A公司60%股权,属于股权收购重组;站在甲公司角度,它以持有的子公司股权为对价收购了B公司的实质经营性资产,属于资产收购行为。那么,在此类交易中,如何定义买方、卖方,对适用税收政策尤其是企业所得税政策有直接影响。

本部分内容主要对资产收购和非货币性资产投资业务税务处理进行分析。

(二)资产收购的增值税风险管理

只要符合前述的国家税务总局公告2011年第13号和财税〔2016〕36号规定的条件,只要"人随资产走",不管支付对价是何种方式,对资产转让方不征收增值税。

(三)资产收购的企业所得税风险管理

如果以现金支付方式或以非货币性资产交换方式收购实质经营性资产,转让方按视同销售业务处理,一次性确认应纳税所得额。只有以股权(票)为支付对价时,税法才规定了特殊的税务处理方法。

1.一般性税务处理与特殊性税务处理比较（表5-11）

表5-11　　　　　　　　　　　资产收购的企业所得税处理比较

类型	项目	一般性税务处理	特殊性税务处理
资产收购	适用条件	在任何情况下适用	转让的资产不低于转让企业全部资产的50%，且受让企业在该资产收购发生时的股权支付金额不低于其交易支付总额的85%
	转让方	应确认资产转让所得或损失	取得受让企业股权的计税基础，以被转让资产的原有计税基础确定
	受让方	取得资产的计税基础以公允价值为基础确定	取得转让企业资产的计税基础，以被转让资产的原有计税基础确定
非货币性资产投资	转让方	按评估后的公允价值扣除计税基础后的余额，计算确认非货币性资产转让所得。取得被投资企业的股权按公允价值作为计税基础	①可在不超过5年期限内，分期均匀计入相应年度的应纳税所得额，按规定计算缴纳企业所得税；②以非货币性资产对外投资而取得被投资企业的股权，应以非货币性资产的原计税成本为计税基础，加上每年确认的非货币性资产转让所得，逐年进行调整
	受让方	取得非货币性资产的计税基础，按非货币性资产的公允价值确定	取得非货币性资产的计税基础，应按非货币性资产的公允价值确定

如果一项资产转让业务同时符合上述两个条件的，可以选择一种最适合企业纳税状况的方法。

2.申报要求及后续税务管理

资产收购业务适用特殊性税务处理的申报要求及后续税务管理与股权收购业务相似。

非货币性资产投资递延纳税政策由纳税人申报享受，相关的资料在企业留存备查。非货币性资产投资产生的溢价增值部分若是会计上已经计入了损益，而企业所得税上适用递延纳税政策的，应该在年度汇算清缴环节进行调减处理。

（四）资产收购的土地增值税风险管理

财政部、税务总局公告2021年第21号规定："单位、个人在改制重组时以房地产作价入股进行投资，对其将房地产转移、变更到被投资的企业，暂不征土地增值税。"该政策同样不适用于房地产转移任意一方为房地产开发企业的情形。

资产收购业务中，收购方如果以子公司股权作为支付对价，或以现金、非货币性资产为支付对价的，转让方即使转让整体资产，其中涉及的房地产转让仍应缴纳土地增值税，此时计税依据的确定就会比较复杂，实务操作时应谨慎为之。

（五）资产收购的契税风险管理

财政部、税务总局公告2021年第17号规定："母公司以土地、房屋权属向其全资子公司增资，视同划转，免征契税。"需要注意的是，只有母公司向全资子公司的投资才可以免征契税。

六、资产划转的税务风险管理

（一）资产划转的定义

在企业集团内部资产重组中，资产划转是常见的操作方式。对资产划转的定义，目前税收政策中没有明确规定。参考国有产权无偿划转的定义，《国务院国有资产监督管理委员会关于印发〈企业国有产权无偿划转管理暂行办法〉的通知》（国资发产权〔2005〕239号）第二条规定：本办法所称企业国有产权无偿划转，是指企业国有产权在政府机构、事业单位、国有独资企业、国有独资公司之间的无偿转移。国有独资公司作为划入或划出一方的，应当符合《中华人民共和国公司法》的有关规定。由此可见，不同于在支付合理对价基础上的正常交易行为，非市场性是资产划转的重要特征，是具有一定程度上行政化的资产调整方式，划转双方也具有一定的被动性。

资产划转涉及划转标的资产的转移，因而会涉及增值税、企业所得税、土地增值税、契税和印花税。

（二）资产划转的增值税风险管理

不同地区税务机关对"资产划转"是否包含在国家税务总局公告2011年第13号和财税〔2016〕36号文件列举的"合并、分立、出售、置换等方式"中存在不同理解。由于资产划转双方一般是以权益进行结算的（划出方与划入方分别作借与贷"资本公积"），或应认定其属于"置换"业务，可以享受不征收增值税政策。对于股票无偿划转，财政部、税务总局公告2020年第40号明确了划出方可以"平进平出"的方式实现增值税的递延。

（三）资产划转的企业所得税风险管理

1.资产划转的企业所得税处理分类（表5-12）

表5-12　　　　　　　　　　资产划转的企业所得税处理比较

	一般性税务处理	特殊性税务处理
划出方	划出资产或股权视同销售确认所得	不确认所得
划入方	划入资产或股权视实际情况按接受投资或接受捐赠处理，取得的资产或股权的计税基础按其公允价值确定	不确认所得，取得的资产或股权的计税基础按其原计税基础确定

2.资产划转适用特殊性税务处理的前提条件

财税〔2014〕109号、国家税务总局公告2015年第40号文件规定了几种不同架构模式下的资产划转业务特殊性税务处理政策，但这些不同模式下的资产划转业务，需要同时遵循以下几项前置性条件，方可以适用特殊性税务处理：

（1）划转双方必须是居民企业。也就是说，涉及与非居民企业之间的资产划转不能适用特殊性税务处理。

（2）划转双方的关系必须是100%直接控制的居民企业之间，或者受同一或相同多家居民企业100%直接控制的居民企业。如果是间接或直接加间接100%控制的居民企业关系，不可适用特殊性税务处理。

国家或地方国资委管理的国有企业之间的无偿划转也较为常见。但是按照目前的政策，难以适用特殊性税务处理，虽然国资委履行出资人监督管理职责，与一般的企业股东职能有相似之处，但是国资委是政府机关而不是居民企业，除非国家另有规定，否则不能适用政策中规定的特殊性税务处理。

（3）具有合理商业目的，不以减少、免除或者推迟缴纳税款为主要目的。

企业重组在交易安排或者商业模式选择中，往往是主要基于合理商业目的，也会附带考虑税收利益的影响，加之资产划转具有非市场性，税企双方经常在"合理商业目的"认定方面存在较大争议。划转双方应从资产划转为什么发生，发生后给公司业务结构、财务状况等带来的变化，对纳税情况的影响等方面说明，资产划转并不是以减少、免除或者推迟缴纳税款为唯一目的或者主要目的。

（4）股权或资产划转后连续12个月内不改变被划转股权或资产原来实质性经营活动。也就是说，如果是划入股权的，该股权在划转完成日之后12个月内不得被转让。划入的是其他资产的，要保持其原来实质性经营活动。划转完成日，是指股权或资产划转合同（协议）或批复生效，且交易双方已进行会计处理的日期。

（5）股权或资产划转后的连续12个月内，划转双方在划转前所必须具备的特定股权结构关系不发生改变。

国家税务总局公告2015年第40号第七条规定："交易一方在股权或资产划转完成日后连续12个月内发生生产经营业务、公司性质、资产或股权结构等情况变化，致使股权或资产划转不再符合特殊性税务处理条件的，发生变化的交易一方应在情况发生变化的30日内报告其主管税务机关，同时书面通知另一方。"据此，划转双方在划转后的12个月内还应该是母子公司（100%控股）或者是100%兄弟公司之间的关系，这也意味着在划转后的12个月内不能出现新股东的增资进入或某一方企业的注销，否则都没法满足这个条件。在国有企业压缩管理层级而进行的重组业务中，常见到划转完毕后注销划出方的情况，划转完成后的后续管理问题就显得尤为重要。

（6）划入方和划出方应按照国家税务总局公告2015年第40号的规定进行会计处理。

财税〔2014〕109号中规定："划出方和划入方在会计上都不确认损益。"国家税务总局公告2015年第40号针对不同架构模式下的资产划转业务具体规定了会计处理要求，故一些税务机关要求企业在会计核算上也必须按照文件进行处理，但可能与企业遵循的会计准则及其处理方式不完全一致，这也是要认真斟酌处理的地方。

（7）带负债的划转能否适用特殊性税务处理。从目前的各类相关政策来看，并没有明确含有负债的无偿划转不能适用特殊性税务处理。在实务操作中，不排除有的地方税务机关认为，包含负债的划转是划入方向划出方支付了相当于负债金额的交易对价，且该对价也并非股权形式，从而认为其不符合法规中所规定的"划转"。

3.资产划转采用特殊性税务处理时的会计处理

（1）100%直接控制的母子公司之间，母公司向子公司按账面净值划转其持有的股权或资产，母公司获得子公司100%的股权支付。

母公司：

借：长期股权投资——子公司

　　贷：资产（或股权）

子公司：

借：资产（或股权）

　　贷：实收资本/资本公积

（2）100%直接控制的母子公司之间，母公司向子公司按账面净值划转其持有的股权或资产（不考虑负债，下同），母公司没有获得任何股权或非股权支付。

母公司：

借：实收资本/资本公积

　　贷：资产（或股权）

子公司：

借：资产（或股权）

　　贷：实收资本/资本公积

（3）100%直接控制的母子公司之间，子公司向母公司按账面净值划转其持有的股权或资产，子公司没有获得任何股权或非股权支付。

母公司：

借：资产（或股权）

　　贷：长期股权投资——子公司

子公司：

借：实收资本/资本公积

　　贷：资产（或股权）

（4）受同一或相同多家母公司100%直接控制的子公司之间，在母公司主导下，一家子公司向另一家子公司按账面净值划转其持有的股权或资产，划出方没有获得任何股权或非股权支付，具体如图5-24所示。

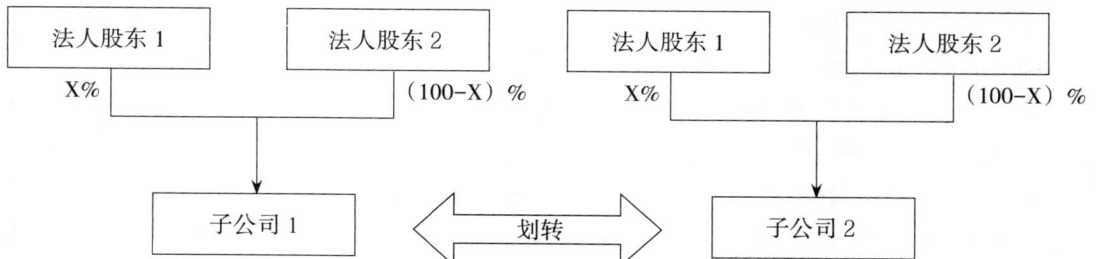

图5-24　100%子公司之间划转业务图示

划出方：

借：实收资本/资本公积

　　贷：资产（或股权）

划入方：

借：资产（或股权）

　　贷：实收资本/资本公积

4.备案和后续管理要求

对于备案和后续管理要求，国家税务总局公告2015年第40号规定采用"双向管理备案+后续报告"的管理模式。双向管理备案，即划出、划入方在汇算清缴时都需要向其主要税务机关进行备案，提交规定的备案资料。后续报告，即资产划转完成后的下一年度的企业所得税年度申报时，各自向主管税务机关提交书面情况说明，以证明被划转股权或资产自划转完成日后连续12个月内，没有改变原来的实质性经营活动。

如果在后续管理期限内，划转双方因情况变化而不满足特殊性税务处理条件，划出方应按原划转完成时股权或资产的公允价值视同销售处理，划入方以公允价值确认划入股权或资产的计税基础。同时要根据交易情形对增加、撤回或减少的投资进行税务处理。

（四）资产划转的土地增值税风险管理

目前尚无全国性的税收法规明确无偿划转不动产的可以暂不缴纳土地增值税。因此，对于包含不动产的划转业务，是否能够暂不征收土地增值税、被划转资产的预计增值状况如何，是企业在进行方案评估时必须高度重视的风险事项。

（五）资产划转的契税风险管理

《财政部　税务总局关于继续执行企业事业单位改制重组有关契税政策的公告》（财政部、税务总局公告2021年第17号）规定，同一投资主体内部所属企业之间土地、房屋权属的划转，包括母公司与其全资子公司之间，同一公司所属全资子公司之间，同一自然人与其设立的个人独资企业、一人有限公司之间土地、房屋权属的划转，免征契税。

这里应该注意的是，受相同多家母公司100%直接控制的子公司之间的土地、房屋权属的划转不能享受免征契税优惠。这也说明了税收政策之间尚存有待协调之处。

（六）资产划转的印花税风险管理

1.划转上市公司股票

如果被划转标的资产是上市公司股票，《国家税务总局关于办理上市公司国有股权无偿转让暂不征收证券（股票）交易印花税有关审批事项的通知》（国税函〔2004〕941号）规定："对经国务院和省级人民政府决定或批准进行的国有（含国有控股）企业改组改制而发生的上市公司国有股权无偿转让行为，暂不征收证券（股票）交易印花税。对不属于上述情况的上市公司国有股权无偿转让行为，仍应征收证券（股票）交易印花税。"可以看出，除了文件明确列举的免税情形外，股权划转需要缴纳印花税。《中华人民共和国印花税法》第七条明确了计税依据的确定规则："证券交易无转让价格的，按照办理过户登记手续时该证券前一个交易日收盘价计算确定计税依据；无收盘价的，按照证券面值计算确定计税依据。"

2.划转非上市公司股权或其他相关资产

《中华人民共和国印花税法》在其所附"印花税税目税率表"中列示，产权转移书据包含股权转让书据，转让包括买卖（出售）、继承、赠与、互换、分割。如果被划转标的资产是非上市公司股权，一般理解是将股权无偿划转视为"赠与"或"分割"，纳入股权转让书据范畴。我们也可以从侧面推断。《财政部　人力资源和社会保障部　国资委　税务总局　证监会关于全面推开划转部分国有资本充实社保基金工作的通知》（财资〔2019〕49号）附件中规定："在国有股权划转和接收过程中，划转非上市公司股份的，对划出方与划入方签订的产权转移书据免征印花税。"这里对划转国有股权充实社保基金过程中签订的产权转移书据免征印花税，反过来可以推理，如果不在免税优惠范围内的股权划转协议，应当属于应税凭证。

《中华人民共和国印花税法》第六条规定："应税合同、产权转移书据未列明金额的，印花税的计税依据按照实际结算的金额确定。计税依据按照前款规定仍不能确定的，按照书立合同、产权转移书据时的市场价格确定。"这里会带来一个无偿划转协议没有实际交易结算金额，如何确定计税依据的问题。部分地区税务机关曾在网站上答复由主管税务机关依据《税收征收管理法》第三十五条规定核定应纳税额："纳税人有下列情形之一的，税务机关有权核定其应纳税额：……（六）纳税人申报的计税依据明显偏低，又无正当理由的。"股权无偿划转，通常会在"资产划转协议"中注明被划转股权账面价值，从方便征管的原则来看，应按照"资产划转协议"上列明的被划转相关资产账面价值作为印花税计税依据。

七、重组政策组合中的纳税筹划与最优选择

通过前文可以看出，企业重组的形态多样，部分重组形态之间还可能发生"角色转换"，例如资产收购与股权收购。企业重组过程中涉及多个税种，每个税种都有一般的计税政策与特殊的税收政策，同一重组类型下不同税种并不是同征同免或同时不征税关系，因为重组行为的复杂性及税收政策不可避免的滞后性，税收政策中还存在一些不确定性。所以，企业重组时一定要从重组各方的实际情况出发，针对具体的股权结构、资产状况、业务状况、可适用税收政策情况等统筹兼顾，综合平衡各种可能方案的利弊得失，作出相对最优的选择。

以企业所得税为例，《企业所得税法》及其实施条例对企业并购重组的所得税处理作出了原则性规定，即除另有规定外，应实行一般性税务处理。企业所得税特殊性税务处理相关政策体系的核心是递延纳税的制度设计，减轻企业重组中因纳税而产生的现金流负担。但是，选择特殊性税务处理未必总是最佳选择，有时，企业在综合考虑可弥补亏损情况、定期减免税优惠、后续管理要求等情况后，对于符合特殊性税务处理条件的重组交易，选择适用一般性税务处理可能是更优的结果。

【例5-1】某集团母公司拟将一个研发中心的全部资产（含不动产）与研发人员注入一全资子公司，该研发中心的全部资产占集团母公司全部资产的比例小于50%。集团存在大额尚可弥补的亏损，超过研发中心的资产评估增值。双方均不属于房地产开发企业。现有几种方案可供选择：

方案一：集团母公司将研发中心转让给子公司，收取现金对价；

方案二：集团母公司将研发中心对子公司进行增资；

方案三：集团母公司将研发中心无偿划转给子公司。

在方案一下，集团母公司转让的整体资产不征收增值税（含有无形资产的要注意政策的确认）。虽然要确认应税所得，但可用于弥补亏损，无实际的企业所得税纳税义务。但集团母公司对转让的不动产应计算缴纳土地增值税。子公司对承受的不动产应缴纳契税。

在方案二下，集团母公司投资转让的整体资产不征收增值税。由于转让资产的比例达不到特殊性税务处理规定的标准，故要确认应税所得，此处又有一次性确认所得与在不超过5年内分期确认所得两种选择，由于可弥补亏损金额足够大，故可一次性确认所得。同时，子公司可对取得的研发中心资产按公允价值作为计税基础，增加了未来的税前扣除。母公司对用于投资的不动产可申报土地增值税免税优惠。子公司对承受的不动产可申报契税免税优惠。

在方案三下，集团母公司对整体划转的资产能否适用不征收增值税、暂不征收土地增值税政策，实务操作时需要事先沟通确认。在企业所得税方面，可按规定申报特殊性税务处理，但母公司的可弥补亏损未能得以有效利用，如果放弃特殊性税务处理，则可得到相反的结果。子公司对划入的不动产亦可申报契税免税优惠。

通过比较上述方案，方案一税收成本较高，未充分利用现行税收优惠政策，应予否定。方案三面临较多的政策不确定性，即使能够解决不征收增值税、土地增值税的政策问题，也应放弃特殊性税务处理。相比而言，方案二虽然在企业所得税上采用一般性税务处理，但应该是较优的一种方案。

第六章 江苏交控各纳税主体管理的主要涉税事项

第一节 增值税风险管理

一、增值税及其基本要素

增值税是对在我国境内销售货物或者加工、修理修配劳务（以下简称"劳务"），销售服务、无形资产、不动产以及进口货物的单位和个人，就其销售货物、劳务、服务、无形资产、不动产的增值额和货物进口金额为计税依据而课征的一种流转税。增值税是间接税，销售方可通过含税价格的调整将增值税向下一道环节转移，最终由消费者承担。增值税又具有中性税收的特征，实行逐环节征税、逐环节扣税，从而解决重复征税的问题。

我国自1994年起在生产和流通领域全面实施生产型增值税，从2009年开始将生产型增值税逐步转为消费型增值税。自2016年5月1日起，在全国范围内全面推开"营改增"试点。试点初期，增值税一般纳税人2016年5月1日后取得的不动产，以及2016年5月1日后发生的不动产在建工程，其进项税额应按照有关规定分2年从销项税额中抵扣，第一年抵扣比例为60%，第二年抵扣比例为40%。自2019年4月1日起，一般纳税人取得不动产或者不动产在建工程的进项税额不再分2年抵扣。此前按照上述规定尚未抵扣完毕的待抵扣进项税额，可自2019年4月税款所属期起从销项税额中抵扣。

增值税的主要税收要素及其基本规定为：

（一）纳税人

在中华人民共和国境内销售货物或加工、修理修配劳务（以下简称"劳务"），销售服务、无形资产、不动产以及进口货物的单位和个人，为增值税纳税人。所称单位是指企业、行政单位、事业单位、军事单位、社会团体及其他单位，所称个人是指个体工商户和其他个人。

以承包、承租、挂靠方式经营的，承包人、承租人、挂靠人（以下统称"承包人"）以发包人、出租人、被挂靠人（以下统称"发包人"）名义对外经营并由发包人承担相关法律责任的，以该发包人为纳税人；否则以承包人为纳税人。资管产品运营过程中发生的增值税应税行为，以资管产品管理人为增值税纳税人。

境外单位或者个人在境内发生应税行为，在境内未设有经营机构的，以其境内代理人为扣缴义务人；在境内没有代理人的，以购买方为扣缴义务人。财政部和国家税务总局另有规定的除外。

（二）征税对象

增值税的征税对象包括在境内发生应税销售行为以及进口货物等，包括销售或者进口货物、销售劳务、销售服务、销售无形资产、销售不动产。

（三）税目

税目是指税法中对上述征税对象分类规定的具体征税项目，反映具体的征税范围，税目是适用税率的重要依据。

增值税的详细税目可参考《商品和服务税收分类编码表》。

（四）税率和征收率

税率是指纳税人的应纳税额与征税对象数额之间的比例，广义的增值税税率包括征收率，狭义的税率仅反映一般计税方法下计算销项税额所使用的比率。

增值税的税率分别为13%、9%、6%和零税率。纳税人发生按简易计税方法计税的情形，除按规定适用5%的征收率以外，其应税销售行为均适用3%的征收率。

（五）计税方法

增值税计税方法分为一般计税方法和简易计税方法。一般纳税人一般计税方法下，增值税应纳税额=当期销项税额−当期可以抵扣的进项税额−上期留抵的进项税额，可见决定增值税应纳税额的三个关键因素是收入端的销项税额和成本费用端的进项税额、上期留抵进项税额，其中上期留抵进项税额可以用来继续抵扣，也可以根据纳税人实际情况和适用的财税政策选择申请留抵退税，增加当期资金流。简易计税方法适用于小规模纳税人以及一般纳税人可按规定选择采用的特殊方法，其应纳税额等于不含税销售额乘以征收率。

此外，税法还对增值税纳税义务发生时间、纳税地点、纳税期限、减免税优惠等要素作出基本规定与具体规定。

本节将从进项税额、销项税额、留抵退税三个关键要素分别详述增值税风险管理与风险控制。

二、增值税进项税额抵扣风险管理

纳税人购进货物、劳务、服务、无形资产、不动产支付或者负担的增值税税额，为进项税额。

（一）增值税进项税额扣税凭证的重要性

增值税进项税额能否抵扣、抵扣多少，与企业成本控制有重大关系。

1.采购总价一定，未取得合规扣税凭证会全额增加成本费用

对于简易计税项目，进项税额能否抵扣对项目成本没有影响。但对于一般计税项目，如果未能取得合规的扣税凭证，进项税额将计入建设成本或相关成本费用科目，通过折旧、摊销形式或直接进入当期损益侵蚀营业利润。

在重大基础设施建设过程中，共建项目发票管控是需要重视的特殊事项。所谓共建项目是指两个或两个以上建设方因各自建设的项目存在交叉或共用，共同作为甲方将项目出包给总承包单位建设的具体项目。在项目公司与合作方共建的项目中，总承包合同中应当约定共建成本的分摊金额和结算方式，总承包方应向共建各方分别开具专用发票；如果专用发票只能开具给合作方，则合同应约定合作方向项目公司开具建筑服务的专用发票。项目公司应及时跟进发票的取得及要素合规性的审查，否则就会影响工程建

设成本。

2.采购总价一定，未取得较高税率或征收率的扣税凭证会部分增加成本费用

对于一般计税项目，如果按照税法规定可以取得较高税率或征收率发票而未取得时，由于取得的进项税额抵扣不充分，不仅会影响增值税留抵退税的现金流，还会将损失的进项税额计入建设成本或存货成本。

"营改增"后，关于工程计价依据出台了新规定。苏建价〔2016〕154号第四条规定："四、一般计税方法下，建设工程造价=税前工程造价×（1+11%），其中税前工程造价不包含增值税可抵扣进项税额，即组成建设工程造价的要素价格中，除无增值税可抵扣项的人工费、利润、规费外，材料费、施工机具使用费、管理费均按扣除增值税可抵扣进项税额后的价格（简称'除税价格'）计入。"

项目公司业务部门签订合同、财务部门参与审核合同时，需要明确受票主体、合同含税总价、不含税价及税款金额；如果考虑到税率变化的因素，可以约定不含税价，同时在合同上注明双方将根据结算时的国家税收政策以及相应的适用税率或征收率，决定含税结算金额。在减税降费的大背景下，合同应约定为不含税价不变，税率根据国家税收政策的变化而调整，对采购方更加有利。

如果施工企业或供应商选择简易计税的3%征收率，应当在不含税价不变的前提下确定交易价格。

3.不符合抵扣条件的采购发票可能影响企业所得税税前扣除

扣税凭证应符合《发票管理办法》及实施细则、《增值税专用发票使用规定》、《企业所得税税前扣除凭证管理办法》等规定，否则有可能增加企业所得税成本。

（二）增值税扣税凭证类型与进项税额抵扣政策

在新建项目中，项目公司应当建立起相应的管理流程，既要实现进项税额的应抵尽抵，又要管控好进项税额抵扣风险及企业所得税税前扣除凭证方面的风险。建筑企业在2016年5月之后开始施工的路桥项目，增值税计税方法为一般计税。因此，是否取得合规的增值税专用发票、税率（征收率，以下一般简称税率）高低对增值税税负有直接影响，并直接影响到工程建设成本。而国家税务总局公告2018年第28号对企业所得税税前扣除的主要凭证——发票的严格要求，进一步强化了企业管理发票的主体责任。

项目公司采购不同类型货物或服务时，对取得的扣税凭证，应注意以下风险管理要点：

项目公司报销发票等扣税凭证的部门、人员是第一责任人，应对取得、报销凭证的真实性、合法性承担主要责任。财务部门应设置专门的岗位、流程对接受的发票进行复核，重点审核其与合同等业务资料的一致性、票据要素的合规性与完整性。对于不符合发票管理制度、流程的，或必须取得专用发票但对方开具普通发票的，应当拒收，不予支付款项。税法关于增值税扣税凭证的规定较多，如果不能全面、准确掌握，将会产生相应的风险隐患。下面将这些政策分类整理列示。

增值税扣税凭证类型与进项税额抵扣政策详见表6-1。

表6-1 　　　　　　　　　　　**增值税扣税凭证类型与进项税额抵扣政策表**

序号	凭证类型	税收政策
1	增值税专用发票	《增值税暂行条例》第八条第（一）项：从销售方取得的增值税专用发票上注明的增值税税额
2	海关进口增值税专用缴款书	《增值税暂行条例》第八条第（二）项：从海关取得的海关进口增值税专用缴款书上注明的增值税税额
3	农产品收购发票	财税〔2017〕37号、财税〔2018〕32号、财税公告〔2019〕39号：纳税人购进农产品，取得一般纳税人开具的增值税专用发票的，以增值税专用发票上注明的增值税税额为进项税额；从按照简易计税方法依照3%征收率计算缴纳增值税的小规模纳税人取得增值税专用发票的，以增值税专用发票上注明的金额和9%的扣除率计算进项税额；取得（开具）农产品销售发票或收购发票的，以农产品销售发票或收购发票上注明的农产品买价和9%的扣除率计算进项税额
4	农产品销售发票	
5	农产品进项税额加计扣除（自行计算）	
6	国内旅客运输服务的增值税电子普通发票	财税公告〔2019〕39号第六条：纳税人购进国内旅客运输服务，其进项税额允许从销项税额中抵扣。（一）纳税人未取得增值税专用发票的，暂按照以下规定确定进项税额：1.取得增值税电子普通发票的，为发票上注明的税额
7	注明旅客身份信息的航空运输电子客票行程单	财税公告〔2019〕39号第六条：纳税人购进国内旅客运输服务，其进项税额允许从销项税额中抵扣。（一）纳税人未取得增值税专用发票的，暂按照以下规定确定进项税额：2.取得注明旅客身份信息的航空运输电子客票行程单的，为按照下列公式计算的进项税额：航空旅客运输进项税额＝（票价+燃油附加费）÷（1+9%）×9%
8	注明旅客身份信息的铁路车票	财税公告〔2019〕39号第六条：纳税人购进国内旅客运输服务，其进项税额允许从销项税额中抵扣。（一）纳税人未取得增值税专用发票的，暂按照以下规定确定进项税额：3.取得注明旅客身份信息的铁路车票的，为按照下列公式计算的进项税额：铁路旅客运输进项税额＝票面金额÷（1+9%）×9%
9	注明旅客身份信息的公路、水路等其他客票	财税公告〔2019〕39号第六条：纳税人购进国内旅客运输服务，其进项税额允许从销项税额中抵扣。（一）纳税人未取得增值税专用发票的，暂按照以下规定确定进项税额：4.取得注明旅客身份信息的公路、水路等其他客票的，按照下列公式计算进项税额：公路、水路等其他旅客运输进项税额＝票面金额÷（1+3%）×3%

序号	凭证类型	税收政策
10	电子普通发票——道路通行费	《国家税务总局 交通运输部关于收费公路通行费增值税电子普通发票开具等有关事项的公告》（交通运输部公告2020年第17号）中规定：ETC预付费客户可以自行选择在充值后索取发票或者实际发生通行费用后索取发票。在充值后索取发票的，在发票服务平台取得由ETC客户服务机构全额开具的不征税发票，实际发生通行费用后，ETC客户服务机构和收费公路经营管理单位均不再向其开具发票。客户在充值后未索取不征税发票，在实际发生通行费用后索取发票的，通过经营性收费公路的部分，在发票服务平台取得由收费公路经营管理单位开具的征税发票；通过政府还贷性收费公路的部分，在发票服务平台取得暂由ETC客户服务机构开具的不征税发票。增值税一般纳税人申报抵扣的通行费电子发票进项税额，在纳税申报时应当填写在《增值税及附加税费申报表附列资料（二）》（本期进项税额明细）中"认证相符的增值税专用发票"相关栏次中。 交通运输部 财政部 国家税务总局 国家档案局公告2020年第24号规定，为便利通行费电子票据财务处理，根据客户需求，通行费电子票据服务平台可按一次或多次行程为单位，在汇总通行费电子发票和通行费财政电子票据信息基础上，统一生成收费公路通行费电子票据汇总单，作为已开具通行费电子票据的汇总信息证明材料
11	桥、闸通行费发票	财税公告〔2017〕90号：纳税人支付的桥、闸通行费，暂凭取得的通行费发票上注明的收费金额按照下列公式计算可抵扣的进项税额：桥、闸通行费可抵扣进项税额=桥、闸通行费发票上注明的金额÷（1+5%）×5%
12	增值税电子专用发票	国家税务总局公告2020年第22号第二条：电子专用发票由各省税务局监制，采用电子签名代替发票专用章，属于增值税专用发票，其法律效力、基本用途、基本使用规定等与增值税纸质专用发票相同
13	代扣代缴税收完税凭证	财税〔2016〕36号附件一《营业税改征增值税试点实施办法》第二十六条：增值税扣税凭证，是指增值税专用发票、海关进口增值税专用缴款书、农产品收购发票、农产品销售发票和完税凭证。纳税人凭完税凭证抵扣进项税额的，应当具备书面合同、付款证明和境外单位的对账单或者发票。资料不全的，其进项税额不得从销项税额中抵扣。附件二《营业税改征增值税试点有关事项的规定》：一般纳税人从境外单位或者个人购进服务、无形资产或者不动产，按照规定应当扣缴增值税的，准予从销项税额中抵扣的进项税额为自税务机关或者扣缴义务人取得的解缴税款的完税凭证上注明的增值税税额
14	税控机动车销售统一发票	财税〔2016〕36号附件一《营业税改征增值税试点实施办法》第二十五条：从销售方取得的增值税专用发票（含税控机动车销售统一发票，下同）上注明的增值税税额
15	带有"增值税专用发票"字样的全电发票	全电发票的法律效力、基本用途等与现有纸质发票相同。其中，带有"增值税专用发票"字样的全电发票，其法律效力、基本用途等与现有增值税专用发票相同

表中6—9项旅客运输服务适用人员范围需遵照国家税务总局公告2019年第31号第一条："（一）财政部　税务总局　海关总署公告2019年第39号第六条所称'国内旅客运输服务'，限于与本单位签订了劳动合同的员工，以及本单位作为用工单位接受的劳务派遣员工发生的国内旅客运输服务。（二）纳税人购进国内旅客运输服务，以取得的增值税电子普通发票上注明的税额为进项税额的，增值税电子普通发票上注明的购买方'名称''纳税人识别号'等信息，应当与实际抵扣税款的纳税人一致，否则不予抵扣。"

（三）取得发票环节的税务风险管理

发票，是指在购销商品、提供或者接受服务以及从事其他经营活动中，开具、收取的收付款凭证。发票的基本内容包括：发票的名称、发票代码和号码、联次及用途、客户名称、开户银行及账号、商品名称或经营项目、计量单位、数量、单价、大小写金额、开票人、开票日期、开票单位（个人）名称（章）等。

发票在扣税凭证中占据主导地位，直接决定了能否抵扣、抵扣多少增值税进项税额。发票也是税务机关管理税收工作的重要抓手，虽然我国税收征管正从"以票控税"迈向"以数治税"，但是发票仍然是经济业务活动中的重要的、基础的结算凭证，国家先后发布了大量关于发票管理方面的政策法规，企业必须予以高度重视，在取得发票环节进行形式和实质符合性的严格审核。

1.税法关于发票开具的基本要求与对照审核

企业抵扣进项税额时使用的扣税凭证是否合规、有效，取决于供应商、服务商等开具发票的行为是否规范，因此，企业应对照发票开具的基本要求（表6-2），对取得发票的合规性进行审核。

表6-2　　　　　　　　　　　　　　发票开具的基本要求

发票要素	开具要求	政策法规
基本规定	开具发票应当按照规定的时限、顺序、栏目，全部联次一次性如实开具，并加盖发票专用章。 不符合规定的发票，不得作为财务报销凭证	《发票管理办法》第二十一条、第二十二条
发票抬头	除规定事项外，一般纳税人销售货物或者提供应税劳务，应向购买方开具专用发票。 销售方为其开具增值税普通发票时，应在"购买方纳税人识别号"栏填写购买方的纳税人识别号或统一社会信用代码。 不符合规定的发票，不得作为税收凭证	国税发〔2006〕156号第十条；国家税务总局公告2017年第16号
税收分类与编码	自2016年5月1日起，纳入新系统推行范围的试点纳税人及新办增值税纳税人，应使用新系统选择相应的编码开具增值税发票	国家税务总局公告2016年第23号
	自2018年1月1日起，纳税人通过增值税发票管理新系统开具增值税发票（包括增值税专用发票、增值税普通发票、增值税电子普通发票）时，商品和服务税收分类编码对应的简称会自动显示并打印在发票票面"货物或应税劳务、服务名称"或"项目"栏次中	国家税务总局公告2017年第45号

发票要素	开具要求	政策法规
销售方	除特定情况下由购买方开具发票外，开具发票时应加盖销售方发票专用章。 电子普票、电子专票采用电子签名代替发票专用章。 税务机关代开增值税发票时，"销售方开户行及账号"栏填写税收完税凭证字轨及号码或系统税票号码（免税代开增值税普通发票可不填写）	《发票管理办法》第二十二条 国家税务总局公告2020年第1号 国家税务总局公告2020年第22号 国家税务总局公告2016年第23号
开票内容	不得为他人、为自己或介绍他人开具与实际经营业务情况不符的发票。 发票内容应按照实际销售情况如实开具，不得根据购买方要求填开与实际交易不符的内容。销售方开具发票时，通过销售平台系统与增值税发票税控系统后台对接，导入相关信息开具的，系统导入的开票数据内容应与实际交易相符	《发票管理办法》第二十二条 国家税务总局公告2017年第16号
	一般纳税人销售货物或者提供应税劳务可汇总开具专用发票。汇总开具专用发票的，同时使用防伪税控系统开具"销售货物或者提供应税劳务清单"，并加盖发票专用章	国税发〔2006〕156号第十二条
备注栏	提供货物运输服务，使用增值税专用发票和增值税普通发票，开具发票时应将起运地、到达地、车种车号以及运输货物信息等内容填写在发票备注栏中，如内容较多可另附清单	国家税务总局公告2015年第99号
	通过新系统中差额征税开票功能，录入含税销售额（或含税评估额）和扣除额，系统自动计算税额和不含税金额，备注栏自动打印"差额征税"字样，发票开具不应与其他应税行为混开	国家税务总局公告2016年第23号
	提供建筑服务，纳税人自行开具或者税务机关代开增值税发票时，应在发票的备注栏注明建筑服务发生地县（市、区）名称及项目名称	
	销售不动产，纳税人自行开具或者税务机关代开增值税发票时，应在发票"货物或应税劳务、服务名称"栏填写不动产名称及房屋产权证书号码（无房屋产权证书的可不填写），"单位"栏填写面积单位，"备注"栏注明不动产的详细地址	
	出租不动产，纳税人自行开具或者税务机关代开增值税发票时，应在"备注"栏注明不动产的详细地址	
	税务机关为跨县（市、区）提供不动产经营租赁服务、建筑服务的小规模纳税人（不包括其他个人）代开增值税发票时，在发票"备注"栏中自动打印"YD"字样	

2.接受发票环节的风险管理要点

企业在接受供应商、服务商开具特定业务场景下的发票时，应当通过对合同、协议、验收确认资料、资质证明材料等方面的核对，确定对方主体身份与可采用的计税方法、业务性质、类型、构成，结算价款的要求等，对照税法规定审核对方开具的发票是否符合税法的特别规定。例如，企业在空调购置、安装招标及合同签订过程中，业务部门负责判断供应商是否必须具备安装资质，调查供应商是生产厂家还是贸易公司，所购买的空调是供应商的自产空调还是外购空调，在业务过程中控制与税务处理相关的风险点。财务部门对货款、安装费是合并结算还是分开结算、是否约定不含税价、开票项目、税率、价款支付等事前发表专业意见。财务部门取得发票后需要对照合同等业务资料，审核发票是否与实际业务相符，发票要素是否合规、完整。发票审核特定要求与风险管理要点详见表6-3。

表6-3　　　　　　　　　　　　　　发票审核特定要求与风险管理要点

序号	交易标的物	供应商资质	合同表达	开票项目	税率或征收率	其他
1	建筑服务——工程服务	建筑业施工总承包、专业承包和施工资质	1.要注明对方是一家建筑企业（根据营业执照与建筑业资质认定）；2.注明将不动产工程发包给对方；3.要有施工进度、监理、验收、分期付款与日期等方面的条款；4.在附件清单中，不应按工程物资品名一一定价，可以列出甲方指定的工程物资品名、厂家、规格、质量等级等要求；5.要求施工企业按税法规定就地预缴税款（增值税、企业所得税，下同）		一般计税项目应提供9%税率的专用发票。清包工、甲供工程、建筑工程"老项目"可以选择适用简易计税方法计税，征收率3%。建筑工程总承包单位为房屋建筑的地基与基础、主体结构提供工程服务，建设单位自行采购全部或部分钢材、混凝土、砌体材料、预制构件的，适用简易计税方法计税	建筑服务，是指各类建筑物、构筑物及其附属设施（不动产）的建造、修缮、装饰、线路、管道、设备、设施等的安装以及其他工程作业的业务活动。其包括工程服务、安装服务、修缮服务、装饰服务和其他建筑服务。建筑服务的产品是不动产及其附属设施
2	建筑服务——安装服务	建筑业工程、设备安装资质	1.如果是由安装公司采购指定的设备同时提供安装服务，在签订安装合同的前提下，对方应开具9%的发票，对项目公司而言减少了可抵扣的进项税额，因此应采用甲供设备，安装公司提供清包工的安装服务。2.安装公司应具备规定的施工资质，要有施工进度、监理、验收、分期付款等方面的条款，以区别于"劳务合同"。3.如果安装的设备由项目公司（甲方）委托安装公司代购，应注意三点：一是受托方即安装公司不可垫付资金。二是销售方将发票开具给委托方即项目公司，并由受托方将该项发票转交给委托方。三是受托方按销售方实际收取的销售额和增值税税额与委托方结算货款，并另外收取手续费。4.要求安装公司按税法规定就地预缴税款	建筑服务*工程服务，备注工程名称和工程地址		

序号	交易标的物	供应商资质	合同表达	开票项目	税率或征收率	其他
3	一般商品购销	营业执照。若为代理商，需要提供代理授权证书	1.产品名称、规格型号、计量单位、数量、单价、金额、供货时间及数量等内容要表述正确；2.供应商对质量负责的条件和期限要约定明确；3.明确交货地点、交货方式、运输费用及合理损耗的计算和负担	商品税收类别*商品名称发票应附有必要的清单	一般纳税人的税率是13%。小规模纳税人的征收率是3%，符合条件的可减征、免征增值税（下同）	
4	购销合同：供应商销售自产机器设备等同时提供安装服务	机电安装等资质	1.明确机器设备等为供应商自产及品名、规格、型号等方面的条款；2.如果对安装费分别开票，合同正文中对安装费用明确约定，应分别标明机器设备等自产产品和安装服务的价款；3.要求供应商对安装费部分按国家规定就地预缴税款；4.供应商对安装运行后的机器设备提供的维护保养服务，按照"其他现代服务"缴纳增值税，应提供6%税率的发票	商品税收类别*商品名称、建筑服务*工程服务	对方对机器设备等按13%开票，安装服务可以按3%开票，也可以按9%开票，因此要注意在合同中约定清楚。如果对方要求安装部分开具3%税率发票，公司可抵扣进项税额会减少，因此谈判时应当对应降低采购总价	一般纳税人销售电梯的同时提供安装服务，其安装服务可以按照甲供工程选择适用简易计税方法计税
5	购销合同：供应商销售非自产机器设备等同时提供安装服务	对方对安装费单独开票的，应留存对方机电安装等资质	1.明确机器设备品名、规格、型号等方面的条款；2.如果对安装费分别开票，合同正文中对安装费用明确约定，应分别标明机器设备和安装服务的价款；3.要求供应商对安装费部分按国家规定就地预缴税款；4.供应商对安装运行后的机器设备提供的维护保养服务，按照"其他现代服务"缴纳增值税，应提供6%税率的发票	商品税收类别*商品名称、建筑服务*工程服务	税法规定，如果合同中将机器设备价款与安装价款分别标明，对方会将机器设备按13%开票，安装服务可以按3%开票，也可以按9%开票，因此，公司在签订合同时，优先选择将货款与安装款合并定价。如果对方坚持要求分开，价格谈判策略同上	一般纳税人销售电梯的同时提供安装服务，其安装服务可以按照甲供工程选择适用简易计税方法计税

序号	交易标的物	供应商资质	合同表达	开票项目	税率或征收率	其他
6	商品购销+技术开发服务	营业执照	如果拟将支付的技术开发服务费用在企业所得税前加计扣除，应对技术开发服务单独签订合同，明确开发成果归委托方或双方共有。			
7	建筑服务+技术开发服务	工程、设备安装资质、建筑业资质	如果签订在同一份合同中作为同一项业务，对方往往构成混合销售，技术开发价款要纳入合同总价按商品税率或建筑服务税率等计税	根据对方是混合销售还是兼营业务，确定是一并开票还是分别开票	根据对方是混合销售还是兼营业务，以及业务的性质与类型，确定适用税率	
8	商品购销+软件产品	营业执照、软件著作权	1.合同中应约定供应商销售的设备中所嵌入的软件名称、软件著作权证书号；2.软件产品价格与设备的价格应保持合理的比例与公允定价；3.销售方销售软件有增值税超税负（3%）返还政策，在合同谈判中可要求对方降低价格	商品税收类别*商品（软件产品）名称	销售方自行开发生产的软件产品，对其增值税实际税负超过3%的部分实行即征即退政策	
9	技术开发服务（含软件开发服务）	技术资质	1.详细说明技术服务的内容，服务人员的数量与技能要求，服务保障，服务成果的验收等；2.要求受托方必须在科技部门的官网进行备案，否则影响购买方享受税收优惠	商品税收类别*技术服务费	对方企业如果是一般纳税人，应提供6%税率的专用发票；对方企业如果是小规模纳税人，提供3%征收率的专用发票	

序号	交易标的物	供应商资质	合同表达	开票项目	税率或征收率	其他
10	软件产品	软件著作权、产品检测报告	1.销售方对软件产品享有知识产权（软件著作权）； 2.购买方应对安装后产品组织验收确认、测试，销售方给予协助； 3.通常应有售后维护、升级的义务条款； 4.发票税率为13%且标明软件产品品名	软件——软件产品信息技术服务——信息系统服务	一般纳税人，其对应税率为13%。小规模纳税人，其征收率为3%。软件销售企业增值税一般纳税人销售其自行开发生产的软件产品，实际税负超过3%的部分实行即征即退政策。如果本质上是委托对方提供软件开发服务，对方应按技术服务提供6%税率的发票	
11	信息系统集成服务	信息系统集成及服务资质（行业协会备案）	1.突出大数据中心、智能化信息系统、数据监测系统等重点项目，表述集成服务的技术性工作，阐明如何通过信息技术手段将不同的硬件串连起来。同时，也要将设计、测试两端的技术性工作单列出来； 2.将电气系统与大数据中心、智能化信息系统、数据监测系统捆绑在一起； 3.附件清单目录上，应使用"**集成服务"的服务品名，以及验收、测试方面的事项； 4.合同约定信息集成服务的人工定额标准	信息技术服务——信息系统服务	一般纳税人增值税税率6%；小规模纳税人增值税征收率3%	

3.索取发票的时间与管理流程

企业在采购货物、劳务、服务时，应对发票的取得时间及流程作好管理，索取发票的注意要点如下：

（1）购买建筑服务。

企业支付预付款时，施工单位增值税纳税义务尚未产生，只需以取得的预收款扣除支付的分包款后的余额按照规定的预征率预缴增值税。因此企业在支付工程预付款时不宜索取增值税销售发票，只需要取得不征税的预收款发票或收据。如果甲乙双方在书面合同中约定付款日期，建筑服务纳税义务发生时间为书面合同确定的付款日期当天；未签订书面合同或者书面合同未确定付款日期的，为建筑工程项目完成的当天，实务中，对于"完成"的状态是全部完成还是阶段性完成存在争议。如果施工单位按照已确认的工程计量单等核算了会计收入，即使未收到款项，合同上的约定又不具体，税务机关通常也会认为建筑服务已阶段性完成，产生增值税纳税义务。

因此，企业向施工单位索取发票应与合同约定的付款进度及施工单位依法产生的增值税纳税义务时间正确匹配。对于预付工程建设款的，工程开工后，根据工程形象进度按期确定建筑服务计量款，跟踪索取与预付款相对应的增值税发票。

（2）购买货物。

税法规定的销售方纳税义务发生时间见表6-4。购买货物时应根据合同约定的结算方式条款，在税法规定的销售方纳税义务发生时间向其索取发票。

表6-4　　　　　　　　　　　**销售货物纳税义务发生时间表**

	销售方式	纳税义务发生时间	备注
销售货物	直接收款	收到销售款或者取得索取销售款凭据的当天	不论货物是否发出
	托收承付	办妥托收手续	已经发出货物
	委托银行收款	办妥托收手续	已经发出货物
	赊销	书面合同约定的收款日期/货物发出（无论是否实际收款）	已经发出货物
	分期收款	书面合同约定的收款日期/货物发出（无论是否实际收款）	已经发出货物
	预收货款	货物发出	
	生产工期超过12个月的大型机械设备、船舶等	收到预收款/书面合同约定的收款日期	不论货物是否发出

（3）购买劳务、服务、无形资产、不动产。

税法规定的劳务、服务提供方纳税义务发生时间详见表6-5。采购时应根据合同约定的结算方式条款及服务提供、资产移交情况，在税法规定的对方纳税义务发生时间向其索取发票。

表6-5 销售劳务、服务等纳税义务发生时间表

	销售方式	纳税义务发生时间	备注
提供劳务	应税劳务	提供劳务过程中或完成后收到款项，或合同约定的收款日期	劳务指动产的加工或修理、修配
提供服务（注：指"营改增"的服务项目）	提供服务	提供劳务过程中或完成后收到款项，或合同约定的收款日期	服务项目详见财税〔2016〕36号文件规定
	视同销售服务	服务转让完成	
	租赁服务	收到预收款当天	服务未提供
转让无形资产或销售不动产	转让无形资产	合同约定的收款日期，未约定的为转让完成的当天	
	销售不动产	合同约定的收款日期，未约定的为不动产权属变更的当天	
	金融商品转让	所有权转移	

（4）上述货物及服务、劳务的组合式采购。

如果销售方的行为构成混合销售，根据对方混合起来适用的税目确定其纳税义务发生时间及对方应提供发票的时间。如果销售方的行为构成兼营，区分不同的税目确定纳税义务发生时间及对方应提供发票的时间。

（四）增值税进项税额重点税务风险管理事项

增值税进项税额对应于货物、劳务、服务销售方的销项税额，由于现行税法中规定了多档增值税税率、征收率，存在兼营业务、混合销售、价外费用等不易准确区分的概念，存在增值税专用发票、普通发票、海关完税凭证等不同的扣税凭证，因此，受票方在抵扣进项税额时，其行为与结果是否合规难免会受制于销售方。同时，受票方由于种种原因也会在进项税额抵扣的操作上产生错误。根据江苏交控行业特点与税收属性，在处理进项税额抵扣时应关注如下风险点：

（1）在购买建筑安装服务或发生EPC[①]工程成本时，区分对方是属于兼营业务还是混合销售业务，建筑服务部分是采用一般计税方法还是选择简易计税方法，进而事先与对方确定正确的适用税率、征收率。

（2）在共建项目中，及时、完整地取得合规的扣税凭证。

例如，在公路与铁路的共建项目中，明确约定施工单位将发票分别开具给公路企业、铁路企业，价款分别结算；或者明确约定施工单位将发票开具给其中一方并结算工程款，其中一方再就另一合作方应承担的工程价款将发票开具给对方并结算该部分的价款。

如果其中一方取得全部发票，通过分摊表形式与另一方结算工程款，根据国家税务总局公告2018年第28号第十八条规定："企业与其他企业（包括关联企业）、个人在境内共

---

① Engineering Procurement Construction 的简称，指承包方受业主委托，按照合同约定对工程建设项目的设计、采购、施工等实行全过程或若干阶段的总承包。

同接受应纳增值税劳务（简称'应税劳务'）发生的支出，采取分摊方式的，应当按照独立交易原则进行分摊，企业以发票和分割单作为税前扣除凭证，共同接受应税劳务的其他企业以企业开具的分割单作为税前扣除凭证。"以分割单组合发票复印件、合同等，能解决企业所得税税前扣除问题，但无法解决进项税额抵扣的问题，如果受票方增值税为简易计税，不产生税收损失；如果是一般计税方法，则不可如此操作。

（3）一家公司内既有简易计税的老项目（高速公路收费、房产出租等），又有一般计税的新项目，共用的固定资产、无形资产、不动产、固定资产租金（以下简称"共用项目"），其对应的进项税额可以抵扣，除此之外的其他共同发生的成本费用对应的进项税额则要按规定转出。专门用于简易计税项目的资产或成本费用，对应的进项税额不得抵扣。不同用途的购进项目对进项税额的影响详见表6-6。

表6-6　　　　　　　**不同用途购进项目的进项税额抵扣之税法规定**

购进项目＼用途	专用于简易计税方法计税项目、免征增值税项目、集体福利或者个人消费	共用于简易计税方法计税项目、免征增值税项目、集体福利或者个人消费
固定资产、无形资产（其他权益性无形资产除外）、不动产	进项税额不可抵扣	进项税额可以全部抵扣
租入固定资产、不动产	进项税额不可抵扣	进项税额可以全部抵扣
货物、加工修理修配劳务、服务及其他权益性无形资产	进项税额不可抵扣	进项税额按照销售额比例分摊抵扣

①购进固定资产、无形资产、不动产用于共用项目的，可以全额抵扣进项税额。财税〔2016〕36号附件1《营业税改征增值税试点实施办法》第二十七条规定："下列项目的进项税额不得从销项税额中抵扣：（一）用于简易计税方法计税项目、免征增值税项目、集体福利或者个人消费的购进货物、加工修理修配劳务、服务、无形资产和不动产。其中涉及的固定资产、无形资产、不动产，仅指专用于上述项目的固定资产、无形资产（不包括其他权益性无形资产①）、不动产。"

②租入固定资产、不动产用于共用项目的，可以全额抵扣进项税额。财税〔2017〕90号第一条规定："自2018年1月1日起，纳税人租入固定资产、不动产，既用于一般计税方法计税项目，又用于简易计税方法计税项目、免征增值税项目、集体福利或者个人消费的，其进项税额准予从销项税额中全额抵扣。"

③除①、②情形以外，共用项目无法划分用途的，按照下列公式计算不得抵扣的进项税额：当期无法划分的全部进项税额×（当期简易计税方法计税项目销售额+免征增值税项目销售额）÷当期全部销售额。

增值税申报期一般是按月度，如果按月计算导致的结果严重不合理，税法规定税务机

---

①　根据《销售服务、无形资产、不动产注释》，其他权益性无形资产，包括基础设施资产经营权、公共事业特许权、配额、经营权（包括特许经营权、连锁经营权、其他经营权）、经销权、分销权、代理权、会员权、席位权、网络游戏虚拟道具、域名、名称权、肖像权、冠名权、转会费等。

关可以按年清算，类似于企业所得税汇算清缴的多退少补。

房地产企业无法划分用途的进项税额，应按税法的特殊规定作进项税额转出。国家税务总局公告2016年第18号第十三条规定："一般纳税人销售自行开发的房地产项目，兼有一般计税方法计税、简易计税方法计税、免征增值税的房地产项目而无法划分不得抵扣的进项税额的，应以'建筑工程施工许可证'注明的'建设规模'为依据进行划分。不得抵扣的进项税额=当期无法划分的全部进项税额×（简易计税、免税房地产项目建设规模÷房地产项目总建设规模）。"

④资产用途变化时可抵扣进项税额的重新计算。已抵扣进项税额的固定资产、无形资产或者不动产，发生《营业税改征增值税试点实施办法》第二十七条规定情形的，按照下列公式计算不得抵扣的进项税额：不得抵扣的进项税额=固定资产、无形资产或者不动产净值×适用税率。固定资产、无形资产或者不动产净值，是指企业根据财务会计制度计提折旧或摊销后的余额。如果购入的固定资产、无形资产税收上选择了加速折旧或摊销，不管会计处理是否与税收处理保持一致，均应按会计记录的净值计算进项税额转出。

反之，按照规定不得抵扣进项税额的不动产，发生用途改变，用于允许抵扣进项税额项目的，按照下列公式在改变用途的次月计算可抵扣进项税额。可抵扣进项税额=增值税扣税凭证注明或计算的进项税额×不动产净值率。依照本条规定计算的可抵扣进项税额，应取得2016年5月1日后开具的合法有效的增值税扣税凭证。据此，企业购置用于免税或简易计税项目的不动产，也应取得增值税专用发票等扣税凭证并及时认证、再作进项税额转出，即使前期不得抵扣，但如果未来用于一般计税项目，可按规定转回可抵扣进项税额。

（4）接受贷款服务时向贷款方支付的与该笔贷款直接相关的投融资顾问费、手续费、咨询费等费用，其进项税额不得抵扣。实务中抵扣此类进项税额时，必须分清是否属于向贷款人直接支付的，以及是否与贷款直接相关。

这里存在三个经常出现的错误：

①抵扣了不得抵扣的项目。实务中有一种错误的认识，认为税法中的"贷款服务"就是银行贷款服务，除此之外的资金拆借对应的向贷款方支付的融资服务费之类可以抵扣进项税额，如抵扣了票据贴现利息费用对应的进项税额。事实上，税法规定的"贷款服务"范围远大于银行贷款服务的范围，应当注意"贷款服务"及向贷款方支付的融资服务费之类都属于不可抵扣进项税额的情形。

②可抵扣但未抵扣的项目。金融机构发放贷款过程中，企业需要聘请专业的评估机构对贷款抵押物进行评估而发生评估费，请第三方担保企业提供担保发生担保费，企业对抵押物投保而承担保险费用等，这些费用并非贷款服务费用，也不是向贷款人直接支付的其他金融服务费用，在取得合规扣税凭证的前提下属于可以按规定抵扣的费用。

③证券发行费用是否可以抵扣进项税额应具体情况具体对待。发行权益类证券的费用可以抵扣，计入权益类项目的永续债发行费用也应该是可以抵扣的。企业发行债务工具的

债券等而产生的相关费用，通常的支付对象是发行机构、中介机构等，而并非支付给债券购买方（贷款方），因而也不属于不得抵扣进项税额的费用支出——除非确有支付给贷款方的相关费用。

（5）在认证扣税凭证时，应注意审核发票上的项目与实际的业务类型是否相符，例如，租赁绿植时应取得有形动产经营租赁发票，不可接受绿植销售发票并抵扣进项税额。反之，购买绿植时应取得货物销售发票，不可接受租赁发票。对方提供植物养护服务，应取得"其他生活服务"发票。

在审核取得销售发票类型时需要注意的是，从流通企业应取得适用税率或征收率的发票，只有从农业生产者或小规模纳税人购买其自产自销的农产品方可取得免税发票。

（6）注意税法中关于进项税额扣除率的一些特殊规定。例如，根据财税〔2017〕37号及后续文件规定，购进绿植等农产品时，从按照简易计税方法依照3%征收率计算缴纳增值税的小规模纳税人取得增值税专用发票的，以增值税专用发票上注明的金额和9%的扣除率计算进项税额；取得（开具）农产品销售发票或收购发票的，以农产品销售发票或收购发票上注明的农产品买价和9%的扣除率计算进项税额。

根据国家税务总局公告2017年第19号第二条规定：将国家税务总局公告2016年第13号附件1《增值税及附加税费申报表附列资料（二）》（本期进项税额明细）中的第8栏"其他"栏次调整为两栏，分别为"加计扣除农产品进项税额"和"其他"，用以填报按上述政策计算的进项税额。

（7）接受差额征税单位开具的发票（例如劳务费发票、安保服务发票、旅行服务发票等），应对照税法规定审核其是否正确地分别开具普通发票与专用发票，发票税率、征收率是否合规。

以劳务派遣为例，一般纳税人提供劳务派遣服务，可以按照财税〔2016〕36号的有关规定，以取得的全部价款和价外费用为销售额，按照一般计税方法计算缴纳增值税，此时销售方应开具税率为6%的全额专用发票；也可以选择差额纳税，以取得的全部价款和价外费用，扣除代用工单位支付给劳务派遣员工的工资、福利费和为其办理社会保险及住房公积金后的余额为销售额，选择适用简易计税方法按照5%的征收率计算缴纳增值税，此时销售方应开具征收率为5%的差额计税专用发票。销售方向用工单位收取用于支付给劳务派遣员工工资、社会保险等费用，不得开具增值税专用发票，应开具普通发票。一般纳税人提供人力资源外包服务，可以选择适用简易计税方法，按照5%的征收率计算缴纳增值税。提供安全保护服务的，比照劳务派遣服务政策执行。不过，劳务派遣的增值税开票税目为现代服务业-商业辅助服务-人力资源服务；而人力资源外包的增值税开票税目为现代服务业-商业辅助服务-经纪代理服务。

（8）购进国内旅客运输服务取得的扣税凭证，应按规定方法计算可抵扣的进项税额。应当注意以下问题：

①一般纳税人购进国内旅客运输服务，取得增值税电子普通发票的，暂允许按发票上注明的税额抵扣进项税额。因此，纳税人取得增值税电子普通发票无须注明旅客身份信

息，而是按现行发票开具相关规定执行，增值税电子普通发票上注明的购买方"名称""纳税人识别号"等信息，应当与本企业名称一致，费用应为本企业经营活动中实际发生，否则不可抵扣进项税额。

纳税人购进国内旅客运输服务，取得增值税电子普通发票或注明旅客身份信息的航空、铁路等票据，按规定可抵扣的进项税额，在申报时填写在《增值税及附加税费申报表附列资料（二）》第8b栏"其他"中。

②计算员工出差飞机票可抵扣进项税额的基数不包括民航发展基金。在航空运输电子客票行程单中，票价、燃油附加费和民航发展基金是分别列示的。其中，民航发展基金属于政府性基金，不计入航空运输企业的销售收入，不征收增值税，因此，接受民航运输服务的企业不得计算抵扣这部分进项税额。

③通过平台公司取得经纪代理服务的增值税电子普通发票不能抵扣进项税额。

④与本单位签订了劳动合同的员工，以及本单位作为用工单位接受的劳务派遣员工发生的国内旅客运输服务，可按规定计算抵扣进项税额。如果是聘请外部顾问、独立董事等，企业承担其往返交通费用的，不可计算抵扣进项税额。

（9）职工食堂、员工宿舍使用的水电费、物业费等对应的进项税额，应按使用量作进项税额转出处理。同时，如果会计核算将这些费用记入水电费科目，企业所得税汇算清缴时需要重分类至职工福利费。

（10）审核发票等扣税凭证要素的完整性、填写的准确性，对于不符合规定的发票，应退回对方重新开具。企业应在合同、协议中将对方提供的经审核无误后的票据作为支付合同款项的前置条件。

（11）在国家调整增值税法定税率的前后，或者临时性减税政策出台时导致税率变动时，应注意审核所接受发票上税率的正确性，并且应注意审核其与合同、协议约定的一致性。如果按合同约定的结算方式与实际交易情况，开票税率应为政策调整后的税率，而合同上约定的是原税率，双方应通过补充协议重新约定交易对价条款。

（12）对照税法条件正确判断公司是否符合增值税加计抵减条件，准确计算加计抵减额并正确申报。纳税人可计提但未计提的加计抵减额，可在确定适用加计抵减政策的当期一并计提。

（五）进项税额加计抵减

1.进项税额加计抵减政策的注意事项

对于提供生产服务和生活服务的集团下属公司，可对进项税额作加计抵减处理。根据财税公告〔2019〕39号规定，集团内提供生产服务、生活服务而取得的销售额占其全部销售额的比重超过50%的成员企业，可以加计抵减增值税。自2019年4月1日至2021年12月31日，提供生产服务的企业应按照当期可抵扣进项税额的10%计提当期加计抵减额。财政部、税务总局公告2019年第87号文件规定，自2019年10月1日至2021年12月31日，允许生活性服务业纳税人按照当期可抵扣进项税额加计15%，抵减应纳税额。财政部、税务总局公告2022年第11号规定，上述政策执行期限延长至2022年12月31日。

生产服务中的现代服务，是指围绕制造业、文化产业、现代物流产业等提供技术性、知识性服务的业务活动。其包括研发和技术服务、信息技术服务、文化创意服务、物流辅助服务、租赁服务（包括道路通行服务，不含售后回租业务）、鉴证咨询服务、广播影视服务、商务辅助服务和其他现代服务。生活服务，是指为满足城乡居民日常生活需求提供的各类服务活动。企业应根据税法判断是否符合加计抵减条件，并注意到期后的政策延续情况。

实际抵减时：

借：应交税费——未交增值税

　　贷：银行存款

　　　　应交税费——应交增值税——增值税加计抵减

加计抵减转入其他收益或营业外收入：

借：应交税费——应交增值税——增值税加计抵减

　　贷：其他收益/营业外收入

2.进项税额加计抵减纳税填报

《增值税及附加税费申报表附列资料（四）》第6行"一般项目加计抵减额计算"、第7行"即征即退项目加计抵减额计算"填报加计抵减情况台账。本表第6至8行仅限适用加计抵减政策的纳税人填写，反映其加计抵减情况。其他纳税人不需填写。第8行"合计"等于第6行、第7行之和。

3.进项税额加计抵减税额不能申请留抵退税

加计抵减政策属于税收优惠，按照纳税人可抵扣的进项税额的10%或15%计算，用于抵减纳税人的应纳税额。但加计抵减额并不是纳税人的进项税额，从加计抵减额的形成机制来看，加计抵减不会形成留抵税额，因而也不能申请留抵退税。

4.企业收到留抵退税额无须调减相应的加计抵减额

企业按照现行规定不得从销项税额中抵扣的进项税额，不得计提加计抵减额；已计提加计抵减额的进项税额，按规定作进项税额转出的，应在进项税额转出当期，相应调减加计抵减额。计算公式如下：

当期计提加计抵减额=当期可抵扣进项税额×10%（生产服务）或15%（生活服务）

当期可抵减加计抵减额=上期末加计抵减额余额+当期计提加计抵减额−当期调减加计抵减额

享受加计抵减的企业同时符合留抵退税条件的，在申请留抵退税时，在实际操作中其已计提的加计抵减额不需要作调减处理。

（六）扣税凭证在不同纳税主体间的安排与筹划

企业集团范围内经常存在一些公司共同购买资产或服务的情况，且这些公司有的采用一般计税方法，有的采用简易计税方法。如果由采用简易计税方法的公司采购，则进项税额不得抵扣，从而增加税收成本。对于此类采购金额较大、并且采用一般计税方法的公司分担采购成本较高的业务，集团应统一招标采购、分头签约实施，将合同主体分解到下属公司一般计税项目中去，保证增值税抵扣链条不中断，具体如图6-1所示。

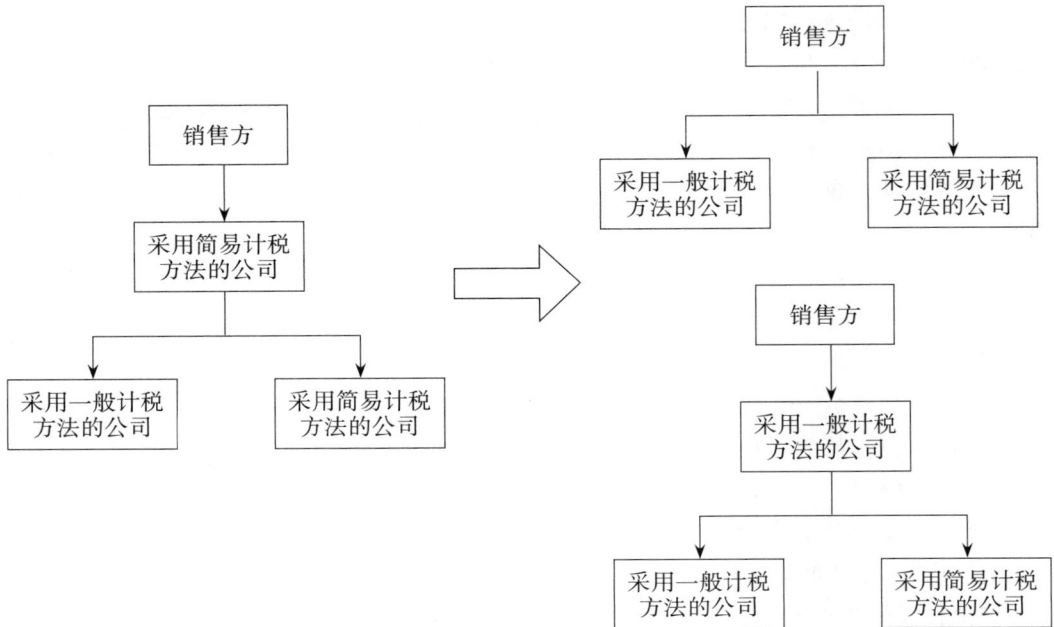

图6-1　扣税凭证在不同纳税主体间安排、筹划示意图

三、销项税额或应交增值税的风险管理

销项税额是指增值税一般纳税人发生应税销售行为时，按照销售额与规定的税率计算并向购买方收取的增值税税额。一般纳税人采用简易计税方法或小规模纳税人缴纳税款的，直接按不含税销售额乘以征收率计算应纳税额。由此可见，正确计算销项税额或应纳税额的关键因素：一是要正确、及时地确认销售额；二是要正确界定混合销售与兼营业务；三是要准确适用增值税税率或征收率；四是要正确掌握增值税纳税义务发生时间。

（一）正确确定应税销售额

1.增值税应税收入、免税收入、不征税收入的划分是否准确

增值税的应税收入是指增值税纳税人销售货物或者加工、修理修配劳务，销售服务、无形资产、不动产取得的具有纳税义务的收入。

增值税免税收入是指纳税人取得的收入属于征税范围，但根据国家政策的需要，免除纳税人缴纳税款的义务。免税收入在销售环节免征增值税，但取得的进项税额也不允许抵扣。根据国家税务总局公告2021年第4号的规定，自2021年4月1日起，单位和个体工商户适用增值税减征、免征政策的，在增值税纳税申报时按规定填写申报表相应减免税栏次即可享受，相关政策规定的证明材料留存备查。

不征税收入是指从增值税性质和根源上不属于征税范围、不产生增值税纳税义务的收入。

一般情况下，企业取得的免税收入可以开具零税额的普通发票；取得增值税不征税收入则可以不开具增值税发票。但在"营改增"后，纳税人取得的非增值税应税收入，很多情况下也可以开具"不征税"的增值税普通发票。在"商品和服务税收分类编码表"中，增加了"未发生销售行为的不征税项目"，用于纳税人收取款项但未发生销售货物、应税

劳务、服务、无形资产或不动产纳税义务的情形，详见表6-7。使用"未发生销售行为的不征税项目"编码，发票税率栏应填写"不征税"。

表6-7　　　　　　　　　　　常见的增值税不征税项目

税目代码	税目名称	税目代码	税目名称	税目代码	税目名称
601	预付卡销售和充值	607	资产重组涉及的不动产	613	代收民航发展基金
602	销售自行开发的房地产项目预收款	608	土地使用权	614	拍卖行受托拍卖文物艺术品代收货款
603	已申报缴纳营业税未开票补开票	609	代理进口免税货物货款	615	与销售行为不挂钩的财政补贴收入
604	非税务机关等其他单位为税务机关代收的印花税	610	有奖发票奖金支付	616	资产重组涉及的货物
605	代收车船税	611	不征税自来水		
606	融资性售后回租承租方出售资产	612	建筑服务预收款		

税法对不征收增值税项目作了列举式规定，根据税法规定的基本原则与征税范围的基本规定，可以对此作出进一步的扩展。现对常见的不征税收入，对照应税或免税收入比较如下：

（1）根据国家指令无偿提供的铁路运输服务、航空运输服务，属于《营业税改征增值税试点实施办法》第十四条规定的用于公益事业的服务。

（2）存款利息。属于不征税项目的存款利息是指仅限于存储在国家规定的吸储机构所取得的存款利息。

实务中，对结构性存款利息是否属于不征税的利息收入存有争议。结构性存款是指商业银行吸收的嵌入金融衍生产品的存款，通过与利率、汇率、指数等的波动挂钩或者与某实体的信用情况挂钩，使存款人在承担一定风险的基础上获得相应收益的产品。结构性存款应当纳入商业银行表内核算，按照存款管理，纳入存款准备金和存款保险保费的缴纳范围，相关资产应当按照国务院银行业监督管理机构的相关规定计提资本和拨备。因此，企业在商业银行的结构性存款，只是利息收入的计算方式不同，它的本质还是"存储"在商业银行的款项，商业银行必须对本金安全与资金增值承担相应的义务，我们认为可以按存款利息收入而不用缴纳增值税。

（3）被保险人获得的保险赔付。被保险人获得的保险赔付是指从保险机构获得的款项，它并非被保险人发生应税行为取得的收入，也不属于价外费用，不征收增值税。

（4）房地产主管部门或者其指定机构、公积金管理中心、开发企业以及物业管理单位代收的住宅专项维修资金。

（5）在资产重组过程中，通过合并、分立、出售、置换等方式，将全部或者部分实物资产以及与其相关联的债权、负债和劳动力一并转让给其他单位和个人，其中涉及的不动产、土地使用权转让行为不属于增值税征税范围。

（6）股权转让（不含股票）收入。企业转让非上市公司股权一般不征收增值税，转让上市公司股票行为，按"金融商品转让"税目计算应纳税额。

（7）承担经营风险的投资收益。企业以货币资金等投资入股，共同承担经营风险、不收取固定利润的，属于投资行为，取得的投资收益不属于增值税征税范围。

根据财税〔2016〕36号附件《销售服务、无形资产、不动产注释》金融服务中贷款服务的规定，以货币资金投资收取的固定利润或者保底利润，按照贷款服务缴纳增值税。例如，企业以货币资金购买优先股获取固定股息，应按照"贷款服务"税目缴纳增值税。

购买理财产品取得投资收益是否缴纳增值税应当分别不同情况而定。理财产品持有期间（含到期）取得的非保本的收益，不属于利息或利息性质的收入，不征收增值税。购买双方约定保本、保收益的理财产品——虽然金融法规上已严格限制此类产品的发行取得的投资收益，属于利息性质，应按贷款服务缴纳增值税。根据财税〔2016〕140号的规定，应交增值税的保本收益、报酬、资金占用费、补偿金，是指合同中明确承诺到期本金可全部收回的投资收益。

根据财税〔2016〕36号文件的规定，金融商品转让，是指转让外汇、有价证券、非货物期货和其他金融商品所有权的业务活动。其他金融商品转让包括基金、信托、理财产品等各类资产管理产品和各种金融衍生品的转让。

财税〔2016〕140号还规定，纳税人购入基金、信托、理财产品等各类资产管理产品持有至到期，不属于《销售服务、无形资产、不动产注释》（财税〔2016〕36号）第一条第（五）项第4点所称的金融商品转让。对于没有到期日的开放型资管产品，企业随时可以按照约定条件赎回，此赎回是否属于金融商品转让？有观点认为，资管产品没有到期日，则赎回本身就可以理解为到期，赎回时资管产品的份额会相应减少，并且减少的过程并未以第三方作为交易对手，不存在所有权转让的问题，不属于金融商品转让。也有观点认为，赎回时投资者利益的实现与转让后果一致，理应征收增值税。我们认为，购买开放型资管产品属于风险投资行为，基于税法的基本原则不应对其风险收益征收增值税。

企业投资行为、投资产品品类繁多，在增值税征收与否这个问题上都应基于税法规定的基本原则进行判定。

在投资收益中，还有免税收入，例如企业取得的国债、地方政府债利息，应作为免税收入申报。

（8）与销售行为不挂钩的财政补贴收入。纳税人收到的与其销售货物、劳务、服务、无形资产、不动产的收入或者数量不直接挂钩的政府补贴资金，不属于增值税应税收入，不征收增值税。反之，新能源汽车生产企业、绿色发电企业按销售产品数量获得的财政补贴，则要纳入增值税计税依据。

2.检查是否将价外费用计入销售额

增值税销售额为纳税人发生应税销售行为收取的全部价款和价外费用。价外费用，包括价外收取的手续费、补贴、基金、集资费、返还利润、奖励费、违约金、滞纳金、延期付款利息、赔偿金、代收款项、代垫款项、包装费、包装物租金、储备费、优质费、运输装卸费以及其他各种性质的价外收费。但下列项目不包括在内：

"（一）受托加工应征消费税的消费品所代收代缴的消费税。

（二）同时符合以下条件的代垫运输费用：

1. 承运部门的运输费用发票开具给购买方的；

2. 纳税人将该项发票转交给购买方的。

（三）同时符合以下条件代为收取的政府性基金或者行政事业性收费：

1. 由国务院或者财政部批准设立的政府性基金，由国务院或者省级人民政府及其财政、价格主管部门批准设立的行政事业性收费；

2. 收取时开具省级以上财政部门印制的财政票据；

3. 所收款项全额上缴财政。

（四）销售货物的同时代办保险等而向购买方收取的保险费，以及向购买方收取的代购买方缴纳的车辆购置税、车辆牌照费。"

应当注意的是，2017年11月《增值税暂行条例》修订后，对价外费用的定义进行了重新明确，删除了"向购买方收取"这一资金来源限制。

财税〔2016〕36号文附件1第三十七条规定：

"销售额，是指纳税人发生应税行为取得的全部价款和价外费用，财政部和国家税务总局另有规定的除外。

价外费用，是指价外收取的各种性质的收费，但不包括以下项目：

（一）代为收取并符合本办法第十条规定的政府性基金或者行政事业性收费。

（二）以委托方名义开具发票代委托方收取的款项。"

价外费用是以防范纳税人避税而设置的征税事项，涵盖范围较广，并且它与混合销售非常容易混淆。总体而言，混合销售业务是一份合同中存在多个合同义务，并且它们彼此密不可分；而价外费用则是在一个合同义务对应的价款之外另行收费，并且另行收取的费用并不一定实际提供商品或服务。现以违约金为例予以说明。

因客户违约而向客户收取的违约金是否属于价外费用，判断依据是违约金是否符合销售额的特征，是否依"价"而生。如果合同已经履行，违约金是依附于应税业务的完成而存在的，通常表现形式有延期付款利息、赔偿金等，就构成价外费用，需要缴纳增值税。反之就不属于增值税的价外费用，比如合同尚未开始履行，某一方单方违约解除合同，违约方支付给守约方的违约金，不构成价外费用，无须缴纳增值税。

销售方价外收取的款项，如果确实构成企业的应税销售额，那么对此缴纳增值税属于应尽的纳税义务。同时，销售方应筹划如何就价外费用向客户开具发票特别是专用发票，这关系到客户的抵扣权益。

3. 检查企业是否存在视同销售业务

（1）《增值税暂行条例实施细则》第四条规定：

"单位或者个体工商户的下列行为，视同销售货物：

（一）将货物交付其他单位或者个人代销；

（二）销售代销货物；

（三）设有两个以上机构并实行统一核算的纳税人，将货物从一个机构移送其他机构用于销售，但相关机构设在同一县（市）的除外；

（四）将自产或者委托加工的货物用于非增值税应税项目；

（五）将自产、委托加工的货物用于集体福利或者个人消费；

（六）将自产、委托加工或者购进的货物作为投资，提供给其他单位或者个体工商户；

（七）将自产、委托加工或者购进的货物分配给股东或者投资者；

（八）将自产、委托加工或者购进的货物无偿赠送其他单位或者个人。"

（2）财税〔2016〕36号文件中规定：

"下列情形视同销售服务、无形资产或者不动产：

（一）单位或者个体工商户向其他单位或者个人无偿提供服务，但用于公益事业或者以社会公众为对象的除外。

（二）单位或者个人向其他单位或者个人无偿转让无形资产或者不动产，但用于公益事业或者以社会公众为对象的除外。

（三）财政部和国家税务总局规定的其他情形。"

（3）国家税务总局公告2016年第86号第七条规定："纳税人出租不动产，租赁合同中约定免租期的，不属于《营业税改征增值税试点实施办法》（财税〔2016〕36号）第十四条规定的视同销售服务。"

视同销售的税收风险在于会计上往往不确认营业收入，因此纳税处理时可能产生疏漏。企业应关注如下几类业务是否应视同销售，如果应视同销售，则收集同类产品、商品、服务等参照价格，或者进行资产评估，确定应税销售额。

第一，以非货币性资产对外投资。

企业用非货币性资产对外投资，除了符合不征税条件的资产重组、股权转让情况外，均应视同销售，按照适用的税率或征收率缴纳增值税。其中：以无形资产对外投资，如果符合财税〔2016〕36号附件3规定的"技术转让"相关条件，可以申报免交增值税。

第二，派发促销品或赠品。

以高速公路加油站为例，其经常的促销活动是"加油送赠品"或"加油送可兑换赠品的积分"。此类活动的本质是给予顾客实物折扣优惠，顾客花费一件商品的价格可获得两件或多件商品的消费，在理论上讲，派发的促销品或赠品并不属于"无偿赠送"。不过，《关于印发〈增值税若干具体问题的规定〉的通知》（国税发〔1993〕154号）规定："纳税人采取折扣方式销售货物，如果销售额和折扣额在同一张发票上分别注明，可按折扣后的销售额征收增值税。如果将折扣额另开发票，不论其在财务上如何处理，均不得从销售额中减除折扣额。"《关于折扣额抵减增值税应税销售额问题通知》（国税函〔2010〕56号）又规定：纳税人采取折扣方式销售货物，销售额和折扣额在同一张发票上分别注明是指销售额和折扣额在同一张发票上的"金额"栏分别注明，可按折扣后的销售额征收增值税。未在同一张发票"金额"栏注明折扣额，而仅在发票的"备注"栏注明折扣额的，折扣额不得从销售额中减除。

由于税法要求"买一赠一"的折扣销售业务必须按规定形式开具发票，实务中所销售的商品与促销品或赠品难以开具在同一张发票上，因而导致所售商品按其正常销售额计缴增值税，同时要对促销品或赠品按其市价作视同销售处理。

第三，转供水电等。

集团企业由于集中办公的原因，多家企业共同使用同一处物业，而水、电、气等生产企业往往与物业的业主进行结算，业主将房屋出租给承租方，如果在租金价格中明确包括向承租方转供水、电等能源费用，则无须对转供水、电等能源费用视同销售。如果承租方确实是无偿使用水电等能源，或者虽然收取其水电等项费用，但未考虑增值税事项，应按转供能源视同销售核算增值税税额。一般纳税人转供电费适用13%的税率，除提供物业管理服务的纳税人外，转售自来水不能选择简易计税办法，适用的税率为9%，转供天然气可适用低税率9%。

第四，集团内部企业间无偿使用资产、资金、服务等。这方面的问题已在第五章予以分析讨论，此处不再赘述。

4.检查差额计税政策的执行是否正确

（1）执行增值税差额计税政策必须属于规定的行业与业务。"营改增"后，税收上给予某些特定行业、特定业务以差额征税政策，允许其从销售额中扣除一些特定的项目金额后计算增值税，以减轻其增值税纳税负担。

差额征税的方式只限定于某些行业与业务，如交通运输业的航空运输，金融服务中的金融商品转让，现代服务业中的旅游服务、人力资源服务和经纪代理服务等。

对于某一特定的行业，差额征税的具体方式也有所差别。如提供建筑服务的一般纳税人，选用一般计税方法时，只有在预缴时可差额计算计税依据，在机构所在地计算和申报税款时则不可在销售额中扣除分包款——因为其可以取得专用发票抵扣进项税额；选用简易计税方法时，则可以差额的方式确定计税依据。

（2）差额扣除的范围、金额、凭证是否合规。税法进一步规定，可差额计税的行业、业务只允许从销售额中扣除规定的项目，例如对旅游服务差额计税时，可以从旅游营业收入中扣除的项目限于支付给其他单位或者个人的旅行人员住宿费、餐饮费、交通费、签证费、门票费和支付给其他接团旅游企业的旅游费用，不可扣除旅行社自身的人员费用、办公费用等。

为证明扣除项目与金额的真实性、准确性，企业的相应扣除金额必须取得合规、有效凭证。财税〔2016〕36号、国家税务总局公告2016年第14号、国家税务总局公告2016年第16号、国家税务总局公告2016年第17号等均规定，纳税人应取得符合法律、行政法规和国家税务总局规定的有效凭证，才可进行差额扣除。

凡差额扣除的项目不可再抵扣其进项税额。财税〔2016〕36号文件规定，取得有效凭证后进行了差额扣除的项目，若其取得的有效凭证属于增值税的扣税凭证，其进项税额不得从销项税额中抵扣。

对于未差额扣除的项目，其取得的专用发票可否抵扣进项税额，需具体问题具体分析。如对于未进行差额扣除的旅行社，其取得的其他旅行社开具的增值税专用发票，是可以抵扣进项税额的，即采用扣额或扣税的方式，因上下游的税率相同，税收风险可控。但对于采用简易计税方法的建筑业总包方来说，如果某项目选择了简易计税但未进行差额扣除，也不可凭分包方的增值税专用发票抵扣本企业其他一般计税项目的销项税额，因其简易计税项目的征收率为3%，但取得的专用发票上的税率可能为9%甚至是13%，上下游税率、征收率不一致，故不得"错位"抵扣。

（3）差额计税政策整理

现对差额计税的主要行业、业务，就其扣除项目、开票要点及税法政策依据列表见表6-8。

表6-8　　　　　　　　　　　　　　　差额计税项目表

应税行为	类型	销售额确定（差额项目）	备注	文号
房地产企业（房地产开发项目）	一般计税方法	销售额＝（含税价款－土地价款）÷（1+9%）	收到预收款：预征税额＝预收款÷1.09×3%	财税〔2016〕36号附件2、国家税务总局公告2016年第18号、财税〔2016〕140号、国家税务总局公告2016年第86号
		土地款计算：当期允许扣除的土地价款=（当期销售房地产项目建筑面积÷房地产项目可供销售建筑面积）×支付的土地价款。房地产项目可供销售建筑面积不包括销售房地产项目时未单独作价结算的配套公共设施的建筑面积	销售税额＝销售额×9%	
		"向政府部门支付的土地价款"，包括土地受让人向政府部门支付的征地和拆迁补偿费用、土地前期开发费用和土地出让收益等	申报税额=应纳税额-预征税额	
		"当期销售房地产项目建筑面积""房地产项目可供销售建筑面积"，是指计容积率地上建筑面积，不包括地下车位建筑面积	可以全额开具专票	

应税行为		类型	销售额确定（差额项目）	备注	文号
转让房地产	以直接购买、接受捐赠、接受投资入股、自建以及抵债等各种形式取得的不动产	一般纳税人2016年4月30日前取得（不含自建）的不动产	选择简易计税方法：以取得的全部价款和价外费用扣除不动产购置原价或者取得不动产时的作价后的余额为销售额，按照5%的征收率计算应纳税额	可以选择全额开具普票或差额征税全额开具专票，不得就扣除的部分开具增值税专用发票	财税〔2016〕36号附件2、国家税务总局公告2016年第14号、国家税务总局公告2016年第73号、税总函〔2016〕145号
			选择一般计税方法：以取得的全部价款和价外费用扣除不动产购置原价或者取得不动产时的作价后的余额按5%的预征率向不动产所在地主管税务机关预缴，但仍以取得的全部价款和价外费用为销售额计算应纳税额	可以全额开具专票	
		一般纳税人2016年5月1日后取得（不含自建）的不动产	适用一般计税方法：以取得的全部价款和价外费用扣除不动产购置原价或者取得不动产时的作价后的余额按5%的预征率向不动产所在地主管税务机关预缴，但仍以取得的全部价款和价外费用为销售额计算应纳税额	可以全额开具专票	
		小规模纳税人（不含个体工商户销售购买的住房和其他个人销售不动产、不含自建）	以取得的全部价款和价外费用扣除不动产购置原价或者取得不动产时的作价后的余额为销售额，按照5%的征收率计算应纳税额	增值税小规模纳税人销售其取得的不动产，购买方不属于其他个人的，纳税人缴纳增值税后可以向税务机关申请代开增值税专用发票	

	应税行为	类型	销售额确定（差额项目）	备注	文号
转让房地产	以直接购买、接受捐赠、接受投资入股、自建以及抵债等各种形式取得的不动产	其他个人（不含自建、不含其购买的住房）	以取得的全部价款和价外费用减去该项不动产购置原价或者取得不动产时的作价后的余额为销售额，按照5%的征收率计算应纳税额	北京市、上海市、广州市和深圳市，个人将购买2年以上（含2年）的非普通住房对外销售的，以销售收入减去购买住房价款后的差额按照5%的征收率缴纳增值税。纳税人销售其取得的不动产和其他个人出租不动产，申请代开发票的，由代征税款的税务机关代开增值税专用发票或者增值税普通发票	
	转让土地使用权	转让2016年4月30日前取得的土地使用权	纳税人转让2016年4月30日前取得的土地使用权，可以选择适用简易计税方法，以取得的全部价款和价外费用减去取得该土地使用权的原价后的余额为销售额，按照5%的征收率计算缴纳增值税	一般纳税人按照5%全额开具增值税专用发票或增值税普通发票。小规模纳税人自开5%增值税普票或申请代开5%专票	财税〔2016〕47号
建筑服务项目	一般纳税人	一般计税方法	在建筑服务发生地按2%预缴税款时，以取得的全部价款和价外费用扣除支付的分包款后的余额计算，但在机构所在地计算和申报税款时不可在销售额中扣除分包款	可以全额开具专票	财税〔2016〕36号附件2、国家税务总局公告2016年第17号、财税〔2017〕58号
		简易计税办法	销售额=（含税价款－分包款）÷（1+3%）	建筑项目所在地税务机关：预缴税额=（含税价款－分包款）÷1.03×3%在机构所在地税务机关申报：预缴税额=（含税价款－分包款）÷1.03×3%申报税额=预缴税额可以全额开具专票	

应税行为	类型	销售额确定（差额项目）	备注	文号
建筑服务项目	小规模纳税人	试点纳税人中的小规模纳税人跨县（市）提供建筑服务，应以取得的全部价款和价外费用扣除支付的分包款后的余额为销售额	建筑项目所在地税务机关：预缴税额=（含税价款−分包款）÷1.03×3% 在机构所在地税务机关申报：预缴税额=（含税价款−分包款）÷1.03×3% 可全额自开或申请代开专票	
交通运输服务	航空运输企业	航空运输企业的销售额不包括代收的机场建设费和代售其他航空运输企业客票而代收转付的价款	不得开具专票	财税〔2016〕36号附件2
电信服务	通过手机短信公益特服号为公益性机构接受的捐款	中国移动通信集团公司、中国联合网络通信集团公司、中国电信集团公司及其成员单位通过手机短信公益特服号为公益性机构（名单见财税〔2016〕39号附件1）接受捐款，以其取得的全部价款和价外费用，扣除支付给公益性机构捐款后的余额为销售额	差额扣除部分（即接受的捐款）不得开具专票，可以开具普票。其余部分可以开具专票	财税〔2016〕39号
金融服务	经批准从事融资租赁业务的试点纳税人提供融资性售后回租	以取得的全部价款和价外费用（不含本金），扣除对外支付的借款利息（包括外汇借款和人民币借款利息）、发行债券利息后的余额为销售额	可以全额开具专票，但受票方不得抵扣	财税〔2016〕36号附件1、2

应税行为	类型	销售额确定（差额项目）	备注	文号
金融服务	有形动产融资性售后回租老合同	试点纳税人根据2016年4月30日前签订的有形动产融资性售后回租合同，在合同到期前提供的有形动产融资性售后回租服务，可以选择以下方法之一计算销售额： 以向承租方收取的全部价款和价外费用，扣除向承租方收取的价款本金，以及对外支付的借款利息（包括外汇借款和人民币借款利息）、发行债券利息后的余额为销售额；纳税人提供有形动产融资性售后回租服务，计算当期销售额时可以扣除的价款本金，为书面合同约定的当期应收取的本金。无书面合同或书面合同未约定的，为当期实际收取的本金。试点纳税人提供有形动产融资性售后回租服务，向承租方收取的有形动产价款本金，不得开具增值税专用发票，可以开具普通发票 以向承租方收取的全部价款和价外费用，扣除支付的借款利息（包括外汇借款和人民币借款利息）、发行债券利息后的余额为销售额。可全额开具专票		
	金融商品转让	按照卖出价-买入价后的余额为销售额	转让金融商品出现的正负差，按盈亏相抵后的余额为销售额。若相抵后出现负差，可结转下一纳税期与下期转让金融商品销售额相抵，但年末仍出现负差的，不得转入下一会计年度	
		金融商品的买入可以选择按照加权平均法或移动加权平均法进行核算，选择后36个月内不得变更	不得开具专票	

续表

应税行为		类型	销售额确定（差额项目）	备注	文号
金融服务		直接收费金融服务	以提供直接收费金融服务收取的手续费、佣金、酬金、管理费、服务费、经手费、开户费、过户费、结算费、转托管费等各类费用为销售额	仅就直接金融收费部分开具专票	财税〔2016〕36号附件2
		证券登记结算公司	中国证券登记结算公司的销售额不包括按规定提取的证券结算风险基金等资金项目；代收代付的证券公司资金交收违约垫付资金利息；结算过程中代收代付的资金交收违约罚息	不得开具专票	财税〔2016〕39号
现代服务业	物流辅助服务	提供客运场站服务	以其取得的价款和价外费用，扣除支付给承运方运费后的余额为销售额	一般不涉及专票	财税〔2016〕36号附件2
	租赁服务	融资租赁	以取得的全部价款和价外费用，扣除支付的借款利息（包括外汇借款和人民币借款利息）、发行债券利息和车辆购置税后的余额为销售额	此处的融资租赁业务指的是直租业务，融资性售后回租不按照本税目缴纳增值税 可以全额开具专票	财税〔2016〕36号附件2
	商务辅助服务	经纪代理服务	以取得的全部价款和价外费用，扣除向委托方收取并代为支付的政府性基金或者行政事业性收费后的余额为销售额	向委托方收取的政府性基金或者行政事业性收费，不得开具增值税专用发票	财税〔2016〕36号附件2
			纳税人代理进口按规定免征进口增值税的货物，其销售额不包括向委托方收取并代为支付的货款	向委托方收取并代为支付的款项，不得开具增值税专用发票，可以开具增值税普通发票	国家税务总局公告2016年第69号

应税行为		类型	销售额确定（差额项目）	备注	文号
现代服务业	商务辅助服务	人力资源外包服务－经纪代理服务	人力资源外包服务按照经纪代理服务缴纳增值税，其销售额不包括受客户单位委托代为向客户单位员工发放的工资和代理缴纳的社会保险、住房公积金	向委托方收取并代为发放的工资和代理缴纳的社会保险、住房公积金，不得开具增值税专用发票，可以开具普通发票	财税〔2016〕47号
		人力资源服务	提供劳务派遣服务，以取得的全部价款和价外费用，扣除代用工单位支付给劳务派遣员工的工资、福利费和为其办理社会保险及住房公积金后的余额为销售额，按照简易计税方法依5%的征收率计算缴纳增值税	差额扣除部分不得开具专票，可以开具普票。其余部分可以开具专票	财税〔2016〕47号
		安全保护服务	安全保护服务比照劳务派遣服务政策执行。武装守护押运服务，按照"安全保护服务"缴纳增值税		财税〔2016〕68号、财税〔2016〕140号
		物业管理	提供物业管理服务的纳税人，向服务接受方收取的自来水水费，以扣除其对外支付的自来水水费后的余额为销售额，按照简易计税方法依3%的征收率计算缴纳增值税	纳税人可以按3%向服务接受方开具增值税专用发票	国家税务总局公告2016年第54号
		签证代理服务	以取得的全部价款和价外费用，扣除向服务接受方收取并代为支付给外交部和外国驻华使（领）馆的签证费、认证费后的余额为销售额	向服务接受方收取并代为支付的签证费、认证费，不得开具增值税专用发票，可以开具增值税普通发票	国家税务总局公告2016年第69号

应税行为		类型	销售额确定（差额项目）	备注	文号
现代服务业	商务辅助服务	航空运输销售代理企业提供的境内机票代理服务	以取得的全部价款和价外费用，扣除向客户收取并支付给航空运输企业或其他航空运输销售代理企业的境内机票净结算款和相关费用后的余额为销售额	支付给航空运输企业的款项，以国际航空运输协会（IATA）开账与结算计划（BSP）对账单或航空运输企业的签收单据为合法有效凭证；支付给其他航空运输销售代理企业的款项，以代理企业间的签收单据为合法有效凭证。航空运输销售代理企业就取得的全部价款和价外费用，向购买方开具行程单，或开具增值税普通发票	国家税务总局公告2018年第42号
		航空运输销售代理企业提供的境外航段机票代理服务	以取得的全部价款和价外费用，扣除向客户收取并支付给其他单位或者个人的境外航段机票结算款和相关费用后的余额为销售额	支付给境内单位或者个人的款项，以发票或行程单为合法有效凭证；支付给境外单位或者个人的款项，以签收单据为合法有效凭证，税务机关对签收单据有疑义的，可以要求其提供境外公证机构的确认证明	财税〔2017〕90号
	生活服务	提供旅游服务	可以选择以取得的全部价款和价外费用，扣除向旅游服务购买方收取并支付给其他单位或个人的住宿费、餐饮费、交通费、签证费、门票费和支付给其他接团旅游企业的旅游费用后的余额为销售额。火车票、飞机票等交通费发票原件交付给旅游服务购买方而无法收回的，以交通费发票复印件作为差额扣税凭证	选择差额扣除办法计算销售额的试点纳税人，向各旅游服务购买方收取并支付的上述费用，不得开具增值税专用发票，可以开具普通发票	财税〔2016〕36号附件2、国家税务总局公告2016年第69号

差额征税项目对外开票的形式可归纳为三种情况：

差额部分不可开具增值税专用发票，如金融商品转让、经纪代理服务、旅游服务等；

差额部分可以开具增值税专用发票，如房地产企业转让房地产开发项目、建筑服务简易计税办法等；

既可对差额部分开具增值税普通发票，也可对差额部分开具增值税专用发票，但后一种情况下适用税率会有所变化，如劳务派遣服务。

（二）正确界定混合销售与兼营业务

兼营业务指纳税人兼营不同税目或不同税率的增值税应税业务。纳税人兼营销售货物、劳务、服务、无形资产或者不动产，适用不同税率或者征收率的，应当分别核算适用不同税率或者征收率的销售额；未分别核算的，从高适用税率。纳税人兼营免税、减税项目的，应当分别核算免税、减税项目的销售额；未分别核算的，不得免税、减税。

一项销售行为如果既涉及服务又涉及货物，为混合销售。从事货物的生产、批发或者零售的单位和个体工商户的混合销售行为，按照销售货物缴纳增值税；其他单位和个体工商户的混合销售行为，按照销售服务缴纳增值税。

混合销售行为成立的行为标准有两点：一是其销售行为必须是一项业务行为，这是混合销售与兼营行为相区别的标志；二是该项行为必须既涉及货物销售又涉及应税服务行为。

目前关于混合销售的税收政策规定仅限于"销售货物+服务"的业务，对于实务中存在的"服务+服务""销售不动产+货物""销售无形资产+货物"等业务类型，只要合同中是分别定价的，应按兼营业务处理；合同中未分别定价的，从高适用税率。

混合销售与兼营业务判断的逻辑顺序：

1. 销售方企业的性质与经营范围，通常涉及的企业类型有制造业企业、商业企业、建筑施工企业、农业种植企业等。一般情况下，制造业企业销售产品的同时提供服务（如运输），除非有特殊规定，都应当混合起来按销售产品的税率计算销项税额，而建筑施工企业"包工包料"提供的建筑服务则会混合起来按建筑服务适用税率计算销项税额。

2. 产品或商品的属性与类型，通常要考虑的事项有是否属于自产产品，是否属于机器设备（虽然这个概念的内涵不明），是否属于电梯等特定商品，是否属于免税的产品（例如自产自销农产品）等。这些方面的考虑是源于税法对特定产品、服务销售的计税方法有专门规定。

3. 合同类型，即双方签订的合同是建筑施工合同还是购销合同。如果一家"商业企业"具备专业安装资质，与客户签订包含设备价款在内的施工安装合同，则可按混合销售开具建筑服务税率的发票；如果该企业与客户签订包含安装义务在内的购销合同，此时应开具货物税率的发票。

4. 提供的不同商品或服务（类似于会计准则中所谓的单项履约义务）之间的关联性。如果是高度关联，则倾向于混合销售的判断；反之，倾向于作为兼营业务处理。

5. 是否涉及甲供材以及什么类型的甲供材，关系到施工单位能否适用3%的征收率。

（三）准确适用税率

1.税率适用

首先，要正确把握只能适用狭义税率或征收率计税的情况。例如，当一般纳税人只能采用一般计税方法时，就必须按相应税率计税，这种情况下，企业应根据销售产品、服务等情况确定税目，再在13%、9%、6%的三档税率中一一确定对应关系。例如，一般纳税人销售废品废料，必须按适用税率（通常是13%）计算销项税额，不可以混淆为销售已使用的固定资产或销售旧货政策适用征收率计税。

其次，当一般纳税人可以选择简易计税方法时，此时按适用税率即按一般计税方法纳税，还是按征收率即简易计税方法计税，就是一个纳税筹划问题，这将在后文中予以分析。

最后，税法中对一般纳税人发生特定业务时规定了简易计税方法，例如一般纳税人销售自己使用过的属于增值税暂行条例第十条规定不得抵扣且未抵扣进项税额的固定资产，按照简易办法依照3%征收率减按2%征收增值税。这里虽然没有指明"必须"简易计税，但依照常理，企业应当采用简易计税方法，此时应注意征收率的正确使用，并且要注意发票如何开具。

2.征收率适用

对于一般纳税人而言，简易计税方法往往针对的是其特定业务，小规模纳税人适用征收率计税，同时税法也会对特定范围内的对象、特定业务或在特定时期作出减征免征的规定，这方面的政策规定较多且经常发生变化，因此企业要作为重点风险事项加以管理。现列示主要业务事项及政策规定见表6-9、表6-10。

表6-9　　　　　　　**"营改增"前原增值税纳税人简易计税项目一览表**

业务项目	政策	备注
（一）纳税人销售自己使用过的物品		
1.一般纳税人销售自己使用过的2008年12月31日以前购进或者自制的固定资产	按简易计税方法依3%征收率减按2%缴纳增值税	财税〔2008〕170号，财税〔2014〕57号。应开具普通发票，不得开具增值税专用发票。可以放弃减税，按照简易计税方法依照3%征收率缴纳增值税，并可以开具增值税专用发票
2.销售自己使用过的属于增值税暂行条例第十条规定不得抵扣且未抵扣进项税额的固定资产	按简易计税方法依3%征收率减按2%缴纳增值税	国家税务总局公告2015年第90号，可以放弃减税后开具增值税专用发票
3.纳税人购进或者自制固定资产时为小规模纳税人，认定为一般纳税人后销售该固定资产	按简易计税方法依3%征收率减按2%缴纳增值税	国家税务总局公告2012年1号，国家税务总局公告2014年第36号

业务项目	政策	备注
4.发生按照简易计税方法缴纳增值税应税行为，销售其按照规定不得抵扣进项税额的固定资产	按简易计税方法依3%征收率减按2%缴纳增值税	国家税务总局公告2012年1号，国家税务总局公告2014年第36号
5.销售自己使用过的、纳入"营改增"试点之日前取得的固定资产，按照现行旧货相关增值税政策执行	按简易计税方法依3%征收率减按2%缴纳增值税	财税〔2016〕36号附件2
6.小规模纳税人销售自己使用过的固定资产	按照3%征收率减按2%缴纳增值税	应开具普通发票，不得由税务机关代开增值税专用发票
7.小规模纳税人销售自己使用过的除固定资产以外的物品	应按3%的征收率缴纳增值税	可向主管税务机关代开增值税专用发票
（二）纳税人销售旧货		
1.一般纳税人销售旧货	按照简易计税法依3%征收率减按2%缴纳增值税	财税〔2009〕9号，财税〔2014〕57号。应开具普通发票，不得自行开具或者由税务机关代开增值税专用发票
2.小规模纳税人销售旧货	按照3%征收率减按2%缴纳增值税	财税〔2009〕9号，财税〔2014〕57号。应开具普通发票，不得由税务机关代开增值税专用发票
（三）一般纳税人销售自产的下列货物		
1.县级及县级以下小型水力发电单位生产的电力。小型水力发电单位，是指各类投资主体建设的装机容量为5万千瓦以下（含5万千瓦）的小型水力发电单位	可以选择依照3%征收率缴纳增值税	财税〔2009〕9号，财税〔2014〕57号。可自行开具增值税专用发票
2.一般纳税人销售自产的自来水	依照3%征收率征收增值税	财税〔2009〕9号，财税〔2014〕57号。可自行开具增值税专用发票
3.建筑用和生产建筑材料所用的砂、土、石料	依照3%征收率缴纳增值税	财税〔2009〕9号，财税〔2014〕57号。可自行开具增值税专用发票，限于自产
4.以自己采掘的砂、土、石料或其他矿物连续生产的砖、瓦、石灰（不含粘土实心砖、瓦）	依照3%征收率缴纳增值税	财税〔2009〕9号，财税〔2014〕57号。可自行开具增值税专用发票，限于自产

业务项目	政策	备注
5. 用微生物、微生物代谢产物、动物毒素、人或动物的血液或组织制成的生物制品	依照3%征收率缴纳增值税	财税〔2009〕9号，财税〔2014〕57号。可自行开具增值税专用发票，不限自产
6. 商品混凝土（仅限于以水泥为原料生产的水泥混凝土）	依照3%征收率缴纳增值税	财税〔2009〕9号，财税〔2014〕57号。可自行开具增值税专用发票，限于自产
（四）一般纳税人销售货物属于下列情形		
1. 寄售商店代销寄售物品（包括居民个人寄售的物品在内）	依照3%征收率缴纳增值税	财税〔2009〕9号，财税〔2014〕57号。可自行开具增值税专用发票
2. 典当业销售死当物品	依照3%征收率缴纳增值税	财税〔2009〕9号，财税〔2014〕57号。可自行开具增值税专用发票
3. 一般纳税人的自来水公司销售自来水	依照3%征收率缴纳增值税	财税〔2009〕9号，财税〔2014〕57号。可自行开具增值税专用发票
4. 拍卖行取得的拍卖收入	依照3%征收率缴纳增值税	可自行开具增值税专用发票
5. 一般纳税人的单采血浆站销售供应非临床用血	按照简易计税方法依照3%征收率计算应纳税额	国税函〔2009〕456号，总局公告2014年第36号。可自行开具增值税专用发票
6. 一般纳税人的药品经营企业销售生物制品	可以选择简易计税方法按照生物制品销售额和3%的征收率计算缴纳增值税	国家税务总局公告2012年第20号
7. 一般纳税人的兽用药品经营企业销售兽用生物制品	可以选择简易计税方法按照兽用生物制品销售额和3%的征收率计算缴纳增值税	国家税务总局公告2016年第8号
8. 自2018年5月1日起，增值税一般纳税人生产销售和批发、零售抗癌药品	可选择按照简易计税方法依照3%征收率计算缴纳增值税	财税〔2018〕47号
9. 自2018年5月1日起，进口抗癌药品	减按3%征收进口环节增值税	财税〔2018〕47号
10. 自2019年3月1日起，增值税一般纳税人生产销售和批发、零售罕见病药品	可选择按照简易计税方法依照3%征收率计算缴纳增值税	财税〔2019〕24号
11. 自2019年3月1日起，进口罕见病药品	减按3%征收进口环节增值税	财税〔2019〕24号

表6-10   "营改增"一般纳税人可选择简易计税项目一览表

业务项目	政策	备注
一、一般纳税人发生的下列应税服务行为		
1.公共交通运输服务	一般纳税人提供公共交通运输服务，包括轮客渡、公交客运、地铁、城市轻轨、出租车、长途客运、班车。班车，是指按固定路线、固定时间运营并在固定站点停靠的运送旅客的陆路运输服务，可以选择适用简易计税方法，以收取的全部价款和价外费用为销售额，征收率为3%	未特别标明的，均为财税〔2016〕36号文件规定
2.经认定的动漫企业为开发动漫产品提供的动漫设计、制作等服务及在境内转让动漫版权	经认定的动漫一般纳税人为开发动漫产品提供的动漫脚本编撰、形象设计、背景设计、动画设计、分镜、动画制作、摄制、描线、上色、画面合成、配音、配乐、音效合成、剪辑、字幕制作、压缩转码（面向网络动漫、手机动漫格式适配）服务，以及在境内转让动漫版权（包括动漫品牌、形象或者内容的授权及再授权），可以选择适用简易计税方法，征收率为3%	
3.电影放映服务、仓储服务、装卸搬运服务、收派服务和文化体育服务	一般纳税人提供电影放映服务、仓储服务、装卸搬运服务、收派服务和文化体育服务，可以选择适用简易计税方法，征收率为3%	
4.一般纳税人提供的城市电影放映服务	可以按现行政策的规定，选择按照简易计税办法计算缴纳增值税，征收率为3%	财税〔2019〕17号
5.以清包工方式提供的建筑服务	建筑业一般纳税人以清包工方式提供的建筑服务，可以选择适用简易计税方法，以收取的全部价款和价外费用扣除支付的分包款后的余额为销售额，征收率为3%	销售货物同时提供的建筑服务可适用征收率
6.建筑工程总承包单位为房屋建筑的地基与基础、主体结构提供工程服务，建设单位自行采购全部或部分钢材、混凝土、砌体材料、预制构件	适用简易计税方法计税，征收率为3%	财税〔2017〕58号
二、一般纳税人销售不动产		
1.一般纳税人销售其2016年4月30日前取得（不含自建）的不动产	可以选择适用简易计税方法，以取得的全部价款和价外费用减去该项不动产购置原价或者取得不动产时的作价，按照5%的征收率在不动产所在地预缴税款，向机构所在地主管税务机关进行纳税申报	

业务项目	政策	备注
2. 纳税人转让 2016 年 4 月 30 日前取得的土地使用权	可以选择适用简易计税方法，以取得的全部价款和价外费用减去取得该土地使用权的原价后的余额为销售额，按照 5% 的征收率计算缴纳增值税	财税〔2016〕47 号第三条第二款
3. 一般纳税人销售其 2016 年 4 月 30 日前自建的不动产	可以选择适用简易计税方法，以取得的全部价款和价外费用为销售额，按照 5% 的征收率在不动产所在地预缴税款，向机构所在地主管税务机关进行纳税申报	
4. 房地产开发企业中的一般纳税人，销售自行开发的房地产老项目	可以选择适用简易计税方法，按照 5% 的征收率计税。房地产开发企业中的一般纳税人购入未完工的房地产老项目继续开发后，以自己名义立项销售的不动产，属于房地产老项目。房地产开发企业中的一般纳税人以围填海方式取得土地并开发的房地产项目，围填海工程建筑工程施工许可证或建筑工程承包合同注明的围填海工程开工日期在 2016 年 4 月 30 日前的，属于房地产老项目	
三、一般纳税人租赁不动产		
1. 一般纳税人出租其 2016 年 4 月 30 日前取得的不动产	可以选择适用简易计税方法，按照 5% 的征收率计算应纳税额。纳税人出租其 2016 年 4 月 30 日前取得的与机构所在地不在同一县（市）的不动产，应按照上述计税方法在不动产所在地预缴税款	
2. 一般纳税人 2016 年 4 月 30 日前签订的不动产融资租赁合同，或以 2016 年 4 月 30 日前取得的不动产提供的融资租赁服务	可以选择适用简易计税方法，按照 5% 的征收率计算缴纳增值税	财税〔2016〕47 号第三条第三款
3. 一般纳税人收取试点前开工的一级公路、二级公路、桥、闸通行费	可以选择适用简易计税方法，按照 5% 的征收率计算缴纳增值税。试点前开工，是指相关施工许可证上注明的合同开工日期在 2016 年 4 月 30 日前	财税〔2016〕47 号第二条第二款
4. 公路经营企业中的一般纳税人收取试点前开工的高速公路的车辆通行费	可以选择适用简易计税方法，减按 3% 的征收率计算应纳税额。试点前开工的高速公路，是指相关施工许可证上注明的合同开工日期在 2016 年 4 月 30 日前的高速公路	财税〔2016〕36 号附件 2

续表

业务项目	政策	备注
5.住房租赁企业中的增值税一般纳税人向个人出租住房取得的全部出租收入	可以选择适用简易计税方法，按照5%的征收率减按1.5%计算缴纳增值税，或适用一般计税方法计算缴纳增值税	财政部　税务总局　住房城乡建设部公告2021年第24号
四、劳务派遣等		
1.劳务派遣	差额部分按照简易计税方法依5%的征收率计算缴纳增值税	财税〔2016〕47号第一条
2.劳务外包	一般纳税人提供人力资源外包服务，可以选择适用简易计税方法，按照5%的征收率计算缴纳增值税	财税〔2016〕47号第三条第一款
3.安全保护服务	比照劳务派遣服务政策执行	财税〔2016〕68号第四条
五、金融业		
1.利息收入	农村信用社、村镇银行、农村资金互助社、由银行业机构全资发起设立的贷款公司、法人机构在县（县级市、区、旗）及县以下地区的农村合作银行和农村商业银行提供金融服务收入，可以选择适用简易计税方法，按照3%的征收率计算缴纳增值税	财税〔2016〕46号第三条
2.中国农业发展银行总行及其各分支机构提供涉农贷款取得的利息收入	可以选择适用简易计税方法，按照3%的征收率计算缴纳增值税	财税〔2016〕39号
3.资管产品管理人运营资管产品过程中发生的增值税应税行为	暂适用简易计税方法，按照3%的征收率计算缴纳增值税	财税〔2017〕56号
六、其他		
1.提供物业管理服务的纳税人，向服务接受方收取的自来水水费	以扣除其对外支付的自来水水费后的余额为销售额，按照简易计税方法依3%的征收率计算缴纳增值税	国家税务总局公告2016年第54号
2.一般纳税人提供非学历教育服务	可以选择适用简易计税方法，按照3%的征收率计算应纳税额	财税〔2016〕68号

（四）按税法规定及时确认纳税义务发生时间

税法关于纳税义务发生时间的规定，详见前文表6-4、表6-5。企业应通过信息系统中销售业务与会计核算模块的融合，结合税务专员人工对"预收账款""合同负债""其他应付款""其他收益""投资收益"等科目发生额、余额的分析检查，特别是对企业资产重组、金融产品投资之类非经常性业务的检查，查找是否存在未及时确认增值税纳税义务的情况。

四、增值税计税方法的筹划与选择

目前，增值税小规模纳税人标准为年应征增值税销售额500万元及以下，除国家税务总局另有规定外，纳税人一经认定为一般纳税人后，不得转为小规模纳税人。一般纳税人可采用简易计税方法的项目，将面临选择简易计税方法还是采用一般计税方法的问题。税法规定，一般纳税人发生财政部和国家税务总局规定的特定应税行为，可以选择适用简易计税方法计税，但一经选择，36个月内不得变更。

集团企业绝大多数都是一般纳税人，但因为所跨行业较多，部分成员企业存在简易计税方法与一般计税方法间的选择问题。纳税筹划的基本原理是通过对未来销售业务及采购业务的预测，在此基础上比较不同计税方法下应交增值税税负，兼顾购买方对进项税额抵扣的要求与敏感度，选择实际税负低的计税方法，并且考虑税法设置的36个月窗口期因素。在定性分析方面，综合考虑下列因素后进行研判：

（1）能否取得主要成本费用对应的增值税专用发票。如果不能取得足够的扣税凭证，选择简易计税方法对纳税人更有利。

（2）客户的要求。如果购买方特别是大客户不接受3%征收率的增值税专用发票，只能选择一般计税方法。

（3）近期内是否有大额的固定资产投资计划。购买不动产或固定资产通常会形成巨额的进项税额，此时一般纳税人选择一般计税方法更为有利。

（4）业务毛利的高低。一般来说，如果业务毛利较高，选择简易计税相对有利。

（5）是否同时符合即征即退、先征后退、先征后返政策。比如软件企业可以享受增值税超税负返还等增值税优惠政策，可以选择一般计税方法。

（6）购销双方是否为集团内的关联方。考虑抵扣链条的完整性，向集团内的关联方销售时如果选择简易计税方法，会导致销售方抵扣链条的中断。此时要站在集团整体税负关系上进行比较、选择，通常来说一般计税方法对集团整体更有利。

五、增值税留抵退税的申请与风险管理

（一）相关政策规定

1.增值税留抵退税政策归纳（表6-11、表6-12）

表6-11　　　　　　　　　　　**增值税增量留抵退税政策归纳**

政策类别	一般行业	四类先进 制造业	九类先进 制造业
文件依据	财政部　税务总局 海关总署公告2019年第39号	财政部　税务总局公告2019年第84号	财政部　税务总局公告2021年第15号
有效期	自2019年4月起	自2019年6月起	自2021年4月起

续表

政策类别	一般行业	四类先进制造业	九类先进制造业
增量留抵税额基数	2019年3月31日的期末留抵税额		
进项构成比例	2019年4月至申请退税前一税款所属期内已抵扣的增值税专用发票（含税控机动车销售统一发票）、海关进口增值税专用缴款书、解缴税款完税凭证注明的增值税税额占同期全部已抵扣进项税额的比重		
退税计算公式	增量留抵税额×进项构成比例×60%	增量留抵税额×进项构成比例	增量留抵税额×进项构成比例
增量留抵税额规定	自2019年4月税款所属期起，连续6个月（按季纳税的，连续2个季度）增量留抵税额均大于零，且第6个月增量留抵税额不低于50万元	增量留抵税额大于零	增量留抵税额大于零
行业规定	所有行业	按照《国民经济行业分类》，生产并销售"非金属矿物制品"、"通用设备"、"专用设备及计算机"和"通信和其他电子设备"销售额占全部销售额的比重超过50%的纳税人	按照《国民经济行业分类》，生产并销售"非金属矿物制品"、"通用设备"、"专用设备"、"计算机、通信和其他电子设备"、"医药"、"化学纤维"、"铁路、船舶、航空航天和其他运输设备"、"电气机械和器材"和"仪器仪表"销售额占全部销售额的比重超过50%的纳税人
		销售额比重根据纳税人申请退税前连续12个月的销售额计算确定；申请退税前经营期不满12个月但满3个月的，按照实际经营期的销售额计算确定	

表6-12　　　　　　　　　增值税增量加存量留抵退税政策归纳

序号	项目	微型企业		小型企业		制造业等6行业			批发零售业等7行业	
		增量	存量	增量	存量	增量	存量		增量	存量
1	退税行业类型	全行业（含制造业等6行业）				全部6行业	中型企业	大型企业	批发零售业等7行业	
2	申请起始时间	自2022年4月纳税申报期起			自2022年5月申报期起	自2022年4月申报期起	自2022年5月申报期起	自2022年6月申报期起	自2022年7月申报期起	
3	完成时间	持续办理	2022年4月30日前	持续办理	2022年6月30日前	持续办理	2022年6月30日前	2022年6月30日前	7月份最后一个工作日	
4	自主选择权	1.纳税人可以选择向主管税务机关申请留抵退税，也可以选择结转下期继续抵扣								
		2.同时符合财政部　税务总局公告2022年第14号第一条和第二条相关留抵退税政策的纳税人，可任意选择申请适用增量或存量留抵退税政策								
5	申请事项	1.纳税人应在纳税申报期内，完成当期增值税纳税申报后申请留抵退税								
		2.2022年4月至6月的留抵退税申请时间，延长至每月最后一个工作日（含适用财政部　税务总局公告2019年第39号公告申请增量留抵退税的纳税人）								
		3.纳税人可以在规定期限内同时申请增量留抵退税和存量留抵退税								
		4.提交留抵退税资料：通过电子税务局或办税服务厅提交《退（抵）税申请表》（见财政部　税务总局公告2022年第14号附件1）								
6	办理程序要求	1.办理程序：期末留抵税额抵减增值税欠税（如有）、10万元以下小微"简易退税流程"归类管理（系统自动完成：退税金额判定、风险判定、审核核准、开具收入退还书）、受理退税申请、审核及核准、出具"税务事项通知书"（从"受理申请"至本环节，限10个工作日内办结）、开具收入退还书、国库办理退税								
		2.办理流程："窗口受理、内部流转、限时办结、窗口出件"。办理留抵退税的其他税收管理事项，继续严格执行《增值税留抵退税操作规程》及其他现行文件规定								
7	退税条件	2022年12月31日前，同时符合以下条件（小微企业2023年以后，按财政部　税务总局海关总署公告2019年第39号第八条的条件） ①纳税信用等级为A级或者B级； ②申请退税前36个月未发生骗取留抵退税、骗取出口退税或虚开增值税专用发票情形； ③申请退税前36个月未因偷税被税务机关处罚两次及以上； ④自2019年4月1日起未享受即征即退、先征后返（退）政策								

序号	项目	微型企业		小型企业		制造业等6行业		批发零售业等7行业	
		增量	存量	增量	存量	增量	存量	增量	存量
8	增量留抵计算	1.获得一次性存量留抵退税前，增量留抵税额=当期期末留抵税额－与2019年3月31日相比新增加的留抵税额							
		2.纳税人获得一次性存量留抵退税后，增量留抵税额=当期期末留抵税额							
9	存量留抵确定	1.获得一次性存量留抵退税前：							
		①当期期末留抵税额≥2019年3月31日期末留抵税额的，存量留抵税额=2019年3月31日期末留抵税额；							
		②当期期末留抵税额<2019年3月31日期末留抵税额的，存量留抵税额=当期期末留抵税额							
		2.获得一次性存量留抵退税后：存量留抵税额为零。其以后所形成的留抵税额，均为增量留抵税额							
10	企业规模划型标准	1.中型企业、小型企业和微型企业，按照《中小企业划型标准规定》（工信部联企业〔2011〕300号）和《金融业企业划型标准规定》（银发〔2015〕309号）中的营业收入指标、资产总额指标确定。其中：							
		①资产总额指标按照纳税人上一会计年度年末值确定；							
		②营业收入指标按照纳税人上一会计年度增值税销售额确定；							
		③不满一个会计年度的，按照以下公式计算：增值税销售额（年）=上一会计年度企业实际存续期间增值税销售额÷企业实际存续月数×12							
		2.上述所列行业以外的纳税人、未采用营业收入指标或资产总额指标划型确定的纳税人，划型标准为：							
		①微型企业：增值税销售额（年）<100万元；							
		②小型企业：增值税销售额（年）<2 000万元；							
		③中型企业：增值税销售额（年）<1亿元；							
		④大型企业，指除上述中型企业、小型企业和微型企业外的其他企业。							
		3.符合增量、存量留抵退税条件的"小微企业"、"制造业等6行业"及其他企业，均含个体工商户一般纳税人							
11	销售额的确定	增值税销售额，包括纳税申报销售额（含申报的未开票收入等）、稽查查补销售额、纳税评估调整销售额。根据纳税人申请退税前连续12个月的销售额计算确定；申请退税前经营期不满12个月但满3个月的，按照实际经营期的销售额计算确定。适用增值税差额征税政策的，以差额后的销售额确定							

续表

序号	项目	微型企业		小型企业		制造业等6行业		批发零售业等7行业	
		增量	存量	增量	存量	增量	存量	增量	存量
12	主行业界定标准	按上年度增值税销售额比重界定"主行业"。适用财政部　税务总局公告2022年第14号、国家税务总局公告2022年第4号文件退税范围为：从事《国民经济行业分类》中"制造业"、"科学研究和技术服务业"、"电力、热力、燃气及水生产和供应业"、"软件和信息技术服务业"、"生态保护和环境治理业"和"交通运输、仓储和邮政业"（6行业大类对应编码为C13—43、D44—46、G53—60、I63-65、M73—75、N77）业务相应发生的增值税销售额占全部增值税销售额的比重超过50%的纳税人（主要可通过申报表相关栏次、征收品目、开票编码等确定主行业，按"从实"原则核实和调整主行业） 计算公式：制造业等6行业增值税销售额合计÷全部增值税销售额×100%							
13	允许退还的留抵税额计算	1.允许退还的增量留抵税额=增量留抵税额×进项构成比例×100%							
		2.允许退还的存量留抵税额=存量留抵税额×进项构成比例×100%							
14	进项构成比例计算方法	1.进项构成比例：为2019年4月至申请退税前一税款所属期已抵扣的下列五类扣税凭证注明的增值税税额，占同期全部已抵扣进项税额的比重： ①增值税专用发票（含带有"增值税专用发票"字样全面数字化的电子发票）； ②税控机动车销售统一发票； ③收费公路通行费增值税电子普通发票； ④海关进口增值税专用缴款书； ⑤解缴税款完税凭证 计算公式为：进项构成比例=2019年4月至申请退税前一税款所属期已抵扣的"五类扣税凭证"注明的增值税税额÷同期全部已抵扣进项税额×100%							
		2.无须扣减已转出的进项税额：纳税人在2019年4月至申请退税前一税款所属期内按规定转出的进项税额，无须从已抵扣增值税税额中扣减							
		3.其他纳税人"进项构成比例"计算口径：适用财政部　税务总局公告2022年第14号以外的其他纳税人申请退还增量留抵税额的规定以及"进项构成比例"计算口径，也按照本口径执行							
15	增量、存量留抵退税特别条款	1.享受增值税即征即退、先征后返（退）政策的： ①自2019年4月1日起取得留抵退税款的，不得再申请享受增值税即征即退、先征后返（退）政策。纳税人可以在2022年10月31日前一次性将已取得的留抵退税款全部缴回后，按规定申请享受增值税即征即退、先征后返（退）政策。 ②自2019年4月1日起已享受增值税即征即退、先征后返（退）政策的，可以在2022年10月31日前一次性将已退还的增值税即征即退、先征后返（退）税款全部缴回后，按规定申请退还留抵税额							
		2.出口货物劳务、发生跨境应税行为的： ①适用免抵退税办法的，应先办理免抵退税。免抵退税办理完毕后，仍符合本公告规定条件的，可以申请退还留抵税额； ②适用免退税办法的，相关进项税额不得用于退还留抵税额							
16	文件依据	财政部　税务总局公告2022年第14号、国家税务总局公告2022年第4号、财政部　税务总局公告2022年第17号、财政部　税务总局公告2022年第19号、财政部　税务总局公告2022年第21号、国家税务总局公告2022年第11号、国家税务总局公告2022年第15号							

2.适用条件分析

（1）2022年3月底前的适用条件。

对于江苏交控系统路桥企业来说，在2022年3月底前总体上适用一般性行业留抵退税政策，需要同时满足五个条件：

①自2019年4月税款所属期起，连续6个月（按季纳税的，连续2个季度）增量留抵税额均大于零，且第6个月增量留抵税额不低于50万元。

首先是"滚动计算，期期均算"。比如，2019年4—9月税款所属期是一个连续期间，期间内每个月的增量留抵税额均要大于零，即每个月的增值税进项税额留抵数均要大于2019年3月底的进项税额留抵数。假若2019年5月的增量留抵税额等于零，则自5月终止计算，需要从2019年6月税款所属期重新计算"连续6个月"。

其次是"不得重复，一年最多两次"。纳税人取得退还的留抵税额后，若想再次申请留抵退税，需要重新判断是否符合条件，即此前已申请退税的"连续6个月"，不能再次作为判断期间参与计算。比如，纳税人2021年1—6月税款所属期符合条件并办理退税后，下一个"连续6个月"的计算期间应从2021年7月税款所属期开始。纳税人在一个会计年度中，最多只能申请两次退税。

②企业纳税信用等级为A级或者B级。首先，纳税信用等级为M级、C级、D级的纳税人均不符合条件。其次，根据纳税人申请留抵退税当期的纳税信用等级判断是否符合规定条件，即以纳税人向主管税务机关提交《退（抵）税申请表》时的纳税信用等级确定。如果在申请时符合条件，但退税后纳税信用等级被调整的，不需要追缴已退的税款。

③申请退税前36个月未发生骗取留抵退税、出口退税或虚开增值税专用发票情形。

④申请退税前36个月未因偷税被税务机关处罚两次及以上。

⑤自2019年4月1日起未享受即征即退、先征后返（退）政策。

（2）自2022年7月申报期起的适用条件。

江苏交控系统成员企业中，有属于"科学研究和技术服务业"、"电力、热力、燃气及水生产和供应业"、"软件和信息技术服务业"和"交通运输、仓储和邮政业"等规定的特定退税行业的企业，因此退税适用条件有很大变化，需特别关注以下事项：

①增量退税可按月申请。

只要从2022年4月份申报期开始，每月的增值税留抵税额产生增量，即可按月申请退税，不再受连续6个月必须有增量、最后一个月增量大于50万元的条件限制。

②存量退税可一次性申请。

在规定时点，企业可将因历史原因形成的存量留抵增值税申请一次性退还。存量退税后增值税增量留抵计算基数为0，但要注意的是，并不是说企业的账面增值税进项税额留抵数就为0，这是因为除规定的纳入退税范围的扣税凭证外，其他部分扣税凭证是不可以申请退税的，由此会形成进项税额留抵的账面余额。

留抵退税的其他条件与管理手续与之前相同。

3.税务机关暂停办理留抵退税的情形

依据国家税务总局公告2019年第20号，税务机关在办理留抵退税期间，发现符合留抵退税条件的纳税人存在以下情形，暂停为其办理留抵退税：

"（一）存在增值税涉税风险疑点的；

（二）被税务稽查立案且未结案的；

（三）增值税申报比对异常未处理的；

（四）取得增值税异常扣税凭证未处理的；

（五）国家税务总局规定的其他情形。"

因此，如果企业正处于税务稽查、纳税评估期间，或者被税务机关核查增值税异常扣税凭证（例如接受了走逃、失联企业的增值税专用发票），原则上应与税务机关沟通能否提起退税申请。如果税务机关答复要等相应的检查、核查结束后再提起退税申请，应遵从其管理要求。

（二）计算退税金额时的注意要点

1.进项构成比例计算起点

不论公司何时申请留抵退税，进项构成比例计算周期的起点只能是2019年4月。如公司在2021年7月税款所属期申请留抵退税，进项构成比例计算期间为2019年4月税款所属期至2021年6月税款所属期。

2.进项构成比例的分子范围

进项构成比例的分子，2022年3月份之前，仅指增值税专用发票（含税控机动车销售统一发票）、海关进口增值税专用缴款书、解缴税款完税凭证注明的增值税税额。从2022年4月份开始，增加了收费公路通行费增值税电子普通发票。除此之外的其他扣税凭证均不在范围内，如购进国内旅客运输服务取得的非专票抵扣凭证（注明旅客身份信息的航空运输电子客票行程单、铁路车票、公路等其他客票）、农产品收购发票或销售发票等。

3.进项税额转出不影响进项构成比例

根据国家税务总局公告2019年第45号的规定，在计算允许退还的增量留抵税额的进项构成比例时，纳税人在2019年4月至申请退税前一税款所属期内按规定转出的进项税额，无须从已抵扣的增值税专用发票（含税控机动车销售统一发票）、海关进口增值税专用缴款书、解缴税款完税凭证等扣税凭证注明的增值税税额中扣减。也就是说，分子、分母中均包含已转出的进项税额。

4.一次性转入的待抵扣不动产进项税额参与退税计算

财政部、税务总局、海关总署公告2019年第39号第五条规定，自2019年4月1日起，《营业税改征增值税试点有关事项的规定》（财税〔2016〕36号印发）第一条第（四）项第1点、第二条第（一）项第1点停止执行，纳税人取得不动产或者不动产在建工程的进项税额不再分2年抵扣。对纳税人前期待抵扣的不动产进项税额，在2019年4月1日后可以一次性转入，在转入当期，这部分进项税额视同取得专用发票的进项税额，参与进项构成比例的计算。在当期形成留抵税额的，可用于计算增量留抵税额。

这点对于2019年4月1日之前有投资建设项目的路桥公司来说，一般待抵扣进项税额会较大，需关注待抵扣进项税额的处理是否正确。

（三）申报留抵退税时的注意要点

1.关注行业及企业划型问题

自2022年4月1日起，符合条件的小微企业、制造业等6个行业企业可以适用新出台的留抵退税政策；自2022年7月1日起，批发零售、住宿餐饮等7个行业新纳入留抵退税范围。企业是否属于留抵退税的行业范围，取决于其增值税销售额的结构与规模，认定标准为规定时段相应业务的销售额在企业全部销售额中的占比超过50%。企业按上述政策规定计算并判断是否符合相应的行业标准时，还要综合考虑本企业在税务系统中登记的行业类型、营业执照上的营业范围等因素，做到不同来源的同一信息尽可能保持一致。

2.前期数据准备

税务机关在大规模实施留抵退税的同时，也严密防范和严厉打击骗取增值税留抵退税违法行为。企业在按照规定申请享受留抵退税政策红利的同时，也要关注处理收入确认、取得进项税额发票等方面的合法合规性，防范税收风险。为避免或减少增值税涉税风险疑点，影响退税进程，企业在正式申请退税前，要做好增值税风险自查工作。

（1）检查最近一期增值税申请表的留抵金额与账面金额是否一致。

（2）分析产生留抵税额的原因。应分析留抵税额产生的原因是否符合自身业务逻辑，例如由于购买或建设不动产，或企业转型升级，加大研发投入和设备更新升级等形成的留抵税额便属于企业积极投资而产生的正常结果。而因近年企业受新冠肺炎疫情等因素影响，经营困难，营收减少，在一定程度上形成的留抵税额增加等，属于外部客观因素导致的结果。企业应就此作一些必要的数量分析。

（3）检查收入及销项税额确认的及时性与完整性。销售收入是否完整及时入账，要重点核查是否有已发出商品或已提供服务未及时确认应税收入；销售收入是否用于直接冲减费用；视同销售行为是否按规定计提了销项税额；收取的各种价外费用是否作为销售收入处理；兼营销售货物、劳务、服务、无形资产或者不动产的纳税人，适用不同税率或者征收率的，是否按规定分别核算适用不同税率或者征收率的销售额等。

（4）检查进项税额抵扣的合规性。

首先，检查扣税凭证是否真实合法。在日常管理工作的基础上，选取大额的、交易形式特殊的、新近供应商等不同维度下的扣税凭证，从票据合规性、"三流合一"等方面进行复核。

其次，关注不得抵扣的进项税额是否作转出处理。如专门用于简易计税项目、免征增值税项目、集体福利和个人消费、与企业生产经营无关的项目，或已抵扣进项税额的不动产改变用途不得抵扣时，是否已按规定对有关进项税额作相应转出。

最后，关注从供货方取得的与商品销售量、销售额挂钩的各种返还收入、发生退货或取得销售折让，是否冲减了当期的进项税额，是否存在将返利挂入其他应付款、其他应收款等往来账或冲减营业费用，而不作进项税额转出的情况。

（5）检查进项构成比例的计算是否准确，即增值税专用发票、海关进口增值税专用缴款书、完税凭证等五大类扣税凭证与计算抵扣的各类扣税凭证（旅客运输、桥闸过路费）

对应的进项税额应予以区分，准确计算。

3.必要时与主管税务机关进行沟通

企业应就留抵退税事项主动与主管税务机关沟通，充分掌握政策信息，对政策层面可能存在的不确定性应及时报告，反映企业的诉求，争取得到主管税务机关的支持，并了解是否存在暂停办理留抵退税的其他情形。金额较大的，还需与财政部门进一步沟通，以便妥善安排退税资金，保持企业与财税部门良好的合作关系。

4.申请退税操作

申请退税的操作流程为：

根据国家税务总局公告2019年第20号的规定，企业应于符合留抵退税条件的次月起，在增值税纳税申报期内，完成本期增值税纳税申报后，通过电子税务局或办税服务厅提交《退（抵）税申请表》。

退税申请正式提交后，应保持与主管税务机关的沟通，关注退税进展情况，确保退税资金及时入账。

以电子税务局申请方式为例，办理留抵退税操作如下：

步骤一：

进入国家税务总局江苏省电子税务局。

步骤二：

登录电子税务局，点击菜单栏中"我要办税"中的"一般退（抵）税管理"模块，在页面下方选择"增值税制度性留抵退税"，点击进入办理页面（如图6-2所示）。

图6-2　电子税务局办理界面

步骤三：

进入界面后，填写《退（抵）税申请表》表单，纳税人信息系统自动带出。

步骤四：

根据实际情况填写申请信息并核对无误后，即可提交。

上述操作流程图示如6-3所示。

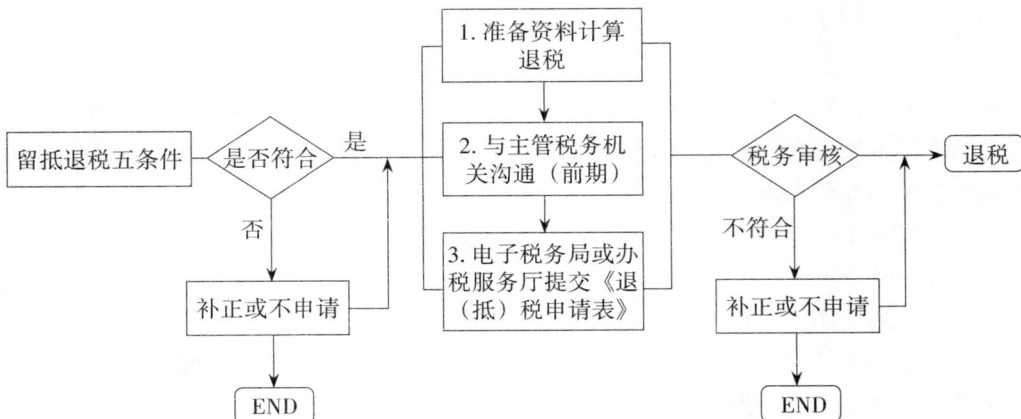

图6-3　增值税增量留抵退税操作流程图

5.退税后注意事项

企业在收到退税次月的申报期内，将收到的税额填报《增值税及附加税费申报表附列资料（二）》（本期进项税额明细）的"二、进项税额转出额"第22行"上期留抵税额退税"对应的"税额"栏。

6.增值税增量留抵退税不属于企业所得税收入

由于增值税增量留抵退税属于对可结转抵扣的进项税额的退还，不涉及收入确认，不属于企业所得税征收范围。企业在收到增值税增量留抵退税款后，记入"应交税费——应交增值税（进项税额转出）"科目，应相应调减当期留抵税额。

第二节　企业所得税风险管理

一、企业所得税及其基本要素

企业所得税是以企业取得的生产经营所得和其他所得为征税对象所征收的一种税。现行企业所得税的基本法规，包括《企业所得税法》和《中华人民共和国企业所得税法实施条例》（以下简称为《企业所得税法实施条例》）以及国务院财政、税务主管部门发布的相关规定。

企业所得税的主要税收要素及其基本规定为：

（一）纳税人

在中华人民共和国境内，企业和其他取得收入的组织为企业所得税的纳税人。现行税法实行法人所得税制，依照中国法律、行政法规成立的个人独资企业、合伙企业由于不具有法人资格，不是企业所得税的纳税人。参照国际惯例，企业所得税纳税人分为居民企业和非居民企业，分别承担不同的纳税义务。

居民企业是指依法在中国境内成立，或者依照外国（地区）法律成立但实际管理机构在中国境内的企业。

非居民企业，是指依照外国（地区）法律成立且实际管理机构不在中国境内，但在中国境内设立机构、场所的，或者在中国境内未设立机构、场所，但有来源于中国境内所得的企业。

（二）征税对象及范围

1.征税对象

企业所得税的征税对象从内容上看包括生产经营所得、其他所得和清算所得，从范围上看包括来源于中国境内、境外的所得。

2.征收范围

企业所得税的征收范围包括：销售货物收入；提供劳务收入；转让财产收入；股息、红利等权益性投资收益；利息收入；租金收入；特许权使用费收入；接受捐赠收入；其他收入。

（三）税率

企业所得税实行比例税率，分为两档：

1.基本税率25%

基本税率适用于居民企业和在中国境内设有机构、场所且所得与机构、场所有关联的非居民企业。

2.低税率20%

企业所得税的征收范围包括：低税率适用于：（1）符合条件的小型微利企业；（2）在中国境内未设立机构、场所的，或者虽设立机构、场所但取得的所得与其所设机构、场所没有实际联系的非居民企业，目前按税法规定减按10%的税率征税。

3.优惠税率

优惠税率适用于：（1）国家鼓励的重点集成电路设计企业和软件企业（10%）；（2）高新技术企业（15%）；（3）经认定的技术先进型服务企业（15%）；（4）符合条件的从事污染防治的第三方企业（15%）；（5）区域优惠，如西部地区、海南自由贸易港等（15%）。

（四）应纳税所得额与应纳税额

企业所得税应纳税所得额是指每一个纳税年度的收入总额，减除不征税收入、免税收入、各项扣除以及允许弥补的以前年度亏损后的余额。其计算公式是：

应纳税所得额=收入总额－不征税收入－免税收入－各项扣除－允许弥补的以前年度亏损

企业所得税应纳税所得额的计算，以权责发生制为原则。属于当期的收入和费用，不论款项是否收付，均作为当期的收入和费用；不属于当期的收入和费用，即使款项已经在当期收付，也不作为当期的收入和费用。在计算应纳税所得额时，企业财务、会计处理办法与税法不一致的，应当依照税收法律、行政法规的规定计算。

居民企业应纳税额基本计算公式为：

居民企业应纳税额=应纳税所得额×适用税率－减免税额－抵免税额

（五）税收优惠

按照减免方式，企业所得税优惠政策分为四大类：税基式减免、税率式减免、税额式减免、其他，具体见表6-13。

下文主要参照企业所得税年度纳税申报表结构，基于集团企业常见的风险事项，并适当结合江苏交控实际情况，总结应重点关注的税会差异及纳税调整事项，以及可申报享受的税收优惠政策与风险管理要点。

表6-13　　　　　　　　　　　　企业所得税优惠减免表

减免方式	减免政策
税基式	免税收入、减计收入、加计扣除、加速折旧、项目所得减免、抵扣应纳税所得额
税率式	优惠税率
税额式	减免所得税、税额抵免
其他	延长亏损弥补年限等

二、收入类项目常见的税会差异及纳税调整

（一）利息收入的税会差异及纳税调整

1. 会计处理

企业的利息收入大多为集团内企业间委托贷款、资金拆借，或进行债券投资及其他形式的债权投资而产生的持有收益，会计上应当基于权责发生制原则，按照实际利率法或直线法确认利息收入（或在"投资收益"科目核算）。会计科目上"应收利息"反映的是相关金融工具应收取但尚未收到的利息。

2. 税法规定与常见税会差异及纳税调整

（1）基本规定。《企业所得税法实施条例》规定，利息收入按照合同约定的债务人应付利息的日期确认收入的实现。可以看出，税法上按合同约定的收款时间和金额确定当期应税收入，并且不考虑款项是否收到。

（2）常见税会差异及纳税调整。

在年度纳税申报时，税务专员应当对年末"应收利息"等科目的余额进行分析，核对相应的借款合同，对属于已到合同约定收取利息日期但尚未收到的利息收入，不作纳税调整。对未到合同约定收取利息日期的部分，可作纳税调减，在合同约定收取利息的年度再作纳税调增。相反的一种情况是，企业已到合同约定收取利息的日期，但由于未实际收到利息而未确认会计收入，对此，应通过与资金管理部门的信息沟通以及对债权类投资会计科目的组合分析，确定是否存在应作纳税调增的利息收入。另外，还要注意应将按合同约定的应收利息金额与会计可能按实际利率法计算的利息金额之差作纳税调整。这方面的纳税调整在《未按权责发生制确认收入纳税调整明细表》（A105020）中申报。

实务中，有少数企业会将关联方转贷资金的本金及利息通过内部往来科目挂账和转销，对此，应对利息收入部分作纳税调增，实际支付给关联方的利息支出再按规定作纳税调减。

除上述调整事项外，还要注意检查企业是否存在下列特殊的债权性投资收益纳税调整事项：

① 计入债券转让收益中的国债利息收入的纳税调整。《国家税务总局关于企业国债投资业务企业所得税处理问题的公告》（2011年第36号）规定，企业到期前转让国债或者从非发行者投资购买的国债，其持有期间尚未兑付的国债利息收入，按持有天数计算确定国债利息收入。因此，企业应核查将未到期国债进行转让时，是否有部分持有期的利息收入

未予计提，如有，在纳税申报时应对持有收益作纳税调增（在免税收入申报表中再作免税申报），对转让收益作纳税调减。

② 金融企业贷款利息收入的纳税调整。江苏交控集团内的财务公司、金融租赁公司均为持牌金融机构，《国家税务总局关于金融企业贷款利息收入确认问题的公告》（2010年第23号）规定：金融企业已确认为利息收入的应收利息，逾期90天仍未收回，且会计上已冲减了当期利息收入的，准予抵扣当期应纳税所得额。因此，在当年12月31日这个时点上，如果会计上将逾期90天内的应收利息冲减利息收入，应作纳税调整。

③ 混合性投资收益的纳税调整。根据《国家税务总局关于企业混合性投资业务企业所得税处理问题的公告》（2013年第41号），符合公告规定条件的"债权投资"，即所谓的"假股真债"，投资企业应于合同约定被投资企业应付利息的日期确认应税收入，纳税调整方法同前。还要注意的是，混合性投资收益由于采用保本、保证固定收益的合同约定，投资企业还应对收益缴纳增值税，企业所得税仅对不含税收入部分进行纳税调整。

④ 永续债投资收益的纳税调整。根据《财政部　税务总局关于永续债企业所得税政策问题的公告》（公告2019年第64号）的规定，企业发行的永续债，可以适用股息、红利企业所得税政策；符合规定条件的，也可以按照债券利息适用企业所得税政策，即：发行方支付的永续债利息支出准予税前扣除；投资方取得的永续债利息收入应当依法纳税。发行方应在发行公告中对税务处理方法予以说明，发行方与投资方采用一致的税务处理方法。如果企业购买了永续债，税务专员应当在核查发行公告后确定正确的纳税处理方式。

⑤ 可转换债券投资收益的纳税调整。《国家税务总局关于企业所得税若干政策征管口径问题的公告》（2021年第17号）中规定，购买方企业购买可转换债券，在其持有期间按照约定利率取得的利息收入，应当依法申报缴纳企业所得税。购买方企业在可转换债券转换为股票时，将应收未收利息一并转为股票的，该应收未收利息即使会计上未确认收入，税收上也应当作为当期利息收入申报纳税。由于会计上将持有的可转换债券投资分类为以公允价值计量且其变动计入当期损益的金融资产，应注意持有期间及转股环节按税法规定确认利息收入，对对应金额进行纳税调整，并增加持有股票的计税基础。

上述调整事项在《投资收益纳税调整明细表》（A105030）或《纳税调整项目明细表》（A105000）的"其他"收入项目中调整。

（二）租金收入的税会差异及纳税调整

1.会计处理

对于租金收入，会计遵循权责发生制原则，根据租金所属期（包括免租期）分期确认收入。

2.税法规定与常见税会差异

根据《企业所得税法实施条例》的规定，租金收入按照合同约定的承租人应付租金的日期确认收入的实现。年度终了时，应对当年会计收入中尚未到合同约定收取日期的部分作纳税调减，以后年度纳税调增。对于一次性收取的跨年度租金，会计上作为负债处理，纳税处理时既可以对其年末余额作纳税调增，也可按《国家税务总局关于贯彻落实企业所得税法若干税收问题的通知》（国税函〔2010〕79号）在租赁期内分期均匀确认，通常不产生纳税调整。在选择纳税处理方式时，要结合企业是否有未弥补亏损以及税收优惠等情况而定。

租赁服务采取预收款方式的，增值税纳税义务发生时间为收到预收款的当天。因此，对于符合分年均匀确认条件的租金收入，还要关注企业所得税与增值税纳税义务发生时间的区别。

（三）政府补助的税会差异及纳税调整

1.会计处理

《企业会计准则第16号——政府补助》规定的政府补助，是指企业从政府无偿取得货币性资产或非货币性资产，主要形式为无偿拨款、税收返还、财政贴息以及非货币性资产等。会计核算时区分是否与企业日常活动密切相关且构成企业商品或服务对价组成部分、与资产相关还是与收益相关、采用总额法还是净额法而产生不同的会计处理方法。

2.税法规定与常见税会差异

政府补助按照适用的税收待遇不同，可以分为作为不征税收入处理与作为征税收入处理的政府补助，企业应根据政府补助的来源、性质，结合企业的实际情况，作出合法、合理的税务处理。

（1）核查政府补助是否符合不征税收入的条件，并进行合理的纳税筹划。

实务中，应区分"不征税收入"与"免税收入"的概念。从企业所得税原理上讲，不征税收入是指不列入征税范围的项目，主要是政府补助；免税收入是指属于企业所得税征税范围，但可以享受免税优惠的收入。不征税收入对应的支出不得在税前扣除，免税收入对应的支出可依照税法规定在税前扣除。

《财政部　国家税务总局关于专项用途财政性资金企业所得税处理问题的通知》（财税〔2011〕70号）规定，不征税收入需同时满足三个条件：企业能够提供从县级以上各级人民政府财政部门及其他部门取得资金并具有专项用途的资金拨付文件；相关部门对该资金有专门的资金管理办法或具体管理要求；企业对该资金以及以该资金发生的支出单独进行核算。税务专员应与公司负责政府事务的部门联系，确定是否有相应资料，在资料充分、合规的情况下，应就资金拨入与使用建立专门的台账，反映其收、支、余的情况。对于符合不征税收入条件且企业选择这一政策的情况，会计上当年或以后年度记入"其他收益"等损益类科目的，应作纳税调减，填报《专项用途财政性资金纳税调整明细表》（A105040）；如果挂作"递延收益"或其他负债科目余额，或者冲减资产成本，不作纳税调整。

需要注意的是，即使一项政府补助符合不征税收入条件，也不一定要按不征税收入进行纳税处理，应根据企业待弥补亏损金额及其可弥补年度、未来资金使用计划、研发费用加计扣除、高新技术企业税收优惠等因素来综合筹划是否作为不征税收入处理。

第一，如果企业待弥补亏损金额较大且即将过期，可放弃适用不征税收入的政策。

第二，如果财政补助的资金用途是支持企业的某项研发项目，当企业选择作为不征税收入时，对应产生的研发费用不得税前扣除和加计扣除，对企业显然是不利的，应予放弃。

第三，高新技术企业认定条件之一是"近一年高新技术产品（服务）收入占企业同期总收入的比例不低于60%"，分母的"总收入"是指收入总额减去不征税收入后的余额，因此当高新技术产品（服务）收入占比处于60%临界点附近，当年符合不征税收入的政府补助又较大时，选择不征税收入处理可能更为有利。

企业还要跟踪管理各项不征税收入的实际使用情况。根据财税〔2011〕70号的规定，企业取得的不征税收入在5年（60个月）内未发生支出且未缴回财政部门或其他拨付资金的政府部门的部分，应计入取得该资金第6年的应税收入总额。长期未实际使用的财政性资金不但面临纳税调整，而且还可能带来对该项资金取得与使用合规性的检查，企业管理层应予高度重视。

（2）对不符合不征税收入条件的政府补助作正确的纳税调整。

不符合不征税收入条件的政府补助包括两种情况：一是与企业销售商品或提供服务等活动密切相关，且是企业商品或服务的对价或者是对价的组成部分，按《企业会计准则第16号——政府补助（2017年修订）》的规定，应按《企业会计准则第14号——收入》等相关会计准则确认营业收入；二是最终记入"其他收益""营业外收入"等科目的政府补助。

在第一种情况下，如果会计核算已按权责发生制原则及政府规定标准及时、足额确认了会计收入，则不产生纳税调整。

对于最终记入"其他收益""营业外收入"等科目的政府补助，如果收到时记作"递延收益"或其他负债科目，年末应对其余额作纳税调增，以后年度转入"其他收益""营业外收入"时作纳税调减。该项调整在《未按权责发生制确认收入纳税调整明细表》（A105020）中申报。

政府补助的会计核算还分为总额法与净额法，不同的核算方法组合不同的收入性质，由此产生的具体税会差异与税务处理详见表6-14、表6-15：

表6-14　　　　　　　　　　**与资产相关的政府补助的税会差异与税务处理**

会计处理	企业所得税纳税处理			
	作为不征税收入处理		作为征税收入处理	
	总额法	净额法	总额法	净额法
取得当期确认为递延收益，以后期间分摊计入其他收益；或一次性冲减资产账面价值	取得时不作调整	取得时不作调整	取得时会计不确认收入，应就年末递延收益的余额作纳税调增	取得时会计冲减资产原值，税收上全额作收入处理，纳税调增
	以后期间会计计入其他收益，应作纳税调减，并对相关资产折旧、摊销作纳税调增	以后期间会计上按冲减资产原值后的价值计提折旧或摊销，税会无差异	以后期间会计计入其他收益，税收上作纳税调减	以后期间会计上按冲减资产原值后的价值计提折旧，税收上根据原值计提折旧或摊销，产生纳税调减

表6-15   与收益相关的政府补助的税会差异与税务处理①

会计处理			纳税处理	
			作为不征税收入	作为应税收入
作为"其他收益"核算	用于补偿企业已发生的相关成本费用	收到时计入"其他收益"	应对"其他收益"作纳税调减，但由于对应的成本费用不得税前扣除，如果该成本费用发生于同一年度，则纳税调增；如果发生在以前年度且已税前扣除，应对以前年度作纳税调增并重新申报，申报系统又会生成税收滞纳金。因此不建议适用不征税收入政策	不作调整
	用于补偿企业以后期间的相关成本费用	收到年度末，仍挂作"递延收益"的	不作调整	纳税调增
		以后由"递延收益"转入"其他收益"	纳税调减，同时对对应的成本费用作纳税调增	对转入"其他收益"的金额作纳税调减
作冲减成本费用处理	用于补偿企业已发生的相关成本费用	冲减当期主营业务成本或期间费用	不作调整	不作调整
		冲减当期生产成本等	不作调整	如果该生产成本当年转入了损益，则不存在纳税调整。如果滞留在存货余额中，则应作纳税调增。不过，鉴于其税务管理难度，建议税收政策中明确将其简化处理，不作调整
	收到年度末，仍挂作"递延收益"的	冲减后期主营业务成本或期间费用	不作调整	收到年度作纳税调增，后期对冲减主营业务成本或期间费用的金额作纳税调减
		冲减后期生产成本等	不作调整	收到年度作纳税调增，后期建议简化处理，直接对冲减生产成本的金额作纳税调减

---

① 高允斌，高玉玉．新准则下政府补助的财税处理探析［J］．财务与会计，2017（19）．

（四）投资收益的税会差异及纳税调整

投资收益作为损益类科目，既核算企业权益类投资初始计量、持有与处置环节产生的投资收益或损失，也核算部分债权性投资的收益，此处主要分析权益类投资收益的纳税调整与税务管理问题。需要注意的是，债权性投资收益的税会差异如果已在《未按权责发生制确认收入纳税调整明细表》（A105020）"利息收入"项目中申报，不可在《投资收益纳税调整明细表》（A105030）中重复调整申报。

在企业所得税汇算清缴时，需结合企业对外投资情况，对照投资收益、应收股利、长期股权投资、交易性金融资产、其他权益工具投资等科目准确分析相关纳税调整事项。

1.投资初始计量的税会差异及纳税调整

针对权益法核算的长期股权投资，会计准则规定初始投资成本小于投资时应享有被投资企业可辨认净资产公允价值份额的，其差额应当计入当期损益（营业外收入），同时调整长期股权投资的成本。在此情况下，长期股权投资的计税基础仍保持初始投资历史成本不变，但计入当期损益的"营业外收入"不作为应税所得，应当纳税调减。

2.投资持有期间的税会差异及纳税调整

（1）权益法下投资收益的纳税调整。

在权益法下，会计核算将投资企业与被投资企业视为一个整体看待。投资企业按其在被投资企业的权益比例，对被投资企业本期符合会计准则规定的净利润中归属于本企业的部分，借记"长期股权投资——损益调整"科目，贷记"投资收益"科目，被投资企业发生亏损时做相反的会计分录。

税法规定，投资企业应在被投资企业股东会或股东大会作出利润分配的日期确认收入的实现。因此，投资企业按权益法确认的投资损益不属于税收上的收入（或损失），应进行纳税调整。未来确认现金股利时，借记"应收股利"或"银行存款"科目，贷记"长期股权投资——损益调整"科目，不影响会计利润；而企业所得税应作为股利收入。在汇算清缴时应根据权益法下"长期股权投资——损益调整"科目贷方发生凭证逐笔核实确认，将属于股息红利所得的部分作纳税调增。

（2）成本法下投资收益的纳税调整。

只要企业会计核算时将被投资企业决定分配的利润及时确认投资收益，会计收入与税收收入之间便不产生差异。

当被投资企业将未分配利润或盈余公积直接转增股本（实收资本），该类交易属于子公司自身权益结构的重分类，投资企业会计核算时不确认相关的投资收益。但是税务上视同"先分配，再增资"，按股利所得进行税务处理，应注意在A105030申报表中作纳税调增，同时，税法允许增加投资计税基础。或许有人认为，在A105030申报表中作纳税调增后，还是要作为免税收入在《免税、减计收入及加计扣除优惠明细表》（A107010）中申报后作纳税调减，这样一增一减后归于零，是不是没有实际意义？这种理解是错误的，因为作出这样的调整后，企业方可合规调增其长期股权投资的计税基础。这个问题不仅在成本法核算的长期股权投资项目中要注意，在权益法核算的投资项目中同样值得关注。对此，企业税务专员需要与投资部门做好沟通，在收到被投资企业转增资本的决议时及时获取相应的法律文件。

（3）股息红利所得的免税条件与申报。

根据《企业所得税法》及其实施条例的规定，居民企业直接投资于其他居民企业取得的投资收益免征企业所得税，不包括连续持有居民企业公开发行并上市流通的股票不足12个月取得的投资收益。目前，该免税收入由企业自行判断，申报享受。在判断股息红利所得是否符合免征企业所得税的条件时，需重点关注如下事项：

① 被投资企业是否为境内居民企业。如果被投资企业是非居民企业，分回的利润应计入当期应纳税所得额，在境外已缴纳税款可按规定直接或间接抵免。但内地居民企业通过沪港通、深港通投资香港联交所上市股票，连续持有H股满12个月取得的股息红利所得免征企业所得税。

② 投资方式是否为直接投资。投资企业通过合伙企业间接持股取得的股息红利不可申报免税；投资企业通过共同基金、信托产品等对外进行股权投资而分回的收益，除从证券投资基金分配的收益暂不征收企业所得税外，其他收益均应计入应税所得。目前大部分税务机关将"证券投资基金"理解为公募基金，不认可从私募股权投资基金分得的收益可以免税。

③ 股票持股期限是否超过12个月的规则以及对应的免税收益金额如何计算问题。如果上市公司分配股息红利时，企业持有上市公司股票未满12个月，但此后持有满12个月，之前的股息红利能否享受免税？目前各地对此掌握的口径不一。另外，企业在持股期间可能不停地进行股票的买卖交易，为谨慎起见，应按年度中某一天最低持股数量为依据计算免税收益。

④ 企业应按《企业所得税优惠政策事项办理办法》（国家税务总局公告2018年第23号）的规定留存备查资料。

（4）准确计算投资转让或处置收益并对税会差异进行纳税调整。

企业转让投资资产时，会计上是以转让收入减去投资资产账面价值后的余额计入当期损益或其他科目。转让投资资产的应税所得，是以转让收入减去该资产计税基础之后的余额，当其与会计损益不等时，就要对两者之间的差额作纳税调整。在管理这方面税收风险时，一是要注意转让价格的公允性，是否有证明其公允性的证明材料；二是要准确确定投资资产的计税基础，因为投资资产的形成及历史沿革可能比较复杂，需要追溯检查确定，可能的话，投资部门应该对其动态变化进行记录并留存对应的证明材料。从纳税筹划的角度看，由于企业在计算股权转让所得时，不得扣除被投资企业未分配利润等股东留存收益中按该项股权所可能分配的金额，因此，转让股权之前应尽可能地协调被投资企业先分配股利。

投资企业从被投资企业撤回或减少投资，其取得的资产中相当于初始出资的部分，应确认为投资收回；相当于被投资企业的累计未分配利润和累计盈余公积按减少实收资本比例计算的部分，应确认为股息所得；其余部分确认为投资资产转让所得。因此，当从被投资企业减少注册资本，甚至被投资企业注销清算时，应注意其中是否存在可免税的持有期收益。

处置投资发生税收损失的，相应的纳税申报及税会差异调整应填报《资产损失税前扣除及纳税调整明细表》（A105090）。

股权重组时的会计损益与税收所得或损失之间往往存在较大的差异，应特别关注。

（五）以公允价值计量的金融资产收益的税会差异及纳税调整

1.会计处理

以公允价值计量的金融资产，根据资产类型及企业的不同指定，其价值变动分为计入当期损益与计入其他综合收益两种情况，前一类资产一般通过"交易性金融资产"核算，后一类资产通过"其他债权投资"或"其他权益工具投资"核算。

2.税法规定与常见税会差异

（1）初始计量交易费用的纳税调整。

交易性金融资产初始会计计量时，将初始交易费用记入"投资收益"科目借方，而税务上应计入资产的计税基础。因此，如果购入资产在年末未转让，需要就"投资收益"科目借方记录的初始费用进行纳税调增，同时增加资产的计税基础。

（2）投资持有期间公允价值变动的纳税调整。

交易性金融资产属于税法上的投资资产，以历史成本为计税基础。因此税务上对于"公允价值变动损益"视为未实际发生的收益或损失，应进行纳税调整。

（3）交易性金融资产处置时的纳税调整。

交易性金融资产处置时，除了要注意前文已提示的税会差异外，还要注意以下两点：

第一，对于执行新金融工具准则的企业，可能在处置时未做以下会计分录：

借：公允价值变动损益

　贷：投资收益（注：损失时做相反方向的会计分录）

这样就会导致此前确认的公允价值变动损益被单方面地纳税调整，税会差异未能得以转回，所以，税务专员一定要结合本企业的会计处理方法进行准确的纳税调整。

第二，当金融资产终止确认时，会计上将"其他权益工具投资"以前年度计入其他综合收益的累计利得或损失从其他综合收益中转出，计入留存收益，而税收上应按规定方法计算确认所得或损失，因此，应注意结合交易性金融资产的处置情况检查"其他综合收益"科目本年度发生额，确定是否存在纳税调整事项。

三、扣除类项目常见的税会差异及纳税调整

（一）职工薪酬的税会差异及纳税调整

1.工资薪金

（1）会计相关规定。

《企业会计准则第9号——职工薪酬》第二条规定，职工薪酬是指企业为获得职工提供的服务或解除劳动关系而给予的各种形式的报酬或补偿。

（2）税法相关规定。

《企业所得税法实施条例》第三十三条规定，企业发生的合理的工资薪金支出，准予扣除。税法中首先明确了实际发生原则，企业提取并实际发放的工资薪金原则上都可以在税前扣除。何为"合理性"呢？《关于企业工资薪金及职工福利费扣除问题的通知》（国税函〔2009〕3号）文件第一条规定：《企业所得税法实施条例》第三十四条所称的"合理工资薪金"，是指企业按照股东大会、董事会、薪酬委员会或相关管理机构制定的工资薪金制度规定实际发放给员工的工资薪金。

准确确定税前扣除的工资薪金支出，不仅关系到工资薪金项目税前扣除的合规性，也关系到职工福利费等"三项费用"以及补充养老保险等其他员工受益支出税前扣除限额的计算基数，因此其重要性是不言而喻的。

（3）税会差异及纳税调整。

① 国有性质企业的工资总额是否超过限额。根据国税函〔2009〕3号的规定，属于国有性质的企业，其税前扣除的工资薪金不得超过政府有关部门给予的限定数额。因此，在申报国有企业税前扣除的工资薪金时，应对照有关部门或有关部门授权的上级单位下发的相关文件。

② 未代扣代缴个人所得税的工资薪金应作调整。国税函〔2009〕3号规定，企业对实际发放的工资薪金，应已依法履行了代扣代缴个人所得税义务。如果企业给员工发放的部分工资（如加班工资、工资性补贴等）未依法代扣代缴个人所得税，则不能税前扣除，形成双重税收风险。

③ 劳务人员报酬的填报问题。《国家税务总局关于企业工资薪金和职工福利费等支出税前扣除问题的公告》（2015年第34号）规定：企业接受外部劳务派遣用工所实际发生的费用，应分两种情况按规定在税前扣除：按照协议（合同）约定直接支付给劳务派遣公司的费用，应作为劳务费支出；直接支付给员工个人的费用，应作为工资薪金支出和职工福利费支出。其中，属于工资薪金支出的费用，准予计入企业工资薪金总额的基数，作为计算其他各项相关费用扣除的依据。同时，企业应注意此处的形式要件问题。企业直接向劳务派遣人员支付薪酬的，可以理解为代劳务公司发放派遣人员的工资薪酬，不改变企业与劳务公司之间的合同关系，因此，这部分工资支出仍应向劳务公司索取发票，否则有可能因无票据而不允许在税前扣除。在年度汇算清缴纳税申报时，不应将支付给劳务公司的劳务费用作为"工资薪金支出"项目申报。

④ 临时工、退休返聘人员薪酬应区别对待。如果临时工、退休返聘人员为企业提供的是连续性服务，接受企业日常的考核管理，支付其薪酬按工资、薪金所得扣缴个税，则可作为工资薪金支出申报税前扣除；反之，如果为企业提供间断性、偶发性、短暂的服务，支付的报酬应作为劳务费用按规定扣除。

⑤ 计提未实际支付的工资应作调整。对于企业年底提取的工资薪金，只要在企业所得税汇算清缴期结束前支付完毕，并能提供相关证明材料，可以在纳税年度据实扣除。对提取而未实际支付的部分应作纳税调增，以后年度实际支付时再按规定作纳税调减。

⑥ 工资性质的福利补贴应重分类。国家税务总局公告2015年第34号规定，此类补贴必须同时符合下列条件：列入企业员工工资薪金制度；固定与工资薪金一起发放；符合国税函〔2009〕3号第一条规定的条件。企业自查确认存在符合条件的工资性质福利性补贴的，如果会计核算上记入了"职工福利费"科目，在纳税申报时已扣缴个人所得税，可重分类到工资薪金支出项目中。

⑦ 股份支付。股份支付是指企业为获取职工，主要是高级管理人员和技术人员提供服务而授予其权益工具或者承担以权益工具为基础确定的负债的交易。

在以权益结算的股份支付下，等待期内不形成企业的负债，按照权益工具的公允价值计入相关费用（成本），相应增加资本公积（其他资本公积）。《国家税务总局关于我国居民企业实行股权激励计划有关企业所得税处理问题的公告》（2012 年第 18 号）规定："（一）对股权激励计划实行后立即可以行权的，上市公司可以根据实际行权时该股票的公允价格与激励对象实际行权支付价格的差额和数量，计算确定作为当年上市公司工资薪金支出，依照税法规定进行税前扣除。（二）对股权激励计划实行后，需待一定服务年限或者达到规定业绩条件（以下简称等待期）方可行权的。上市公司等待期内会计上计算确认的相关成本费用，不得在对应年度计算缴纳企业所得税时扣除。在股权激励计划可行权后，上市公司方可根据该股票实际行权时的公允价格与当年激励对象实际行权支付价格的差额及数量，计算确定作为当年上市公司工资薪金支出，依照税法规定进行税前扣除。"

《国家税务总局关于股权激励有关个人所得税问题的通知》（国税函〔2009〕461 号）规定：上市公司实施限制性股票计划时，应以被激励对象限制性股票在中国证券登记结算公司（境外为证券登记托管机构）进行股票登记日期的股票市价（指当日收盘价，下同）和本批次解禁股票当日市价（指当日收盘价，下同）的平均价格乘以本批次解禁股票份数，减去被激励对象本批次解禁股份数所对应的为获取限制性股票实际支付资金数额，其差额为应纳税所得额。

【例 6-1】甲公司为上市公司，其于 2019 年 12 月 31 日授予某高管人员 10 万股限制性股票，授予日该股票的公允价值为每股 12 元，规定的高管人员认购价格为每股 4 元（同回购价格）。已知该股票锁定期 2 年，每年解锁比例分别为 60% 和 40%（假定均满足解锁条件）。不考虑该高管人员离职和其他因素。2020 年 12 月 31 日解禁 6 万股，解禁日股票收盘价格为 10 元/股，2021 年 12 月 31 日解禁剩余 4 万股，解禁日股票收盘价格为 7.5 元/股。

① 会计处理：

$$\begin{matrix} 2020\text{年限制性股票（权益工具）} \\ \text{在授予日激励的公允价值} \end{matrix} = \begin{matrix} \text{授予日流通股的} \\ \text{公允价值（收盘价）} \end{matrix} - \text{授予价格} = 12 - 4 = 8（\text{元/股}）$$

授予日会计分录：

借：银行存款　　　　　　　　　　　　　　　　　　　　　　　400 000
　贷：股本　　　　　　　　　　　　　　　　　　　　　　　　　　100 000
　　　资本公积——股本溢价　　　　　　　　　　　　　　　　　　300 000

同时就回购义务确认负债：

借：库存股　　　　　　　　　　　　　　　　　　　　　　　400 000
　贷：其他应付款　　　　　　　　　　　　　　　　　　　　　　400 000

限制性股票分批解锁的，应当分别根据各期可解锁数量的最佳估计在相应的等待期内确认与股份支付有关的成本费用，见表 6-16。

表6-16　　　　　　　　　　　　　应确认的股权激励费用　　　　　　　　　　　　单位：元

年份	第一期	第二期	合计应确认的股权激励费用
2020	8×100 000×60%×1/1=480 000	8×100 000×40%×1/2=160 000	640 000
2021		8×100 000×40%×2/2-160 000 =160 000	160 000
合计	480 000	320 000	800 000

②税务处理：

2020年解禁限制性股票个人所得税应纳税所得额=（12+10）/2×60 000-4×60 000=420 000（元）

2021年解禁限制性股票个人所得税应纳税所得额=（12+7.5）/2×40 000-4×40 000=230 000（元）

有关台账调整见表6-17：

表6-17　　　　　　　　　　　　股权激励税会差异调整台账　　　　　　　　　　单位：元

年份	会计计提金额	税务确认的股权激励费用	纳税调整金额
2020	640 000.00	420 000.00	220 000.00
2021	160 000.00	230 000.00	-70 000.00
合计	800 000.00	650 000.00	150 000.00

注：国家税务总局公告2012年第18号未考虑限制性股票缴纳个税的特殊规则，我们认为应按实际缴纳的个人所得税应纳税所得额作为企业所得税税前扣除金额。由于限制性股票解禁日的个税可申请延迟12个月缴纳，为谨慎起见，可在实际缴纳个税的年度进行企业所得税税前扣除。

2.职工福利费

（1）会计相关规定。

《财政部关于企业加强职工福利费财务管理的通知》（财企〔2009〕242号）文件列举式地规定了福利费的常见核算项目，企业在进行会计核算时还会将其中未列举到的，但企业认为属于集体福利的支出记入"应付职工薪酬——职工福利"科目中。

（2）税法相关规定。

《企业所得税法实施条例》第四十条规定，企业发生的职工福利费支出，不超过工资薪金总额14%的部分，准予扣除。

国税函〔2009〕3号文件规定，《企业所得税法实施条例》第四十条规定的企业职工福利费，包括以下内容：

"1.尚未实行分离办社会职能的企业，其内设福利部门所发生的设备、设施和人员费用，包括职工食堂、职工浴室、理发室、医务所、托儿所、疗养院等集体福利部门的设备、设施及维修保养费用和福利部门工作人员的工资薪金、社会保险费、住房公积金、劳务费等。

2.为职工卫生保健、生活、住房、交通等所发放的各项补贴和非货币性福利，包括企业向职工发放的因公外地就医费用、未实行医疗统筹企业职工医疗费用、职工供养直系亲属医疗补贴、供暖费补贴、职工防暑降温费、职工困难补贴、救济费、职工食堂经费补贴、职工交通补贴等。

3.按照其他规定发生的其他职工福利费，包括丧葬补助费、抚恤费、安家费、探亲假路费等。"

（3）税会差异及纳税调整。

① 计提而未实际支付金额的确定。企业提取福利费的，即使其比例不高于14%，也仅能就纳税年度实际发生且取得合规扣除凭证的部分在企业所得税前扣除。例如，企业当年12月份食堂餐饮外包服务费用尚未结算，但只要在年度汇算清缴结束前已取得合规的结算票据，就应作为实际发生额。相反的一种情况是，企业年末有计提的应付福利费余额，企业在次年2月份发放实物福利时冲减了该余额，会计处理借记"应付职工薪酬——福利费"科目，贷记"银行存款"科目或其他资产科目，该费用应计入实际发放当年的福利费，不能作为上年度的实际发生额。

② 福利费用与其他费用应正确区分。企业应对照税法规定，就企业会计核算的职工福利费及其他科目中的费用进行检查，对不符合税法规定范围的项目进行调整或重分类，对企业在其他科目中核算的属于福利费性质的支出应重分类计入福利费，统一计算是否超过税前扣除限额。除应检查区分前文中所述的福利性工资薪金支出外，应重点检查是否存在如下事项：其他成本费用科目中的福利费用，例如将食堂、职工宿舍所使用房产、设施的折旧等记入"管理费用——折旧费"科目；是否混淆了福利费支出与劳动保护支出；福利性质的员工团建费用与业务招待费用是否正确划分等。关于退休人员的补贴、慰问费用能否作为职工福利费在限额内扣除，各地执行口径不一，需要关注。

③ 对照企业所得税税前扣除凭证的管理要求，检查职工福利费的扣除凭证是否合规。

④ 限额扣除方法的正确运用。企业在计算税前扣除限额时，应注意计算依据为当年可税前扣除的工资薪金支出总额。在计算和申报可税前扣除的职工福利费时，应先剔除不得扣除的项目并对需要重分类的事项在职工福利费中进行增减后，再以符合税法条件的实际发生额与可扣除限额进行比较，超过职工福利费税前扣除限额的部分应作纳税调增，且构成永久性差异。

3.职工教育经费

（1）税法相关规定。

财税〔2018〕5号规定，企业发生的职工教育经费支出，不超过工资薪金总额8%的部分，准予在计算企业所得税应纳税所得额时扣除；超过部分，准予在以后纳税年度结转扣除。

（2）税会差异及纳税调整。

① 企业当年实际发生的职工教育经费可按规定的限额在税前扣除，对于超限额的部分当期应作纳税调增，并无限期向以后年度结转扣除。

② 如果企业按照当年工资总额的比例提取8%的职工教育经费，但存在提而未用的余额，按照税法规定的实际发生原则，当年新增余额部分应作纳税调增。以后年度职工教育经费实际发生额大于计提额，且实际发生额超限额的，不得作纳税调减。

③ 企业职工参加的学历教育以及个人为取得学位而参加的在职教育，所需费用，财

务制度中规定应由个人承担。基于税前扣除的基本原则，一般来说也不得税前扣除。

④ 核查费用票据的合规性。重点检查委托高校承办的培训是否取得合规票据。

4. 工会经费

（1）税法相关规定。

《企业所得税法实施条例》第四十一条规定，企业拨缴的工会经费，不超过工资薪金总额2%的部分，准予扣除。工会经费同样实行限额内据实扣除的办法。

（2）工会经费税前扣除必须取得规定票据。

国家税务总局公告2010年第24号规定："自2010年7月1日起，企业拨缴的职工工会经费，不超过工资薪金总额2%的部分，凭工会组织开具的《工会经费收入专用收据》在企业所得税税前扣除。"

国家税务总局公告2011年第30号规定："自2010年1月1日起，在委托税务机关代收工会经费的地区，企业拨缴的工会经费，也可凭合法、有效的工会经费代收凭据依法在税前扣除。"

凡不能出具《工会经费收入专用收据》或税务机关代收凭据的，其拨缴或直接发生的职工工会经费不得在企业所得税前扣除。

5. 各类基本社会保障性缴款

（1）税法相关规定。

《企业所得税法实施条例》规定，企业依照国务院有关主管部门或者省级人民政府规定的范围和标准为职工缴纳的基本养老保险费、基本医疗保险费、失业保险费、工伤保险费、生育保险费等基本社会保险费可以在企业所得税前扣除。

（2）税会差异及纳税调整。

① 各类基本社会保障性缴款，包括基本医疗保险费、基本养老保险费、失业保险费、工伤保险费和生育保险费。如果年末存在提而未缴情形（例如疫情期间缓缴），应对汇算清缴结束前仍存在的未缴余额作纳税调整。

② 企业缴纳的各种基本社会保险费中，由单位代扣代缴的、应由职工个人负担的部分不可在企业所得税税前扣除。

6. 补充养老保险、补充医疗保险

（1）税法相关规定。

《企业所得税法实施条例》第三十五条规定，企业为投资者或者职工支付的补充养老保险费、补充医疗保险费，在国务院财政、税务主管部门规定的范围和标准内的，准予扣除。

财税〔2009〕27号文规定："自2008年1月1日起，企业根据国家有关政策规定，为在本企业任职或者受雇的全体员工支付的补充养老保险费、补充医疗保险费，分别在不超过职工工资总额5%标准内的部分，在计算应纳税所得额时准予扣除；超过的部分，不予扣除。"该文中的"补充养老保险费"包括企业年金形式。

（2）税会差异及纳税调整。

① 财税〔2009〕27号文强调企业必须为"本企业任职或者受雇的全体员工"支付的

该两项补充保险方可在税前扣除，仅有部分员工参加的，则两项补充保险不得在税前扣除。部分地区税务机关掌握的口径是，如果员工主动书面声明放弃参加企业年金，并不是企业主动不给全体人员缴纳年金，则可按参加企业年金计划的员工工资薪金支出的5%计算税前扣除限额。需注意的是，不能以全部员工的工资薪金作为计算限额的基数。关于补充医疗保险的定性与形式要件，要特别注意相关法规的规定以及税务机关的政策口径。例如，给付型医疗保险是否属于补充医疗保险，就存在认定层面上的争议。

② 限额计算与纳税调整。在计算扣除限额时，要将汇算清缴前企业实际支付的年度补充养老保险、补充医疗保险分别与职工工资总额（税收口径）的5%进行比较，超标准部分构成纳税调整，且为永久性差异。

7. 住房公积金

（1）税法相关规定。

按照《企业所得税法实施条例》第三十五条的规定，企业根据国务院有关主管部门或者省级人民政府规定的范围和标准为本企业职工缴纳的住房公积金，可在税前扣除。

（2）税会差异及纳税调整。

在住房公积金项目上，需要进行纳税调整的情形有两种：

① 公积金缴存超出国务院有关主管部门或者省级人民政府规定的范围和标准。有的企业将员工的住房补贴以住房公积金的名义打入员工个人账户，应重分类计入职工福利费项目。有的企业将应由员工个人承担的住房公积金缴费部分由企业实际承担，也应进行纳税调整。

② 年度汇算清缴结束前计提而未实际缴存的公积金应作纳税调整。

（二）业务招待费的税会差异及纳税调整

1. 税法相关规定

《企业所得税法实施条例》规定，企业发生的与生产经营活动有关的业务招待费支出，按照发生额的60%扣除，但最高不得超过当年销售（营业）收入的5‰。

其中，销售（营业）收入有以下不同口径：

（1）一般企业：包括主营业务收入、其他业务收入和视同销售收入。

（2）房地产开发企业：包含企业销售未完工产品的收入，以后年度确认实际销售收入时，不得再作为业务招待费的计算依据。

（3）从事股权投资业务企业：国税函〔2009〕79号文规定："对从事股权投资业务的企业（包括集团公司总部、创业投资企业等），其从被投资企业所分配的股息、红利以及股权转让收入，可以按规定的比例计算业务招待费扣除限额。"执行该文件时应注意三点：首先，此类企业计算业务招待费税前扣除限额的依据之一是实际取得被投资企业分配的股息、红利，而非会计核算中按权益法核算的投资收益；其次，是股权转让收入全额，而非股权转让净收益；最后，税务机关解释"从事股权投资业务的企业"并不限于仅从事股权投资业务的企业。企业只需要勾选所得税汇算清缴申报表中"A000000企业所得税年度纳税申报基础信息表201从事股权投资业务"，即可作为业务招待费收入基数。

2.税会差异及纳税调整

对于业务招待费的范围，不论是财务会计制度还是税法都未给予准确界定。实务中，业务招待费具体范围一般为：（1）因企业生产经营需要而发生的宴请招待费用；（2）因企业生产经营需要赠送纪念品、礼品等费用；（3）因企业生产经营需要应酬业务单位或人员而发生的旅游景点参观门票费、交通费及其他费用等。

在计算是否超过限额之前，应注意对与业务招待费相关或性质相近的费用进行分析，以作必要的重分类和纳税调整。

（1）企业员工报销差旅费等费用时，如果将业务招待费用作为差旅费等一起报销，应重分类计入业务招待费。

（2）企业在业务活动中发生的赠品支出，需要区分是作为业务宣传费还是业务招待费进行纳税处理。如果"赠品"的制作和发放目的是对企业的形象、产品起到公开宣传、展示作用，其功能主要为宣传载体，而并非为价值不菲的个人或家庭消费品，可作为业务宣传费处理，如台历等。反之，价值高昂、主要作为私人消费使用的礼品，即使在其外包装上可能附有企业的标识等，也难免会被视为交际应酬物品。

（3）企业邀请客户等外部单位或个人参加的营销宣传会议、产品推介会议、庆典会、联谊会等，如果费用构成主要为餐费、礼品支出，也应作为业务招待费处理。

（4）企业内部职工节庆联欢会中，尽管可能存在餐费支出，但其性质不属于业务招待费，而应为职工福利费（如果由工会主办，应在工会经费中列支）。

（三）公益性捐赠的税会差异及纳税调整

1.税法相关规定

《企业所得税法》第九条规定，企业发生的公益性捐赠支出，在年度利润总额12%以内的部分，准予在计算应纳税所得额时扣除。根据《企业所得税法》的规定，财政部、国家税务总局规定了一些全额扣除的公益性捐赠项目，如《财政部　税务总局　国务院扶贫办关于企业扶贫捐赠所得税税前扣除政策的公告》（2019年第49号）规定的对目标扶贫地区的捐赠。

《企业所得税法》及《企业所得税法实施条例》规定，不得扣除的赞助支出系企业发生的与生产经营活动无关的各种非广告性质支出。

2.公益性捐赠支出税前扣除的条件

《财政部　税务总局　民政部关于公益性捐赠税前扣除有关事项的公告》（2020年第27号）等对企业公益性捐赠在税前扣除所应具备的条件进行了系统规定，企业应掌握以下几个要点：

（1）公益性支出必须用于法定的公益事业。公益事业的捐赠支出，是指《中华人民共和国公益事业捐赠法》规定的向公益事业的捐赠支出，或符合《中华人民共和国慈善法》规定对慈善活动的捐赠。

（2）可以税前扣除的公益性捐赠应为间接捐赠而非直接捐赠。即，企业不得向捐赠款物的最终接受人（如学校、灾民等）进行直接赠予，必须通过具有资格的公益性社会团体或群众团体、县级以上人民政府及其部门等国家机关进行捐赠。企业实际发生捐赠业务时，负责捐赠的部门与财务部门先行沟通，确定受赠方是否在列举的具备公益性捐赠扣除资格的名单范围内，或是否属于县级以上人民政府及其部门，并且能取得下文所述的公益事业捐赠票据。

（3）公益性捐赠支出应当取得规定的捐赠收据。公益性社会组织、县级以上人民政府及其部门等国家机关在接受捐赠时，应当按照行政管理级次分别使用由财政部或省、自治区、直辖市财政部门监（印）制的公益事业捐赠票据，并加盖本单位的印章。除此之外的诸如行政事业收据、非税收入一般缴款书、内部收据等，都不可作为公益性捐赠的扣除凭证。

（4）非货币性资产捐赠。税法规定，非货币性资产捐赠以其公允价值确认捐赠额，企业在向公益性社会组织、县级以上人民政府及其部门等国家机关捐赠时，应当提供注明捐赠非货币性资产公允价值的证明；不能提供证明，接受捐赠方不得向其开具捐赠票据。如果是以自产或销售的产品、商品作为捐赠物资的，可提供近期同种产品、商品的销售发票、合同等作为证据。

（5）区分公益性捐赠支出和赞助支出。赞助支出税前扣除需要具备的条件是，该项支出是以宣传企业的形象、产品为目的，对方应当提供合规票据。

3.税会差异及纳税调整

凡限额扣除的公益性捐赠，应在规定标准内据实扣除，计算扣除限额的利润总额是捐赠企业个别报表的利润总额。如果当年实际发生的公益性捐赠支出超过限额，财税〔2018〕15号规定，超过年度利润总额12%的部分，准予结转以后三年内在计算应纳税所得额时扣除。以后三年各年有剩余捐赠限额的，可以按顺序将以前年度超限额结转的捐赠支出作纳税调减，所以纳税申报时应注意上下年度的关系。

（四）未实现融资收益和费用相应财务费用的税会差异及纳税调整

1.会计相关规定

企业销售合同中如果存在为客户提供重大融资利益，应按照应收合同价款，借记"长期应收款"等科目，按照假定客户在取得商品控制权时即以现金支付而需支付的金额（即现销价格）确定的交易价格，贷记"主营业务收入"科目，按其差额，贷记"未实现融资收益"科目，未来摊销时贷记"财务费用"科目。

企业如采用分期付款方式购买资产，且在合同中规定的付款期限比较长，超过了正常信用条件，在这种情况下，该类合同实质上具有融资租赁性质，购入资产的成本应以各期付款额的现值之和确定，其与各期付款总额之间的差额，应借记"未确认融资费用"科目，未来摊销时借记"财务费用"科目。

2.税会差异及纳税调整

（1）对于销售方而言，在为客户提供重大融资利益的销售业务中，应按照应收合同价款为基础确认应税收入，应在会计收入基础上纳税调增；未来会计摊销"未实现融资收益"贷记"财务费用"科目时，再作纳税调减。

（2）对于采购方而言，由于税法明确规定以购置资产所实际发生的支出作为其计税基础，故在分期付款购买资产业务中，会计与税收之间的差异可能表现在两个方面：一方面是资产的初始会计计量价值与计税基础不一致，这将在《资产折旧、摊销纳税调整明细表》中予以调整；另一方面差异是对"未确认融资费用"结转为"财务费用"金额的纳税调整。

【例6-2】甲公司2018年1月3日从乙公司购买一台机器设备，双方协商采用分期付款方式支付款项。合同规定，该机器设备总计6 000 000元，每年年末付款2 000 000元，三年付清。假定银行同期贷款利率为10%，不考虑其他费用。其有关计算如下：

机器设备现值=2 000 000×（P/A，10，3）=4 973 800（元）

未确认融资费用=6 000 000-4 973 800=1 026 200（元）

第一年应确认的融资费用=4 973 800×10%=497 380（元）

第二年应确认的融资费用=（4 973 800-2 000 000+497 380）×10%=347 118（元）

第三年应确认的融资费用=1 026 200-497 380-347 118=181 702（元）

甲公司账务处理如下：

借：固定资产——机器设备　　　　　　　　　　　　　　　　　　　　4 973 800

　　未确认融资费用　　　　　　　　　　　　　　　　　　　　　　　1 026 200

　　贷：长期应付款　　　　　　　　　　　　　　　　　　　　　　　　　6 000 000

固定资产的计税基础应为6 000 000元。本例中不比较日后固定资产摊销额的纳税调整问题。

第一年底付款时：

借：长期应付款　　　　　　　　　　　　　　　　　　　　　　　　　2 000 000

　　贷：银行存款　　　　　　　　　　　　　　　　　　　　　　　　　　2 000 000

借：财务费用　　　　　　　　　　　　　　　　　　　　　　　　　　497 380

　　贷：未确认融资费用　　　　　　　　　　　　　　　　　　　　　　　497 380

当年应作纳税调增497 380元。第二年、第三年的会计处理和第一年一致，第二年需要纳税调增财务费用347 118元，第三年纳税调增财务费用181 702元。

（五）利息支出的税会差异及纳税调整

1.税法相关规定

根据《企业所得税法实施条例》第三十八条的规定，企业在生产经营活动中发生的下列利息支出，准予扣除：

（1）非金融企业向金融企业借款的利息支出、金融企业的各项存款利息支出和同业拆借利息支出、企业经批准发行债券的利息支出；

（2）非金融企业向非金融企业借款的利息支出，不超过按照金融企业同期同类贷款利率计算的数额的部分。

金融企业，是指经营金融业务的各类金融企业，包括各政策性银行、商业银行、保险公司、证券公司、信托投资公司、财务公司和金融租赁公司等。

2.关于向非金融机构借款利率的特殊规定

国家税务总局公告2011年第34号（以下简称34号公告）规定：鉴于目前我国对金融企业利率要求的具体情况，企业在按照合同要求首次支付利息并进行税前扣除时，应提供

"金融企业的同期同类贷款利率情况说明"，以证明其利息支出的合理性。"同期同类贷款利率"是指在贷款期限、贷款金额、贷款担保以及企业信誉等条件基本相同下，金融企业提供贷款的利率，既可以是金融企业公布的同期同类平均利率，也可以是金融企业对某些企业提供的实际贷款利率。34号公告明确了企业的举证责任，执行该文件时应注意关于金融企业同期同类贷款利率的具体解释。

（1）关于"同期"的所属时间。34号公告明确，作为参照系的金融企业同类贷款利率，应为企业向非金融企业借款并签订借款合同时相同时间内金融企业的贷款利率。

（2）关于"金融企业"的所属空间。34号公告明确，应为本省（应是指省级行政区域，包括省、自治区、直辖市）的金融企业（应该包括其分支机构），但是公告未予明确的问题是，当借入企业与借出企业不在同一省份时，是以借入企业所在省份的金融企业作为比较对象，还是以借出企业所在省份的金融企业作为比较对象。由于公告通篇内容所针对的主体为借入企业，故可推定"本省"为借入企业所在省份。

（3）关于"金融企业"的资格。34号公告明确，必须是经政府批准设立的可以从事贷款业务的银行、财务公司、信托公司等金融机构，诸如农村商业银行、信用合作社、小额贷款公司等都应包括在内。

（4）扣除凭证。一般情况下，利息支出应当取得增值税发票作为税前扣除凭据。如果是通过其他渠道融资，如发行债券融资，客观上难以取得发票，征管实务中可能酌情放宽要求，此时要注意整理好证明利息支出实际发生的有效凭证。例如，国家税务总局北京市税务局2019年11月发布的《企业所得税实务操作政策指引》对"债券利息税前扣除凭证问题"答复如下：企业在证券市场发行债券，通过中国证券登记结算有限公司（以下简称中国结算）向投资者支付利息是法定要求，考虑到中国结算转给投资者的利息支出均有记录，税务机关可以通过中国结算获取收息企业信息，收息方可控的实际情况，允许债券发行企业凭中国结算开具的收息凭证、向投资者兑付利息证明等证据资料税前扣除。

3.借款超过债资比例的部分

关联方之间的借款超过规定债资比例的部分，应按规定提供相关资料，并证明相关交易活动符合独立交易原则，否则，超过规定比例部分本金所对应的利息支出不得税前扣除。

（六）不征税收入用于支出所形成费用的税会差异及纳税调整

1.会计相关规定

《企业会计准则第16号——政府补助》第八条规定："与资产相关的政府补助，应当冲减相关资产的账面价值或确认为递延收益。与资产相关的政府补助确认为递延收益的，应当在相关资产使用寿命内按照合理、系统的方法分期计入损益。按照名义金额计量的政府补助，直接计入当期损益。相关资产在使用寿命结束前被出售、转让、报废或发生毁损的，应当将尚未分配的相关递延收益余额转入资产处置当期的损益。"

2.税法相关规定

《企业所得税法实施条例》第二十八条第二款规定，企业的不征税收入用于支出所形成的费用或者财产，不得扣除或者计算对应的折旧、摊销扣除。

财税〔2008〕151号文中规定："企业的不征税收入用于支出所形成的费用，不得在计算应纳税所得额时扣除；企业的不征税收入用于支出所形成的资产，其计算的折旧、摊销不得在计算应纳税所得额时扣除。"

3.税会差异及纳税调整

甲公司于2021年收到一笔政府补助的污水治理专项经费500万元，记入"其他收益"科目，该款项符合财税〔2011〕70号文件规定的不征税收入条件，故在当年汇算清缴时作纳税调减。甲公司于2022年通过台账反映已使用污水处理专项经费180万元，并全部记入"管理费用"科目，甲公司应于2022年度汇算清缴时纳税调增180万元。

对于符合不征税收入的政府补助，企业应建立对应的不征税收入台账，对于其日后支出进行跟踪记录。

（七）跨期扣除项目的税会差异及纳税调整

根据企业所得税年度纳税申报表填表说明（2021版）的要求，此处填报的跨期扣除项目包括：维简费、安全生产费用、预提费用、预计负债等，以下进行逐一说明。

1.维简费、安全生产费

（1）会计相关规定。

根据财企〔2006〕478号文件的规定，安全生产费用是指在我国境内从事矿山开采、建筑施工、危险品生产及道路交通运输的企业以及其他经济组织按照规定标准提取，在成本费用中列支，专门用于完善和改进企业安全生产条件的资金。

《企业会计准则解释第3号》对安全生产费会计处理作出了如下规定：

高危行业企业按照国家规定提取的安全生产费，应当计入相关产品的成本或当期损益，同时记入"4301专项储备"科目。

企业使用提取的安全生产费时，属于费用性支出的，直接冲减专项储备。企业使用提取的安全生产费形成固定资产的，应当通过"在建工程"科目归集所发生的支出，待安全项目完工达到预定可使用状态时确认为固定资产；同时，按照形成固定资产的成本冲减专项储备，并确认相同金额的累计折旧。该固定资产在以后期间不再计提折旧。

企业提取的维简费和其他具有类似性质的费用，比照上述规定处理。

（2）税法相关规定。

《国家税务总局关于企业维简费支出企业所得税税前扣除问题的公告》（2011年第26号）对此规定为："煤矿企业实际发生的维简费支出和高危行业企业实际发生的安全生产费用支出，属于收益性支出的，可直接作为当期费用在税前扣除；属于资本性支出的，应计入有关资产成本，并按企业所得税法规定计提折旧或摊销费用在税前扣除。企业按照有关规定预提的维简费和安全生产费用，不得在税前扣除。"

据此，企业提取的维简费支出和安全生产费用应当作纳税调增，以后实际发生时或资本化支出折旧、摊销时再作纳税调减。

2.预计负债、预提费用

（1）会计相关规定。

企业由对外提供担保、未决诉讼、重组义务产生的预计负债，应按照确定的金额，借记"营业外支出"等科目。由产品质量保证产生的预计负债，应按预计的金额，借记"销售费用"科目。由资产弃置义务产生的预计负债，应按预计的金额，借记"固定资产"或其他资产科目，贷记本科目。

（2）税法相关规定。

《企业所得税法实施条例》第四十五条规定，企业依照法律、行政法规有关规定提取的用于环境保护、生态恢复等方面的专项资金，准予扣除。上述专项资金提取后改变用途的，不得扣除。依照本条规定，如果企业可提取的环境保护、生态恢复等方面的专项资金，依据的是部门规章、地方行政规章或部门规范性文件，则预提费用不得税前扣除，应在实际发生时据实扣除。

对于在当期费用中计提的预计负债（如违约金、产品保修费用等），如果在当年汇算清缴结束前仍未实际发生、支付，或虽已发生并支付，但属于税法规定不得在税前扣除的事项（如行政性罚款），应予纳税调增。其中属于税法规定可在税前扣除的事项（如合同违约金），以后年度实际支付时再作纳税调减，但属于税法规定不得在税前扣除的事项（如行政性罚款）则不再纳税调减。

（八）与取得收入无关支出的纳税调整

1.税法相关规定

《企业所得税法实施条例》规定，与取得收入无关的其他支出在计算应纳税所得额时，不得扣除。

2.与收入无关的具体事项

本处的纳税调整事项主要包括：

（1）与企业经营无关的会费。企业支付的非正规社会团体会费或与企业业务活动无关的会费、会员费。

（2）代垫费用。对于企业为其他单位或个人代垫费用或代承担的费用，如企业代个人承担的个人所得税，企业租赁房屋时承担房东的税费，不得税前扣除。

（3）不符合规定的基金、规费。财税〔2008〕151号文件中规定：企业按照规定缴纳的、由国务院或财政部批准设立的政府性基金以及由国务院和省、自治区、直辖市人民政府及其财政、价格主管部门批准设立的行政事业性收费，准予在计算应纳税所得额时扣除。企业缴纳的不符合上述审批管理权限设立的基金、收费，不得在计算应纳税所得额时扣除。例如，一些地方政府部门规定，企业未按政府统一规定安置复转军人时必须缴付一定的费用，如果此类费用不属于省级财政、价格主管部门批准设立的行政事业性收费，则属于与生产经营无关的费用支出，不得税前扣除。

（九）未取得合规票据的支出的纳税调整

1.未取得票据情况下的纳税处理

（1）税法相关规定。

《企业所得税法》规定，实际发生原则是税前扣除的基本原则之一。如何证明费用支出是实际发生的，必须依据具有证明效力的扣除凭证。国家税务总局公告2018年第28号（以下简称28号公告）文件规定："企业发生支出，应取得税前扣除凭证，作为计算企业所得税应纳税所得额时扣除相关支出的依据。"

（2）应取得扣除凭证的种类。

28号公告规定：企业在境内发生的支出项目属于增值税应税项目（以下简称"应税项目"）的，对方为已办理税务登记的增值税纳税人，其支出以发票（包括按照规定由税务机关代开的发票）作为税前扣除凭证；对方为依法无需办理税务登记的单位或者从事小额零星经营业务的个人，其支出以税务机关代开的发票或者收款凭证及内部凭证作为税前扣除凭证，收款凭证应载明收款单位名称、个人姓名及身份证号、支出项目、收款金额等相关信息。

（3）应取得而未取得发票的纳税处理。

① 企业在次年汇算清缴时重新开具，或者换取到合规票据，可以税前扣除。

② 企业未取得合规票据，且在当年度汇算清缴时未作纳税调增处理。根据28号公告的规定，税务机关发现企业应当取得而未取得发票、其他外部凭证或者取得不合规发票、不合规其他外部凭证并且告知企业的，企业应当自被告知之日起60日内补开、换开符合规定的发票、其他外部凭证。其中，因对方特殊原因无法补开、换开发票、其他外部凭证的，企业应当按照该办法第十四条的规定，自被告知之日起60日内提供可以证实其支出真实性的相关资料。如果超过60日仍未取得合规票据，则需补缴企业所得税和对应滞纳金。

③ 企业未取得合规票据，但在当年汇算清缴时已作纳税调增处理。根据28号公告的规定，企业以前年度应当取得而未取得发票、其他外部凭证，且相应支出在该年度没有税前扣除的，在以后年度取得符合规定的发票、其他外部凭证或者按照本办法第十四条的规定提供可以证实其支出真实性的相关资料，相应支出可以追补至该支出发生年度税前扣除，但追补年限不得超过五年。

2.取得票据形式不合规时的纳税处理

国税发〔2008〕80号文件及后续的一些税收规范性文件中都规定："在日常检查中发现纳税人使用不符合规定发票特别是没有填开付款方全称的发票，不得允许纳税人用于税前扣除、抵扣税款、出口退税和财务报销。"

此外还要注意的是，如果企业的成本费用取得了发票，但税务机关在检查时要求提供相关证明材料而未能提供，也可能因为无法证明其是否为企业实际发生而不得在税前扣除的问题。例如，会议费证明材料应包括：会议时间、地点、出席人员、内容、目的、费用标准、支付凭证等。所以，仅仅有"票"还不足以成"据"，税前扣除凭证是一组有证明效力材料的总称。

（十）党组织工作经费的税会差异及纳税调整

1.相关规定

组通字〔2017〕38号规定，国有企业（包括国有独资、全资和国有资本绝对控股、相对控股企业）党组织工作经费主要通过纳入管理费用、党费留存等渠道予以解决。纳入管理费用的部分，一般按照企业上年度职工工资总额1%的比例安排，每年年初由企业党组织本着节约的原则编制经费使用计划，由企业纳入年度预算。纳入管理费用的党组织工作经费，实际支出不超过职工年度工资薪金总额1%的部分，可以据实在企业所得税前扣除。年末如有结余，结转下一年度使用。累计结转超过上一年度职工工资总额2%的，当年不再从管理费用中安排。

2.党组织工作经费使用范围

组通字〔2017〕38号对于纳入管理费用的党组织工作经费使用范围也做了规定，必须是用于企业党的建设，具体可参照文件内容，此处不作一一列举。

3.扣除比例

企业纳入管理费用的党组织工作经费，实际支出不超过职工本年度工资薪金总额1%的部分，可以据实在企业所得税前扣除。例如甲企业2020年度工资总额为5 000万元，2021年预计安排的党组织工作经费为50万元，当年已全部使用完毕。2021年当年工资总额为4 000万元，那么2021年可以税前扣除的党组织工作经费的金额应为4 000×1%=40（万元），超过限额部分的10万元应在当年汇算清缴时作纳税调增。

（十一）其他纳税调整项目的税会差异及纳税调整

1.税收滞纳金、罚款

（1）税收滞纳金。

《企业所得税法》第十条第（三）项规定，纳税人年度实际发生的税收滞纳金不得在计算应纳税所得额时扣除。

税收滞纳金是指税务机关对纳税人未按照规定期限缴纳税款或扣缴义务人未按照规定期限解缴税款而征收的一种带有惩罚性质的款项。《税收征收管理法》中规定，"纳税人未按照规定期限缴纳税款的，扣缴义务人未按照规定期限解缴税款的，税务机关除责令限期缴纳外，从滞纳税款之日起，按日加收滞纳税款万分之五的滞纳金。"

（2）罚金、罚款和被没收财物的损失。

《企业所得税法》第十条第（四）项规定，纳税人年度实际发生的罚金、罚款和被罚没财物的损失不得在计算应纳税所得额时扣除。

罚金是指人民法院判处单位强制向国家缴纳一定数额金钱的处罚方法，对单位犯罪，人民法院可以对单位判处罚金。罚款，是行政处罚的一种，是指行为人的行为没有违反刑法的规定，而是违反了环保、市场监督、行政、税务等各行政法规的规定，行政执法部门依据行政法规的规定和程序决定对行为人采取的一种行政处罚。没收财物，是指将违法人的财物、现金、债权等财产收归国家所有，既弥补因其违法造成的社会损失，同时也对当事人进行惩戒。

企业不得在税前扣除的罚金、罚款和被罚没财物的损失，不同于按照《民法典》及经济合同约定应支付的违约金（包括银行罚息）、赔偿金和诉讼费，企业按照经济合同约定支付的违约金、赔偿金和诉讼费等非行政性处罚允许在税前扣除，但应能提供合同或协议、款项支付凭证等证明材料。

2.商业保险

商业保险是指投保人根据合同约定，向保险人支付保险费，保险人对于合同约定的可能发生的事故因其发生所造成的财产损失承担赔偿责任，或者当被保险人死亡、伤残、疾病或者达到合同约定的年龄、期限时承担给付保险金责任的保险行为。

《企业所得税法实施条例》第三十六条规定："除企业依照国家有关规定为特殊工种职工支付的人身安全保险费和国务院财政、税务主管部门规定可以扣除的其他商业保险费外，企业为投资者或者职工支付的商业保险费，不得扣除。"因此，可以税前扣除的商业保险仅限于以下保险支出、：

（1）企业按照国家规定为特殊工种职工支付的法定人身安全保险。此类保险应该是国家法律法规强制规定企业应当为职工投保的人身安全保险，保险费范围、投保对象等都有国家法律法规依据。如《中华人民共和国建筑法》第四十八条规定，建筑施工企业必须为从事危险作业的职工办理意外伤害保险，支付保险费；《中华人民共和国煤炭法》第四十四条规定，煤矿企业必须为煤矿井下作业职工办理意外伤害保险，支付保险费。

（2）国务院财政、税务主管部门规定可以扣除的其他商业保险费。《国家税务总局关于企业所得税有关问题的公告》（2016年第80号）规定企业职工因公出差乘坐交通工具发生的人身意外保险费支出，准予企业在计算应纳税所得额时扣除。

3.新租赁准则下的税会差异纳税调整

（1）会计相关规定。

《企业会计准则第21号——租赁》（2018）要求承租人采用单一的会计模型（短期租赁和低价值资产租赁除外），无需进行租赁分类，对资产负债表中确认的所有租赁采用相同的方式进行会计处理，并新增了使用权资产、租赁负债等科目。新租赁准则要求承租人对除短期租赁和低价值资产租赁以外的所有租赁确认使用权资产和租赁负债，并分别确认折旧和利息费用。

（2）税法相关规定。

在企业所得税上，企业根据生产经营活动的需要租入固定资产支付的租赁费，按照以下方法扣除：以经营租赁方式租入固定资产发生的租赁费支出，按照租赁期限均匀扣除；以融资租赁方式租入固定资产发生的租赁费支出，按照规定构成融资租入固定资产价值的部分应当提取折旧费用，分期扣除。

（3）承租人税会差异及纳税调整。

①经营租赁。

在租赁期开始日，承租人应当对租赁确认使用权资产和租赁负债（简化处理的短期租赁和低价值资产租赁除外）。

【例6-3】甲公司与乙公司在2019年12月签署了一份办公楼的租赁合同，租赁的办公楼用于日常办公使用。合同约定：租赁期限5年，从2020年1月1日起，每年租金100万元（不含税价，合同约定增值税税率为9%），租金按年支付，分别在2020年、2021年、2022年、2023年、2024年的12月31日各支付租金100万元（不含税价），租赁内含利率为6%。

使用权资产的初始计量金额=100×（P/A，6%，5）=421.24（万元），承租人的初始会计计量为（单位：万元）：

借：使用权资产　　　　　　　　　　　　　　　　　　　　　　　　　421.24
　　租赁负债——未确认融资费用　　　　　　　　　　　　　　　　　　78.76
　　贷：租赁负债——租赁付款额　　　　　　　　　　　　　　　　　　500

2020年度直线法计提折旧费用=租赁资产原值÷60×12=421.24÷60×12=84.25（万元），

2020年度摊销利息支出=租赁负债期初余额×租赁内含利率=421.24×6%=25.27（万元），

2020年年末租赁负债余额=租赁负债期初余额−本期租金付款额+本期利息=421.24−100+25.27=346.51（万元）。

2020年度会计分录如下（单位：万元）：

计提折旧

借：管理费用　　　　　　　　　　　　　　　　　　　　　　　　84.25

　　贷：使用权资产累计折旧　　　　　　　　　　　　　　　　　　84.25

确认利息费用

借：财务费用　　　　　　　　　　　　　　　　　　　　　　　　25.27

　　贷：租赁负债——未确认融资费用　　　　　　　　　　　　　　25.27

支付租金，取得增值税专用发票

借：租赁负债——租赁付款额　　　　　　　　　　　　　　　　　100

　　应交税费——应交增值税（进项税额）　　　　　　　　　　　　9

　　贷：银行存款　　　　　　　　　　　　　　　　　　　　　　　109

2020年计提的使用权资产折旧84.25万元和摊销的未确认融资费用25.27万元应作纳税调增处理，当年实际支付的租金100万元可以税前扣除，应作纳税调减100万元，形成时间性差异9.52万元。

以后年度会计处理和税收处理与第一年一致，有关调整台账见表6-18。

表6-18　　　　　　　　　　　**经营租赁税会差异调整台账**　　　　　　　　　单位：万元

| 年度 | 会计处理 | | 税前扣除金额 | 税会差异调整 |
	折旧费用	利息费用		（正数为调增，负数为调减）
2020	84.25	25.27	100	9.52
2021	84.25	20.79	100	5.04
2022	84.25	16.04	100	0.29
2023	84.25	11	100	−4.75
2024	84.25	5.66	100	−10.09
合计	421.25	78.76	500	0

注：表中计算数因四舍五入而有误差，在此未作调整。

②融资租赁。

【例6-4】甲公司是一家工业企业，从乙租赁公司租入一组机器设备，该机器设备是乙公司为甲公司单独订购，如果不作较大改造，只有甲公司才能使用。双方于2019年12月签署了租赁合同。合同约定：租赁期限5年，为2019年12月31日——2024年12月31日；每年租金100万元（不含税价，合同约定增值税税率13%），租金按年支付，分别在每年年末支付租金100万元（不含税价），租赁期满，甲公司按约定支付租金后机器设备所有权归属于甲公司。该组机器设备为全新，预计可使用年限10年，且不采用加速折旧方法，期末残值率为0。甲公司为租赁合同发生的担保费支出10.6万元，并取得增值税专用发票。确定的租赁内含利率为6%，甲公司按时支付了租金。

租赁开始日的会计处理：

租赁负债的初始计量金额=100×（P/A，6%，5）=421.24（万元），使用权资产的初始计量成本=租赁负债的初始计量金额−租赁激励+初始直接费用+复原成本=100×（P/A，6%，5）−0+10+0=431.24（万元）。[①]

会计分录如下（单位：万元）：

借：使用权资产   431.24
  应交税费——应交增值税（进项税额） 0.6
  租赁负债——未确认融资费用   78.76
 贷：租赁负债——租赁付款额   500
  银行存款   10.6

根据租赁准则的规定，承租人能够合理确定租赁期届满时取得租赁资产所有权的，应当在租赁资产剩余使用寿命内计提折旧。甲公司在租赁资产剩余使用寿命内计提折旧，2020年度直线法计提折旧费用=租赁资产原值÷120×12=431.24÷120×12=43.12（万元），2020年度摊销利息支出=租赁负债期初余额×租赁内含利率=421.24×6%=25.27（万元），2020年末租赁负债余额=租赁负债期初余额−本期租金付款额+本期利息=421.24−100+25.27=346.51（万元）。

2020年度会计分录如下（单位：万元）：

计提折旧

借：管理费用   43.12
 贷：使用权资产累计折旧   43.12

确认利息费用

借：财务费用   25.27
 贷：租赁负债——未确认融资费用   25.27

支付租金，取得增值税专用发票

借：租赁负债——租赁付款额   100
  应交税费——应交增值税（进项税额） 13
 贷：银行存款   113

融资租入固定资产的计税基础=不含税付款总额+租赁相关费用=100×5+10=510（万元），甲公司2020年度折旧费税收金额=融资租入固定资产的计税基础÷10=510÷10=51（万元）。

有关调整台账见表6–19。

---

① 王露，高允斌.新租赁准则下的会计与税务处理比较分析［J］.财务与会计，2020（13）：54.

表6-19 　　　　　　　　　　　融资租赁税会差异调整台账　　　　　　　　　　单位：万元

年度	会计处理		税前扣除金额	税会差异调整 （正数为调增，负数为调减）
	折旧费用	利息费用		
2020	43.12	25.27	51.00	17.39
2021	43.12	20.79	51.00	12.91
2022	43.12	16.04	51.00	8.16
2023	43.12	11.00	51.00	3.12
2024	43.12	5.66	51.00	−2.22
2025	43.12		51.00	−7.88
2026	43.12		51.00	−7.88
2027	43.12		51.00	−7.88
2028	43.12		51.00	−7.88
2029	43.12		51.00	−7.88
合计	431.24	78.76	510.00	0

注：表中合计数因四舍五入而有误差，在此未作调整。

由上表可见，承租人对于融资租赁的税会差异时间较长，需要做好台账管理工作，避免出现错调或漏调的情况。

③短期租赁和低价值资产租赁。

低价值资产：单项租赁资产为新资产时价值较低的租赁资产，参考标准是该资产在全新状态下的绝对价值低于人民币4万元。

短期租赁，是指在租赁期开始日，租赁期不超过12个月（1年）的租赁。

根据《企业会计准则第21号——租赁》的规定，对于短期租赁和低价值资产租赁，承租人可以选择不确认使用权资产和租赁负债。作出该选择的，承租人应当将短期租赁和低价值资产租赁的租赁付款额，在租赁期内各个期间按照直线法或其他系统合理的方法计入相关资产成本或当期损益。对于短期租赁和低价值租赁选择不确认使用权资产和租赁负债的，只要能够在规定时间内取得合规的扣除凭证，纳税处理和会计处理一致，不产生纳税调整事项。

四、资产类项目常见的税会差异及纳税调整

（一）固定资产折旧的税会差异及纳税调整

1.税法的一般规定

《企业所得税法实施条例》第六十条规定：

"除国务院财政、税务主管部门另有规定外，固定资产计算折旧的最低年限如下：

（一）房屋、建筑物，为20年；

（二）飞机、火车、轮船、机器、机械和其他生产设备，为10年；

（三）与生产经营活动有关的器具、工具、家具等，为5年；

（四）飞机、火车、轮船以外的运输工具，为4年；

（五）电子设备，为3年。"

会计年限如果长于税法规定的最低年限，则不作纳税调整。如会计年限短于税法规定的最低折旧年限，则产生时间性差异。

2.加速折旧规定

（1）500万元以下设备一次性加速折旧。

财税〔2018〕54号规定："企业在2018年1月1日至2020年12月31日期间新购进的设备、器具，单位价值不超过500万元的，允许一次性计入当期成本费用在计算应纳税所得额时扣除，不再分年度计算折旧。"《财政部　税务总局关于延长部分税收优惠政策执行期限的公告》（2021年第6号）将该优惠政策延续到2023年12月31日。

执行以上政策需要注意以下几个方面：

① 上述政策所述500万元以下的设备、器具不包括房屋、建筑物。

② 正确理解"购进"的概念。国家税务总局公告2018年第46号（以下简称46号公告）明确，购进包括以货币形式购进或自行建造，其中以货币形式购进的固定资产包括购进的使用过的固定资产；以货币形式购进的固定资产，以购买价款和支付的相关税费以及直接归属于使该资产达到预定用途发生的其他支出确定单位价值，自行建造的固定资产，以竣工结算前发生的支出确定单位价值。由此需要注意，融资租入、接受捐赠、接受投资、非货币性资产交换、债务重组等方式取得固定资产不适用上述政策。

③ 正确掌握选择一次性扣除的所属年度。该46号公告称固定资产在投入使用月份的次月所属年度一次性税前扣除。如甲公司在2021年12月购买一个价值低于500万元的机器设备，当月投入使用。如果在税收上选择一次性加速折旧，应于2022年享受该项政策。其次企业可以在规定的所属年度选择是否享受一次性加速折旧政策，如果未选用，以后年度不得再变更选择享受。

④ 会计上如果分期折旧，不影响企业选择享受加速折旧的政策，但必须按规定作加速折旧事项和金额的申报。

（2）单位价值超过500万元的固定资产加速折旧。

《企业所得税法实施条例》第五十九条规定，固定资产应按照直线法计算折旧税前扣除。《企业所得税法实施条例》第九十八条又规定：由于技术进步，产品更新换代较快的固定资产以及常年处于强震动、高腐蚀状态的固定资产，可采取缩短折旧年限或者加速折旧方法计提折旧。采取缩短折旧年限方法的，最低折旧年限不得低于本条例第六十条规定折旧年限的60%；采取加速折旧方法的，可以采取双倍余额递减法或者年数总和法。国税发〔2009〕81号对可加速折旧的具体情形作了具体规定。

《财政部　国家税务总局关于完善固定资产加速折旧企业所得税政策的通知》（2014年第75号）对生物药品制造业，专用设备制造业，铁路、船舶、航空航天和其他运输设备制造业，计算机、通信和其他电子设备制造业，仪器仪表制造业，信息传输、软件和信息技术服务业等6个行业的企业，在2014年1月1日后新购进的固定资产，可缩短折旧年限或采取加速折旧的方法。

《财政部　国家税务总局关于进一步完善固定资产加速折旧企业所得税政策的通知》（2015年第106号）又规定对轻工、纺织、机械、汽车等四个领域重点行业的企业，其在2015年1月1日后新购进的固定资产，可由企业选择缩短折旧年限或采取加速折旧的方法。

自2019年1月1日起，适用《财政部　国家税务总局关于完善固定资产加速折旧企业所得税政策的通知》（财税〔2014〕75号）和《财政部　国家税务总局关于进一步完善固定资产加速折旧企业所得税政策的通知》（财税〔2015〕106号）规定固定资产加速折旧优惠的行业范围，扩大至全部制造业领域。

企业是否选择加速折旧政策，应根据企业当年度的盈亏状况、应纳税所得额的高低、是否享受其他方面的税收优惠、投资额规模大小等综合确定。

3.做好资产账载原值和计税基础差异的税务管理

《企业所得税法实施条例》第五十八条对企业以各种方式取得固定资产的计税基础作出了详细规定，如果会计计量的固定资产成本与计税基础不一致，则会产生后续的纳税调整事项。两者产生差异的原因主要有：第一，购建资产时未取得合规发票或其他合规扣除凭证。根据国税函〔2010〕79号的规定，企业固定资产投入使用后12个月未取得全额发票，以及一直未能取得真实合法凭证的购置固定资产，其固定资产计税基础与账面价值存在差异，应对计提折旧进行纳税调整。第二，资产重组中取得的长期资产，在采用一般性税务处理或特殊性税务处理时，计税基础可能与账面价值不一致。第三，长期资产资本化范围与终止时间，税法与会计准则的规定不同。第四，存在财政补贴的长期资产，如果财政补贴作为不征税收入处理，也会导致差异的产生[1]。对于存在差异的长期资产，应建立必要的管理台账，并在纳税申报表中正确填报。

4.关注其他调整事项

《企业所得税法》第十一条规定，房屋、建筑物以外未投入使用的固定资产不得计算折旧扣除。房屋、建筑物以外的固定资产一般为生产设备、运输设备、办公设备等，如未投入使用的，则会计核算已计提的折旧应作纳税调增。

（二）无形资产摊销的税会差异及纳税调整

1.税法一般规定

《企业所得税法实施条例》第六十七条规定，无形资产按照直线法计算的摊销费用，准予扣除。无形资产的摊销年限不得低于10年。

企业自研或外购软件，除适用加速折旧政策外，均应按照不低于10年摊销年限对无形资产进行摊销。

2.外购软件加速摊销（折旧）政策

财税〔2012〕27号第七条规定，企业外购的软件，凡符合固定资产或无形资产确认条件的，可以按照固定资产或无形资产进行核算，其折旧或摊销年限可以适当缩短，最短

---

① 王忠善，高允斌.长期资产账面价值与计税基础的差异探源〔J〕.注册税务师，2021（1）：43-46.

可为2年（含）。

基于上述规定，如果企业委托其他单位开发软件，则不属于外购软件，应按不低于10年摊销，不可以加速摊销。不过，委托开发的业务或可享受研发费用加计扣除优惠，应当综合评价不同方案的利弊。

税收上可以缩短年限摊销并且企业作相应选择的，应在企业所得税汇算清缴时填报《A105080资产折旧、摊销及纳税调整明细表》。

（三）长期待摊费用摊销的税会差异及纳税调整

1.税法相关规定

《企业所得税法》第十三条规定："在计算应纳税所得额时，企业发生的下列支出作为长期待摊费用，按照规定摊销的，准予扣除：（一）已足额提取折旧的固定资产的改建支出；（二）租入固定资产的改建支出；（三）固定资产的大修理支出；（四）其他应当作为长期待摊费用的支出。"

2.税会差异及纳税调整

（1）固定资产改良支出。

税法将固定资产改良支出（改建支出）定义为：是指改变房屋或者建筑物结构、延长使用年限等发生的支出。固定资产改良支出分为自有固定资产改良支出与租入固定资产改良支出；前者又可分为折旧期内的改良支出与折旧期满后的改良支出。《企业所得税法实施条例》第五十八条第（六）项规定："改建的固定资产，除企业所得税法第十三条第（一）项和第（二）项规定的支出外，以改建过程中发生的改建支出增加计税基础。"

会计准则的规定则是，凡符合固定资产确认条件的，应当计入固定资产成本，同时将被替换部分的账面价值扣除；不符合固定资产确认条件的，应当计入当期损益。

通过比较可以发现，税法是从资产物理形态及可使用状态的功能角度来定义改良支出的，而会计准则侧重于能否带来未来经济利益流入来规定会计处理。企业可以结合资产修建手续以及工程管理部门的专业意见等进行判断，需要关注的主要风险点就在于是否资本化的问题。如果会计核算将显著改变房屋或者建筑物结构、能够延长使用年限的支出计入当期损益，则要考虑作纳税调整。折旧期内的改良支出应增加固定资产计税基础，在预计尚可使用年限内折旧；折旧期满的自有资产改良支出及租入固定资产的改良支出应增加长期待摊费用计税基础，前者在预计尚可使用年限内摊销，后者在剩余租赁期内摊销。由于会计准则中规定，租入固定资产改良支出应当在租赁期限与租赁资产尚可使用年限两者孰短的期限内平均摊销，如果会计核算时按短于剩余租赁期限的"尚可使用年限"摊销，同样构成时间性差异。

（2）大修理支出。

会计准则中规定，如果一项支出不产生未来效益，只是为了满足固定资产运转的正常状态，则该项支出在发生时计入管理费用或营业费用等。会计核算中一般将固定资产修理费直接计入当期损益。

《企业所得税法实施条例》第六十九条规定，固定资产的大修理支出，是指同时符合下列条件的支出：

① 修理支出达到取得固定资产时的计税基础50%以上；

② 修理后固定资产的使用年限延长2年以上。

《企业所得税法实施条例》规定，大修理支出按照固定资产尚可使用年限分期摊销。此处应关注《企业所得税法实施条例》中规定的是修理支出达到取得固定资产计税基础的50%，而不是修理当时资产账面价值的50%。如果维修的是资产组中的某一项固定资产，应当按固定资产明细账单独确认原值的该项固定资产计税基础作为比较基础，不应该与整个资产组的计税基础进行比较。例如，某成员公司对桥梁中的一项监控设备进行维修，该设备单独核算原值及折旧。设备取得时计税基础为30万元，按照10年折旧，无残值，截至2021年年底维修时已摊销8年，账面价值为6万元。如果要符合《企业所得税法实施条例》规定的固定资产大修理支出的规定，则修理费用应大于或等于15万元（即监控设备原值30万元×50%，并非整个桥梁之原值×50%），且该设备修理后使用年限延长2年以上。

（四）生物资产折旧的税会差异及纳税调整

生物资产是指与农业生产相关的有生命的动物和植物。从会计核算的角度来看，生物资产通常分为消耗性生物资产、生产性生物资产和公益性生物资产三大类。

1.税法相关规定

《企业所得税法实施条例》第六十三条规定，生产性生物资产按照直线法计算的折旧，准予扣除。同时，生产性生物资产的折旧年限、方法和预计净残值一经确定，不得变更。税法对生物资产规定了最低折旧年限：林木类生产性生物资产为10年，畜类生产性生物资产为3年。

2.税会差异及纳税调整

《企业会计准则第5号——生物资产》规定了企业可选用的生物资产折旧方法包括年限平均法（直线法）、工作量法、产量法等。在具体运用时，企业应当根据生产性生物资产的具体情况，合理选择相应的折旧方法。如果会计选择的生产性生物资产折旧方法不是直线法，或折旧年限短于税法规定，就要注意进行相应的纳税调整。

在生物资产中，还有一类功能主要为环境保护与美化的绿化资产，如企业厂区内园林绿化及道路两侧的绿化带，可称之为公益类生物资产，税法未规定其扣除办法，会计处理上往往是一次性计入当期损益。根据《国家税务总局关于企业所得税应纳税所得额若干税务处理问题的公告》（2012年第15号）第八条的规定，对企业依据财务会计制度规定，并实际在财务会计处理上已确认的支出，凡没有超过《企业所得税法》和有关税收法规规定的税前扣除范围和标准的，可按企业实际会计处理确认的支出，在企业所得税前扣除，计算其应纳税所得额。国家税务总局公告2017年第54号文件中也有类似的规定。

（五）资产损失的税会差异及纳税调整

企业的各项资产损失，按资产的种类可分为货币资金损失、坏账损失、存货损失、投资转让或清算损失、固定资产损失、在建工程和工程物资损失、生物资产损失、无形资产损失和其他资产损失。资产损失是税前扣除风险较高的事项之一，因此，凡年度纳税申报时发生了资产损失且扣除金额较大的，应重点关注如下方面的风险管理点。

1.正确划分实际资产损失与法定资产损失

国家税务总局公告2011年第25号（以下简称25号公告）规定，实际资产损失，是指企业实际转让、处置资产，或资产遭受自然灾害等原因实际发生的损失。法定资产损失，是指资产虽未实际转让、处置，但已符合税法规定的损失确认条件，且会计上已作损失处理的，例如企业小额应收账款符合税法规定年限未能收回而核销的，就属于此类情形。对此，必须逐一对照税法规定的扣除条件。

此外，上述"会计上已作损失处理"不是指会计计提资产减值损失，而应该是核销资产原值或其账面价值。

2.资产损失应准备的证明资料

企业申报扣除各项资产损失时，均应提供能够证明资产损失确属已实际发生的合法证据，包括具有法律效力的外部证据和特定事项的企业内部证据。

外部证据是指司法、行政机关或者专业技术鉴定部门出具的相关书面文件，例如，司法部门的判决、裁定文件；公安部门的立案结案证明；市场监督部门注销、吊销文件；专业技术部门的鉴定报告；具有法定资质的中介机构的经济鉴定证明等。

内部证据指会计核算制度健全、内部控制制度完善的企业，对各项资产发生毁损、报废、盘亏、死亡、变质等内部证明或承担责任的声明。如：会计核算资料和原始凭证、业务合同、内部核批文件及有关情况说明等。

需要注意的是，上述资料、证据要求是总括性的，每一类不同资产发生不同的损失情形，所需准备的资料还有所不同，实务操作时应认真对照国家税务总局公告2015年第25号（国家税务总局公告2015年第25号等对资产损失税前扣除有补充性规定）的各具体条款，在资料的准备和留存备查方面务必做到全面、准确、严密。国家税务总局公告2018年第15号规定企业向税务机关申报扣除资产损失，仅需填报企业所得税年度纳税申报表《资产损失税前扣除及纳税调整明细表》，不再报送资产损失相关资料。相关资料由企业留存备查，同时由企业承担资料的真实性、合法性风险。

3.资产损失税收金额的确定

（1）应以资产的计税基础为基础计算其损失金额。

由于资产的会计初始计量与计税基础可能不同，后续计量不同，从而引起最终的会计损失与税前扣除损失金额的不等。因此，在申报资产损失时必须关注这方面的差异性，同时应关注以前年度是否按规定对此类差异进行了纳税调整。

【例6-5】甲企业以800万元从其他企业收购乙公司100%股权，以成本法核算，该股权的计税基础为800万元。截至2020年年底，该长期股权投资发生减值，预计可收回金额为500万元，会计账面计提了资产减值损失300万元。截至2021年，该子公司（乙公司）经营状况进一步恶化，甲公司遂以价款200万元（评估的公允价值）将子公司（乙公司）出售给其他公司。

2020年会计处理：

借：资产减值损失   3 000 000

　　贷：长期股权投资——减值准备   30 00 000

因税法不承认计提的资产减值损失，故在 2020 年作纳税调增 300 万元。

2021 年会计处理：

借：银行存款	2 000 000
长期股权投资——减值准备	3 000 000
投资收益	3 000 000
贷：长期股权投资——成本	8 000 000

该股权的转让损失税收金额=股权的转让价款-股权的计税基础=200-800=-600（万元）。2021 年汇算清缴时该笔股权转让损失应纳税调减 300 万元，同时填报股权转让损失金额为 600 万元。

（2）损失资产处置收入的确定。

如果企业的损失资产涉及对外转让，需要提供转让价格合理性、公允性的证明材料，如资产处置方案、资产作价依据、内部决策文件与手续、出售合同或协议、资金结算情况等。

（3）非正常损失应作进项税额转出。

《增值税暂行条例》第十条第二项规定，非正常损失的资产应作进项税额转出。《增值税暂行条例实施细则》第二十四条规定："条例第十条第（二）项所称非正常损失，是指因管理不善造成被盗、丢失、霉烂变质的损失。"企业如因上述原因导致的资产损失，申报的资产损失金额应包括转出的增值税进项税额。财税〔2016〕36 号文件对非正常损失的不动产也作出了类似的规定。

（4）申报扣除的损失金额应为扣除资产残值、处置收入、保险赔款、责任人赔款等之后的净损失。

4.损失的扣除时间

企业的各项资产损失，应在资产损失实际发生当年申报扣除，不应提前或延后，企业应正确判定资产损失的所属年度。

实际资产损失应在其实际发生且会计上已作损失处理的年度申报扣除，法定资产损失应当在企业能够提供证据资料证明该项资产已符合法定资产损失确认条件，且会计上已作损失处理的年度申报扣除。例如，一家公司在 2021 年发生存货火灾损失，涉及责任人的追究和保险公司的理赔事项，直到 2022 年才最终解决并进行财务处理。本案例中，资产物理状态的损失发生年度为 2021 年度，但税收意义上的"实际发生"应为 2022 年度。

25 号公告第六条就企业以前年度发生的尚未扣除的资产损失作出了特别规定："企业以前年度发生的资产损失未能在当年税前扣除的，可以按照本办法的规定，向税务机关说明并进行专项申报扣除。其中，属于实际资产损失，准予追补至该项损失发生年度扣除，其追补确认期限一般不得超过五年。"目前，因已经取消备案制度，如企业将资产损失的证明材料准备完毕，可以更正申报以前年度的纳税申报表。

5.关注是否属于不得税前扣除的损失

根据税法规定的税前扣除基本原则，以下两类不得在税前扣除的资产损失较为常见，值得高度重视：

（1）与经营活动无关的、不合理的资产损失。例如，甲企业将自有资金无偿拆借给乙公司使用，后乙公司经营不善倒闭，未能偿还甲公司欠款。因该笔借款未收取利息，税务机关很可能认为此债权对于企业的生产经营收入没有直接关系，进而认定该损失不得在企业所得税税前扣除。

（2）根据25号公告第四十六条的规定，债务人或者担保人有经济偿还能力，未按期偿还的企业债权或者企业未向债务人和担保人追偿的债权不得作为损失在税前扣除。对于债权类投资损失，债权企业应积极追偿，除进行电话、函件、上门追索外，必要时应进行司法追索。

五、法人合伙人应分得应纳税所得额的税会差异及纳税调整

（一）法人合伙人适用的税收政策

集团企业总部或其成员企业参与种子期、初创期企业投资或进行其他资本运作时，往往会通过合伙企业对外投资，其架构如图6-4所示：

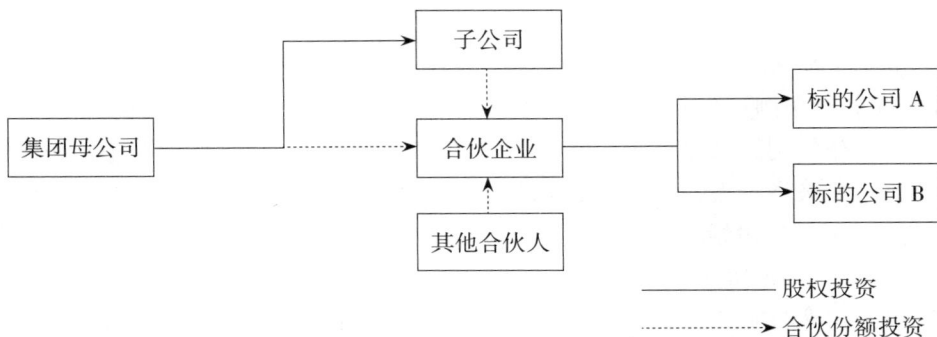

图6-4　合伙平台投资架构

《企业所得税法》规定，符合条件的居民企业之间的股息、红利等权益性投资收益属于企业所得税免税收入。合伙企业不属于税法规定的"居民企业"。因此，合伙人是法人企业的，其从合伙企业分得的投资分红，不属于投资于居民企业的投资收益，不属于免税收入。法人合伙人应根据这样的基本规定，再进一步按照"先分后税"原则对应分得的应纳税所得额进行纳税调增。

根据《财政部　国家税务总局关于合伙企业合伙人所得税问题的通知》（财税〔2008〕159号）的规定，合伙企业生产经营所得和其他所得采取"先分后税"的原则。应纳税所得额的计算按照《关于个人独资企业和合伙企业投资者征收个人所得税的规定》（财税〔2000〕91号）及《财政部　国家税务总局关于调整个体工商户个人独资企业和合伙企业个人所得税税前扣除标准有关问题的通知》（财税〔2008〕65号）的有关规定执行。文件中所称的生产经营所得和其他所得，包括合伙企业分配给所有合伙人的所得和企业当年留存的所得（利润）。

"先分后税"原则是合伙企业所得税管理的一大特征。不少合伙企业的法人合伙人认为，实际取得利润分配后才需要缴纳企业所得税。然而，根据财税〔2008〕159号的规定，合伙企业的生产经营所得和其他所得，无论是否进行法律程序上的实际利润分配，均按照合伙协议约定的分配比例（或规定的比例）计算各合伙人的应纳税所得额，合伙企业

法人合伙人应当缴纳企业所得税。需要进一步说明的是，"先分后税"系"分配"按照税法规定计算得出的应纳税所得额。

【例6-6】假设甲合伙企业是由A自然人和B公司合伙成立的，合伙协议约定的分配比例分别为30%和70%。2021年度合伙企业甲的经营收入是10万元，经营成本和营业费用为210万元，取得对外投资股息收入500万元，对外投资的金融资产公允价值变动损益为1 000万元，当年会计利润为1 300万元，无其他纳税调整事项。按照"先分后税"原则，法人合伙人B应分得应纳税所得额为210万元（（1 300-1 000）×70%）。

财税〔2008〕159号从四个方面设计确认合伙人应纳税所得额的计算规则，与《合伙企业法》的相关规定总体一致：

（1）合伙协议未约定或者约定不明确的，以全部生产经营所得和其他所得，按照合伙人协商决定的分配比例确定应纳税所得额。

（2）协商不成的，以全部生产经营所得和其他所得，按照合伙人实缴出资比例确定应纳税所得额。

（3）无法确定出资比例的，以全部生产经营所得和其他所得，按照合伙人数量平均计算每个合伙人的应纳税所得额。

（4）合伙协议不得约定将全部利润分配给部分合伙人。

（二）法人合伙人投资收益的税会差异及纳税调整

1.税收管理与会计信息管理脱节造成的差异

（1）应充分、准确掌握合伙企业的会计数据与纳税调整数据。由于法人合伙人要按合伙企业的应纳税所得额而不是会计利润乘以占伙比例确认自身的应纳税所得额，所以法人合伙人必须准确区分会计报表数据与纳税调整信息。在实务操作中，法人合伙人往往无法取得合伙企业当年的应纳税所得额的数据，在企业所得税汇算清缴纳税调整时，只能根据合伙企业的利润总额，在对公允价值变动损益及资产减值损失等税会差异进行纳税调整后的应纳税所得额，按"先分后税"原则确认自身应纳税所得额，导致计算结果不够准确。当前，合伙企业组织架构呈现多区域、多层合伙企业嵌套的特点，尤其是有限合伙制私募股权基金的投资架构更是如此。在这种组织架构中，如果对法人合伙人仍是按照"先分后税"原则逐层计算确定应纳税所得额，而法人合伙人对底层合伙企业的财税信息并不知晓，由此计算的应纳税所得额可能与真实情况相差甚远。

（2）应建立系统、准确的投资发生、变动、收益分配、投资处置等方面的基础信息，以及税收与会计差异的调整台账。实务中，合伙企业实际利润分配通常晚于"先分后税"，即向法人合伙人实际分配的利润已经按照"先分后税"原则缴纳过企业所得税，加之实际分配的利润是会计利润，与按"先分后税"原则和方法计算的应纳税所得额不同，税收和会计在账务处理、纳税申报上容易相互脱节，出现错误。

目前，很多法人合伙人将从合伙企业开始分回的金额确认为收回投资成本，本金冲完后再分配的金额才确认为投资人的收益。对此，需要结合合伙协议中的约定界定分回金额的性质，如果分回金额的实质为分红，则要进一步确定是以前年度实现利润的分红还是当年的利润分配，再结合"先分后税"的调整情况确定这样的会计处理是否构成纳税调整——如果分配的利润已包含在按"先分后税"确认过的所得之中，则不可重复调整。

由于对合伙企业的权益投资一般期限较长，如不进行有效的税务事项管理，就容易产生申报差错方面的税务风险。因此集团企业内作为法人合伙人的成员企业，财务部门应当加强与投资部门的工作协同与信息沟通，针对合伙企业投资的各基本要素，按"先分后税"的规定及实际利润分配的情况建立纳税管理台账与基础资料的管理。

2.合伙企业产生亏损时的纳税处理

财税〔2008〕159号规定："合伙企业的合伙人是法人和其他组织的，合伙人在计算其缴纳企业所得税时，不得用合伙企业的亏损抵减其盈利。"站在法人合伙人角度，不可认为：当合伙企业产生所得时，法人合伙人应确认所得；当合伙企业产生税收亏损（应纳税所得额为负）时，法人合伙人也可以按占伙比例或约定分配比例确认投资损失。合伙企业产生的亏损可以由合伙企业在未来5个纳税年度的应纳税所得额弥补，如果合伙企业长期亏损，法人合伙人的投资损失要在最终实际退出合伙企业时确认。

3.税收政策不确定的税收风险

这方面的问题较多，在此重点提示两个主要事项：

（1）如前所述，"先分后税"所分配的应该是按照税法规定计算得出的合伙企业应纳税所得额。按照《企业所得税法》的相关规定，诸如公允价值变动损益、信用减值损失等会计处理结果，在企业所得税年度汇算清缴中要进行纳税调整，但是合伙企业不适用本法。合伙企业层面计算应纳税所得额时是否允许调整，相关政策尚不明确①。例6-6中将对外投资的金融资产公允价值变动损益为1 000万元作纳税调减，这是参照了《企业所得税法》的相关规定，只能说是目前一种约定俗成的做法，并无确定性的政策依据，需要注意税企之间的政策沟通。

（2）目前，法人合伙人将持有的合伙份额转让（包括参与企业重组）时，税法没有明确规定转让所得的计算规则。假定法人合伙人A在纳税年度内将持有甲合伙企业的20%份额转让给自然人B，甲合伙企业留存的未分配利润有1 000万元，法人合伙人A确定转让价格时必然要包含对应的未分配利润。显然，该未分配利润很有可能全部或部分按"先分后税"原则确认了合伙人的应纳税所得额，而如果计算转让所得时不扣除相应的未分配利润，就会导致法人合伙人A的重复纳税。自然人B接手合伙份额后，未来分配利润时还面临一道"经营所得"的纳税义务。所以，在目前政策不确定的情况下，相关各方应当事先做好纳税筹划工作，例如对可分配利润作充分分配后再转让合伙份额，以消除重复纳税。

六、研发费用加计扣除的税收优惠与风险管理

创新驱动发展战略是国家层面实施的战略部署。在党的十九届五中全会上，习近平总书记强调"坚持创新在我国现代化建设全局中的核心地位"，《中共中央关于制定国民经济和社会发展第十四个五年规划和二〇三五年远景目标的建议》指出，坚持创新在我国现代化建设全局中的核心地位，提升企业技术创新能力。江苏交控多家成员企业积极加大研发投入和创新实践，通过规范的会计核算与纳税处理，实实在在地享受了政策红利。

---

① 陈爱华. 完善合伙企业所得税政策的若干思考［J］. 税务研究，2022（8）：133.

（一）研发费用加计扣除的相关政策

1.税法相关规定

（1）《企业所得税法》第三十条第一项规定，企业的"开发新技术、新产品、新工艺发生的研究开发费用"，可以在计算应纳税所得额时加计扣除。

（2）《企业所得税法实施条例》第九十五条规定："企业所得税法第三十条第（一）项所称研究开发费用的加计扣除，是指企业为开发新技术、新产品、新工艺发生的研究开发费用，未形成无形资产计入当期损益的，在按照规定据实扣除的基础上，按照研究开发费用的50%加计扣除；形成无形资产的，按照无形资产成本的150%摊销。"

（3）为进一步激励企业加大研发投入，支持科技创新工作，根据《关于提高科技型中小企业研究开发费用税前加计扣除比例的通知》（财税〔2017〕34号）、《财政部　税务总局关于进一步完善研发费用税前加计扣除政策的公告》（2021年第13号）等规定，对科技型中小企业、制造业企业开展研发活动中实际发生的研发费用，进一步提高税前加计扣除比例。

现将上述政策适用时间及范围列示见表6-20：

表6-20　　　　　　　　　　　　　　加计扣除比例变化序时表

企业性质	2016年前	2017年	2018年—2020年	2021年	2022年	2023年
一般企业加计扣除比例	50%	50%	75%	75%	75%	75%
科技中小企业加计扣除比例	50%	75%	75%	75%	100%及以后年度	
制造业加计扣除比例	50%	50%	75%	100%及以后年度		

2.现行重要政策

2015年以来，财政部、国家税务总局、科技部等部门陆续出台了多项研发费用加计扣除（简称"加计扣除"）方面具体实施政策。目前为止，在用有效的重要政策见表6-21：

表6-21　　　　　　　　　　　　　　加计扣除重要政策一览表

文件名称	文件号	下发时间	发文单位	执行时间
关于完善研究开发费用税前加计扣除政策的通知	财税〔2015〕119号	2015年11月2日	财政部　国家税务总局　科技部	自2016年1月1日起执行
关于企业研究开发费用税前加计扣除政策有关问题的公告	国家税务总局公告2015年第97号	2015年12月29日	国家税务总局	适用于2016年度及以后年度企业所得税汇算清缴
科技型中小企业评价办法	国科发政〔2017〕115号	2017年5月3日	科技部　财政部　国家税务总局	自发布之日起实施
关于研发费用税前加计扣除归集范围有关问题的公告	国家税务总局公告2017年第40号	2017年11月8日	国家税务总局	适用于2017年度及以后年度汇算清缴

文件名称	文件号	下发时间	发文单位	执行时间
关于发布修订后的《企业所得税优惠政策事项办理办法》〉的公告	国家税务总局公告2018年第23号	2018年4月25日	国家税务总局	适用于2017年度汇算清缴及以后年度优惠事项办理工作
关于企业委托境外研究开发费用税前加计扣除有关政策问题的通知	财税〔2018〕64号	2018年6月25日	财政部 税务总局 科技部	自2018年1月1日起执
关于提高研究开发费用税前加计扣除比例的通知	财税〔2018〕99号	2018年9月20日	财政部 税务总局 科技部	2018年1月1日至2020年12月31日期间
关于印发《江苏省企业研究开发费用税前加计扣除核查异议项目鉴定处理办法（修订版）》的通知	苏科技规〔2019〕274号	2019年10月17日	江苏省科学技术厅 江苏省财政厅国家税务总局江苏省税务局	自印发之日起执行
财政部 税务总局关于延长部分税收优惠政策执行期限的公告	财政部 税务总局公告2021年第6号	2021年3月15日	财政部 税务总局	财税〔2018〕99号执行期限延长至2023年12月31日
财政部 税务总局关于进一步完善研发费用税前加计扣除政策的公告	财政部 税务总局公告2021年第13号	2021年3月31日	财政部 税务总局	自2021年1月1日起执行
国家税务总局关于进一步落实研发费用加计扣除政策有关问题的公告	国家税务总局公告2021年第28号	2021年9月13日	国家税务总局	第一条适用于2021年度，其他条款适用于2021年及以后年度
关于进一步提高科技型中小企业研发费用税前加计扣除比例的公告	财政部 税务总局科技部公告2022年第16号	2022年3月23日	财政部 税务总局 科技部	自2022年1月1日起执行
关于企业预缴申报享受研发费用加计扣除优惠政策有关事项的公告	国家税务总局公告2022年第10号	2022年5月20日	国家税务总局	自2022年1月1日起施行

（二）研发费用加计扣除的内部管理与申报基本流程（图6-5）

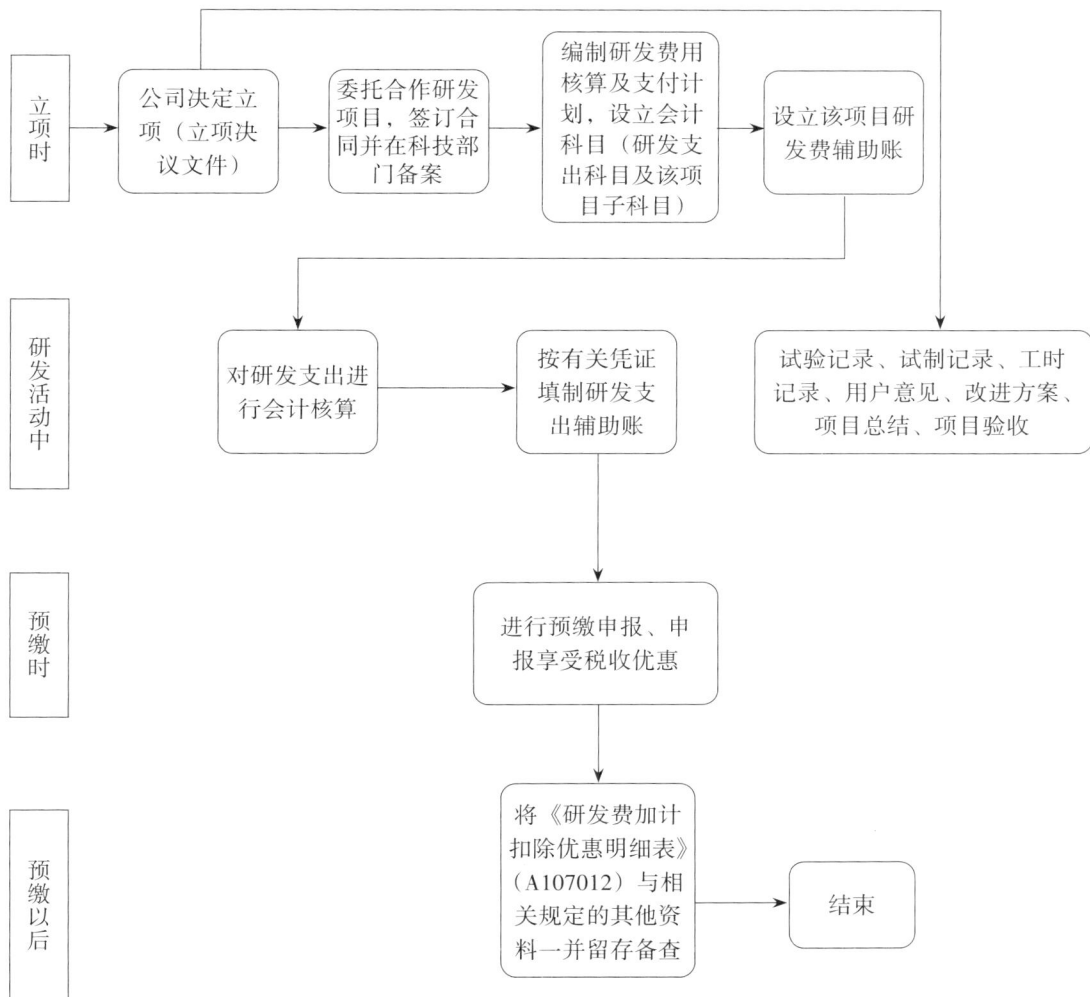

图6-5　加计扣除内部管理与申报流程图

（三）研发费用加计扣除优惠享受实操及税务风险管理要点

1.优惠政策享受范围的界定

财税〔2015〕119号第一条所称研发活动："是指企业为获得科学与技术新知识，创造性运用科学技术新知识，或实质性改进技术、产品（服务）、工艺而持续进行的具有明确目标的系统性活动。"其具有创新创造性、明确目的性、系统性的特点。但不是所有企业、所有的研发活动，都可以适于享受加计扣除税收优惠政策的，只有会计核算健全、实行查账征收并能够准确归集研发费用的居民企业，符合领域范围的非限定行业且为非限定类型的研发活动，才可以享受加计扣除优惠政策。因此在具体实施过程中，首先要对行业、领域、活动类型进行判断。

（1）行业判断。

财税〔2015〕119号第四条规定，属于《国民经济行业分类与代码（GB/4754-

2011）》（目前已更新为GB/4754-2017）中的下列行业，不适用享受企业所得税税前加计扣除优惠政策。具体是：①烟草制造业；②住宿和餐饮业；③批发和零售业；④房地产业；⑤租赁和商务服务业；⑥娱乐业；⑦财政部和国家税务总局规定的其他行业。

国家税务总局公告2015年第97号第四条规定了不适用加计扣除政策行业的判定标准："是指以《通知》所列行业业务为主营业务，其研发费用发生当年的主营业务收入占企业按税法第六条规定计算的收入总额减除不征税收入和投资收益的余额50%（不含）以上的企业。"

如果一个公司《企业所得税年度纳税申报基础信息表》（A000000表）中"105所属国民经济行业"为限定性行业，即使开展了研发活动，归集了研发费用，也不能享受加计扣除企业所得税优惠政策。

（2）领域判断。

属于以下两个文件规定的技术领域范围的创新性研发活动，方可以加计扣除。

① 国科发火〔2016〕32号《高新技术企业认定管理办法》附件规定的八大领域。

② 国家发展和改革委员会、科学技术部、工业和信息化部、商务部、国家知识产权局公告2011年第10号《当前优先发展的高技术产业化重点领域指南（2011年度）》规定的十大产业137个领域。

（3）活动类型判断。

财税〔2015〕119号（以下简称119号文）第一条第（二）项规定，下列活动不适用税前加计扣除政策，①企业产品（服务）的常规性升级；②对某项科研成果的直接应用，如直接采用公开的新工艺、材料、装置、产品、服务或知识等；③企业在商品化后为顾客提供的技术支持活动；④对现存产品、服务、技术、材料或工艺流程进行的重复或简单改变；⑤市场调查研究、效率调查或管理研究；⑥作为工业（服务）流程环节或常规的质量控制、测试分析、维修维护；⑦社会科学、艺术或人文学方面的研究。

对于研发项目是否可以加计扣除，企业要"自行判别、申报享受、相关资料留存备查"，如税务机关在开展加计扣除优惠核查时，对企业享受加计扣除优惠的研发项目是否属于119号文规定的研究开发活动有异议的，可转请地市级（含）以上科技行政主管部门出具鉴定意见，科技部门应及时回复意见。

2.机构设置

在机构设置方面，可以根据公司规模及科研管理水平，设置繁简适度的研发机构组织管理架构。具体可如图6-6所示。

3.制度建设

在《江苏省交通运输科技与成果转化项目管理办法》《江苏交通控股系统高速公路科学研究项目管理办法》《江苏交通控股有限公司会计制度（2021）》等文件规定的框架下，江苏交控成员企业建立了适合企业特点的《研发项目管理制度》《研发资金投入及核算管理制度》《科技项目绩效考核办法》《科技成果转化组织实施与奖励制度》《科技人才培养制度》等与科研相关的管理制度，在制度层面为研发工作的开展提供保障。

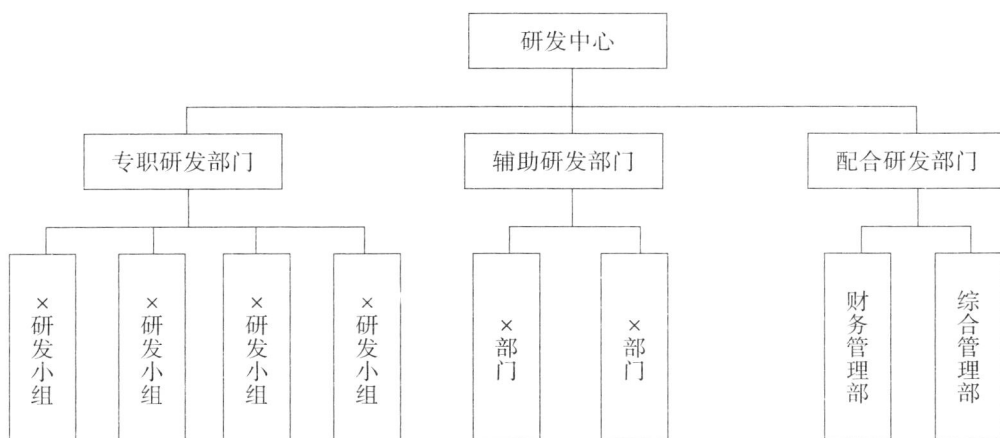

图6-6 研发机构组织架构图

4.项目立项

各公司根据集团年度科研计划，结合公司产品、施工流程、设备、工艺、材料、应用操作系统、客户需求、社会责任等需要确定研发项目，年末制订下一年度研发工作计划，经公司管理层会议通过，形成正式文件下发至各执行部门。

技术部门要根据公司研发计划，编制具体的项目计划书。计划书的主要内容应涵盖：立项目的/依据、研发的内容/目标、创新点、核心技术/主要经济指标、计划进度、资金预算、主要人员、主要设备、预期成果等内容。

在项目执行过程中，如项目负责人、技术负责人、项目时间、方案调整、经费投入等重大事项进行变更，可以修订计划书，并作出说明。

5.资源配置

（1）人力资源配置。

①定义。

国家税务总局公告2017年第40号第一条第（一）项规定："直接从事研发活动人员包括研究人员、技术人员、辅助人员。研究人员是指主要从事研究开发项目的专业人员；技术人员是指具有工程技术、自然科学和生命科学中一个或一个以上领域的技术知识和经验，在研究人员指导下参与研发工作的人员；辅助人员是指参与研究开发活动的技工。外聘研发人员是指与本企业或劳务派遣企业签订劳务用工协议（合同）和临时聘用的研究人员、技术人员、辅助人员。"

②研究人员的配置。

专职研发机构的研究人员，全年都应投入到研发工作中。对于人力资源丰富的单位，人员可以与项目一一对应，这样方便管理、核算与考核；对于人力资源不丰富的单位，可以一人多项；对于大型的自主研发项目，由于复杂程度高，涉及专业技术内容广泛，项目组成员应配置充分。

③技术人员、辅助人员的配置。

在选择辅助部门、配合部门人员参与研发工作时，可以按照专业优先、岗位优先、学历优先的原则进行筛选，人员保持基本稳定。

（2）资产资源配置。

①定义。

根据国家税务总局公告2017年第40号的相关规定，研发活动中与资产消耗相关的费用主要内容包括：直接投入费用，包括研发活动直接消耗的材料、燃料和动力费用；用于中间试验和产品试制的模具、工艺装备开发及制造费，不构成固定资产的样品、样机及一般测试手段购置费，试制产品的检验费；用于研发活动的仪器、设备的运行维护、调整、检验、维修等费用，以及通过经营租赁方式租入的用于研发活动的仪器、设备租赁费。折旧费用，为用于研发活动的仪器、设备的折旧费；无形资产摊销费用，为用于研发活动的软件、专利权、非专利技术（包括许可证、专有技术、设计和计算方法等）的摊销费用。研发部门使用的房屋建筑物折旧或办公楼租金不可以加计扣除。

②资产的选择。

专职研发机构的资产，要全部配置到各个项目中。

辅助部门、生产部门等与研发部门共用的资产，应当是直接参加研发活动的仪器、设备等资产，如果关系较为间接，例如企业的变电设备，不应计算折旧加计扣除。

6.过程控制

对项目过程中的各项记录要及时、完整，主要包括：

（1）按月按项目做好人员人工工时记录、资产使用工时记录；

（2）按项目进度做好项目实验过程参数记录、项目检验检测记录、项目问题反馈及改进记录等；

（3）按项目做好中间过程验收记录、项目结题总结。

7.成果鉴定

根据项目性质，凡交通部门、科技部门下达的政府项目，由主管部门组织进行成果鉴定；江苏交控集团立项的项目由集团组织专家进行鉴定；成员企业各自立项的项目可由各成员企业组织内部验收，将结果报集团科技主管部门备案。

对研发过程中的形成的发明专利、实用新型、外观设计、软件著作权等，应及时向国家知识产权局、国家版权局进行申请。

如果研发没有形成专利，或是失败的研发项目，根据国家税务总局公告2017年第40号第七条第（四）项规定："失败的研发活动所发生的研发费用可享受税前加计扣除政策。"

（四）研发费用会计核算及纳税处理

1.会计相关规定

《财政部关于企业加强研发费用财务管理的若干意见》（财企〔2007〕194号）第一条规定：

"企业研发费用（即原"技术开发费"），指企业在产品、技术、材料、工艺、标准的研究、开发过程中发生的各项费用，包括：

（一）研发活动直接消耗的材料、燃料和动力费用。

（二）企业在职研发人员的工资、奖金、津贴、补贴、社会保险费、住房公积金等人工费用以及外聘研发人员的劳务费用。

（三）用于研发活动的仪器、设备、房屋等固定资产的折旧费或租赁费以及相关固定资产的运行维护、维修等费用。

（五）用于中间试验和产品试制的模具、工艺装备开发及制造费，设备调整及检验费，样品、样机及一般测试手段购置费，试制产品的检验费等。

（六）研发成果的论证、评审、验收、评估以及知识产权的申请费、注册费、代理费等费用。

（七）通过外包、合作研发等方式，委托其他单位、个人或者与之合作进行研发而支付的费用。

（八）与研发活动直接相关的其他费用，包括技术图书资料费、资料翻译费、会议费、差旅费、办公费、外事费、研发人员培训费、培养费、专家咨询费、高新科技研发保险费用等。"

关于研发费用的会计核算，《企业会计准则解释第15号》中规定：企业将固定资产达到预定可使用状态前或者研发过程中产出的产品或副产品对外销售（以下统称试运行销售）的，应当按照《企业会计准则第14号——收入》《企业会计准则第1号——存货》等规定，对试运行销售相关的收入和成本分别进行会计处理，计入当期损益，不应将试运行销售相关收入抵销相关成本后的净额冲减固定资产成本或者研发支出。试运行产出的有关产品或副产品在对外销售前，符合《企业会计准则第1号——存货》规定的应当确认为存货，符合其他相关企业会计准则中有关资产确认条件的应当确认为相关资产。

《企业会计准则第6号——无形资产》第七条规定：企业内部研究开发项目的支出，应当区分研究阶段支出与开发阶段支出。

研究是指为获取并理解新的科学或技术知识而进行的独创性的有计划调查。

开发是指在进行商业性生产或使用前，将研究成果或其他知识应用于某项计划或设计，以生产出新的或具有实质性改进的材料、装置、产品等。

企业内部研究开发项目的支出，应当区分研究阶段支出与开发阶段支出。研究阶段的支出全部费用化，计入当期损益。开发阶段的支出符合资本化条件的，才能确认为无形资产；不符合资本化条件的计入当期损益。

2.税法相关规定

（1）研发费用类别、范围、归集与分配。

按照前文列示的各项规范性文件规定及《研发费用加计扣除优惠明细表》（A107012表）的分类，研发项目主要包括人员人工费用、直接投入费用、折旧费用、无形资产摊销、新产品设计费、其他相关费用、委托开发等费用。现将税法规定的研发费用范围与内容整理见表6-22：

表6-22 研发费用范围与归集分配的规定表

项目	加计扣除研发费用的范围与归集分配的规定
人员人工费用	人员人工费用指直接从事研发活动人员的工资薪金、基本养老保险费、基本医疗保险费、失业保险费、工伤保险费、生育保险费和住房公积金，以及外聘研发人员的劳务费用。工资薪金包括按规定可以在税前扣除的对研发人员股权激励的支出。 直接从事研发活动的人员、外聘研发人员同时从事非研发活动的，企业应对其人员活动情况做必要记录，并将其实际发生的相关费用按实际工时占比等合理方法在研发费用和生产经营费用间分配，未分配的不得加计扣除
直接投入费用	直接投入费用指研发活动直接消耗的材料、燃料和动力费用；用于中间试验和产品试制的模具、工艺装备开发及制造费，不构成固定资产的样品、样机及一般测试手段购置费，试制产品的检验费；用于研发活动的仪器、设备的运行维护、调整、检验、维修等费用，以及通过经营租赁方式租入的用于研发活动的仪器、设备租赁费。 ①以经营租赁方式租入的用于研发活动的仪器、设备，同时用于非研发活动的，企业应对其仪器设备使用情况做必要记录，并将其实际发生的租赁费按实际工时占比等合理方法在研发费用和生产经营费用间分配，未分配的不得加计扣除。 ②企业研发活动直接形成产品或作为组成部分形成的产品对外销售的，研发费用中对应的材料费用不得加计扣除。研发过程中形成的下脚料、残次品、中间试制品等特殊收入应冲减加计扣除的研发费用。 产品销售与对应的材料费用发生在不同纳税年度且材料费用已计入研发费用的，可在销售当年以对应的材料费用发生额直接冲减当年的研发费用，不足冲减的，结转以后年度继续冲减
折旧费用	折旧费用指用于研发活动的仪器、设备的折旧费。 ①用于研发活动的仪器、设备，同时用于非研发活动的，企业应对其仪器设备使用情况做必要记录，并将其实际发生的折旧费按实际工时占比等合理方法在研发费用和生产经营费用间分配，未分配的不得加计扣除。 ②企业用于研发活动的仪器、设备，符合税法规定且选择加速折旧优惠政策的，在享受研发费用税前加计扣除政策时，可就税前扣除的折旧部分计算加计扣除
无形资产摊销费用	无形资产摊销费用指用于研发活动的软件、专利权、非专利技术（包括许可证、专有技术、设计和计算方法等）的摊销费用。 ①用于研发活动的无形资产，同时用于非研发活动的，企业应对其无形资产使用情况做必要记录，并将其实际发生的摊销费按实际工时占比等合理方法在研发费用和生产经营费用间分配，未分配的不得加计扣除。 ②用于研发活动的无形资产，符合税法规定且选择缩短摊销年限的，在享受研发费用税前加计扣除政策时，就税前扣除的摊销部分计算加计扣除

项目	加计扣除研发费用的范围与归集分配的规定
设计试验等费用	新产品设计费、新工艺规程制定费、新药研制的临床试验费、勘探开发技术的现场试验费，指企业在新产品设计、新工艺规程制定、新药研制的临床试验、勘探开发技术的现场试验过程中发生的与开展该项活动有关的各类费用
其他费用	其他费用指与研发活动直接相关的其他费用，如技术图书资料费、资料翻译费、专家咨询费、高新科技研发保险费，研发成果的检索、分析、评议、论证、鉴定、评审、评估、验收费用，知识产权的申请费、注册费、代理费，差旅费、会议费、职工福利费、补充养老保险费、补充医疗保险费。 研发费用中"其他相关费用"限额的计算方法。企业在一个纳税年度内同时开展多项研发活动的，由原来按照每一研发项目分别计算"其他相关费用"10%限额，2021年后改为统一计算全部研发项目"其他相关费用"10%限额
委托外部研究开发费用	企业委托外部机构或个人开展研发活动发生的费用，可按规定税前扣除。 ①企业委托外部机构或个人开展研发活动发生的费用，可按规定税前扣除；加计扣除时按照研发活动发生费用的80%作为加计扣除基数。 ②委托个人研发的，应凭个人出具的发票等合法有效凭证在税前加计扣除。 ③委托境外（不包括委托境外个人）进行研发活动所发生的费用，按照费用实际发生额的80%计入委托方的委托境外研发费用。委托境外研发费用不超过境内符合条件的研发费用三分之二的部分，可以按规定在企业所得税前加计扣除

（2）研发费用的辅助核算与纳税申报。

由于税法规定可加计扣除研发费用的范围、内容与财务会计制度中的相关规定存在差异，因此，企业应当按税法规定组织研发费用的辅助核算。《国家税务总局关于进一步落实研发费用加计扣除政策有关问题的公告》（2021年第28号）第二条关于研发支出辅助账样式的问题规定：《国家税务总局关于企业研究开发费用税前加计扣除政策有关问题的公告》（2015年第97号）发布的研发支出辅助账和研发支出辅助账汇总表样式继续有效。另增设简化版研发支出辅助账和研发支出辅助账汇总表样式。企业按照研发项目设置辅助账时，可以自主选择使用2015版研发支出辅助账样式，或者2021版研发支出辅助账样式，也可以参照上述样式自行设计研发支出辅助账样式。企业自行设计的研发支出辅助账样式，应当包括2021版研发支出辅助账样式所列数据项，且逻辑关系一致，能准确归集允许加计扣除的研发费用。2021版研发支出辅助账样式对表式进行了大幅简化，与高新技术企业申报格式十分趋同，并允许企业自行设计表样，大大减轻了企业财务核算的工作量，建议优先选择2021版研发支出辅助账样式。

路桥项目建设期间研发形成的资本化支出，结转至"无形资产"后可在未来10年以上的摊销期内加计扣除，有利于该优惠政策的充分享受。另外，在账面上确认无形资产，既有利于彰显江苏交控系统在智慧交通方面的科技投入及创新成果，又有利于知识产权的分享与再利用、再创造。对于一些盈利企业，如果研发费用不是必须资本化，作费用化处理更加有利。当然，具体的会计处理还要在会计准则的框架下进行。

企业在第三季度企业所得税预缴申报时，可以自主选择就当年前三季度研发费用享受加计扣除优惠政策。对10月份预缴申报期未选择享受研发费用加计扣除优惠政策的，可以在办理当年度企业所得税汇算清缴时统一享受。如果企业当年的部分研发项目有财政补贴，通常不宜将该财政补贴作为不征税收入，这样就不会影响研发费用的加计扣除；否则，对应的研发费用不得税前扣除，自然也不能申报加计扣除。

（五）备案及后续管理

1.委托开发、合作开发技术合同备案

集团企业因内部分工协作的需要，往往会设立独立的研究院、技术开发、技术服务之类的法人公司，这种情况下集团内部的委托开发项目数量较多。集团企业也有可能委托外部的高校、科研院所等开发项目，或合作开发项目，在此类情况下要注意合同备案方面的要求。

国家税务总局公告2015年第97号公告解读中指出："根据《技术合同认定登记管理办法》（国科发政字〔2000〕63号）第六条，未申请认定登记和未予登记的技术合同，不得享受国家对有关促进科技成果转化规定的税收、信贷和奖励等方面的优惠政策。据此，涉及委托、合作研究开发的合同需经科技主管部门登记，该资料需要留存备查。"

国家税务总局公告2017年第40号第七条第（五）项规定："委托方委托关联方开展研发活动的，受托方需向委托方提供研发过程中实际发生的研发项目费用支出明细情况。"

委托方与受托方不可对同一研发项目重复享受加计扣除优惠政策。委托开发业务中，应当由委托方申报加计扣除，受托方应当注意的是，其为完成受托开发业务而发生的费用支出，不得加计扣除。受托方应当在项目管理、会计核算上，准确区分为完成受托开发业务而发生的费用支出，以及自身单独立项进行研究开发活动而发生的支出。

2.留存备查资料

财税〔2015〕119号中规定："税务部门应加强研发费用加计扣除优惠政策的后续管理，定期开展核查，年度核查面不得低于20%。"

国家税务总局公告2018年第23号《关于发布修订后的〈企业所得税优惠政策事项办理办法〉的公告》要求按年度整理备查资料，该公告第十条规定："企业留存备查资料应从企业享受优惠事项当年的企业所得税汇算清缴期结束次日起保留10年。"研发费用加计扣除主要备查资料包括：①自主、委托、合作研究开发项目计划书和企业有权部门关于自主、委托、合作研究开发项目立项的决议文件；②自主、委托、合作研究开发专门机构或项目组的编制情况和研发人员名单；③经科技行政主管部门登记的委托、合作研究开发项目的合同；④从事研发活动的人员（包括外聘人员）和用于研发活动的仪器、设备、无形资产的费用分配说明（包括工作使用情况记录及费用分配计算证据材料）；⑤集中研发项目研发费决算表、集中研发项目费用分摊明细情况表和实际分享收益比例等资料；⑥"研发支出"辅助账及汇总表；⑦企业如果已取得地市级（含）以上科技行政主管部门出具的鉴定意见，应作为资料留存备查。

七、"公路"公共基础设施项目的税收优惠与风险管理

（一）税法基本规定

《企业所得税法》第二十七条规定：企业的下列所得，可以免征、减征企业所得税：……（二）从事国家重点扶持的公共基础设施项目投资经营的所得……。

《企业所得税法实施条例》第八十七条规定：企业所得税法第二十七条第（二）项所称国家重点扶持的公共基础设施项目，是指《公共基础设施项目企业所得税优惠目录》规定的港口码头、机场、铁路、公路、城市公共交通、电力、水利等项目。

企业从事前款规定的国家重点扶持的公共基础设施项目的投资经营的所得，自项目取得第一笔生产经营收入所属纳税年度起，第一年至第三年免征企业所得税，第四年至第六年减半征收企业所得税。

企业承包经营、承包建设和内部自建自用本条规定的项目，不得享受本条规定的企业所得税优惠。

财税〔2008〕116号附件《公共基础设施项目企业所得税优惠目录（2008年版）》第5项明确：由省级以上政府投资主管部门核准的一级以上的公路新建项目属于符合条件的国家重点扶持的公共基础设施项目，自项目取得第一笔生产经营收入所属的纳税年度起，企业所得税"三免三减半"。

（二）该项税收优惠政策条件符合性的分析论证

1.收费大桥项目能否享受优惠

按照该目录，由省级以上政府投资主管部门核准的一级以上的公路新建项目方可以享受企业所得税"三免三减半"优惠。

江苏交控系统下属路桥单位中，除了有高速公路项目公司外，还有部分收费大桥项目公司，如江苏五峰山大桥有限公司建设的五峰山公路大桥（全长2.877千米）和南北接线高速公路项目（全长33.04千米）；江苏常泰大桥有限公司建设运营的"常泰长江大桥"，跨江连接常州与泰兴两市，是集高速公路、城际铁路、一级公路"三位一体"的过江通道。

财税〔2008〕116号文件中明确，"公路"项目是指省级以上政府投资主管部门核准投资的一级以上的公路建设项目，并未明确提及桥梁建设项目。经分析论证，桥梁建设项目应该可以享受企业所得税"三免三减半"优惠。

（1）"公路"的定义。

《中华人民共和国公路法》（以下简称《公路法》）第二条规定：在中华人民共和国境内从事公路的规划、建设、养护、经营、使用和管理，适用本法。本法所称公路，包括公路桥梁、公路隧道和公路渡口。第六条又规定：公路按其在公路路网中的地位分为国道、省道、县道和乡道，并按技术等级分为高速公路、一级公路、二级公路、三级公路和四级公路。具体划分标准由国务院交通主管部门规定。

在交通主管部门相关文件中，均与《公路法》中对"公路"的定义一致。例如《公路建设监督管理办法》（交通运输部令2021年第11号）：本办法所称公路建设是指公路、桥梁、隧道、交通工程及沿线设施和公路渡口的项目建议书、可行性研究、勘察、设计、施工、竣（交）工验收和后评价全过程的活动。

根据江苏省交通运输厅 2021 年 3 月 16 日公布的《江苏省 2021 年重大项目清单（交通）》（表6-23），交通建设项目一级分类分为四类：公路、港口航道、铁路、机场；"公路"分类下细分为五类：省际高速公路、省内高速公路、长江过江通道及接线、国省干线公路、农村公路提档升级工程。"五峰山过江通道南北公路接线"即属于"公路—长江过江通道及接线"项下的建设项目。

表6-23　　　　　　　　　　江苏省2021年重大项目清单（交通）①

序号	项目名称
第一部分	实施项目
I	公路
1	省际高速公路
（1）	宜兴至长兴高速公路江苏段
（2）	溧阳至宁德公路江苏段
⋮	⋮
2	省内高速公路
（1）	苏锡常南部高速公路常州至无锡段
（2）	连云港至宿迁高速公路沭阳至宿豫段
⋮	⋮
3	长江过江通道及接线
（1）	五峰山过江通道南北公路接线工程
（2）	常泰长江大桥
（3）	龙潭过江通道
（4）	江阴靖江长江隧道
（5）	张家港如皋过江通道
（6）	常泰长江大桥南北公路接线工程
（7）	建宁西路过江通道
（8）	仙新路过江通道
（9）	和燕路过江通道（南段）
4	国省干线公路
5	农村公路提档升级工程
II	港口航道
1	港口扩容提升工程
⋮	⋮

① 作者根据相关资料整理。

（2）公路等级的划分标准。

公路等级划分主要依据公路的使用任务、功能和流量进行划分，公路分为高速公路、一级公路、二级公路、三级公路及四级公路等五个技术等级。

《公路工程技术标准》（JTG B01—2014）第3条规定："3.1.1.1高速公路为专供汽车分方向、分车道行驶，全部控制出入的多车道公路。高速公路的年平均日设计交通量宜在15 000辆小客车以上。3.1.1.2一级公路为供汽车分方向、分车道行驶，可根据需要控制出入的多车道公路。一级公路的年平均日设计交通量宜在15 000辆小客车以上。"

（3）结论：可申报享受该项所得减免优惠。

据此，桥梁建设、隧道项目如果符合一级以上公路技术标准，并且也是省级以上政府投资主管部门核准的新建项目，应当属于"省级以上政府投资主管部门核准的一级以上的公路新建项目"，享受公共基础设施项目企业所得税"三免三减半"优惠。以五峰山大桥为例，其既属于《公路法》中"公路"的定义范围，其建设项目也属于交通主管部门对公路建设项目的定义范围，应当享受公共基础设施项目企业所得税"三免三减半"优惠，从而有利于加快区域间、城际间和城乡间道路交通建设，降低百姓出行成本和城市运输成本，改善城乡居住环境。

2.公路（桥梁）公共基础设施项目享受"三免三减半"优惠的税收管理手续

该项优惠由相关公司根据经营情况以及相关税收规定自行判断是否符合优惠事项规定的条件，符合条件的可以按照要求自行计算税收优惠金额，并通过填报《所得减免优惠明细表》享受税收优惠，同时按照规定归集和留存相关资料备查。

在享受公路（桥梁）公共基础设施项目"三免三减半"优惠时，如果项目公司全部经营项目只有公路（桥梁）收费经营项目，则将全年收入、成本、期间费用等填入表中"国家重点扶持的公共基础设施项目"一行，以及相应列次，"三免"期间的所得填入第9列"免税项目"，"三减"期间的所得填入第10列"减半项目"。

在年度纳税申报的同时，应准备好如下留存备查资料：

（1）有关部门批准该项目文件；

（2）公共基础设施项目建成并投入运行后取得的第一笔生产经营收入凭证（原始凭证及账务处理凭证）；

（3）公共基础设施项目完工验收报告；

（4）项目权属变动情况及转让方已享受优惠情况的说明及证明资料（优惠期间项目权属发生变动的，通常不会发生）；

（5）公共基础设施项目所得分项目核算资料，以及合理分摊期间共同费用的核算资料；

（6）符合《公共基础设施项目企业所得税优惠目录》规定范围、条件和标准的情况说明及证据资料。

（三）税收优惠政策的准确适用

1.正确、合理确认第一笔项目生产经营收入

按照现行政策规定，企业从事公路、机场、铁路等公共基础设施项目的投资经营所

得，自项目取得第一笔生产经营收入所属纳税年度起，第一年至第三年免征企业所得税，第四年至第六年减半征收企业所得税。计算优惠的起始时间，自项目取得第一笔生产经营收入所属纳税年度起，因此，正确、合理确认第一笔生产经营收入开始时间，对企业合理、合法享受公共基础设施项目企业所得税"三免三减半"优惠至关重要。

国税发〔2009〕80号规定："本通知所称第一笔生产经营收入，是指公共基础设施项目建成并投入运营（包括试运营）后所取得的第一笔主营业务收入。"

因此，《企业所得税法实施条例》第八十七条、第八十八条规定的企业享受"三免三减半"优惠政策，应从该项目取得第一笔生产经营收入所属纳税年度算起，并且该生产经营收入是指项目运营产生的主营业务收入。项目建设期间取得的资金利息收入、租金收入等不属于项目的"生产经营收入"，不应当计算为"三免三减半"优惠的开始期间。因此，如果相关公司在建设期内出于申请增值税增量留抵退税的需要而确认、申报资金利息收入、租金收入等，进而将纳税信用等级转为B级，并不会影响该企业所得税优惠政策的享受。

2.取得与项目直接相关的政府补助的税收优惠政策适用情形

国税发〔2009〕80号规定："企业同时从事不在目录范围的生产经营项目取得的所得，应与享受优惠的公共基础设施项目经营所得分开核算，并合理分摊企业的期间共同费用；没有单独核算的，不得享受上述企业所得税优惠。"

江苏交控系统下属路桥单位运营公路过程中，可能会针对某一项目从政府有关部门取得政府补助，如果该政府补助与享受减免的公共基础设施项目直接相关，则属于运营该项目取得的所得，该部分政府补助应当可以享受减免所得税收优惠。如果该政府补助与享受减免的公共基础设施项目不直接相关，则不可以享受减免所得税收优惠。

关于这一问题理解，可以参考《2019年国家税务总局北京市税务局企业所得税实务操作政策指引（第一期）》：

"2.取得政府补助享受项目所得减免问题

问：A公司既从事节能节水项目，享受"三免三减半"税收优惠，又从事其他应税项目，对于其从政府有关部门取得的涉及节能节水项目的补助能否享受"三免三减半"税收优惠？

答：对于享受减免所得的企业，其取得的政府补助如与减免项目直接相关，则可以享受减免所得税收优惠，如与减免项目不直接相关，则其取得的政府补助不可以享受减免所得税收优惠。因此，鉴于A公司从政府有关部门取得的政府补助与享受减免的节能节水项目相关，因此可以享受"三免三减半"税收优惠。"

此外，在公路项目建设期间如果取得了针对该项目的政府补助，是否属于该项目取得的第一笔生产经营收入，开始计算"三免三减半"优惠的开始期间呢？我们认为，上述政府补助属于项目建设期间取得的非主营业务收入，应当不计算为"三免三减半"优惠的开始期间。

3.科学、合理筹划其他相关税收政策

企业运营公共基础设施项目取得的所得为阶段性优惠，项目取得第一笔生产经营收入满三年后即不能再享受免税优惠，满六年后即不能再享受减半征收企业所得税优惠，因此，在项目开始运营的前六年期间内，有一些时间性差异性质的税收优惠政策，需要合理选择是否享受。例如，在项目开始运营的前六年期间，不宜享受固定资产加速折旧政策，取得项目直接相关政府补助时，也不宜享受不征税收入。在此引用一实例进行说明：

例如，某公路建设单位2021年开始取得项目第一笔生产经营收入，当年12月新购入固定资产合计2 000万元，单位价值均低于500万元，会计处理按5年折旧，每年折旧400万元。假定该公路建设单位前六年每年取得项目投资经营的会计利润为5 000万元，除折旧调整事项外，无其他纳税调整项目。

现对选择享受或不选择享受一次性税前扣除政策的结果列表对照见表6-24：

表6-24　　　　　　　　　　**选择享受一次性税前扣除政策对照表**

年度	选择享受一次性税前扣除政策	不享受一次性税前扣除政策
第一年	纳税调整后所得额=5 000万元 所得减免=5 000万元 应纳税所得额=5 000-5 000=0	纳税调整后所得额=5 000万元 所得减免=5 000万元 应纳税所得额=5 000-5 000=0
第二年	纳税调整后所得额=5 000-（2 000-400） 　　　　　　=3 400（万元） 所得减免=3 400万元 应纳税所得额=3 400-3 400=0	
第三年	纳税调整后所得额=5 000+400 　　　　　　=5 400（万元） 所得减免=5 400万元 应纳税所得额=5 400-5 400=0	
第四年至第六年	纳税调整后所得额=5 000+400 　　　　　　=5 400（万元） 所得减免=2 700万元 应纳税所得额=5 400-2 700=2 700（万元）	纳税调整后所得额=5 000万元 所得减免=2 500万元 应纳税所得额=5 000-2 500 　　　　　　=2 500（万元）
合计	六年累计确认应纳税所得额为8 100万元	六年累计确认应纳税所得额为7 500万元

通过上表可以看出，该公路建设单位选择享受固定资产一次性税前扣除反而多确认了应纳税所得额，前六年累计多确认应纳税所得额600万元。假定"三免三减半"期间分别多确认300万元应纳税所得额，按25%的税率计算，少享受企业所得税税收优惠为：

300×25%+300/2×25%=112.5（万元）

八、高新技术企业申报与风险管理

《企业所得税法》第二十八条规定，国家需要重点扶持的高新技术企业减按15%税率征收企业所得税，并且根据国家税务总局公告2018年第45号（《国家税务总局关于延长高新技术企业和科技型中小企业亏损结转弥补年限有关企业所得税处理问题的公告》），亏损可以延长至10年弥补，加之在政府补贴、科技金融信贷服务、上市绿色通道等方面各地政府也给予了积极的政策引导，有越来越多的企业参与到高新技术企业认定（简称"高企认定"）工作中来。江苏交控成员企业中，江苏现代路桥有限责任公司、江苏通行宝智慧交通科技股份有限公司、江苏高速公路工程养护技术有限公司等多家公司通过多年持续的研发投入与创新实践，积极规范财税事务处理，已陆续通过了高企认定。

（一）两个重要文件

2016年1月1日后，高企认定工作执行以下两个文件：

1.《科技部　财政部　国家税务总局关于修订印发〈高新技术企业认定管理办法〉的通知》（国科发火〔2016〕32号，以下简称《认定管理办法》）。

2.《科技部　财政部　国家税务总局关于修订印发〈高新技术企业认定管理工作指引〉的通知》（国科发火〔2016〕195号，以下简称《工作指引》）。

（二）"高企"认定条件

1.定义

《认定管理办法》第二条所称的高新技术企业是指："在《国家重点支持的高新技术领域》内，持续进行研究开发与技术成果转化，形成企业核心自主知识产权，并以此为基础开展经营活动，在中国境内（不包括港、澳、台地区）注册的居民企业。"

2.必要条件

《认定管理办法》第十一条规定，认定为高新技术企业须同时满足规定条件：企业申请认定时须注册成立一年以上；企业通过自主研发、受让、受赠、并购等方式，获得对其主要产品（服务）在技术上发挥核心支持作用的知识产权的所有权；对企业主要产品（服务）发挥核心支持作用的技术属于《国家重点支持的高新技术领域》规定的范围。企业从事研发和相关技术创新活动的科技人员数量、企业近三个会计年度的研究开发费用总额、近一年高新技术产品（服务）收入占企业同期总收入的比例等指标要达到规定的最低标准。此外，企业创新能力评价应达到相应要求；企业申请认定前一年内未发生重大安全、重大质量事故或严重环境违法行为。

（三）企业创新能力评价标准

《工作指引》第三条第（七）项规定："企业创新能力主要从知识产权、科技成果转化能力、研究开发组织管理水平、企业成长性等四项指标进行评价。各级指标均按整数打分，满分为100分，综合得分达到70分以上（不含70分）为符合认定要求。"四项指标分值结构详见表6-25：

表6-25　　　　　　　　　　企业创新能力评价分值表

序号	指　标	分值
1	知识产权	≤30
2	科技成果转化能力	≤30
3	研究开发组织管理水平	≤20
4	企业成长性	≤20

1.知识产权（≤30分）

由技术专家对企业申报的知识产权是否符合《认定办法》和《工作指引》要求，进行定性与定量结合的评价。评价内容主要有技术的先进程度、对主要产品（服务）在技术上发挥核心支持作用、知识产权数量、知识产权获得方式、企业参与编制国家标准、行业标准、检测方法、技术规范的情况等。

在申请高企认定及高新技术企业资格存续期内，由于集团企业会采用内部委托开发或合作开发形式，当知识产权有多个权属人时，只能由一个权属人在申请时使用。

2.科技成果转化能力（≤30分）

依照《促进科技成果转化法》，科技成果是指通过科学研究与技术开发所产生的具有实用价值的成果（专利、版权、集成电路布图设计等）。该项评价指标由技术专家根据企业科技成果转化总体情况和近3年内科技成果转化的年平均数进行综合评价。同一科技成果分别在国内外转化的，或转化为多个产品、服务、工艺、样品、样机等的，只计为一项。

科技成果转化形式包括：自行投资实施转化；向他人转让该技术成果；许可他人使用该科技成果；以该科技成果作为合作条件，与他人共同实施转化；以该科技成果作价投资、折算股份或者出资比例；以及其他协商确定的方式。

3.研究开发组织管理水平（≤20分）

由技术专家根据企业研究开发与技术创新组织管理的总体情况，结合以下几项评价，进行综合打分：是否制定了企业研究开发的组织管理制度，建立了研发投入核算体系，编制了研发费用辅助账；是否设立了内部科学技术研究开发机构并具备相应的科研条件，与国内外研究开发机构开展多种形式产学研合作；是否建立了科技成果转化的组织实施与激励奖励制度，建立开放式的创新创业平台；是否建立了科技人员的培养进修、职工技能培训、优秀人才引进，以及人才绩效评价奖励制度。企业应对照这方面的要求加强研发活动的组织管理，在制度建设方面要注意切合企业实际，不断优化更新，避免生搬硬套或陈旧过时。

4.企业成长性（≤20分）

由财务专家根据企业净资产增长率、销售收入增长率等指标对企业成长性进行评价。企业应对照文件中规定的指标计算公式，在不违反会计准则的前提下对企业财务指标作必要的规划和管理。

（四）"三个占比"及核算要求

《工作指引》对企业的财务核算指标及费用归集范围做了具体规定，并要求由符合第一条第（三）项条件的会计师事务所或税务师事务所，对企业的研究开发费用和高新技术产品（服务）收入进行专项审计或鉴证，出具专项报告。如不能达到《认定管理办法》第十一条第（四）、（五）、（六）项规定的必要条件，不能被认定为高新技术企业。

1.科技人员占职工总数的比值

《认定管理办法》第十一条第（四）项规定，企业从事研发和相关技术创新活动的科技人员占企业当年职工总数的比例不低于10%。

（1）科技人员。

企业科技人员是指直接从事研发和相关技术创新活动，以及专门从事上述活动的管理和提供直接技术服务的，累计实际工作时间在183天以上的人员，包括在职、兼职和临时聘用人员。

（2）职工总数。

企业职工总数包括企业在职、兼职和临时聘用人员。在职人员可以通过企业是否签订了劳动合同或缴纳社会保险费来鉴别；兼职、临时聘用人员全年须在企业累计工作183天以上。

现行政策没有明确科技人员、职工总数是否包括劳务派遣人员，实务中有不同的理解与操作口径，需要关注科技、税务部门每年所作的政策宣讲。

2.研究开发费用占比销售收入总额的比值

《认定管理办法》第十一条第（五）项规定，企业近三个会计年度（实际经营期不满三年的按实际经营时间计算）的研究开发费用总额占同期销售收入总额的比例符合表6-26的要求：

表6-26 研究开发费用占比表

销售收入	小于5 000万元（含）	5 000万元至2亿元（含）	2亿元以上的
占比	不低于5%	不低于4%	不低于3%
	在中国境内发生的研究开发费用总额占全部研究开发费用总额的比例不低于60%		

（1）企业研究开发活动确定。

研究开发活动是指，为获得科学与技术（不包括社会科学、艺术或人文学）新知识，创造性运用科学技术新知识，或实质性改进技术、产品（服务）、工艺而持续进行的具有明确目标的活动。不包括企业对产品（服务）的常规性升级或对某项科研成果直接应用等活动（如直接采用新的材料、装置、产品、服务、工艺或知识等）。

研发项目的确立，应在《国家重点支持的高新技术领域》范围内，要围绕科技成果能转化、形成高新技术产品（服务）收入的目的开展。项目计划书的主要内容应涵盖立项目的、依据、研发的内容与目标、创新点、核心技术、形成成果时的主要经济指标、计划进度、资金预算、主要人员、主要设备、预期成果等内容。

（2）研究开发费用的归集范围（表6-27）。

表6-27 申报高企认定研发费用及与加计扣除研发费用比较表

项目	申报高企认定研发费用的规定	与加计扣除的主要差异
人员人工费用	人员人工费用包括企业科技人员的工资薪金、基本养老保险费、基本医疗保险费、失业保险费、工伤保险费、生育保险费和住房公积金，以及外聘科技人员的劳务费用	科技人员范围更宽泛，不包括年度任职小于183天的人员
直接投入费用	直接消耗的材料、燃料和动力费用	如果试制品对外销售的或形成废品销售收入，应按规定扣减加计扣除的研发费用

项目	申报高企认定研发费用的规定	与加计扣除的主要差异
直接投入费用	用于中间试验和产品试制的模具、工艺装备开发及制造费，不构成固定资产的样品、样机及一般测试手段购置费，试制产品的检验费	基本相同
	用于研究开发活动的仪器、设备的运行维护、调整、检验、检测、维修等费用，以及通过经营租赁方式租入的用于研发活动的固定资产租赁费	固定资产租赁费比加计扣除范围更宽泛
折旧费用与长期待摊费用	折旧费用是指用于研究开发活动的仪器、设备和在用建筑物的折旧费	包括研发机构使用的房屋建筑物折旧
	长期待摊费用是指研发设施的改建、改装、装修和修理过程中发生的长期待摊费用	加计扣除无此项
无形资产摊销费用	无形资产摊销费用是指用于研究开发活动的软件、知识产权、非专利技术（专有技术、许可证、设计和计算方法等）的摊销费用	基本相同
设计费用	设计费用是指为新产品和新工艺进行构思、开发和制造，进行工序、技术规范、规程制定、操作特性方面的设计等发生的费用。包括为获得创新性、创意性、突破性产品进行的创意设计活动发生的相关费用	基本相同
装备调试费用与试验费用	装备调试费用是指工装准备过程中研究开发活动所发生的费用，包括研制特殊、专用的生产机器，改变生产和质量控制程序，或制定新方法及标准等活动所发生的费用	基本相同
	为大规模批量化和商业化生产所进行的常规性工装准备和工业工程发生的费用不能计入归集范围	基本相同
	试验费用包括新药研制的临床试验费、勘探开发技术的现场试验费、田间试验费等	基本相同
其他费用	其他费用是指上述费用之外与研究开发活动直接相关的其他费用，包括技术图书资料费、资料翻译费、专家咨询费、高新科技研发保险费，研发成果的检索、论证、评审、鉴定、验收费用，知识产权的申请费、注册费、代理费、会议费、差旅费、通信费等。此项费用一般不得超过研究开发总费用的20%，另有规定的除外	范围比加计扣除宽泛，限额比例为20%，比加计扣除10%的限额比例高
委托外部研究开发费用	委托外部研究开发费用是指企业委托境内外其他机构或个人进行研究开发活动所发生的费用（研究开发活动成果为委托方企业拥有，且与该企业的主要经营业务紧密相关）。委托外部研究开发费用的实际发生额应按照独立交易原则确定，按照实际发生额的80%计入委托方研发费用总额	包括委托境外个人开发费用，委托境外开发限额与加计扣除不同

3.高新技术产品（服务）收入占总收入的比值

《认定管理办法》第十一条第（六）项规定，近一年高新技术产品（服务）收入占企业同期总收入的比例不低于60%。

（1）高新技术产品（服务）收入。

高新技术产品（服务）是指对其发挥核心支持作用的技术属于《国家重点支持的高新技术领域》规定范围的产品（服务）。主要产品（服务）是指高新技术产品（服务）中，拥有在技术上发挥核心支持作用的知识产权的所有权，且收入之和在企业同期高新技术产品（服务）收入中超过50%的产品（服务）。

高新技术产品（服务）收入是指企业通过研发和相关技术创新活动，取得的产品（服务）收入与技术性收入的总和。对企业取得上述收入发挥核心支持作用的技术应属于《技术领域》规定的范围。其中，技术性收入包括技术转让收入、技术服务收入和接受委托研究开发收入。

高企认定评审中通常通过以下材料的审核认定高新技术产品（服务）收入：高新产品证书、研发形成的知识产权的技术对其收入是否有核心支持作用、查新报告、检测报告、用户意见、销售合同及发票等等。

（2）总收入。

总收入是指收入总额减去不征税收入。

收入总额与不征税收入按照《企业所得税法》及《企业所得税法实施条例》的规定计算。主要包括：营业收入、转让财产收入、投资收益、利息收入、租金收入、特许权使用费收入、接受捐赠收入、其他收入等。相关机构、部门审核时往往要求将汇兑收益与企业所得税纳税调整收入也计入总收入中。现行政策未明确规定股权转让、财产转让是按全额还是净额计入总收入，由于会计核算时会将财产转让的净收益记入"资产处置收益"科目贷方，将股权转让净收益记入"投资收益"科目贷方，因此人们习惯上认为应按净额计入。不过，在存在转让损失的情况下，这些项目"收入"以0计算，还是据实按损失净额计入分母，或是按收入全额计入分母，将对计算高新技术产品（服务）收入占比产生直接影响，这同样要关注所在省份的具体操作口径。

（五）申报要求

按每年省高新技术企业认定管理工作协调小组办公室最新出台的文件要求，结合公司所在地区科技局具体要求，组织申报材料，按要求及时在高新技术企业认定工作网（http：//www.innocom.gov.cn）上传资料。

申报材料主要包括十个方面（图6-7）的内容，具体要求要根据省及地方科技部门要求进行必要的调整。

（六）后续管理

1.享受优惠政策时间

《认定管理办法》第九条规定："通过认定的高新技术企业，其资格自颁发证书之日起有效期为三年。"

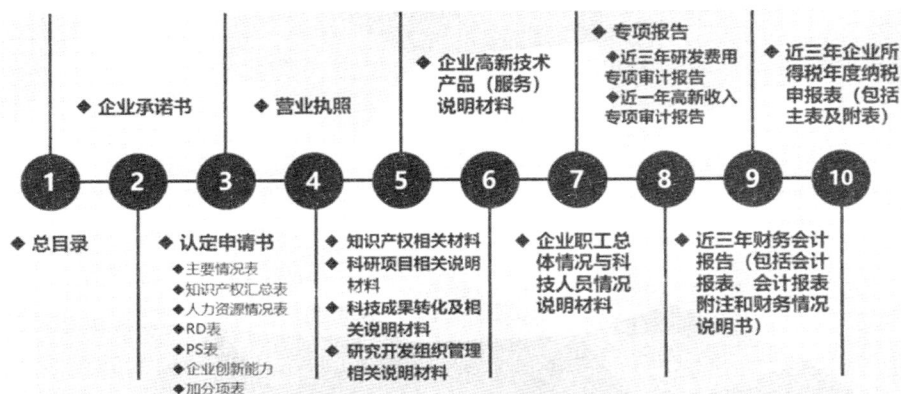

图6-7　申报高企材料结构图

《认定管理办法》第十条规定："企业获得高新技术企业资格后，自高新技术企业证书颁发之日所在年度起享受税收优惠，可依照本办法第四条的规定到主管税务机关办理税收优惠手续。"

2.纳税申报与后续管理

《工作指引》第五条第（二）项规定，企业获得高新技术企业资格后，在其资格有效期内应每年5月底前通过"高新技术企业认定管理工作网"，报送上一年度知识产权、科技人员、研发费用、经营收入等年度发展情况报表；在同一高新技术企业资格有效期内，企业累计两年未按规定时限报送年度发展情况报表的，由认定机构取消其高新技术企业资格，在"高新技术企业认定管理工作网"上公告。

除年报外，各地科技部门还会要求企业上报季报和其他统计报表，企业所得税汇算时要填写《高新技术企业优惠情况明细表》（A107041表），这些报表也应及时上报。

由于科技、统计、税务及其他政府部门对创新研发的关注度越来越高，经常性、制度化地要求企业提供各类报表，加之电子信息技术的普遍使用，政府部门有些资源能够共享，因此对政府部门上报的各类资料应保证数据来源、数据口径、数据标准的合规性、逻辑一致性。同理，企业高企认定申报材料与年度企业所得税申报数据、加计扣除申报数据具有关联性，企业同样要注意按规定申报，对数据、信息之间的相互关系进行核对、确认。

3.重要事项变更管理

《工作指引》第五条第（四）项规定，高新技术企业发生名称变更或与认定条件有关的重大变化（如分立、合并、重组以及经营业务发生变化等），应在发生之日起三个月内向认定机构报告，由认定机构负责审核企业是否仍符合高新技术企业条件。

（七）"高企"认定与研发费用加计扣除税务管理的异同

高新技术企业在享受15%税率优惠的同时可以叠加享受研发费用加计扣除的税基优惠。享受研发费用加计扣除的企业未必是高新技术企业，而高新技术企业通常应申报享受研发费用加计扣除优惠。

高企认定与研发费用加计扣除的税务管理有相同点，也有不同之处。从相同点上看，两者都以科技创新为主基调，因此，研发部门在税收风险管理与纳税筹划上应当占据主导地位，财务部门则起到财税政策支持与管理服务的作用，还需要人力资源、参与试制的生产部门、质量管理等其他部门的协调配合，两者都要重视事前的纳税筹划。在申请高企认定前，企业应重视研发费用加计扣除的税务管理，要注意两者申报材料上内在一致性，在内容和形式上不可相互矛盾。

从差异点方面看，两者依据的税收政策不同，高企认定时申报的研发费用与加计扣除的研发费用在金额上往往是有差异的，企业应通过基础管理资料对此间的差异作出合法合理的说明和证明。从管理要求上来看，高企认定系统性更强，要求企业要有健全的研发组织体系，持续开展规模化研发活动，并且要形成一定的研发成果，研发成果还要实现一定程度的生产力转化，它构成了一套体系化、逻辑化的认定条件，企业申报高企认定工作是一项系统性工程。而研发费用加计扣除政策则单维度地侧重于创新性研发费用的投入，即使投入失败亦可享受优惠政策。从财务核算与税务指标要求看，高企认定不仅对研发费用核算提出了要求，对高新技术产品（服务）收入的认定也有一定的要求，只是在研发费用核算范围及口径上比加计扣除研发费用口径更宽一些。从风险管理重心方面看，由于高企是由省级认定机构认定的，因此，税收风险管理的重心在事前。而加计扣除优惠是由企业自主申报，资料留存备查，因此，税收风险管理的一个重要环节是在事后。

九、"三类设备"投资业务中的税收优惠与风险管理

（一）税法基本规定

《企业所得税法》第三十四条规定：企业购置用于环境保护、节能节水、安全生产等专用设备的投资额，可以按一定比例实行税额抵免。

《企业所得税法实施条例》第一百条规定：

"企业所得税法第三十四条所称税额抵免，是指企业购置并实际使用《环境保护专用设备企业所得税优惠目录》、《节能节水专用设备企业所得税优惠目录》和《安全生产专用设备企业所得税优惠目录》规定的环境保护、节能节水、安全生产等专用设备的，该专用设备的投资额的10%可以从企业当年的应纳税额中抵免；当年不足抵免的，可以在以后5个纳税年度结转抵免。

享受前款规定的企业所得税优惠的企业，应当实际购置并自身实际投入使用前款规定的专用设备；企业购置上述专用设备在5年内转让、出租的，应当停止享受企业所得税优惠政策，并补缴已经抵免的企业所得税税款。"

（二）核实确定资产购置业务中可享受的优惠范围

各集团企业从事的经营活动不同，投资购置的固定资产也有较大的差别，企业在购置环节，应当重点关注所购置的设备是否属于《环境保护专用设备企业所得税优惠目录》、《节能节水专用设备企业所得税优惠目录》或《安全生产专用设备企业所得税优惠目录》范围之内，由于涉及设备品类、性能参数等专业技术知识，因而此项工作应由技术部门、采购部门与财务部门协同配合，以保证税收优惠申报的合规性、准确性。

以江苏交控集团为例，根据《安全生产专用设备企业所得税优惠目录（2018年版）》，所属成员企业在建设期、运营期投资的安全生产专用设备符合下列条件的，即属于税收优惠的范围，详见表6-28：

表6-28　　　　　　　　　　　　**安全生产专用设备目录（部分）**

序号	设备名称	性能参数	应用领域	执行标准
五、交通运输				
（一）公路行业				
42	隧道超前探测设备	地质雷达：100MHz 天线，天线频带带宽 30～150MHz；红外探测仪：分辨率 H 档为：0.05mV/cm²，M 档为：0.07mV/cm²；地震波法超前地质预报设备：TGP/TSP/TST/TRT 等设备	隧道施工安全预报预警	JTGF60、TG F90、TB10304
43	架桥机安全监控系统	架桥机运行状态的全方位检测	桥梁架设施工	GB/T 28264
44	隧道施工人员识别定位设备	分区域定位和精确定位，精确定位精度可达 5 米；具有考勤/提醒和报警/消警功能；设备电压：220V	隧道等空间的人员安全行为监控	JTG F60
45	桥梁检测设备	桥梁检测车：桥梁下部结构检测，包括梁体、墩柱混凝土裂缝宽度长度及深度，混凝土破损面积，桥梁支座检查，支座垫石完整性等	桥梁检测	QC/T 826
		桥梁 CT 扫描系统：无损检测桥梁混凝土裂缝、波纹管内灌浆密实度、钢筋及斜拉索、悬索探伤		
六、电力				
67	SF6 泄漏报警装置	SF6 检测范围：50～5 000ppm；超限报警点：1 000ppm，精度 <5% F·S；O2 浓度检测范围：1%～25%，缺氧报警点：18%，精度 <1% F·S；风机启动：氧含量 ≤ 19.6% 时或 SF6 气体浓度 >1 000ppm 时，自动启动风机每次启动时间 15min 或自定义，可手动控制或强制启动风机	变电站、开关站 SF6 配电装置室	GB/T 8905、DL/T 846.6
68	测温式电气火灾监控探测器	报警值：55～140℃；报警时间：温度达到报警设定值时，探测器 40s 内发出报警信号	电力隧道、变电站、开关站、发电厂	GB 14287.3、GB 50116、GB 50166
69	电力线路杆塔作业防坠落装置	导轨载荷：不小于 100kg；锁止距离：不大于 0.2m；导轨型式：T 型导轨、槽型导轨、钢绞线	输电线路杆塔	DL/T 1147

续表

序号	设备名称	性能参数	应用领域	执行标准
70	绝缘检修作业平台	绝缘电压等级：10~1 000kV、±800kV；抱杆梯、梯具、梯台、过桥、拆卸型检修平台、升降型检修平台工作载荷不小于 100kg；复合材料快装脚手架单层额定工作载荷不小于 200kg	变电站、开关站、发电厂、输电线路	DL/T 1209
71	带电作业车	绝缘等级 10~110kV，工作斗载荷：200kg（2 人）	架空电力线路	GB/T 9465、GB/T 18037、DL/T 972
72	超声波局放检测仪	灵敏度：峰值灵敏度一般不小于 60dB（V/（m/s）），均值灵敏度一般不小于 40dB（V/（m/s））；检测频带：用于 SF6 气体绝缘电力设备的超声波检测仪，一般在 20kHz~80kHz 范围内；对于充油电力设备的超声波检测仪，一般在 80kHz~200kHz 范围内；对于非接触方式的超声波检测仪，一般在 20kHz~60kHz 范围内；线性度误差：不大于±20%；稳定性：局部放电超声波检测仪连续工作 1 小时后，注入恒定幅值的脉冲信号时，其响应值的变化不应超过±20%	变电站、开关站、输电线路、发电厂	DL/T 250、DL/T 1416

（三）税收优惠申报操作流程

该项企业税收优惠事项采取"自行判别、申报享受、相关资料留存备查"的办理方式，在企业所得税汇算清缴时享受，填报《税额抵免优惠明细表》。注意留存备查资料清单如下：

（1）购买并自身投入使用的专用设备清单及发票；

（2）以融资租赁方式取得的专用设备的合同或协议；

（3）专用设备属于《环境保护专用设备企业所得税优惠目录》、《节能节水专用设备企业所得税优惠目录》或《安全生产专用设备企业所得税优惠目录》中的具体项目的说明；

（4）专用设备实际投入使用时间的说明。

（四）注意事项

企业在购置上述设备时，财务人员加强对固定资产的台账管理，对于隧道超前探测设备、架桥机安全监控系统、隧道施工人员识别定位设备、桥梁检测设备等要保持专业敏感，及时与业务部门沟通是否符合安全生产专用设备相关目录的执行标准。对于符合要求的资产，在企业所得税汇算清缴时要进行主动进行申报或告知税审事务所，同时做好资料的留存备查工作。

第三节　个人所得税风险管理

一、个人所得税及其基本要素

个人所得税主要是以自然人（含个体工商户、合伙企业中的个人投资者、承租承包个人）及具有自然人性质的企业（个人独资企业）取得的各类应税所得为征税对象而征收的一种所得税。

（一）纳税人

在中国境内有住所，或者无住所而一个纳税年度内在中国境内居住累计满183天的个人，为居民个人。在中国境内无住所又不居住，或者无住所而一个纳税年度内在中国境内居住累计不满183天的个人，为非居民个人。

居民个人对从中国境内和境外取得的所得均应在中国境内申报缴纳个人所得税。非居民个人仅对从中国境内取得的所得负有在中国境内申报缴纳个人所得税的义务。

（二）征税对象与适用税率

个人所得税的征税对象是个人取得的应税所得。《中华人民共和国个人所得税法》（以下简称《个人所得税法》）列举征税的个人所得共九项：工资、薪金所得，劳务报酬所得，稿酬所得，特许权使用费所得，经营所得，利息、股息、红利所得，财产租赁所得，财产转让所得，偶然所得。

居民个人取得前款第一项至第四项所得为综合所得，按纳税年度合并计算个人所得税；非居民个人取得前款第一项至第四项所得，按月或者按次分项计算个人所得税。纳税人取得前款第五项至第九项所得，按规定分别计算个人所得税。个人所得税税率适用情况见表6-29：

表6-29 个人所得税税率适用情况表

征税对象	居民个人	非居民个人
工资、薪金所得，劳务报酬所得，稿酬所得，特许权使用费所得	按纳税年度合并适用 3% ~ 45% 的七级超额累进税率	按月或者按次分项适用 3% ~ 45% 的七级超额累进税率
经营所得	按年度适用 5% ~ 35% 的五级超额累进税率	
利息、股息、红利所得，财产租赁所得，财产转让所得，偶然所得	按次适用 20% 的比例税率	

注：此处不涉及预扣预缴适用税率的情况。

（三）计税依据

个人所得税的计税依据是纳税人取得的应纳税所得额，应纳税所得额是个人取得的各项收入减去税法规定的扣除项目或扣除金额之后的余额。

我国现行个人所得税采取分项确定、分类扣除，根据所得的不同情况分别实行定额、定率和会计核算三种扣除办法。

（1）居民个人综合所得（工资、薪金所得，劳务报酬所得，稿酬所得，特许权使用费所得）涉及的个人生计费用，采用定额和定率扣除的办法，以每一纳税年度的收入额减除费用六万元以及专项扣除、专项附加扣除和依法确定的其他扣除后的余额，为应纳税所得额。

其中劳务报酬、稿酬、特许权使用费收入额为收入减除20%的费用后的余额，稿酬所得再减按收入额的70%计入应纳税所得额。

具体计算公式为：

应纳税所得额=纳税年度的综合收入额-费用扣除标准-专项扣除-专项附加扣除-其他扣除

（2）非居民个人的工资、薪金所得，以每月收入额减除费用五千元后的余额为应纳税所得额；劳务报酬所得、稿酬所得、特许权使用费所得，以每次收入额为应纳税所得额。

（3）经营所得（个体工商户的生产、经营所得和对企事业单位的承包经营、承租经营所得），以每一纳税年度的收入总额减除成本、费用以及损失后的余额，为应纳税所得额。

具体计算公式为：

应纳税所得额=收入总额-成本-费用-税金-损失-其他支出-允许弥补的以前年度亏损

（4）财产租赁所得，每次收入不超过4 000元的，减除费用800元；4 000元以上的，减除20%的费用，其余额为应纳税所得额。

（5）财产转让所得，以转让财产的收入减除财产原值和合理费用后的部分为应纳税所得额。

（6）利息、股息、红利所得和偶然所得无费用扣除，以每次收入为应纳税所得额。

（四）新《个人所得税法》及其对企业税务管理的影响

2018年新修订的《个人所得税法》，增加了综合所得、专项附加扣除等内容，构建起分类与综合相结合的个人所得税制度。个人所得税汇算清缴、反避税等方面的规定也带来了税务征管模式的转变，由原来重扣缴义务人管理转为扣缴义务人与自然人员工个人管理并重。随着税收征管改革与自然人税收管理系统的不断升级完善，个人所得税也将向"以数治税"分类精准监管的方向迈进。

对于大型集团企业而言，首先要管理好企业自身的扣缴风险，与此同时，也要辅导、督促员工管理好自身的个人所得税风险，做好专项附加扣除等政策的宣传，避免双方理解偏差而产生申报错误等问题；其次，要充分利用好税收政策进行合理的筹划，如选择适用全年一次性奖励政策，合理安排月薪与一次性奖励之间的薪酬结构。基于此，本部分将立足集团企业实务，结合新《个人所得税法》，介绍常见的税务风险管理事项与纳税筹划要点。

二、工资薪金的税务风险管理

（一）专项附加扣除的税务风险管理

专项附加扣除作为新《个人所得税法》实现税制公平的重要内容，截至目前共有七大项，分别为：3岁以下婴幼儿照护、子女教育、继续教育、住房贷款利息、住房租金、赡养老人、大病医疗。其中除大病医疗在次年3月1日至6月30日汇算清缴时扣除外，其他扣除均可以通过任职企业预扣预缴个人所得税时享受扣除，因此企业扣缴义务人与自然人员工个人均存在一定的纳税风险。

1.员工个人适用专项附加扣除政策时的注意事项

纳税人在享受专项附加扣除时要关注政策适用的条件、扣除主体、扣除方式、扣除标准等，具体可以参考《个人所得税专项附加扣除暂行办法》《个人所得税专项附加扣除操作办法（试行）》，其中各项扣除常见的税收风险事项见表6-30。

表6-30 个人所得税专项附加扣除税收风险事项表

专项附加扣除项目	扣除标准	注意事项
3岁以下婴幼儿照护	每个婴幼儿1 000元/月	具体扣除方式上，可选择由夫妻一方按扣除标准的100%扣除，也可选择由夫妻双方分别按扣除标准的50%扣除
子女教育	每个子女1 000元/月	（1）扣除方式上，可选择父母（法定监护人）一方全额扣除，也可选择父母（法定监护人）各扣除50%； （2）对于连续性的学历（学位）教育，升学衔接期间属于子女教育期间，可以申报扣除子女教育专项附加扣除，例如，子女6月初中毕业，9月上高中，7-8月依然可以享受子女教育扣除
继续教育	职业资格继续教育3 600元/年	填报职业资格继续教育的，应当在取得相关证书的当年享受扣除，同一年度同时取得多个职业资格证书的，只需填报其中一个。需要注意，具体证书参照《国家职业资格目录》，财务人员每年参与的会计继续教育不属于上述范围
	学历继续教育400元/月，最长不超过48个月	（1）若同时接受多个学历继续教育，只需填报其中一个即可； （2）如果同时存在学历继续教育、职业资格继续教育两类继续教育情形，则每一类都要填写，即当年继续教育最多可扣除8 400元
住房贷款利息	1 000元/月，最长不超过240个月	（1）夫妻双方婚前各自购房的，婚后可以选择其中一套购买的住房，由一方每月按1 000元额度100%税前扣除，也可以选择双方每月各自按50%的比例税前扣除500元；婚后购房的，只能选择一方每月按1 000元额度100%税前扣除。 （2）首套住房贷款是指购买住房享受首套住房贷款利率的住房贷款，根据《暂行办法》相关规定，如纳税人此前未享受过住房贷款利息扣除，那么其按照首套住房贷款利率贷款购买的第二套住房，可以享受住房贷款利息扣除
住房租金	直辖市、省会（首府）城市、计划单列市以及国务院确定的城市：1 500元/月 市辖区户籍人口＞100万的：1 100元/月 市辖区户籍人口≤100万的：800元/月	（1）夫妻双方主要工作城市相同的，只能由一方扣除； （2）夫妻双方主要工作城市不同，且各自在其主要工作城市都没有住房的，双方分别扣除； （3）纳税人与其配偶不能同时扣除住房租金和住房贷款利息支出

专项附加扣除项目	扣除标准	注意事项
赡养老人	独生子女：2 000 元/月 非独生子女：每人不超过 1 000 元/月（分摊每月 2 000 元的扣除额度）	（1）父母中有一位年满 60 周岁即可享受，但配偶的父母不能作为自己的赡养人填报扣除； （2）对于非独生子女家庭，家庭内部要做好沟通，确定分摊方式，避免所有兄弟姐妹赡养老人扣除金额合计数超过 2 000 元，且每一纳税人分摊的扣除额最高不得超过每月 1 000 元
大病医疗	个人负担（医保目录范围内的自付部分）累计超过 15 000 元的部分，每年在 80 000 元限额内据实扣除	（1）纳税人发生的医药费用支出可以选择由本人或者配偶扣除。 （2）纳税人及其配偶、未成年子女发生的医药费用支出，按规定可分别计算扣除限额；未成年子女发生的医药费用支出可以选择由其父母一方扣除，但不能分摊扣除。 （3）可通过"国家医保服务平台"APP 查询本人、配偶、子女"符合大病医疗个税抵扣政策的金额"，建议结合夫妻双方收入与税负情况，确定分别由哪一方扣除

在大型集团企业中，常出现集团内部员工的异地工作调动，会对员工个人住房贷款利息与住房租金的专项附加扣除产生影响。例如，员工甲在南京工作并租房，且已在南京购房有按照首套房的贷款利息支出，则只能选择住房贷款利息支出（1 000 元/月）扣除；员工乙在南京工作并租房，南京无房但在淮安有首套房贷款利息支出，则可以放弃住房贷款利息支出（1 000 元/月），选择住房租金支出（南京为 1 500 元/月），但具体扣除方式在一个纳税年度内不能变更。对于部分公司提供员工宿舍的情况，宿舍往往是公司自有房产或者公司租入的，建议可与员工签订一份住房租赁合同或协议，让员工承担一定的费用，从而让员工享受住房租金支出的专项附加扣除，并做好资料留存备查。但需要注意，单位需要按千分之一缴纳租赁合同印花税，员工个人可以免征印花税。

2.申报享受方式的注意事项

专项附加扣除实行"申报即可享受、资料留存备查"的模式，员工个人需要注意如下事项：

（1）纳税人可以通过远程办税端、电子或者纸质报表等方式向扣缴义务人或者主管税务机关报送个人专项附加扣除信息。纳税人既可以选择在纳税年度内，由扣缴义务人办理专项附加扣除，也可以选择年度终了后向税务机关办理汇算清缴申报时享受专项附加扣除。

（2）同一项专项附加扣除可以由员工及其配偶或其近亲属等同时按标准申报扣除，但同一员工个人在多处任职受雇的，同一专项附加扣除项目只能选择一处申报扣除，员工个人应注意选择工资薪金收入等大于专项附加扣除的任职企业申报享受。

（3）员工个人次年需要由任职单位继续办理专项附加扣除的，应当于每年 12 月份对次年享受专项附加扣除的内容进行确认，并报送至任职单位。例如，员工个人未及时在2022年确认的，已填报的扣除信息将自动视同有效并延长至2023年。

需要提醒的是，员工个人应当对报送的专项附加扣除信息的真实性、准确性、完整性负责。如果次年专项附加扣除信息发生变化，应当及时向任职单位或者税务机关提供相关信息，以免对准确享受政策或者个人信用产生影响。

（4）应按规定准备留存备查资料（见表6-31）。员工个人、代办年度汇算的单位，需各自将专项附加扣除、税收优惠材料等年度汇算相关资料，自年度汇算期结束之日起留存5年。例如，2021年度汇算清缴的相关资料，留存期限应为2022年7月1日至2027年6月30日。

表6-31 **专项附加扣除留存备查资料清单**

专项附加扣除项目	留存备查资料
3岁以下婴幼儿照护	子女的出生医学证明等资料
子女教育	境外学校录取通知书、留学签证等相关教育的证明资料
继续教育	相关证书等资料
住房贷款利息	住房贷款合同、贷款还款支出凭证等资料
住房租金	住房租赁合同或协议等资料
赡养老人	约定或指定分摊的书面分摊协议等资料
大病医疗	大病患者医药服务收费及医保报销相关票据原件或复印件，或者医疗保障部门出具的纳税年度医药费用清单等资料

3.任职单位办理扣缴申报时的注意事项

（1）建议各单位在每年12月与员工确定下一年度专项附加扣除信息时，签订有关协议，明确员工个人应当对报送的专项附加扣除信息的真实性、准确性、完整性负责，单位作为扣缴义务人不承担员工虚假申报的相关责任，并做好相关资料的留存备查。

（2）各单位应按照员工个人提供的专项附加扣除信息进行填报扣除，不得拒绝。但如果有确切证据发现员工个人提供的信息与实际情况不符，可要求员工个人修改；员工个人拒绝修改与实际情况不符的信息的，单位应当向主管税务机关书面报告。

（3）各单位对员工个人提供的《个人所得税专项附加扣除信息表》，应当自预扣预缴年度的次年起留存5年。对年度汇算清缴申报表以及与员工个人综合所得收入、扣除、已缴税额或税收优惠等相关资料，自年度汇算清缴期结束之日起留存5年。

（4）各单位应按期进行扣缴申报，未按照法规规定的期限向税务机关报送代扣代缴税款报告表和有关资料的，由税务机关责令限期改正，可以处2 000元以下罚款；情节严重的，可以处2 000元以上10 000元以下罚款。

（5）对于当年从其他单位录用到本单位工作的新入职员工，应按此类员工在本企业工作的时间，采用"累积扣除法"计算应扣缴的个人所得税，不考虑其在原单位已扣除的专项附加扣除情况。如果此类员工提出在原单位未扣除或少扣除专项附加扣除，要求在本单位补充扣除，因为实际情况难以核实，故一般情况下应予以拒绝，并告知员工可以在年度汇算清缴时自行补充扣除，办理退税手续。

（二）工资薪金与全年一次性奖金发放额度的筹划

全年一次性奖金，是指行政机关、企事业单位等扣缴义务人根据其全年经济效益和对员工全年工作业绩的综合考核情况，向员工发放的一次性奖金。

1.税法规定

居民个人取得全年一次性奖金，符合《国家税务总局关于调整个人取得全年一次性奖金等计算征收个人所得税方法问题的通知》（国税发〔2005〕9号）规定的，在2021年12月31日前，不并入当年综合所得，以全年一次性奖金收入除以12个月得到的数额，按照本通知所附按月换算后的综合所得税率表（以下简称"月度税率表"），确定适用税率和速算扣除数，单独计算纳税。

居民个人取得全年一次性奖金，也可以选择并入当年综合所得计算纳税。

根据《关于延续实施全年一次性奖金等个人所得税优惠政策的公告》（财政部　税务总局公告2021年第42号）规定，《财政部　税务总局关于个人所得税法修改后有关优惠政策衔接问题的通知》（财税〔2018〕164号）规定的全年一次性奖金单独计税优惠政策，执行期限延长至2023年12月31日。

全年一次性奖金的个人所得税政策见表6-32。

表6-32　　　　　　　　　　　全年一次性奖金的个人所得税处理

时间	处理方法	第一步，确定税率	第二步，计算税额
2019年1月1日—2023年12月31日	不并入当年综合所得	以全年一次性奖金收入除以12个月得到的数额，按照月度税率表确定适用税率和速算扣除数，单独计算纳税	应纳税额=全年一次性奖金收入×适用税率−速算扣除数
	也可以选择并入当年综合所得计算纳税		
自2024年1月1日起	居民个人取得全年一次性奖金，应并入当年综合所得计算缴纳个人所得税（政策有变化的，按其规定执行）		

2.全年一次性奖金政策的纳税筹划

（1）适用单独计税方法时，应避免发放金额落在"全年一次性奖金盲区"。为避免部分员工个人因全年一次性奖金并入综合所得后适用税率提高，财税〔2018〕164号文件明确规定，过渡期内全年一次性奖金可不并入综合所得，单独计算个人所得税。全年一次性奖金计税方法虽可有效降低中高收入人士的个人所得税，但与此同时，由于超额累进税率税收临界点的存在以及计税规则方面的问题，也会造成增加1元奖励收入后多缴上千元甚至上万元个人所得税的不合理现象。经过对计税规则的研究，我们发现在全年一次性奖金的发放额度上，要避免落在"全年一次性奖金盲区"（见表6-33）之中。若根据人力资源部门绩效考核的全年一次性奖金恰好落在此区间，可以考虑将超出部分并入下年月度工资中发放。

表6-33　　　　　　　　　　　　　　　全年一次性奖金盲区

级数	级距	税率（%）	速算扣除数	全年一次性奖金盲区	无效收入区间
1	不超过3 000元的部分	3	0		
2	超过3 000元至12 000元的部分	10	210	36 000-38 567	2 567
3	超过12 000元至25 000元的部分	20	1 410	144 000-160 500	16 500
4	超过25 000元至35 000元的部分	25	2 660	300 000-318 333	18 333
5	超过35 000元至55 000元的部分	30	4 410	420 000-447 500	27 500
6	超过55 000元至80 000元的部分	35	7 160	660 000-706 538	46 538
7	超过80 000元的部分	45	15 160	960 000-1 120 000	160 000

（2）适用单独计税优惠政策与并入综合所得的筹划。对于部分中低收入者而言，如将全年一次性奖金并入当年工资薪金所得，扣除基本减除费用、专项扣除、专项附加扣除等后，可能无须纳税或者缴纳很少的税款。在此情况下，如果适用单独计税政策，反而会产生应纳税款或者增加税负。"江苏税务"曾官方答疑，明确"个人取得全年一次性奖金并已按全年一次性奖金政策单独计税的"，可"在汇算清缴时重新选择是否适用全年一次性奖金政策"，因此企业在扣缴员工全年一次性奖金个人所得税时可按照"单独计税"政策计税，在员工汇算清缴时自行选择税负较低的方式。

（3）单独计税优惠政策到期后全年一次性奖金的一次性支付与平摊次年各月的筹划。目前，2024年以后全年一次性奖金单独计税优惠政策是否会继续延期，具有较大的不确定性。若全年一次性奖金并入综合所得，也将对工资薪金的税负产生较大影响。在全年综合所得一定的前提下，个人所得税税负也是相对固定的，但选择全年一次性奖金一次性支付还是分摊到次年各月支付，将会对现金流以及各月的纳税情况产生较大的影响。

【例6-7】假设某员工年薪36万元，14.4万元作为全年一次性奖金；月薪1.8万元，月度基本减除费用、专项扣除（三险一金）、专项附加扣除及其他扣除合计1万元，则月度应纳税所得额为0.8万元。发放模式有以下两种：（1）2024年3月发放2023年度全年一次性奖金14.4万元，月薪仍为1.8万元，全年36万元。（2）将全年一次性奖金并入每月工资计税，如每月月薪为3万元，全年36万元。两种模式下各月个人所得税纳税情况对比见表6-34：

表6-34　　　　全年一次性奖金一次性支付与平摊至次年各月支付的税负对比表

月份	模式一：一次性支付			模式二：平摊支付		
	当月税前收入	税额	当月现金流入	当月税前收入	税额	当月现金流入
1月	18 000	240	17 760	30 000	600	29 400
2月	18 000	240	17 760	30 000	880	29 120
3月	162 000	16 200	145 800	30 000	2 000	28 000

月份	模式一：一次性支付			模式二：平摊支付		
	当月税前收入	税额	当月现金流入	当月税前收入	税额	当月现金流入
4月	18 000	1 600	16 400	30 000	2 000	28 000
5月	18 000	1 600	16 400	30 000	2 000	28 000
6月	18 000	1 600	16 400	30 000	2 000	28 000
7月	18 000	1 600	16 400	30 000	2 000	28 000
8月	18 000	1 600	16 400	30 000	3 600	26 400
9月	18 000	1 600	16 400	30 000	4 000	26 000
10月	18 000	1 600	16 400	30 000	4 000	26 000
11月	18 000	1 600	16 400	30 000	4 000	26 000
12月	18 000	1 600	16 400	30 000	4 000	26 000
合计	360 000	31 080	328 920	360 000	31 080	328 920

因此全年一次性奖金的发放方式将会对员工各月的税负和现金流产生影响。当然，企业是否要选择不同的发放方式，还要考虑财务管理制度、绩效考核兑现、企业资金流等多重因素。

（三）企业年金的个人所得税问题

企业年金，是指根据《企业年金试行办法》的规定，企业及其职工在依法参加基本养老保险的基础上，自愿建立的补充养老保险制度。需要关注其不同环节的个人所得税政策及不同提取方式的纳税影响。

1.日常缴付年金环节

根据《财政部　人力资源社会保障部　国家税务总局关于企业年金　职业年金个人所得税有关问题的通知》（财税〔2013〕103号）的规定：

（1）单位缴费部分。企业和事业单位按规定的办法和标准为职工缴付的年金，个人暂不缴纳个人所得税。超过部分应并入个人当期的工资、薪金所得，依法计征个人所得税。

（2）个人缴费部分。个人按规定缴付的年金在不超过本人缴费工资计税基数的4%标准内的部分，可以税前扣除。超过部分应并入个人当期的工资、薪金所得，依法计征个人所得税。企业年金个人缴费工资计税基数为本人上一年度月平均工资。月平均工资按国家统计局规定列入工资总额统计的项目计算。月平均工资超过职工工作地所在设区城市上一年度职工月平均工资300%以上的部分，不计入个人缴费工资计税基数。

2.取得年金基金投资运营收益环节

年金基金投资运营收益分配计入个人账户时，个人暂不缴纳个人所得税。

3.领取年金环节

（1）个人达到国家规定的退休年龄后领取的企业年金、职业年金。按照财税〔2018〕

164号规定，个人达到国家规定的退休年龄，领取的企业年金、职业年金，符合财税〔2013〕103号规定的，不并入综合所得，全额单独计算应纳税款。其中按月领取的，适用月度税率表计算纳税；按季领取的，平均分摊计入各月，按每月领取额适用月度税率表计算纳税；按年领取的，适用综合所得税率表计算纳税，不再执行财税〔2013〕103号文件规定的平均分摊入月计税的方法。

（2）因出国（境）定居等依法提前领取年金。个人虽未到退休年龄，未办理退休手续，但是出国（境）定居的，其职业年金或企业年金个人账户资金，可根据本人要求一次性支付给本人。工作人员在职期间死亡，或者职工或退休人员死亡后，其职业年金、企业年金个人账户余额可以继承。对于个人因出国（境）定居而一次性领取的年金个人账户资金，或个人死亡后，其指定的受益人或法定继承人一次性领取的年金个人账户余额，财税〔2018〕164号规定，适用综合所得税率表计算纳税。

（3）其他一次性领取年金。财税〔2018〕164号规定，对个人除上述特殊原因外一次性领取年金个人账户资金或余额的，适用月度税率表计算纳税。

具体的适用纳税方式见表6-35：

表6-35　　　　　　　　　　　**年金个人所得税纳税方式表**

领取方式	是否分摊	适用税率	备注
按月领取	否	月度税率表	
按季领取	平均分摊计入各月	月度税率表	按每月领取额计税后合计
按年领取	否	综合所得税率表	
特殊原因一次性领取	否	综合所得税率表	指个人因出国（境）定居而领取，或个人死亡后指定的受益人或法定继承人领取
除上述特殊原因外一次性领取	否	月度税率表	

另外，财税〔2013〕103号规定，对于单位和个人在2014年1月1日前开始缴付年金缴费，个人在2014年后领取年金的，允许其从领取的年金中减除在2014年前缴付的年金单位缴费和个人缴费且已经缴纳个人所得税的部分，就其余额按照上述规定征税。在个人分期领取年金的情况下，可按2014年前缴付的年金缴费金额占全部缴费金额的百分比减计当期的应纳税所得额，减计后的余额，按照上述办法计算缴纳个人所得税。简而言之，年金递延纳税政策实施前，在缴费环节已扣缴个税的年金部分，领取时不再缴纳个人所得税。

（四）个人商业养老保险的个人所得税问题

目前我国正在发展多层次、多支柱养老保险体系。第一支柱是基本养老保险，第二支柱是企业年金、职业年金和团体商业养老保险，第三支柱是个人商业养老保险。其中第一支柱基本养老保险免征个人所得税，第二支柱企业年金见上述内容，本部分主要针对第三支柱最新的税收政策进行介绍。

2018年，财政部等五部门联合印发的《关于开展个人税收递延型商业养老保险试点的通知》（财税〔2018〕22号）明确，对个人达到规定条件时领取的商业养老金收入，其中25%予以免税，其余75%按照10%的比例税率计算缴纳个人所得税。虽然该条款目前已废止，但此文件规定的领取时实际税率为7.5%。

2022年4月，国务院办公厅印发了《关于推动个人养老金发展的意见》，明确国家制定税收优惠政策，鼓励符合条件的人员参加个人养老金制度并依规领取个人养老金。2022年9月26日，国务院常务会议决定对政策支持、商业化运营的个人养老金实行个人所得税优惠：对缴费者按每年12 000元的限额予以税前扣除，投资收益暂不征税，领取收入的实际税负由7.5%降为3%。政策实施追溯到2022年1月1日。据此可以理解为在退休领取个人养老金时全额适用3%最低一档税率。本书截稿时该政策尚未出台具体规范性文件，后期可予以关注。

（五）企业扣缴工资薪金个人所得税应关注的其他主要风险点

1.准确确定员工个人所得对应的税目

虽然税法对各个税目作了定义，但在实务操作中还是会产生似是而非的问题。例如，集团内甲企业的A员工到集团内乙企业讲课，乙企业支付了课酬，乙企业是按"工资、薪金所得"还是"劳务报酬所得"扣缴个税？应该是后者。《个人所得税法实施条例》中规定："工资、薪金所得，是指个人因任职或者受雇取得的工资、薪金、奖金、年终加薪、劳动分红、津贴、补贴以及与任职或者受雇有关的其他所得。"A员工与乙企业之间并无任职或受雇关系，所以取得的报酬不属于工资、薪金性质。但是，如果A员工在其所在的甲企业提供培训服务，那么其得到的补贴就属于工资、薪金性质了。又如，B员工向本企业转让其业余时间获得的专利技术，企业应按"财产转让所得"项目扣缴个人所得税；如果B员工在本企业有重大职务发明创造而获得专项奖励，应按"工资、薪金所得"项目扣缴。

2.准确界定特殊业务场景下的扣缴义务人及纳税申报地点

这里要重点注意以下三种常见情况：第一，集团内员工被委派到其他单位任职，如果人事关系、工资关系都迁移到其他单位，自然由其他单位履行扣缴个人所得税义务。但是，如果企业双方建立了某种提供与接受服务的合同关系，相关员工只是代表提供服务的企业为对方企业履行合同服务条款，那么仍应由提供服务的企业发放工资薪金并扣缴个人所得税。第二，接受劳务派遣的企业，如果直接发放派遣人员工资，则应当签订代发工资协议，并履行扣缴个人所得税义务。第三，一些企业出于薪酬信息管理方面的目的，将工资薪金的发放外包给专门从事这方面服务的企业（即"外服公司"），外服公司在向委托方员工支付工资的同时扣缴个人所得税，并在外服公司所在地税务机关申报纳税，这种做法不符合税法的基本规定。因为外服公司在此过程中只是承担了代为支付的服务工作，它无权决定支付对象及具体金额，不应成为法定的扣缴义务人。国税函发〔1996〕602号中规定："关于扣缴义务人的认定，按照个人所得税法的法规，向个人支付所得的单位和个人为扣缴义务人。由于支付所得的单位和个人与取得所得的人之间有多重支付的现象，有时难以确定扣缴义务人。为保证全国执行的统一，现将认定标准法规为：凡税务机关认定对所得的支付对象和支付数额有决定权的单位和个人，即为扣缴义务人。"

企业应关注是否存在已离职员工未及时做非正常处理，仍继续代申报个人所得税的情况。

3.准确确定外籍人士的税收身份及征税范围

《个人所得税法》第一条规定：

"在中国境内有住所，或者无住所而一个纳税年度内在中国境内居住累计满一百八十三天的个人，为居民个人。居民个人从中国境内和境外取得的所得，依照本法规定缴纳个人所得税。

在中国境内无住所又不居住，或者无住所而一个纳税年度内在中国境内居住累计不满一百八十三天的个人，为非居民个人。非居民个人从中国境内取得的所得，依照本法规定缴纳个人所得税。"

依照税法规定，居民个人在中国境内承担全面纳税义务，同时中国税法或双边税收协定中会有例外规定或约定，非居民个人在中国境内承担有限纳税义务。因此，集团企业内如果有外籍人士受雇，首先要确定其税收身份，再根据其在境内工作时间的长短与收入来源，按规定办法确定其应纳税额。关于非居民个人和无住所居民个人征税范围的基本规定见表6-36：

表6-36　　　　　　　　**非居民个人和无住所居民个人征税范围表**

所得范围 （工作时间）	支付方	X≤90天	90天＜X＜ 183天	183天 ≤X＜6年	满6年后，又满 183天
境内 所得	境内支付	√	√	√	√
	境外支付		√	√	√
境外 所得	境内支付			√	√
	境外支付				√

实际工作中，在上述基本规定的基础上，还要考虑中国与非居民个人所在国家或地区是否有税收协定（安排）、非居民个人和无住所居民个人是否属于高级管理人员、税款是否由用人单位承担等因素，准确扣缴其个人所得税。具体规定主要见于财政部、税务总局公告2019年第34号、第35号等文件。

4.准确确定员工个人的应税所得

企业应当根据内部部门工作职责，由负责工资、薪金所得扣缴税款的部门负责确认每位员工的应税所得，重点关注以下项目：

（1）发放的过节费、特殊奖励等应计入员工当月应税所得。

（2）合理的差旅费津贴与误餐补助不计入员工工资、薪金所得。《国家税务总局关于修订〈征收个人所得税若干问题的规定〉的公告》（国税发〔1994〕089号）第二条规定中"差旅费津贴"不属于工资、薪金性质的补贴、津贴或者不属于员工个人本人工资、薪金所得项目的收入，不征个人所得税。《财政部　国家税务总局关于误餐补助范围确定问题的通知》(财税字〔1995〕82号)进一步明确:国税发〔1994〕89号文件规定不征税的误餐补助,是指按财政部门规定,个人因公在城区、郊区工作,不能在工作单位或返回就餐,确实需要在外就餐的,根据实际误餐顿数,按规定的标准领取的误餐费。一些单位以误餐补助名义发给职工的补贴、津贴,应当并入工资、薪金所得计征个人所得税。

差旅费通常包括四个部分:城市间交通费、住宿费、市内交通费、伙食补助费、公杂费等。城市间交通费和住宿费普遍采用的是凭票且按标准报销方式,只有伙食费和公杂费较为琐碎,具有不易监控、不易取票等特点,宜采用包干形式,这就形成了常见的差旅费补贴。

补贴标准上,税法没有规定统一标准,企业应参考党政机关的补贴标准及所在地区其他单位的补贴标准制定相应制度,制定合理标准及管理流程,并保证制度得以有效执行。

(3)通讯补贴。《国家税务总局关于个人所得税有关政策问题的通知》(国税发〔1999〕58号)第二条规定,个人取得的通讯补贴收入,扣除一定标准的公务费用后,按照"工资、薪金所得"项目计征个人所得税。公务费用的扣除标准,由省级地方税务局根据员工个人通讯费用的实际发生情况调查测算,报经省级人民政府批准后确定,并报国家税务总局备案。目前,有部分省市明确了通讯补贴中公务费用的扣除标准。以天津为例,原天津市地方税务局《关于个人取得通讯补贴收入有关个人所得税政策的公告》(天津市地方税务局公告2017年第7号)明确,个人取得的通讯补贴收入未超过500元/月(含500元/月)的部分予以税前扣除;超过部分,并入当月工资、薪金所得计征个人所得税。而北京市则鼓励采用实报实销方式,《北京市地方税务局关于对公司员工报销手机费征收个人所得税问题的批复》(京地税个〔2002〕116号)规定:(1)单位为个人通讯工具(因公需要)负担通讯费采取金额实报实销或限额实报实销部分的,可不并入当月工资、薪金征收个人所得税。(2)单位为个人通讯工具负担通讯费采取发放补贴形式的,应并入当月工资、薪金计征个人所得税。

江苏省尚未明确通讯补贴的支付方式与扣除标准,所以,企业如果安排了此项补贴,更应注意相关制度建设,通过科学、合理的制度来界定该项补贴的公务费用性质。

(4)补充医疗保险。依据国税函〔2005〕318号的规定,企业为员工支付基本医疗之外的补充医疗保险,如果该保险落到被保险人的保险账户,则应并入员工当期的工资收入,按"工资、薪金所得"项目计征个人所得税,税款由企业负责代扣代缴。其中一项特殊政策是:企业统一为员工购买符合规定的商业健康保险产品的支出,企业负担部分应当实名计入个人工资薪金明细清单。如果该商业健康险属于税收优惠范围,即有税优识别码,个人可按照不超过200元/月的标准从"工资、薪金所得"中扣除。

三、职工福利是否纳入应税所得范畴的甄别

(一)税法规定

要判断职工福利是否纳入应税所得,首先要明确哪些福利项目属于免税项目。《个人所得税法》第四条规定的免税项目包括福利费、抚恤金、救济金。《个人所得税法实施条例》第十一条规定:"个人所得税法第四条第一款第四项所称福利费,是指根据国家有关规定，从企业、事业单位、国家机关、社会组织提留的福利费或者工会经费中支付给个人的生活补助费。"

《国家税务总局关于生活补助费范围确定问题的通知》（国税发〔1998〕155号）规定，生活补助费是指由于某些特定事件或原因而给员工个人或其家庭的正常生活造成一定困难，其任职单位按国家规定从提留的福利费或者工会经费中向其支付的临时性生活困难补助。下列收入不属于免税的福利费范围，应当并入员工个人的工资、薪金收入计征个人所得税：（1）从超出国家规定的比例或基数计提的福利费、工会经费中支付给个人的各种补贴、补助；（2）从福利费和工会经费中支付给单位职工的人人有份的补贴、补助；（3）单位为个人购买汽车、住房、电子计算机等不属于临时性生活困难补助性质的支出。

《关于个人所得税法修改后有关优惠政策衔接问题的通知》（财税〔2018〕164号）规定：2019年1月1日至2021年12月31日期间，外籍个人符合居民个人条件的，可以选择享受个人所得税专项附加扣除，也可以选择按照《财政部　国家税务总局关于个人所得税若干政策问题的通知》（财税〔1994〕20号）、《国家税务总局关于外籍个人取得有关补贴征免个人所得税执行问题的通知》（国税发〔1997〕54号）和《财政部　国家税务总局关于外籍个人取得港澳地区住房等补贴征免个人所得税的通知》（财税〔2004〕29号）规定，享受住房补贴、语言训练费、子女教育费等津补贴免税优惠政策，但不得同时享受。外籍个人一经选择，在一个纳税年度内不得变更。自2022年1月1日起，外籍个人不再享受住房补贴、语言训练费、子女教育费津补贴免税优惠政策，应按规定享受专项附加扣除。

（二）常见福利类型的个人所得税处理

企业发生的员工福利有以下三类：

1.发放各种货币补贴或福利

此类福利补贴的典型类型有交通补贴、住房补贴、员工直系亲属医疗补贴、安家费等。在此类福利补贴项目中，税法对交通补贴的个人所得税如何征收问题有专门规定。国税函〔2006〕245号中指出，部分单位因公务用车制度改革，对用车人给予各种形式的补偿：直接以现金形式发放，在限额内据实报销用车支出，单位反租职工个人的车辆并支付车辆租赁费（"私车公用"），单位向用车人支付车辆使用过程中的有关费用等。因公务用车制度改革而以现金、报销等形式向职工个人支付的收入，均应视为个人取得公务用车补贴收入，按照"工资、薪金所得"项目计征个人所得税。具体计征方法，按国税发〔1999〕58号第二条"关于个人取得公务交通、通讯补贴收入征税问题"的有关规定执行。前文中已经提及，费用扣除标准须经省级人民政府批准后确定，并报国家税务总局备案。部分省份出台了这方面的政策，如《国家税务总局广西壮族自治区税务局关于公务交通补贴个人所得税有关问题的公告》（国家税务总局广西壮族自治区税务局公告2018年第12号）规定，对企业职工公务用车费用扣除标准划分为高级管理人员和其他人员两档处理，具体为：高级管理人员每人每月1 950元，其他人员每人每月1 200元。

江苏省目前尚未明确交通补贴的支付方式与扣除标准，企业应谨慎采用发放货币补贴的办法。

对于其他类型的货币福利，原则上应计入员工的工资、薪金所得。

2.发放实物性质福利

企业逢年过节发给员工的月饼、粽子、米面油等各项福利品，构成实物所得，如果严格按照税法规定，均应缴纳个人所得税。由于这些福利金额不大，所以风险程度相对较低。

3.集体福利性消费

此类福利包括集体旅游、员工食堂统一就餐、员工聚餐、员工集体观影等。根据国家税务总局的答复，目前此类福利的税收政策执行口径是：对于集体享受的、不可分割的、非现金方式的福利，原则上不征收个人所得税。

4.福利性费用报销

在福利费中报销的福利性费用，一类是困难性质的补贴，如员工个人或直系亲属罹患重大疾病后单位酌情为其报销部分医疗费用，对此，应当参照生活困难补贴项目作为免税收入。另一类是普惠性质的福利费用报销，如员工每月报销一定金额的上下班公共交通通勤费用。基于国税发〔1999〕58号文件规定的基本精神，我们认为因工作需要而实际发生的、合理的费用报销不应作为工资、薪金所得。只有那些以福利名义发放的报酬，才应确认为应税所得。

四、劳务报酬个人所得税扣缴的风险管理

（一）劳务报酬所得的税法规定与概念辨析

《个人所得税法实施条例》规定：劳务报酬所得，是指个人从事劳务取得的所得，包括从事设计、装潢、安装、制图、化验、测试、医疗、法律、会计、咨询、讲学、翻译、审稿、书画、雕刻、影视、录音、录像、演出、表演、广告、展览、技术服务、介绍服务、经纪服务、代办服务以及其他劳务取得的所得。

在针对劳务报酬所得扣缴个人所得税时，首先要搞清楚其与工资、薪金所得和经营所得之间的区别。

1.工资、薪金所得与劳务报酬所得之间的区别

工资、薪金所得是属于非独立个人劳务活动，即在机关、团体、学校、部队、企事业单位及其他组织中任职、受雇而得到的报酬；劳务报酬所得则是个人独立从事各种技艺、提供各项劳务取得的报酬。两者的主要区别在于，前者存在雇佣与被雇佣关系，后者则不存在这种关系且通常单次超过500元的应税行为需要向劳务购买方提供发票。

2.经营所得与劳务报酬所得

个人所得税法规中的"经营所得"项目，一般是指有稳定的机构场所、持续经营且不是独立的个人活动而取得的所得，个人一般做了营业登记或取得了执业许可；劳务报酬所得是指个人在非固定地点、非固定时间独立从事劳务活动而取得的所得。前者由个人自主申报缴纳个人所得税，后者应由支付劳务报酬的单位扣缴个人所得税。

（二）企业作为支付方的扣缴义务

根据《个人所得税法》以及《个人所得税扣缴申报管理办法（试行）》（国家税务总局公告2018年第61号）的规定，作为扣缴义务人的企业在向自然人支付除经营所得

以外的其他个人所得项目时，需要履行代扣代缴或者预扣预缴个人所得税的义务。同时根据《关于自然人申请代开发票个人所得税有关问题的公告》（国家税务总局江苏省税务局公告2019年第1号）规定，自然人取得劳务报酬所得、稿酬所得和特许权使用费所得申请代开发票的，在代开发票环节不再征收个人所得税。代开发票单位（包括税务机关和接受税务机关委托代开发票的单位）在发票备注栏内统一注明"个人所得税由支付人依法扣缴"。扣缴义务人向自然人支付上述所得时，应依法扣缴个人所得税，并进行全员全额扣缴申报。自然人取得应税所得，扣缴义务人未扣缴税款的，应按有关规定办理自行申报。

因此，企业在取得代开发票时，应注意按不含增值税的收入作为劳务报酬收入计算扣缴其个人所得税。一些企业支付给个人的劳务报酬是事先承诺的税后收入，税款是由本企业另行承担。在这种情况下，企业税务专员在申报时应将税后收入反算为税前收入，并要求对方根据税前收入金额去税务机关申请代开发票，这样才能既不少扣缴税款，又能实现企业所得税的足额税前扣除。

正在接受全日制学历教育的学生因实习取得劳务报酬所得的，支付其报酬的企业预扣预缴个人所得税时，可按照《关于发布〈个人所得税扣缴申报管理办法（试行）〉的公告》（国家税务总局公告2018年第61号）规定的累计预扣法计算并预扣预缴税款。例如学生小张7月份在某企业实习取得劳务报酬3 000元，该报酬扣除5 000元减除费用后无余额，则无需预扣缴税款。

五、企业实行股权激励时个人所得税风险管理

实行股权激励的企业分为上市公司与非上市公司，激励形式分为股票期权、股权期权、限制性股票和股权奖励等，其税务管理要求、个人所得税计税方法都有所不同，组合起来情况比较复杂。目前，限制性股票是国内上市公司最常用的股权激励方式，其在授予环节、解禁环节、持有环节均涉及企业要完成的规定税收事项。目前江苏交控成员企业中有三家上市公司，其中江苏租赁（600901.SH）于2019年曾实施限制性股票股权激励计划，下面就以限制性股票各环节容易被忽视的税务风险事项为例，提示相关企业应根据财务部、证券事务部、人力资源部的工作职责分工做好相关事务管理。

（一）授予环节（授予日/登记日）的税收风险管理

税总征科发〔2021〕69号文件规定，实施股权（股票，下同）激励的企业应当在决定实施股权激励的次月15日内，向主管税务机关报送《股权激励情况报告表》，以及财税〔2005〕35号、财税〔2016〕101号文件规定的资料。因此在限制性股票授予环节，应及时做好税务资料报送工作。

（二）解禁环节的税收风险管理

1.解禁时按照工资薪金缴纳个人所得税

个人因任职、受雇从上市公司取得的限制性股票所得，由上市公司或其境内机构按照"工资、薪金所得"项目，依法扣缴其个人所得税。根据国税函〔2009〕461号文件规定，限制性股票个人所得税纳税义务发生时间为每一批次限制性股票解禁的日期，而不是股票的实际出售日。企业应在税法规定的纳税申报期限内，将个人接受或转让的股权以及认购的股票情况（包括种类、数量、施权价格、行权价格、市场价格、转让价格等）、股权激励人员名单、按文件规定方法计算出的应纳税所得额、应纳税额等资料报送主管税务机关。

2.延期纳税需办理税务备案手续

考虑到纳税义务发生时员工个人未实际取得所得相应的现金流入，企业可以在备案后办理延期纳税。《国家税务总局关于股权激励和技术入股所得税征管问题的公告》（国家税务总局公告 2016 年第 62 号）规定，如果个人选择在不超过 12 个月期限内缴税，上市公司应自限制性股票解禁之次月 15 日内，向主管税务机关报送《上市公司股权激励个人所得税延期纳税备案表》。

3.单独计税优惠政策

根据财税〔2018〕164 号、《关于延续实施全年一次性奖金等个人所得税优惠政策的公告》（财政部　税务总局公告 2021 年第 42 号），居民个人取得符合限制性股票相关条件的，在 2022 年 12 月 31 日前不并入当年综合所得，全额单独适用综合所得税率表计算纳税。2023 年后政策是否延期目前尚不确定，涉及相关事项的企业应对政策延续性予以关注。

（三）持有期间股息红利的税收风险管理

《财政部　国家税务总局　证监会关于上市公司股息红利差别化个人所得税政策有关问题的通知》（财税〔2015〕101 号）规定，上市公司派发股息红利时，对个人持股 1 年以内（含 1 年）的，暂不扣缴个人所得税；待个人转让股票时，证券登记结算公司根据其持股期限计算应纳税额，由证券公司等股份托管机构从个人资金账户中扣收并划付证券登记结算公司，证券登记结算公司应于次月 5 个工作日内划付上市公司，上市公司在收到税款当月的法定申报期内向主管税务机关申报缴纳。

六、企业转增股本时的个人所得税扣缴问题

已进行混合所有制改革并存在个人股东的国有企业，以及存在个人股东的其他所有制性质的企业，会通过股份制改造进而进入资本市场化，在股份制改造时通常会涉及将盈余公积、未分配利润、资本公积等转增股本的操作。在持续经营过程中，也可能会因增加注册资本的需要而将留存收益等转增股本。在这两种情况下，都要关注是否扣缴及如何扣缴个人所得税的问题。

（一）税法规定

根据《国家税务总局关于股份制企业转增股本和派发红股征免个人所得税的通知》（国税发〔1997〕198 号）、《国家税务总局关于原城市信用社在转制为城市合作银行过程中个人股增值所得应纳个人所得税的批复》（国税函〔1998〕289 号）、《国家税务总局关于进一步加强高收入者个人所得税征收管理的通知》（国税发〔2010〕54 号）规定，股份制企业（包含股份有限公司与有限责任公司）用资本公积（股票溢价除外）、盈余公积金转增资本，实际上是将资本公积、盈余公积金向股东分配了股息、红利，股东再以分得的股息、红利增加注册资本，对个人取得的红股所得，应当按照"利息、股息、红利所得"项目，普通企业以 20% 的税率计征个人所得税，上市公司、中小企业股份转让系统挂牌公司按股息红利差别化政策扣缴。税法同样规定应由分配利润的企业履行全员全额扣缴义务。在以下两类情况下，无需扣缴个人股东的个人所得税：

（1）上市公司股票溢价发行收入所形成的资本公积转增股本不作为应税所得征收个人所得税。

（2）财税字〔1994〕20号规定，外籍个人从外商投资企业取得的股息、红利所得，暂免征收个人所得税。

（二）转增股本时个人所得税扣缴风险的防范

企业在转增股本时，由于没有实际分配现金股金的支付动作，因而会忽略履行扣缴义务，所以，企业的财务部门、投资部门应当确立这方面的税收意识。在按上述规定依法扣缴个人所得税时，还要注意与转增股本额之间的关系。例如，以100万元未分配利润转增某境内个人股东股份时，由于要扣缴20万元的个人所得税，因此，实际增加该个人股本的金额只能是80万元。这是在做增资方案时就应当考虑的因素。

另外还有一个问题值得注意，转增股本时，还可能将部分盈余公积、未分配利润转为资本公积，此部分是否应扣缴个人所得税，实务中人们的认识存在分歧，但税务征管实践中普遍的做法是要求扣缴个人所得税。

（三）合理利用中小高新技术企业递延纳税政策

《财政部 国家税务总局关于将国家创新示范区有关税收试点政策推广到全国范围实施的通知》（财税〔2015〕116号）第三条第一款规定："自2016年1月1日起，全国范围内的中小高新技术企业以未分配利润、盈余公积、资本公积向个人股东转增股本时，个人股东一次缴纳个人所得税确有困难的，可根据实际情况自行制定分期缴税计划，在不超过5个公历年度内（含）分期缴纳，并将有关资料报主管税务机关备案。"因此，对于符合要求的高新技术企业可以向税务机关办理备案，从而享受递延纳税政策。

七、合伙企业个人合伙人股息、红利所得与经营所得的划分

在合伙企业中，通常按照"先分后税"原则由合伙人根据其性质缴纳企业所得税或个人所得税。对于个人合伙人取得的所得通常按照"经营所得"自行申报纳税，而仅对合伙企业对外投资分回的利息或者股息、红利再分配给个人合伙人，按"利息、股息、红利所得"扣缴个人所得税，国税函〔2001〕84号对此作了特别规定。

合伙企业取得上市公司股息红利所得再分配给个人合伙人时，不适用于财税〔2012〕85号第五条、财税〔2015〕101号文件等规定的股息红利所得差别化优惠政策，此类政策适用对象仅为个人直接持股，不包括自然人通过合伙企业取得的间接投资分红。从这个意义上讲，个人通过合伙企业间接投资时，税收成本可能会有所增加。如果合伙企业属于有限合伙制创业投资企业，个人合伙人可以享受税收优惠，个人合伙人、合伙制创业投资企业应按规定办理优惠手续。

第四节 房产税、城镇土地使用税风险管理

依照税法规定，在我国境内城市、县城、建制镇、工矿区范围内拥有房产、使用土地

的单位和个人应缴纳房产税和城镇土地使用税，集团企业应根据其拥有和使用不动产情况依法履行纳税义务，合理进行纳税筹划。

一、房产税风险管理与纳税筹划

（一）房产税及其基本要素

房产税是以房屋为征税对象，以房屋的计税余值或租金收入为计税依据，向房屋产权所有人征收的一种财产税。按照房产计税价值征税的，称为从价计征；按照房产租金收入计征的，称为从租计征。

1.从价计征

《房产税暂行条例》规定，房产税依照房产原值一次减除10%～30%后的余值计算缴纳。具体减除幅度，由省、自治区、直辖市人民政府规定。

房产税从价计征的税率为1.2%。

房产税应纳税额=应税房产原值×（1-原值减除比例）×1.2%

2.从租计征

《房产税暂行条例》规定，房产出租的，以房产租金收入为房产税的计税依据。所谓房产的租金收入则为房屋产权所有人出租房产使用权所得的报酬，包括货币收入和实物收入，但不包含增值税。

房产税从租计征的税率为12%。

房产税应纳税额=不含税租金收入×12%

（二）房产税计税依据的风险管理

1.正确确定计税依据

（1）应将土地使用权的价值计入房产税的计税依据。

《财政部　国家税务总局关于安置残疾人就业单位城镇土地使用税等政策的通知》（财税〔2010〕121号）第三条规定："对按照房产原值计税的房产，无论会计上如何核算，房产原值均应包含地价，包括为取得土地使用权支付的价款、开发土地发生的成本费用等。宗地容积率低于0.5的，按房产建筑面积的2倍计算土地面积并据此确定计入房产原值的地价。"

目前，企业受让的国有土地使用权价值按会计准则的规定，计入了"无形资产"科目，因而个别企业在计算缴纳房产税的时候，未能注意到税法的特殊规定，导致少缴税款。另一种较为少见但也不应忽视的情况是，企业在一宗较大的土地上仅建成面积较小的房产，容积率低于0.5，如果将全部土地使用权价值计入房产税计税依据，又会导致多缴税款。

【例6-8】假定一宗土地面积10 000平方米，价值500万元，建造建筑物4 000平方米（容积率=4 000÷10 000=0.4），应计入的土地价值为500×（4 000×2÷10 000）=400（万元）。

如果建筑面积是8 000平方米，容积率为0.8，则应将全部土地价值500万元计入房产原值，而不可采用分摊计入的方式。

关于"地价"的内涵，部分地方还规定包含取得土地使用权时缴纳的契税，如原海南省地方税务局下发的琼地税发〔2014〕180号文件中就有这方面的规定。

部分国有企业存在使用国家划拨土地的现象，国家税务总局曾对财税〔2010〕121号文件的执行口径作了解释，就此问题指出：当前有部分企业（主要是老的国有企业）的土地仍是国家划拨的，取得土地时没有支付成本。近年来随着国有企业改制，部分划拨土地虽以国家授权经营、作价入股等方式对土地进行了价值评估，但这种评估价值不属于取得土地使用权支付的价款，不需要计入房产原值。对于这个解读，实务中也有不同的见解。有人认为，如果国家将原划拨的土地使用权作价入股到企业，增加了国家资本金，土地使用权的性质已不是划拨性质，即土地使用权证上已改为其他性质（如商业用地等），那么企业就是以股权支付方式受让了国有土地使用权，其评估的地价应计入房产税计税依据。对于上述特殊问题，可能不同的税务机关有不同的解读与认知，在没有正式文件规定的情况下，实务中需注意加强沟通。

总体而言，凡有偿受让土地使用权的公司，应自查房产税计税依据中是否按规定方法纳入了地价——至少是受让价款部分，确有少缴的，应及时补缴税款，反之可申请抵退税款。

（2）新建房屋应正确确定房产税的计税依据。

①准确、有效界定房产的物理边界。《财政部　税务总局关于房产税和车船使用税几个业务问题的解释与规定》（财税地字〔1987〕3号）规定，"房产"是以房屋形态表现的财产。房屋是指有屋面和围护结构（有墙或两边有柱），能够遮风避雨，可供人们在其中生产、工作、学习、娱乐、居住或储藏物资的场所。独立于房屋之外的建筑物，如围墙、烟囱、水塔、变电塔、油池油柜、酒窖菜窖、酒精池、糖蜜池、室外游泳池、玻璃暖房、砖瓦石灰窑以及各种油气罐等，不属于房产。

房产原值应包括与房屋不可分割的各种附属设备或一般不单独计算价值的配套设施，主要有：暖气、卫生、通风、照明、煤气等设备；各种管线，如蒸气、压缩空气、石油、给水排水等管道及电力、电讯、电缆导线；电梯、升降机、过道、晒台等。

属于房屋附属设备的水管、下水道、暖气管、煤气管等从最近的探视井或三通管算起。电灯网、照明线从进线盒联接管算起。

实务中，有些企业因为缺乏对基建工程的精细核算，将第一个进水口和排污口以外部分管网等室外工程的成本也计入房产原值，有些甚至将室外道路、绿化等工程也计入房产原值，造成多缴房产税。要解决这一问题，需要从工程概算、招标、合同、工程结算、会计核算等不同环节将不属于"房产"的价值分离出来，合规、合理地避免虚增房产税计税依据的问题。

②准确把握房产的价值内涵。《财政部　国家税务总局关于房产税城镇土地使用税有关问题的通知》（财税〔2008〕152号）第一条规定："对依照房产原值计税的房产，不论相应金额是否记载在会计账簿'固定资产'科目中，均应按照房屋原价，计算缴纳房产税。房屋原价应根据国家有关会计制度规定进行核算。对纳税人未按国家会计制度规定核算并记载的，应按规定予以调整或重新评估。"

按照会计准则规定，自建的房屋建筑物达到预定可使用状态时，就应该从在建工程转入固定资产，而不是办理竣工结算时，更不是办妥房产证时。所以，房产税的计算依据不同于企业所得税下的计税基础。房产原值是否包含增值税，视购建的房产用途及其进项税额可否抵扣而定。

2.房产装修支出应分析计入房产税的计税依据

除前文列示的税法关于房产税计税依据的规定外，《国家税务总局关于进一步明确房屋附属设备和配套设施计征房产税有关问题的通知》（国税发〔2005〕173号）第二条还规定：“对于更换房屋附属设备和配套设施的，在将其价值计入房产原值时，可扣减原来相应设备和设施的价值；对附属设备和配套设施中易损坏、需要经常更换的零配件，更新后不再计入房产原值。”

《〈企业会计准则第4号——固定资产〉应用指南》指出，固定资产发生的更新改造支出、房屋装修费用等，符合本准则第四条（与该固定资产有关的经济利益很可能流入企业；该固定资产的成本能够可靠地计量）规定的确认条件的，应当计入固定资产成本，同时将被替换部分的账面价值扣除；不符合本准则第四条规定的确认条件的，应当在发生时计入当期管理费用。

上述规定可归纳为以下几点：

（1）新建或新购入房产的装修费是在未投入使用状态前发生的，其属于固定资产达到可使用状态前必要且合理的支出，应计入房产原值，计征房产税。

（2）房产的改建、扩建费用对房屋的使用寿命及质量具有重大影响，所发生的改扩建成本应资本化，计入房产原值计缴房产税，同时要扣除被替换部分的账面价值。即使会计核算时将成本费用计入了“长期待摊费用”等科目，也要注意可能涉及增加房产税计税依据的问题。

（3）房屋日常修理以及墙面重新粉刷之类的普通装饰，对房屋使用寿命未有任何影响，也未整体更换房屋附属设备和配套设施，所发生的费用应计入本期费用，不应增加房产税计税依据。

（4）装修过程中发生的软装费用，如办公桌椅、家电、灯具、窗帘等，不属于“增加房屋的使用功能或使房屋满足设计要求”，不属于不动产，不计入房产原值，不应增加房产税计税依据。

实务中，企业在新建或购置房产时，应通过对“在建工程”“固定资产——机器设备、电子设备”“长期待摊费用”等科目借方发生额的检查，确定是否应将相关资产计入房产税计税依据。

3.新建加油站大棚、堆场罩棚等是否应计入房产税的计税依据

根据《财政部　国家税务总局关于加油站罩棚房产税问题的通知》（财税〔2008〕123号）规定：“加油站罩棚不属于房产，不征收房产税。”

堆场罩棚、车棚等如果结构简易，仅仅是搭了一个顶棚，四周没有任何围护结构，显然不属于房产税征税对象。

虽然税收政策的规定是非常明确的，但是，如果在加油站等资产的竣工结算报告及会计核算上，未将加油站大棚单独计量，事后缴纳房产税时人为估计一个金额并将其从加油站不动产原值中减除，税务机关会以扣减计税依据的金额无法准确确定为由，否定企业的做法。因此，企业建造加油资产时，财务部门应与基建工程部门事先协调，请外部施工单

位、审计机构将加油站大棚资产单列，单独会计核算，提前化解税收风险。

另外，一些企业因环保要求而建造的有严密围护结构的堆场罩棚等，应该是符合房产税法规中的房产定义，应注意按规定缴纳房产税。

4.在租赁合同中对不同类型租赁物的租金以及相关费用应作合理划分

公路服务区整体经营性租赁价格中，一般包含设备、停车场地租金，另有转供水电费等。如果在合同中转供水电费没有与房屋的租赁价格进行分离，即没有进行租金分解，则会导致企业多缴纳房产税。因此，在服务区整体租赁时，转供的水电费用可以与房屋的租赁价格进行分离，单独开具供水供电发票进行结算（也可以商承租方同意，依照国家税务总局2018年第28号公告，以分割单的形式结算，服务区公司作进项税额转出处理）。房屋内不属于房产附属设施或配套设施的可移动设备或办公设施一起租赁且具备较高价值时，可在合同里明确分割出租赁设备或办公设施的费用，单独开具13%的发票（此时增值税税负上升，需要在不含税收入基础上调高含税租金价格），这样可以合理降低房产税计税依据。

服务区整体租赁还包括服务区的经营管理权租赁业务。此时要注意的是，根据《税收征收管理法》《增值税暂行条例》等规定，如果承租方以服务区营业执照和税务登记的名义对外经营，则属于承包经营，那么服务区应从价缴纳房产税；如果承租人办理新的营业执照，则税务上会认定为出租业务，服务区应从租缴纳房产税。如果从合同房屋租金中分割出经营权价款，即另外收取一项特许经营使用费，只要承租人办理了新的营业执照，税务机关仍然会认定经营权租赁价款属于租金的一部分。这是因为服务区经营权不属于一项法律上的专有特许权，单独拆分缺乏法律与业务基础，需注意这方面的税收风险。

（三）准确适用"从价计征"与"从租计征"方法

税法规定了房产税"从价计征"与"从租计征"两种方法。《房产税暂行条例》第三条规定："房产出租的，以房产租金收入为房产税的计税依据。"也就是说，税法采取"从租计征"优先的原则。

实务中应注意的是，如果将一幢房屋中的部分房产对外出租，其余部分自用，则要按出租房产面积占整幢房产面积的比例乘以房产原值，将此金额从整幢房产原值中减除，就其余额从价缴纳房产税，避免重复纳税。

《房产税暂行条例》第二条规定，房产税由产权所有人缴纳。这是一条基本规定，在此之后，一些税收规范性文件又作了特殊规定，企业应将实际业务状况与这些规定对照，判断具体的纳税主体与计税方法。

（1）如果一家企业从其他单位租赁了房产后又部分或全部转租给他人，则转租收入无须缴纳房产税。有一种纳税筹划方案是，将房产产权方的房产以整体租赁给一家资产管理公司，再由这家资产管理公司出租给外部第三方并提供物管、安保等运营服务。对于这种方案，应注意控制税务风险，要结合各种因素，按照税法规定的关联交易定价原则和方法把握好整体租赁价格的公允合理性。

（2）财税〔2010〕121号第二条规定，对出租房产，租赁双方签订的租赁合同约定有免收租金期限的，免收租金期间由产权所有人按照房产原值缴纳房产税，在此情况下，承租方将房产转租的，也不应再缴纳房产税。

（3）《关于房产税城镇土地使用税有关问题的通知》（财税〔2009〕128号）中规定："无租使用其他单位房产的应税单位和个人，依照房产余值代缴纳房产税。"这里的"无租"是一直无租使用，而不是阶段性地免租。如果无租使用其他单位房产且房产用作自身经营场所，则应从价缴纳房产税。此时的问题是，房产原值不在使用方账面上，而是在房产所有者账面上，应取得真实、有效的价值证明材料。使用方如果又对外出租，应按租金收入缴纳房产税。

（四）按规定时间及时履行房产税纳税义务

1.新建房屋纳税义务时间的规定

根据财税地字〔1986〕8号规定："纳税人自建的房屋，自建成之次月起征收房产税。纳税人委托施工企业建设的房屋，从办理验收手续之次月起征收房产税。纳税人在办理验收手续前已使用或出租、出借的新建房屋，应按规定征收房产税。"在自建房屋的情况下，企业税务专员可能会在账面结转固定资产时才意识到房产税的纳税义务，可是，会计结转固定资产的时间与办理验收手续的时间可能并不一致。新建房屋竣工验收是指按照有关法律、法规、工程建设规范和标准以及合同约定的内容对建设工程进行的竣工验收。建设单位取得国家有关主管部门（或其委托机构）出具的工程建设质量、消防、环保等验收文件或许可文件后，组织工程竣工验收，勘察、设计、施工、工程监理等单位分别签署质量合格文件，编制建设工程竣工验收报告。

2.外购房屋纳税义务时间的规定

根据《国家税务总局关于房产税城镇土地使用税有关政策规定的通知》（国税发〔2003〕89号）规定：购置新建商品房，自房屋交付使用之次月起计征房产税和城镇土地使用税；购置存量房，自办理房屋权属转移、变更登记手续，房地产权属登记机关签发房屋权属证书之次月起计征房产税和城镇土地使用税；出租、出借房产，自交付出租、出借房产之次月起计征房产税和城镇土地使用税。可见，购置的房产要区分新房与存量房（旧房），分别以交付使用及产权过户作为纳税义务开始产生的标志。作为销售方的房地产开发企业只要在约定的期限内将房屋办妥竣工验收合格手续，进而将房产移交给买方，即通常所说的"交钥匙"，就应认定"房屋交付使用"，此时可能由于各种原因房产并未过户，但买方企业已实际取得使用权，应按其实际投入使用的房产缴纳房产税。如果会计上未入账，应按合同价格作为计税依据。购置存量房时，如果由于合同纠纷等原因未办理房屋权属转移、变更登记手续，但买方企业已实际占有、使用房产，则同样应申报缴纳房产税。

税务机关在进行大数据分析时，常常会发现企业有购建不动产和大额建筑安装工程的增值税进项抵扣信息，同期房源信息采集表未有新增房源信息或新增房源信息显示房产原值小于购建不动产金额，因此产生税收风险疑点。企业税务专员应结合"固定资产""在建工程""预付账款"等科目发生额情况，准确判定房产税纳税义务的发生时间。

（五）其他特定事项的税务风险管理

1.无租使用房产时，应正确履行房产税纳税义务

前文已经述及，无租使用其他单位房产的应税单位和个人，依照房产余值代缴纳房产

税。对出租房产，租赁双方签订的租赁合同约定有免收租金期限的，免收租金期间由产权所有人按照房产原值缴纳房产税。

无租使用与免租期的区别在于，前者是不结算交易价款的行为，通常产生于集团内部的关联交易；后者主要是一种促销手段，发生于各种租赁业务中。无租使用会产生增值税、企业所得税方面视同销售的纳税调整，通常不建议采用。但如果已既成事实，双方应在合同签订时即明确由使用人缴纳房产税。

税务机关在进行大数据分析时，可能将账面无固定资产（房屋）、无房屋租赁费支出同时又未申报房产税的公司，作为无租使用他人房产未缴房产税的评估对象，产生风险疑点。若集团企业之间有无租使用房产的情形，应当按独立交易原则进行租金结算并进行相关税务处理。这样既可化解无租使用时其他税种的税收风险，或许还有利于降低房产税。只要房屋原值大于租金的14.3倍，从租计征的房产税就小于从价计征的房产税。

【例6-9】假定一套办公用房面积1 000平方米，不含税价为2 000万元，假定该省规定依照房产原值一次减除30%后的余值计算缴纳房产税，从价计征房产税为16.8万元（2 000×70%×1.2%）。该房屋周边房屋的市场租金不含税价为40～60元/平方米/月，租赁协议约定为50元/平方米/月，则年租金为60万元，从租计征房产税则为7.2万元。（暂不考虑其他税种影响）

2.投资性房地产房产税的风险管理

依照会计准则的规定，企业为赚取租金或资产增值，或者两者兼有而持有的房地产，应记入"投资性房地产"会计科目。

在实务中，企业如果将房屋对外出租，基本上能够做到按照租金收入计算缴纳房产税。一旦房屋没有出租出去，处于闲置状态，税务专员就可能会因为习惯性地只盯着固定资产（房屋）科目从而漏报这部分房产税。财税〔2008〕152号第一条规定，对依照房产原值计税的房产，不论是否记载在会计账簿固定资产科目中，均应按照房屋原价计算缴纳房产税。所以，企业应关注未出租的"投资性房地产"是否申报房产税。对于以公允价值模式进行后续计量的投资性房地产，其账面价值反映为公允价值，该公允价值不属于房屋原价，该投资性房地产应按历史成本确定房产税的房屋原价。

3.异地房产的房产税纳税申报

根据《房产税暂行条例》第九条规定："房产税由房产所在地的税务机关征收。房产不在一地的纳税人，应按房产的坐落地点，分别向房产所在地的税务机关缴纳房产税。"

在实务中，存在将异地房产在机构所在地申报房产税的风险，甚至因工作疏漏、人员交替等原因，异地房产未及时在房产所在地的税务机关申报房产税。

目前，税务机关给企业申报异地房产税开辟了便利的途径，企业可以在电子税务局进行如下操作：

（1）我要办税→综合信息报告→跨区税源登记。

（2）我要办税→综合信息报告→套餐业务→新办企业套餐→扣款协议→同意→协议→银行账户绑定。

（3）我的信息→用户管理→注册地税源信息→选择"房产或土地所在地税源登记的公司名称"。

如果操作失败，请及时去房产或土地所在地税务局办税大厅办理申报纳税。

4.位于乡村房产纳税义务的确定

《关于调整房产税和土地使用税具体征税范围解释规定的通知》（国税发〔1999〕44号）规定：房产税、土地使用税在城市、县城、建制镇和工矿区征收，各地要遵照执行；关于建制镇具体征税范围，由各省、自治区、直辖市地方税务局提出方案，经省、自治区、直辖市人民政府确定批准后执行，并报国家税务总局备案。

《江苏省人民政府关于明确房产税征收范围的通知》（苏政发〔2001〕82号）规定："建制镇房产税的征收范围，依据行政区划确定，包括所辖的行政村。"

随着乡镇布局优化调整，江苏已有90%的乡建制改为镇建制。所以，对于跨区域较大的企业，税务专员不仅要关注乡村的房产是否多申报房产税，还要关注乡改镇后，原乡村的房产是否漏报房产税。

5.具备房屋功能的地下建筑属于房产税征税范围

《财政部 国家税务总局关于具备房屋功能的地下建筑征收房产税的通知》（财税〔2005〕181号）规定，凡在房产税征收范围内的具备房屋功能的地下建筑，包括与地上房屋相连的地下建筑以及完全建在地面以下的建筑、地下人防设施等，均应当依照有关规定征收房产税。

地下建筑的房产税的应税房产原值确定有三种方式：

（1）单独建造的地下工业用途房产，以房屋原价的50%～60%作为应税房产原值。

（2）单独建造的地下商业和其他用途房产，以房屋原价的70%～80%作为应税房产原值。

（3）对于与地上房屋相连的地下建筑，如房屋的地下室、地下停车场、商场的地下部分等，应将地下部分与地上房屋视为一个整体，按照地上房屋建筑的有关规定计算征收房产税。

在实务中，税务专员需关注地下建筑计征房产税时的两个风险点：

一是地下建筑是否与地上连为一体。只有单独建造的地下建筑，才可以按上述政策的折算率计算应税房产原值。

二是对于地下停车场车辆停放服务的计征方式的选择。虽然增值税上是以"不动产经营租赁服务"计征增值税，但是，地下停车位不符合"房产"要素，故停车位出租服务不应采用从租计征缴纳房产税，需将地下停车场整体从价计征缴纳房产税。

6.房产税优惠政策申报与风险管理

（1）小微企业房产税优惠规定。《关于进一步实施小微企业"六税两费"减免政策的公告》（财政部 税务总局公告2022年第10号）规定：

①由省、自治区、直辖市人民政府根据本地区实际情况，以及宏观调控需要确定，对增值税小规模纳税人、小型微利企业和个体工商户可以在50%的税额幅度内减征资源税、城市维护建设税、房产税、城镇土地使用税、印花税（不含证券交易印花税）、耕地占用

税和教育费附加、地方教育附加。

②增值税小规模纳税人、小型微利企业和个体工商户已依法享受资源税、城市维护建设税、房产税、城镇土地使用税、印花税、耕地占用税、教育费附加、地方教育附加其他优惠政策的，可叠加享受本公告第一条规定的优惠政策。

该政策执行期限为2022年1月1日至2024年12月31日。

目前从各省出台的地方政策情况看，基本上都是按50%的幅度减征"六税两费"。符合条件的企业在享受该项优惠时，应对照国家税务总局公告2022年第3号及其解读，准确计算、及时申报享受优惠政策。

（2）疫情期间可申报、申请享受的优惠政策。《关于应对新冠肺炎疫情影响有关房产税、城镇土地使用税优惠政策公告》（苏财税〔2020〕8号）（苏财税〔2020〕18号文件延长至2020年12月31日，苏财税〔2021〕6号文件延长至2021年6月30日）规定：

①对受疫情影响严重的住宿餐饮、文体娱乐、交通运输、旅游等行业纳税人，暂免征收2020年上半年房产税、城镇土地使用税。

②对增值税小规模纳税人，暂免征收2020年上半年房产税、城镇土地使用税。

《省政府印发关于积极应对疫情影响　助力企业纾困解难保障经济加快恢复若干政策措施的通知》（苏政发〔2021〕56号）规定："对南京地区受疫情影响的住宿餐饮、文体娱乐、交通运输、旅游等行业纳税人以及增值税小规模纳税人，免征2021年第三季度的房产税、城镇土地使用税；对扬州地区受疫情影响的住宿餐饮、文体娱乐、交通运输、旅游等行业纳税人以及增值税小规模纳税人，免征2021年第三、第四季度的房产税和城镇土地使用税。对因受疫情影响不能按期办理纳税申报的纳税人，准予延期申报；对确有困难而不能按期缴纳税款的纳税人，依法准予延期缴纳税款。"

提醒注意的是，疫情期间的房产税减免在时间上是阶段性的，在非减免税期间需正常申报缴纳房产税。

另外，根据国家税务总局解答，纳税人由于新冠肺炎疫情给予租户房租临时性减免，以共同承担疫情的影响，不属于事先租赁双方签订租赁合同约定的免收租金情形，不适用财税〔2010〕121号文件规定，即产权所有人不用按照房产原值计算缴纳房产税，而是根据《房产税暂行条例》规定来处理。房产出租的，按租金收入的12%缴纳房产税，因为此期间的租金为零，故房产税也为零。

《江苏省房产税暂行条例施行细则》（苏政发〔1986〕172号）第七条规定："个别纳税人按规定纳税确有困难，需要给予临时性减税或免税照顾的，由市、县人民政府批准，定期减征或免征房产税。"疫情给企业生产经营活动带来严重影响，导致缴纳房产税有困难的，可申请核准减免税。

7.房地产企业应注意防范的特定风险事项

房地产企业的房产税有特殊规定。《国家税务总局关于房产税城镇土地使用税有关政策规定的通知》（国税发〔2003〕89号）第一条关于房地产开发企业开发的商品房是否征收房产税问题规定："鉴于房地产开发企业开发的商品房在出售前，对房地产开发企业而言是一种产品，因此，对房地产开发企业建造的商品房，在售出前，不征收房产税；但对售出前房地产开发企业已使用或出租、出借的商品房应按规定征收房产税。"

根据上述政策，房地产企业需关注的风险点是：

第一，如果既有可售开发产品又有自持自用产品，公共配套设施、公共基础设施的建造成本应在会计政策和税法允许的范围内计入可售房屋开发成本，尽量减少自用房产的房产税计税依据。

第二，房地产企业将其开发的房产作为售楼部、样板房使用的，应作为已使用的房产申报缴纳房产税。

第三，将会所、物业管理场所、地下停车场库等公共配套设施转为自用，需关注是否及时按规定缴纳房产税，重点核查企业公共配套设施完工后的移交手续和实物状态。

二、城镇土地使用税风险管理

（一）城镇土地使用税及其基本要素

《城镇土地使用税暂行条例》规定，在城市、县城、建制镇、工矿区范围内使用土地的单位和个人，为城镇土地使用税（以下简称土地使用税）的纳税人，应当按规定缴纳城镇土地使用税。

税法还就确定城镇土地使用税纳税人的一些特殊情况作了规定。拥有土地使用权的纳税人不在土地所在地的，由代管人或实际使用人纳税；土地使用权未确定或权属纠纷未解决的，由实际使用人纳税；土地使用权共有的，由共有各方分别纳税。

实务中，除了要注意确定本企业是否属于城镇土地使用税纳税人外，还要注意管理好该税种的其他风险事项，落实可适用的税收优惠政策。

城镇土地使用税实行分级幅度税额，每平方米土地年税额规定如下：大城市1.5元至30元；中等城市1.2元至24元；小城市0.9元至18元。企业需按主管税务机关公布的具体地块使用土地的等级确定对应的单位税额计算：

城镇土地使用税的年应纳税额=计税土地面积（平方米）×适用税额

（二）城镇土地使用税计税依据的税务风险管理

土地使用税应纳税额=土地使用税每平方米年税额×实际占用的土地面积

公式中的年税额是由各省分别规定的，企业应按使用土地的等级确定对应的单位税额。

关于实际占用的土地面积，税法规定是指由省、自治区、直辖市人民政府确定的单位组织测定的土地面积。尚未组织测量但纳税人持有政府部门核发的土地使用证书的，以证书确认的土地面积为准；尚未核发土地使用证书的，应由纳税人据实申报土地面积。在实际工作中，常常由于各种原因导致企业未能及时取得土地使用权证但已实际使用土地，企业应注意自己先组织测量实际使用土地的面积，按规定申报纳税。

（三）准确把握纳税义务发生的起止时间

1.纳税义务的起始时间

企业取得土地使用权的方式有从国家受让的方式、从其他单位协议转让的方式以及购买不动产时"房地合一"的方式。

《城镇土地使用税暂行条例》第九条规定，新征用的土地依照下列规定缴纳土地使用税：（1）征用的耕地，自批准征用之日起满1年时开始缴纳土地使用税；（2）征用的非耕地，自批准征用次月起缴纳土地使用税。

《关于房产税　城镇土地使用税有关政策的通知》（财税〔2006〕186号）第二条规定："以出让或转让方式有偿取得土地使用权的，应由受让方从合同约定交付土地时间的次月起缴纳城镇土地使用税；合同未约定交付土地时间的，由受让方从合同签订的次月起缴纳城镇土地使用税。"

集团企业要特别注意的税收风险点是，负责投资的部门在与国土资源管理部门签订土地出让合同或协议转让合同时，明确约定了交付土地时间，但实际执行时未按约定履行，土地迟迟不能交付。企业由于账面没有土地使用权资产，也没有土地使用权证，往往就不会关注到应在合同签订的次月起缴纳城镇土地使用税。对此，企业在购置土地使用权决策过程中，财务部门应参与方案论证，在合同签订时要注意知会投资部门，一旦政府交付土地延期，应积极协调政府部门签订延期交地的补充协议，否则会凭空产生纳税义务，产生不必要的税收成本。

如果是购买不动产时取得土地使用权，国税发〔2003〕89号文件规定了纳税义务起始发生时间，所应注意的事项与前文房产税中的相关内容相同，在此不另赘述。

2.纳税义务的终止时间

《关于房产税　城镇土地使用税有关问题的通知》（财税〔2008〕152号）第三条规定："纳税人因房产、土地的实物或权利状态发生变化而依法终止房产税、城镇土地使用税纳税义务的，其应纳税款的计算应截止到房产、土地的实物或权利状态发生变化的当月末。"

企业由于停业、搬迁等原因，可能不再实际使用其名下的土地，但只要土地使用权证还未缴销，就还是法定的土地使用税纳税人，还存在纳税申报义务。不过企业可以利用一项优惠政策，国税函〔2004〕939号规定，企业搬迁后原场地不使用的，可免征城镇土地使用税，免征税额由企业在申报缴纳城镇土地使用税时自行计算扣除，但要按所在省份税务机关的规定报送资料。

房地产业因为经营活动的特殊性，对"因房产、土地的实物或权利状态发生变化"的理解不同，导致各地掌握的城镇土地使用税终止标准不统一，有按签订预售（销售）合同的日期，有按实际交房的日期，有按办理产权证的日期。其中，以签订预售（销售）合同日期作为城镇土地使用税纳税义务终止时间对企业是最为有利的，但此时土地的权利或实物状态本质上并未发生转移。由于实务中办理产权证时间滞后，如果以办理产权证为终止时间，会延迟城镇土地使用税缴纳的时间，不尽合理。以交房日期作为终止时间，从权利或实物状态变化方面看比较符合财税〔2008〕152号文件精神。实务中，如果当地有明确的政策，以当地政策为准，如果当地无明确的政策，建议与主管税务部门沟通，以交房时间作为土地使用税缴纳的终止时间。

（四）纳税地点申报纳税的税务风险管理

《国家税务局关于印发〈关于土地使用税若干具体问题的解释和暂行规定〉的通知》（国税地字〔1988〕15号）第十四条"纳税人使用的土地不属于同一省份管辖范围的，如何确定纳税地点"规定：

"纳税人使用的土地不属于同一省（自治区、直辖市）管辖范围的，应由纳税人分别向土地所在地的税务机关缴纳土地使用税。

在同一省（自治区、直辖市）管辖范围内，纳税人跨地区使用的土地，如何确定纳税地点，由各省、自治区、直辖市税务局确定。"

由于国税地字〔1988〕15号文件规定，"拥有土地使用权的纳税人不在土地所在地的，由代管人或实际使用人纳税。"因此当异地土地租借给他人使用时，要注意提前约定由谁履行城镇土地使用税的纳税义务。

（五）准确理解关于地下建筑用地的城镇土地使用税政策

《财政部　国家税务总局关于房产税　城镇土地使用税有关问题的通知》（财税〔2009〕128号）中规定："对在城镇土地使用税征税范围内单独建造的地下建筑用地，按规定征收城镇土地使用税。其中，已取得地下土地使用权证的，按土地使用权证确认的土地面积计算应征税款；未取得地下土地使用权证或地下土地使用权证上未标明土地面积的，按地下建筑垂直投影面积计算应征税款。对上述地下建筑用地暂按应征税款的50%征收城镇土地使用税。"需要注意的是，这里的地下建筑特指单独建造的地下建筑。《招标拍卖挂牌出让国有建设用地使用权规定》（国土资源部令第39号）第二条规定："在中华人民共和国境内以招标、拍卖或者挂牌出让方式在土地的地表、地上或者地下设立国有建设用地使用权的，适用本规定。"也就是说，地下建筑也可以设立土地使用权。

（六）依法争取享受土地使用税优惠政策

1.困难企业的减免税政策

企业缴纳城镇土地使用税确有困难需要定期减免的，需要履行核准手续。《国家税务总局关于下放城镇土地使用税困难减免税审批权限有关事项的公告》（国家税务总局公告2014年第1号）中规定，要根据纳税困难类型、减免税金额大小及本地区管理实际，按照减负提效、放管结合的原则，合理确定省、市、县税务机关的审批权限。对因风、火、水、地震等造成的严重自然灾害或其他不可抗力因素遭受重大损失、从事国家鼓励和扶持产业或社会公益事业发生严重亏损，缴纳城镇土地使用税确有困难的，可给予定期减免税。对从事国家限制或不鼓励发展的产业，不予减免税。

《国家税务总局江苏省税务局关于城镇土地使用税困难减免税办理有关事项的公告》（国家税务总局江苏省税务局公告2022年第2号）规定，纳税人符合以下情形之一的，可申请困难减免：

（1）因全面停产、停业（不包括季节性停产、停业和政府责令停产、停业）半年以上，缴纳城镇土地使用税确有困难的。

（2）因风、火、水、地震等造成的严重自然灾害或其他不可抗力因素，或突发公共卫生事件、公共安全事件，导致纳税人遭受较大损失或正常生产经营活动受到较大影响，缴纳城镇土地使用税确有困难的。

（3）从事国家产业结构调整指导目录的鼓励类产业，缴纳城镇土地使用税确有困难的。

（4）依法开始破产程序的企业，资产不足清偿全部或者到期债务，其土地闲置不用，缴纳城镇土地使用税确有困难的。

（5）纳入设区市级以上重大项目、重点项目清单或计划的项目建设单位，在项目建设周期内，缴纳城镇土地使用税确有困难的。

（6）从事救助、救济、助残、教育、科学、文化、卫生、体育、环境保护、社会公共设施建设、其他社会公共和福利事业，依法应缴纳城镇土地使用税的非营利法人和群众团体等，缴纳城镇土地使用税确有困难的。

（7）执行县（市、区）以上人民政府定价，并承担公益服务职能，缴纳城镇土地使用税确有困难的。

"缴纳城镇土地使用税确有困难"是指在申请的减免税所属年度期末，纳税人货币资金在扣除应付职工工资、社会保险费后，不足以缴纳税款的；或年度亏损金额超过50万元且亏损金额占收入总额的比重超过10%的。

此外，企业还要关注和用好疫情期间的相关优惠政策。

2.交通运输业免税的规定

《国家税务局关于印发〈关于土地使用税若干具体问题的补充规定〉的通知》（国税地字〔1989〕140号）第十一条"关于对企业的铁路专用线、公路等用地应否征税问题"规定："对企业的铁路专用线、公路等用地，除另有规定者外，在企业厂区（包括生产、办公及生活区）以内的，应照章征收土地使用税；在厂区以外、与社会公用地段未加隔离的，暂免征收土地使用税。"

财税〔2006〕17号文件明确了继续免征房产税和城镇土地使用税的铁道部所属铁路运输企业的范围。财税〔2004〕36号规定，地方铁路运输企业自用的房产、土地应缴纳的房产税、城镇土地使用税比照铁道部所属铁路运输企业的政策执行。

一些省份还明文规定，对高速公路沿线服务区内非经营性的停车场、公共绿地、公共卫生间用地，暂免征收城镇土地使用税。

3.其他优惠政策

集团企业内部会涉及多个行业，因此还要注意税法规定的其他城镇土地使用税优惠政策，主要涉及的土地类型有：科技企业孵化器用地；大宗商品仓储设施用地；民航机场用地；交通部门的港口用地、电力企业部分用地；水利设施用地；盐场、盐矿的矿井用地；教育用地；老年服务机构用地；农村饮用水工程用地；棚户区改造安置工程用地；廉租房建设用地；围垦滩涂土地；开山填海整治的土地和改造的废弃土地；企业范围内荒山等尚未利用的土地等。

上述优惠基本上采用由企业对照条件自行判断、自主申报的办法，因此，企业应充分掌握所在省份规定的具体条件，准备各项证明材料留存备查，做好减免税的申报工作。

第五节　印花税风险管理

一、印花税及其基本要素

印花税是对经济活动和经济交往中书立、领受、使用的应税经济凭证所征收的一种税。2021年6月10日，第十三届全国人民代表大会常务委员会第二十九次会议通过了《中华人民共和国印花税法》（以下简称《印花税法》），自2022年7月1日起施行。

（一）纳税人

《印花税法》规定："在中华人民共和国境内书立应税凭证、进行证券交易的单位和个人，为印花税的纳税人，应当依照本法规定缴纳印花税。在中华人民共和国境外书立在境内使用的应税凭证的单位和个人，应当依照本法规定缴纳印花税。"

《财政部　税务总局关于印花税若干事项政策执行口径的公告》（财政部　税务总局公告2022年第22号，以下简称"22号公告"）规定，印花税纳税人有三种具体情形：（1）书立应税凭证的纳税人，为对应税凭证有直接权利义务关系的单位和个人。（2）采用委托贷款方式书立的借款合同纳税人，为受托人和借款人，不包括委托人。（3）按买卖合同或者产权转移书据税目缴纳印花税的拍卖成交确认书纳税人，为拍卖标的的产权人和买受人，不包括拍卖人。

（二）《印花税法》规定的征税范围、税目与税率及其主要变化

《印花税法》按照"税制平移"的原则，结合经济社会发展和征管实际，对部分内容进行了调整完善。从总体上看，《印花税法》对征税范围的规定，基本维持了《中华人民共和国印花税暂行条例》（以下简称《暂行条例》）的规定，但在计税依据、税收征管等方面也存在诸多口径的变化。因此企业税务专员应对新税法的变化点予以关注，规避既有惯性思维带来的税收风险。

与《暂行条例》相比，《印花税法》的税目作了适当调整。

税目变化具有以下三个特点：第一，与《中华人民共和国民法典》（以下简称《民法典》）的典型合同名称趋同，对税目进行了名称修改、拆分与合并。在业务定性、税目适用上给企业的纳税处理带来便利。第二，将"融资租赁合同""证券交易"正式上升为法定税目。从"融资租赁合同"的税率可以看出，《印花税法》中认定融资租赁是一项融资行为而非租赁行为。第三，取消"权利、许可证照"税目，相应地，在印花税纳税人的表述中，也取消了"领受人"这一主体。

税率变化主要表现为三个方面：一是将《暂行条例》中加工承揽合同、建设工程勘察设计合同、货物运输合同以及商标专用权、著作权、专利权、专有技术使用权转让书据的税率由万分之五降为万分之三；二是将营业账簿的税率由万分之五降为万分之二点五。具体情况见表6-37。

表6-37　　　　　　　　　　　　《印花税法》税目及税率变化

序号	《印花税法》		《暂行条例》及其实施细则
	税目及税率		税目及税率
1	（一）合同（指书面合同）	借款合同 0.05‰	借款合同 0.05‰
2		融资租赁合同 0.05‰	—
3		买卖合同 0.3‰	购销合同 0.3‰
4		承揽合同 0.3‰	加工承揽合同 0.5‰
5		建设工程合同 0.3‰	建设工程勘察设计合同 0.5‰
			建筑安装工程承包合同 0.3‰
6		运输合同 0.3‰	货物运输合同 0.5‰
7		技术合同 0.3‰	技术合同 0.3‰
8		租赁合同 1‰	财产租赁合同 1‰
9		保管合同 1‰	仓储保管合同 1‰
10		仓储合同 1‰	
11		财产保险合同 1‰	财产保险合同 1‰
12	（二）产权转移书据	土地使用权、房屋等建筑物和构筑物所有权转让书据（不包括土地承包经营权和土地经营权转移）0.5‰	产权转移书据 0.5‰
13		股权转让书据（不包括应缴纳证券交易印花税的股权转让书据）0.5‰	
14		商标专用权、著作权、专利权、专有技术使用权转让书据 0.3‰	
——			权利、许可证照
15	（三）营业账簿 0.25‰		营业账簿 5‰
16	（四）证券交易 1‰		

（三）对企业税务管理的影响

企业的经济活动大多与印花税有着密切联系。印花税作为小税种，由于税目税率繁多，易发生漏交、错交、迟交的风险。同时，在开展经济活动的过程中，合同种类繁杂多样，业务归口分散在不同部门，要做到准确、及时统计涉税信息存在一定困难，这些都增加了企业印花税纳税申报的税收风险。

因此，企业印花税的风险管理首先要从内控制度上着手，确保业务合同的信息流与税务信息流的双向打通。从流程上看，要规范与筹划合同的签订，根据税法的规定，从本企业业务特点与合同内容出发，联动合同归口管理部门、法务部门准确确定合同类型，合理表述涉税合同各项条款。合同签订后，应将合同信息同步传递到财务部门，后期支付结算时要与合同模块做好同步关联。大型企业集团可以借助信息化建设,优化内部管理流程,将印花税风险管理需求与企业合同管理需求相结合,在自身的ERP系统内开发印花税管理报表。通过抓取合同管理模块基础数据,后台设置印花税计税规则,实现数据实时共享、印花税自动计算。

无论采用什么样的管理流程与手段,企业都应全面了解和掌握现行印花税的政策法规,并结合企业实际业务情况,对常见风险点加以关注。下面结合《印花税法》及配套文件的规定进行分析阐述。

二、准确理解和把握印花税征税范围

(一)征税范围的理解与主要非应税凭证

印花税采取列举方式确定征税范围,即仅就列举范围之内的凭证予以征税,非列举范围内的凭证不属于征税范围。其主要依据为《印花税法》所附的税目税率表,对其中应税合同把握不准的,可以参考《民法典》典型合同的相关解释。例如,《民法典》规定,"建设工程合同包括工程勘察、设计、施工合同。"据此,建设工程设计合同属于规定的征税范围,而工业产品设计合同不属于建设工程合同。22号公告进一步明确了不属于印花税征收范围的几类凭证,但其仅针对征管实践中较受关注的几类凭证或文书。结合目前有效税收法规、规范性文件(包括《印花税法》实施后继续有效的相关规定)以及《民法典》规定,对一些常见的非应税凭证梳理见表6-38。

表6-38　　　　　　　　　　新印花税法下无需贴花计税的主要非应税凭证

序号	非应税凭证	政策依据
1	同业拆借合同	《印花税税目税率表》备注,同业拆借合同的范围按照中国人民银行有关规定执行
2	保户质押贷款合同	《印花税税目税率表》备注,不符合借款合同的定义
3	个人书立的动产买卖合同	《印花税税目税率表》备注,只要买卖合同的一方当事人为个人即不征收印花税
4	管道运输合同	《印花税税目税率表》备注,只针对货物运输合同和多式联运合同(不包括管道运输合同)
5	客运合同(旅客运输合同)	
6	再保险合同	《印花税税目税率表》备注
7	人寿保险合同	《印花税税目税率表》只包含财产保险合同
8	土地承包经营权转移合同	《印花税税目税率表》产权转移书据明确剔除
9	土地经营权转移合同	《印花税税目税率表》产权转移书据明确剔除
10	权利、许可证照	新印花税法取消对其征收印花税
11	供用电、水、气、热力合同	新旧印花税法规均未列举的典型合同,电网与用户之间签订的供用电合同可以归为此类。发电厂与电网之间、电网与电网之间书立的购售电合同属于应税范围

序号	非应税凭证	政策依据
12	保理合同	新旧印花税法规均未列举的典型合同
13	物业服务合同	新旧印花税法规均未列举的典型合同
14	抵押合同、质押合同	新旧印花税法规均未列举
15	保证合同	新旧印花税法规均未列举的典型合同
16	监理合同、委托监理合同	新旧印花税法规均未列举，不属于建设工程合同
17	审计业务约定书	新旧印花税法规均未列举
18	资产评估业务约定书	新旧印花税法规均未列举
19	在融资性售后回租业务中，承租人、出租人因出售租赁资产及购回租赁资产所签订的合同	财税〔2015〕144 号规定不征收印花税
20	人民法院的生效法律文书，仲裁机构的仲裁文书，监察机关的监察文书	财政部、税务总局公告 2022 年第 22 号规定不属于印花税征收范围
21	县级以上人民政府及其所属部门按照行政管理权限征收、收回或者补偿安置房地产书立的合同、协议或者行政类文书	根据财政部、税务总局公告 2022 年第 22 号，不视为产权人将房地产转让给县级以上人民政府及其所属部门
22	总公司与分公司、分公司与分公司之间书立的作为执行计划使用的凭证	财政部、税务总局公告 2022 年第 22 号规定不属于印花税征收范围
23	企业承包经营合同	新旧印花税法规均未列举
24	企业租赁经营合同、企业承租经营合同	新旧印花税法规均未列举
25	合伙合同、投资协议	新旧印花税法规均未列举的典型合同
26	委托合同、行纪合同、中介合同（居间合同）	新旧印花税法规均未列举的典型合同
27	出版合同	国税发〔1991〕155 号（现已废止）规定不属于印花税征收范围。《印花税法》亦未列举

江苏交控集团内成员企业的收费公路权益转让书据同样不属于印花税征税范围，根据《收费公路权益转让办法》第三条第二款规定："收费公路权益，是指收费公路的收费权、广告经营权、服务设施经营权。"第三十五条规定："受让方依法拥有转让期限内的公路收费权益，转让收费公路权益的公路、公路附属设施的所有权仍归国家所有。"由此可见，其收费权、广告经营权、服务设施经营权并不属于产权转移书据的税目范围。

（二）在界定征税范围时常见的注意事项

1.对于合同形式与性质应全面、准确地理解与把握

印花税应税凭证有合同、产权转移书据、营业账簿。对于常规的书面合同，在是否为应税凭证的判定上不会有太多争议。而对于具有合同性质却又并非常规合同格式文本的凭证，尤其是用于集团内一些交易事项流转的凭证，在判断是否为征税对象时需要加以关注。

（1）合同形式包括书面形式与电子形式。

根据《印花税法》第四条及《印花税税目税率表》规定，应税合同指书面合同。对于当事人书立的书面合同是否属于《印花税法》规定的应税凭证范畴，应当按照《民法典》第三编第二章有关订立合同形式的规定以及《印花税法》有关规定具体确定。《民法典》第四百六十九条规定，当事人订立合同，可以采用书面形式、口头形式或其他形式。书面形式是合同书、信件、电报、电信、电传、传真等可以有形地表现所载内容的形式。以电子数据交换、电子邮件等方式，能够有形地表现所载内容，并可以随时调取查用的数据电文，视为书面形式。

因此《印花税法》所说的书面合同，不仅包括书面形式的合同，还包括电子邮件等电子形式的合同。这其实是平移了财税〔2006〕162号文件中"对纳税人以电子形式签订的各类应税凭证按规定征收印花税"的规定。

（2）合同实质上对权利义务的约定。

22号公告明确，书立应税凭证的纳税人，为对应税凭证有直接权利义务关系的单位和个人。因此《印花税法》实施后，对于应税凭证的把握需要考虑其是否对当事各方的权利义务进行了约定。

同时，22号公告第二条第（二）款规定："企业之间书立的确定买卖关系、明确买卖双方权利义务的订单、要货单等单据，且未另外书立买卖合同的，应当按规定缴纳印花税。"由此可见，无论是否形成常见格式的合同书，只要其业务约定形成实质意义上合同标的及各方权利义务关系，并且属于税目范围，则无论何种形式的单据都涉及印花税纳税义务。

22号公告中明确，总公司与分公司、分公司与分公司之间书立的作为执行计划使用的凭证不属于印花税征税范围。其关键点在于内部行政"计划"并不对各方实际执行产生强制拘束及权利义务关系，例如未完成计划的一方对另一方的经济赔偿。而在建筑施工业务中，建筑工程总承包合同由甲方（业主）与总承包商签订，再由总承包商分包给分包商。假定总承包商为总公司，分包商为其分公司，总承包合同印花税已缴纳，但由于再向下签订的建筑施工分包合同产生法定的权利义务，这就不属于内部执行计划，依然需要缴纳印花税。

2.借款合同中委托贷款合同印花税问题

22号公告规定："采用委托贷款方式书立的借款合同纳税人，为受托人和借款人，不包括委托人。"对于委托贷款业务，银行和接受贷款方要按照贷款合同缴纳印花税（虽然此时银行并不具备一般贷款合同中的权利与义务），而委托人和银行之间的委托关系不属

于印花税征税范围，不缴纳印花税。

对于通过资金池进行现金管理的部分集团，商业银行通常以受托服务的形式为客户提供企业集团内部独立法人之间的资金归集和划拨业务。如果商业银行在管理模式上采取了参与签订委托贷款合同的管理形式，则会涉及印花税纳税义务；反之，如果是纯粹提供管理服务，不参与签订委托贷款合同，则无需缴纳印花税。

3.与个人签订的动产买卖合同不属于征税范围

《印花税税目税率表》中"买卖合同"指动产买卖合同，不包括个人书立的动产买卖合同。对此排除项目，有人理解为必须是签约各方都是个人才不征收印花税，而有人理解为只要有一方是个人，所书立的动产买卖合同就不属于印花税征税范围，即各方都不需要缴纳印花税。目前，主流的解答都是后一种意见。江苏省税务局2022年8月1日在其官网上答复："动产买卖合同的书立人中有个人的，那么该动产买卖合同不属于征税范围，该动产买卖合同所有书立人均不缴纳印花税。"例如个人张三与甲企业书立车辆买卖合同，购买乘用车1辆，合同所列金额20万元，个人张三和甲企业均不缴纳印花税。

企业与个人签订的不动产买卖合同、无形资产买卖合同或技术合同，仍属于印花税征税范围。

《印花税法》第十二条规定，个人与电子商务经营者订立的电子订单免征印花税，这意味着"个人与电子商务经营者订立的电子订单"属于征税范围，但免征印花税。《电子商务法》规定，电子商务经营者是指通过互联网等信息网络从事销售商品或者提供服务的经营活动的自然人、法人和非法人组织，包括电子商务平台经营者、平台内经营者以及通过自建网站、其他网络服务销售商品或者提供服务的电子商务经营者。也就是说电子商务经营者主体不仅包括自然人，也包括法人和非法人组织；其交易对象不仅包括动产，还包括服务，因此可以理解为该免税条款的范围大于"与个人签订的动产买卖合同"。对于电子商务经营者而言，只要电子订单的购买方为个人，即属于免税凭证，双方均不缴纳印花税。

三、印花税计税依据的风险管理

（一）计税依据不包括列明的增值税税款

《印花税法》第五条明确规定了应税合同和应税产权转移书据的计税依据，为合同及产权转移书据所列的金额，不包括列明的增值税税款。但如果未单独列明增值税，或仅约定了增值税税率，则需按应税合同和产权转移书据所载含税金额计算缴纳印花税。

因此，企业税务专员应与法务部门做好沟通，统一合同模板，要求在合同中注明不含税金额和增值税税额。对于因税率可能面临调整变化未单独注明增值税税额的，合同上也应列明不含税价，另外注明以实际纳税义务产生时的税率开票计税结算，以此应对税率变化的情况，同时又避免合同按含税价格计税。

（二）未列明金额的框架合同与纳税处理

根据《印花税法》第六条规定，应税合同、产权转移书据未列明金额的，印花税的计税依据按照实际结算的金额确定。计税依据按照前款规定仍不能确定的，按照书立合同、产权转移书据时的市场价格确定；依法应当执行政府定价或者政府指导价的，按照国家有关规定确定。

例如，企业将一处不动产出租给承租方，约定按承租方年营业收入的一定比例计算浮动租金，根据《国家税务总局关于实施〈中华人民共和国印花税法〉等有关事项的公告》（国家税务总局公告2022年第14号，以下简称"14号公告"），应在签订合同后的首个纳税申报期进行零申报；在实际结算后下一个纳税申报期，以实际结算金额乘以千分之一的税率计算缴纳租赁合同印花税。

（三）转让股权时印花税计税依据的特殊问题

22号公告明确，纳税人转让股权的印花税计税依据，按照产权转移书据所列的金额（不包括列明的认缴后尚未实际出资权益部分）确定。例如，A公司将持有的B公司的全部股权转让给C公司，如果A公司对B公司的认缴出资是300万元，实际出资60万元，转让价格是100万元，在股权转让合同中列明转让价格100万元对应的注册资本是300万元，则计税依据仍是100万元，而不应该是300万元或340万元（100万元的转让价款加上尚未出资的240万元）。

股权转让合同中的"对赌"条款也是一种常见的合同对价调整机制。一般的"对赌"条款约定，如果标的公司未达成股权收购合同中约定的最低业绩指标，则股权转让方应向股权受让方支付补偿；如果超额完成业绩指标，一般不会追加股权转让价款，但标的公司有可能会对管理层给予一定奖励。此类合同不能视为未列明金额的合同，应在合同签订后按其确定的交易价格作为计税依据。在后一种情况下，股权转让价款本身并未被调整，而在前一种情况下，涉及印花税计税依据的调整确定问题。22号公告规定："应税合同、应税产权转移书据所列的金额与实际结算金额不一致，不变更应税凭证所列金额的，以所列金额为计税依据；变更应税凭证所列金额的，以变更后的所列金额为计税依据。已缴纳印花税的应税凭证，变更后所列金额增加的，纳税人应当就增加部分的金额补缴印花税；变更后所列金额减少的，纳税人可以就减少部分的金额向税务机关申请退还或者抵缴印花税。"据此，如果股权转让方应向股权受让方支付补偿，但双方未签订补充协议，则不可申请退还印花税。如果双方签订补充协议将实际交易价款作相应减少，则可以就减少部分的金额申请抵退印花税。

（四）同一份合同分别适用不同税目纳税的问题

《印花税法》第九条规定，同一应税凭证载有两个以上税目事项并分别列明金额的，按照各自适用的税目税率分别计算应纳税额；未分别列明金额的，从高适用税率。例如，公司签订的合同中既包括转让不动产，又包括转让机器设备、电子设备等动产。公司应在合同中分别列明不动产金额与设备金额，转让不动产按照"产权转移书据－不动产"的万分之五税率、转让设备按照"买卖合同"的万分之三税率计算缴纳印花税。

（五）由两方以上当事人书立同一应税凭证的问题

对于同一应税凭证由两方以上当事人书立的，首先要确定当事人是否为纳税人，其核心在于是否有"直接权利义务关系"。例如，有的股权转让合同中会由标的公司作为一方签章，但它并不对股权交易负有任何权利和义务，因此不应成为该合同项下的纳税人。

其次，再确定各自计税依据。根据《印花税法》、22号公告规定，多方当事人签订的合同如列明各自的金额，各当事人应按照各自涉及的金额分别计算应纳税额；如未列明纳税人各自涉及金额，以纳税人平均分摊的应税凭证所列金额（不包括列明的增值税税款）确定计税依据。

例如，甲公司与乙公司、丙公司签订三方合同，约定由甲公司从乙公司采购货物1亿元（不含税），丙公司负责该批货物的仓储，仓储费按实际存储量及天数结算，乙公司、丙公司均单独与甲公司结算。对此，甲公司应对1亿元价款按"买卖合同"缴纳万分之三的印花税，对仓储费据实缴纳千分之一的印花税；乙公司对1亿元价款按"买卖合同"缴纳印花税，丙公司对仓储收入据实缴纳印花税。

（六）印花税抵退处理

22号公告明确了两种印花税可退税和抵税的情形：

1.应税合同、应税产权转移书据所列的金额与实际结算金额不一致

如前所述，在签订合同后，合同实际履行时可能存在实际结算金额小于合同金额的情况，如果签订补充合同修改合同金额，多缴的印花税可以办理退税或抵税，从而降低印花税税负。

值得注意的是，22号公告第三条规定："未履行的应税合同、产权转移书据，已缴纳的印花税不予退还及抵缴税款。纳税人多贴的印花税票，不予退税及抵缴税款。"此处不予退税的情形一般理解为已贴花而完全未履行的应税凭证，对于已履行的合同或已部分履行的合同但合同结算价款降低的，可按照22号公告规定，通过减少合同金额，申请退抵印花税。

2.应税凭证列明的增值税税款计算错误

22号公告第三条第（三）款明确，纳税人应当按规定调整应税凭证列明的增值税税款，重新确定应税凭证计税依据。已缴纳印花税的应税凭证，调整后计税依据增加的，纳税人应当就增加部分的金额补缴印花税；调整后计税依据减少的，纳税人可以就减少部分的金额向税务机关申请退还或者抵缴印花税。

因此，当应税凭证列明的增值税税款计算错误时，纳税人一定要调整应税凭证列明的增值税税款，通过补充协议重新确定应税凭证计税依据。否则，在总价一定的情况下，如果错误地多计增值税税款而少计不含税价款，会导致少缴印花税，进而产生税务机关要求补缴印花税、滞纳金的税务风险；反之又会导致多缴印花税，并产生无法办理退税或抵税的税务风险。

四、正确、合理选择纳税申报时间

《印花税法》规定，纳税义务发生时间为纳税人书立应税凭证或者完成证券交易的当日。印花税按季、按年或者按次计征。实行按季、按年计征的，纳税人应当自季度、年度终了之日起十五日内申报缴纳税款；实行按次计征的，纳税人应当自纳税义务发生之日起十五日内申报缴纳税款。

《国家税务总局江苏省税务局关于调整印花税纳税期限等有关事项的公告》（国家税务总局 江苏省税务局公告2022年第3号）第一条规定：应税合同、产权转移书据印花税可以按季或者按次申报缴纳，应税营业账簿印花税可以按年或者按次申报缴纳；境外单位或

者个人的应税凭证印花税可以按季、按年或者按次申报缴纳。纳税人可在上述范围内选择纳税期限，一经选择，在一个纳税年度内不得变更。印花税税目纳税期限见表6-39：

表6-39 印花税税目纳税期限表

税目	纳税期限
应税合同、产权转移书据	按季或者按次
应税营业账簿	按年或者按次
境外单位或者个人的应税凭证	按季、按年或者按次

提示：纳税人可在上述范围内选择纳税期限，一经选择，在一个纳税年度内不得变更。

目前实务操作中，以往纳税人如有印花税按月纳税的认定信息，在申报税款所属期为2022年7月1日以后的印花税时，系统会自动将纳税人按月纳税改为按季纳税，其中营业账簿为按年纳税。在季度、年度终了之日起十五日后未缴纳税款时，按现行系统规则计算滞纳金。已认定按季、按年申报印花税的企业，若当期未发生应税行为，也需要进行印花税零申报。

五、境外单位或个人应在境内履行的印花税纳税义务

（一）境外单位或个人是否具有印花税纳税义务的判定规则

《印花税法》第一条规定：在中华人民共和国境内书立应税凭证、进行证券交易的单位和个人，为印花税的纳税人。因此，只要证券交易的活动在中国境内，无论是境内还是境外的单位和个人，均为印花税的纳税人。

如果书立应税凭证发生在境外的，22号公告中规定，在中华人民共和国境外书立在境内使用的应税凭证，应当按规定缴纳印花税，包括以下几种情形：

（1）应税凭证的标的为不动产的，该不动产在境内；

（2）应税凭证的标的为股权的，该股权为中国居民企业的股权；

（3）应税凭证的标的为动产或者商标专用权、著作权、专利权、专有技术使用权的，其销售方或者购买方在境内，但不包括境外单位或者个人向境内单位或者个人销售完全在境外使用的动产或者商标专用权、著作权、专利权、专有技术使用权；

（4）应税凭证的标的为服务的，其提供方或者接受方在境内，但不包括境外单位或者个人向境内单位或者个人提供完全在境外发生的服务。

（二）税款缴纳方式

根据《印花税法》和14号公告，境外纳税人需要根据是否存在境内代理人分别确定纳税方式。如果境外纳税人在境内有代理人，则以该境内代理人为扣缴义务人，按规定扣缴印花税，向境内代理人机构所在地（居住地）主管税务机关申报解缴税款。税收征管上的"代理人"通常是指接受境外单位委托办理境内纳税事项的机构或个人，境内的买方一般不会被视为境外卖方的代理人，除非双方签订了委托代理申报的协议。如果境外纳税人没有境内代理人，应当自行申报缴纳印花税，可以向资产交付地、境内服务提供方或者接受方所在地（居住地）、书立应税凭证境内书立人所在地（居住地）主管税务机关申报缴纳印花税，涉及不动产产权转移的，应当向不动产所在地主管税务机关申报缴纳印花税。

概括来说，境外纳税人在境内有代理人的，由代理人扣缴印花税，向其机构所在地（居住地）申报缴纳印花税；没有代理人的，应当在上述地点自行申报。

从便利操作的角度出发，境外单位或个人可以委托交易相对方或者专业税务服务机构为代理人，代为办理印花税的申报。

六、印花税税收优惠及其风险管理

（一）对印花税减免税的准确理解

22号公告第四条第一款规定："对应税凭证适用印花税减免优惠的，书立该应税凭证的纳税人均可享受印花税减免政策，明确特定纳税人适用印花税减免优惠的除外。"

对此，可以简单理解为印花税减免优惠一般情况下双方或多方同时免税，特殊情况下单方免税。

对于单方减免税的，税法会特别强调对一方的应税凭证减免税，往往不出现另一方纳税人，另一方是否减免税需要根据其他文件规定。例如《财政部　国家税务总局关于调整房地产交易环节税收政策的通知》（财税〔2008〕137号）规定："对个人销售或购买住房暂免征收印花税。"如果个人与房地产开发企业签订合同，对个人免征印花税，而房地产开发企业通常是应当缴纳印花税的。

对于双方都减免税的，税法规定通常落脚点在应税凭证上，或者规定一方与另一方的应税凭证减免税（规定中同时出现两方或多方纳税人）。例如，《财政部　税务总局关于支持小微企业融资有关税收政策的通知》（财税〔2017〕77号）规定："对金融机构与小型企业、微型企业签订的借款合同免征印花税。"

（二）常见的免税事项

《印花税法》规定了八种免征印花税的凭证，意味着订立凭证的各方都可以享受减免，其中重点需要关注以下几种：

（1）家庭农场、农民专业合作社、农村集体经济组织、村民委员会购买农业生产资料或者销售农产品书立的买卖合同和农业保险合同。农业生产资料生产与流通企业，以及农产品加工、流通企业，与上述对象之间直接签订买卖合同方可以享受免税。

（2）非营利性医疗卫生机构采购药品或者卫生材料书立的买卖合同，其中享受印花税免税优惠的非营利性医疗卫生机构，具体范围为经县级以上人民政府卫生健康行政部门批准或者备案设立的非营利性医疗卫生机构。因此，对于药品、医疗器材生产、流通企业，销售给符合条件的非营利性医疗卫生机构规定产品时签订的买卖合同可以享受免税优惠。

（3）财产所有权人将财产赠与政府、学校、社会福利机构、慈善组织书立的产权转移书据。房地产企业目前在"招拍挂"拿地建房时通常会承建学校、社区服务中心等公共配套设施，建成移交时可以理解为财产所有权人将财产赠与政府的行为，从而免征产权转移书据印花税。

目前，印花税优惠事项除了《印花税法》规定的八项法定免税优惠和22号公告对其解释之外，对以往优惠事项的衔接问题，可查阅《关于印花税法实施后有关优惠政策衔接问题的公告》（财政部　税务总局公告2022年第23号），分别按继续执行、废止和失效三种方式处理。

（三）优惠享受方式与风险管理

14号公告第一条第五款规定：印花税法实施后，纳税人享受印花税优惠政策，继续实行"自行判别、申报享受、有关资料留存备查"的办理方式。纳税人对留存备查资料的真实性、完整性和合法性承担法律责任。

因此企业在判断符合上述减免税项目时，可以在《印花税税源明细表》中填写"减免性质代码和项目名称"，申报享受优惠。最新减免税政策代码可在国家税务总局 "纳税服务"栏目查询下载。对于资料留存备查，印花税现有政策法规并未明确，但参考其他税种的留存备查要求，建议企业保存好应税凭证的原件或复印件，以及可以证明业务真实性的账务、结算支付等资料。

七、印花税征管方式的变化

《暂行条例》对纳税地点、纳税期限等规定较为原则，纳税方式仅规定了粘贴印花税票一种方式。如果应纳税额较大或者贴花次数较频繁，纳税人要向税务机关提出申请，采取以缴款书代替贴花或者按期汇总缴纳的办法。在征管实践中，易出现纳税地点争议、滞纳金起算时间无法确定、完税方式与其他税种不一致等问题。由于印花税据实征收存在客观上的困难，不少地方税务机关均依据《税收征收管理法》、《国家税务总局关于进一步加强印花税征收管理有关问题的通知》（国税函〔2004〕150号）、《印花税管理规程（试行）》（国家税务总局公告2016年第77号）等规定对印花税采用了核定征收的方式。

《印花税法》颁布实施后，对纳税地点、纳税期限、纳税方式、征收方式等税制要素进行了完善。

纳税地点方面，《印花税法》第十三条明确，单位纳税人纳税地点为纳税人机构所在地，个人纳税人纳税地点为应税凭证书立地或者纳税人居住地，不动产产权发生转移的纳税地点为不动产所在地。

纳税期限方面，《印花税法》第十六条明确，印花税按季、按年或者按次计征。

纳税方式方面，《印花税法》第十七条明确，印花税可以采用粘贴印花税票或者由税务机关依法开具其他完税凭证的方式缴纳。这些税制要素的完善，可有效避免重复征税问题，通过与主要税种的纳税期限、纳税方式保持一致，方便纳税申报和征收管理。[①]

举例来说，2020年1月，位于A市的甲企业在B市签订了一份技术合同，根据《暂行条例》规定，甲企业既可以在A市缴纳印花税，也可以在B市缴纳印花税，易引起A、B两市税务机关的管辖争议。《印花税法》实施后，位于A市的甲企业的纳税地点明确为机构所在地A市，在A市以外书立的应税凭证，甲企业均应在A市缴纳印花税，从而增强了企业印花税管理的确定性。以往建筑业企业在异地施工时，都是在施工地预缴税款时一并申报缴纳建筑工程合同印花税。建筑业企业可能面临在机构所在地和项目所在地重复缴纳印花税的风险。为解决这一问题，《印花税法》将纳税地点明确为施工企业机构所在地。特殊情况下，建筑业企业从事政府和社会资本合作模式、片区综合开发等投资项目，以出让或转让方式取得土地使用权的，根据《印花税法》第十三条第二款，纳税人应当向不动

---

① 翁经纬.《中华人民共和国印花税法》解读［J］. 中国税务，2022（8）：63.

产所在地的主管税务机关申报缴纳印花税。但需要注意的是，企业出租的不动产在异地的时候，同样也应当向机构所在地税务机关申报缴纳印花税。只有涉及不动产产权转移时，才应在不动产所在地申报缴纳印花税。

《印花税法》实施后对企业产生的最大影响是核定征收方式的变化。虽然《印花税法》第十八条规定"印花税由税务机关依照本法和《中华人民共和国税收征收管理法》的规定征收管理"，《税收征收管理法》中规定了核定征收的方式及适用前提，但因《印花税法》实施前有关印花税核定征收的主要规范性文件被废止，因此各省都在清理废止关于核定征收的相关规定。目前，大多税务机关已不同意企业按原有的核定征收办法缴纳印花税。关于这方面政策的变化，提请企业重点跟踪关注。

第六节　其他税种风险管理

一、契税风险管理

（一）契税基本规定

在中华人民共和国境内转移土地、房屋权属，承受的单位和个人为契税的纳税人，应当依照《中华人民共和国契税法》（以下简称《契税法》）规定缴纳契税。

转移土地、房屋权属，是指下列行为：土地使用权出让；土地使用权转让，包括出售、赠与、互换；房屋买卖、赠与、互换。

以作价投资（入股）、偿还债务、划转、奖励等方式转移土地、房屋权属的，应当依照《契税法》规定征收契税。

通过上述基本规定可以看出，契税的征税对象为土地、房屋权属的转移，是一种特定的行为税。如果转让一处无土地使用权的构筑物，不涉及权证的办理或变更，则不产生契税纳税义务。但是，如果是土地使用权及所附建筑物、构筑物等（包括在建的房屋、其他建筑物、构筑物和其他附着物）一并转让，则所附建筑物、构筑物的价值连带计入契税计税依据。

如果缴纳契税后，因人民法院判决或者仲裁委员会裁决导致土地、房屋权属转移行为无效、被撤销或者被解除，且土地、房屋权属变更至原权利人，相当于原交易行为没有发生，可依照有关法律法规申请退税。

（二）依法确定契税计税依据

1.契税计税依据的基本规定

税法规定：土地使用权出让、出售，房屋买卖，契税计税依据为土地、房屋权属转移合同确定的成交价格，包括应交付的货币以及实物、其他经济利益对应的价款；土地使用权互换、房屋互换，契税计税依据为所互换的土地使用权、房屋价格的差额；土地使用权赠与、房屋赠与以及其他没有价格的转移土地、房屋权属行为，契税计税依据为税务机关参照土地使用权出售、房屋买卖的市场价格依法核定的价格。

纳税人申报的成交价格、互换价格差额明显偏低且无正当理由的，由税务机关依照《税收征收管理法》的规定核定。

2.计税依据的具体规定与注意事项

《财政部 税务总局关于贯彻实施契税法若干事项执行口径的公告》（财政部 税务总局公告2021年第23号）第二条规定了若干计税依据的具体情形，现根据该文件的规定，提示企业在受让土地、房屋权属时，计算确定计税依据的注意要点。

（1）以划拨方式取得的土地使用权，后来发生性质改变时的契税计税依据。

① 以划拨方式取得的土地使用权，经批准改为出让方式重新取得该土地使用权的，应由该土地使用权人以补缴的土地出让价款为计税依据缴纳契税。

② 先以划拨方式取得土地使用权，后经批准转让房地产，划拨土地性质改为出让的，承受方应分别以补缴的土地出让价款和房地产权属转移合同确定的成交价格为计税依据缴纳契税。

③ 先以划拨方式取得土地使用权，后经批准转让房地产，划拨土地性质未发生改变的，承受方应以房地产权属转移合同确定的成交价格为计税依据缴纳契税。

（2）土地使用权出让时受让方要另付其他费用的契税计税依据。计税依据包括土地出让金、土地补偿费、安置补助费、地上附着物和青苗补偿费、征收补偿费、城市基础设施配套费、实物配建房屋等应交付的货币以及实物、其他经济利益对应的价款。

实务中有两方面的事项需要关注：第一，企业在受让土地使用权时必须与国土资源管理部门签订出让合同，合同中明确受让方必须支付的各种补偿金自然要计入计税依据，但合同中没有约定、土地出让挂牌文件中也没有明确的费用，例如城市基础设施配套费，相关政府部门会规定具体的征收标准，但实际缴费的时间可能会迟于办理土地使用权证的时间。在这种情况下，企业应按计费依据计算缴费金额，将其计入契税计税依据。第二，"实物配建房屋"不应包括房地产开发项目规划文件中规定建造的公共配套设施，如学校、会所、人防设施、物业管理设施等，它应该是特指配建的交付给该宗地块上的原住户的回迁安置房，或者是政府为"压地价、竞配建"而要求开发企业建造的不属于正常规划配套设施的项目，例如人才房之类，这些设施的建造构成土地出让金之外的交易对价，应当计入契税计税依据。关于配建房屋的价值计量，应当按签订土地使用权出让合同时房屋的市场价格为依据确定，而不应按房屋交付时的价格确定。

（3）承受已装修房屋的。税法规定应将包括装修费用在内的费用计入承受方应交付的总价款。从税法的本意上看，装修费用所指的对象应该是不可移动的"硬装"，如墙面工程、地面工程、顶面工程、水电气暖等。可移动的家具、小电器、家居装饰品、灯具、花艺等不应包括在内。但是，如果房产交易时将软装、硬装与房产混在一起定价，无法分离，则受让方要一并缴纳契税。

（4）土地使用权互换、房屋互换交易。税法规定，互换价格相等的，互换双方计税依据为零；互换价格不相等的，以其差额为计税依据，由支付差额的一方缴纳契税。这里必须注意的是，税法将互换补差作为计税依据的情形限定在土地使用权之间互换或房屋之间互换交易中。如果是土地使用权与房屋互换，则不认可仅对补差部分缴纳契税。例如，房地产开发企业建造的回迁安置房，本质上是用建造的房屋交换安置户原拥有的土地使用权，这里就不可以就补差纳税，房地产开发企业应当将回迁安置房的全部价值计入受让土地使用权的价格之中缴纳契税。

（5）契税的计税依据不包括增值税。《契税法》未要求企业必须在合同中分别约定含税价与不含税价，但综合考虑印花税计税依据的筹划需求，以及转让不动产缴纳增值税时有适用税率与征收率之别，故在合同中约定不含税价为宜。

（6）缴纳契税后发生下列情形，可依照有关法律法规申请退税。一是在出让土地使用权交付时，因容积率调整或实际交付面积小于合同约定面积需退还土地出让价款；二是在新建商品房交付时，因实际交付面积小于合同约定面积需返还房价款。

（三）适用契税税率的注意要点

《契税法》第三条规定，契税税率为百分之三至百分之五。契税的具体适用税率，由省、自治区、直辖市人民政府在前款规定的税率幅度内提出，报同级人民代表大会常务委员会决定，并报全国人民代表大会常务委员会和国务院备案。省、自治区、直辖市可以依照前款规定的程序对不同主体、不同地区、不同类型的住房的权属转移确定差别税率。

由于税法规定的契税税率为幅度税率，并且授权各省、自治区、直辖市可依法定程序制定本地不同类型房产的差别税率，因此，在实际纳税时，一是要依本地的法定税率计税，二是要注意做好不同类型房产打包转让时分别定价、分别适用税率的筹划。财政部、税务总局公告2021年第23号还规定："房屋附属设施（包括停车位、机动车库、非机动车库、顶层阁楼、储藏室及其他房屋附属设施）与房屋为同一不动产单元的，计税依据为承受方应交付的总价款，并适用与房屋相同的税率；房屋附属设施与房屋为不同不动产单元的，计税依据为转移合同确定的成交价格，并按当地确定的适用税率计税。"在筹划房产转让定价时还要注意这些细节之处的规定。

（四）契税纳税义务发生时间与实际缴纳税款时间的差别

《契税法》规定契税的纳税义务发生时间，为纳税人签订土地、房屋权属转移合同的当日，或者纳税人取得其他具有土地、房屋权属转移合同性质凭证的当日。纳税人应当在依法办理土地、房屋权属登记手续前申报缴纳契税。也就是说，现行税法并未设定承受产权人必须在纳税义务发生时间之后的固定时间内缴纳税款，只要在办理权属登记手续前申报缴纳契税即可。

纳税人办理纳税事宜后，税务机关应当开具契税完税凭证。纳税人办理土地、房屋权属登记，不动产登记机构应当查验契税完税、减免税凭证或者有关信息。未按照规定缴纳契税的，不动产登记机构不予办理土地、房屋权属登记，此即所谓"先税后证"的操作流程。

在依法办理土地、房屋权属登记前，权属转移合同、权属转移合同性质凭证不生效、无效、被撤销或者被解除的，纳税人可以向税务机关申请退还已缴纳的税款，税务机关应当依法办理。

（五）契税优惠事项及风险管理

1.集团企业有可能涉及的免征契税事项

（1）非营利性的学校、医疗机构、社会福利机构承受土地、房屋权属用于办公、教学、医疗、科研、养老、救助；

（2）承受荒山、荒地、荒滩土地使用权用于农、林、牧、渔业生产；

（3）根据国民经济和社会发展的需要，国务院对居民住房需求保障、企业改制重组、灾后重建等情形可以规定免征或者减征契税，报全国人民代表大会常务委员会备案。

2.省、自治区、直辖市可以决定免征或者减征契税的情形

（1）因土地、房屋被县级以上人民政府征收、征用，重新承受土地、房屋权属；

（2）因不可抗力灭失住房，重新承受住房权属。

3.企业事业单位改制重组有关契税优惠的特殊规定

这方面的政策规定及注意事项请见第五章第五节的相关内容。

此外，《关于契税法实施后有关优惠政策衔接问题的公告》（财政部　税务总局公告2021年第29号）的附件中规定了存废的优惠政策目录，应注意对照适用。

二、耕地占用税风险管理

（一）耕地占用税基本规定

1.纳税人

在中华人民共和国境内占用耕地建设建筑物、构筑物或者从事非农业建设的单位和个人，为耕地占用税的纳税人，应当依照《耕地占用税法》规定缴纳耕地占用税。耕地，是指用于种植农作物的土地。

2.计税依据及税率

耕地占用税以纳税人实际占用的耕地面积为计税依据，按照规定的适用税额一次性征收，应纳税额为纳税人实际占用的耕地面积（平方米）乘以适用税额。应税土地面积包括经批准占用面积和未经批准占用面积，以平方米为单位。

耕地占用税的税率与契税税率相似，也是幅度税率，授权各省、自治区、直辖市可依法定程序制定本省、自治区、直辖市的差别税率。

3.纳税义务时间

耕地占用税的纳税义务发生时间为纳税人收到自然资源主管部门办理占用耕地手续的书面通知的当日。纳税人应当自纳税义务发生之日起三十日内申报缴纳耕地占用税。自然资源主管部门凭耕地占用税完税凭证或者免税凭证和其他有关文件发放建设用地批准书。

4.耕地占用税优惠事项及风险管理

铁路线路、公路线路、飞机场跑道、停机坪、港口、航道、水利工程占用耕地，减按每平方米2元的税额征收耕地占用税。

减税的公路线路，具体范围限于经批准建设的国道、省道、县道、乡道和属于农村公路的村道的主体工程以及两侧边沟或者截水沟。专用公路和城区内机动车道占用耕地的，按照当地适用税额缴纳耕地占用税。

（二）缴纳耕地占用税的注意要点

交通设施建设的耕地占用税一般包含在给地方政府的征迁包干费中，但项目公司是耕地占用税的纳税主体，与地方政府等部门的民事约定关系不能代替项目公司的纳税义务。故应要求地方政府部门以项目公司的名义代为申报缴纳耕地占用税，向其索取耕地占用税的完税凭证并复核是否足额缴纳。符合减免条件的，要办理减免税相关手续。

如果企业受让国有土地使用权，即使其前身为耕地，受让方也不存在耕地占用税的纳税义务，该义务应由进行土地一级开发的单位依法履行。

三、"非房企"土地增值税风险管理

（一）土地增值税的基本规定

转让国有土地使用权、地上的建筑物及其附着物（简称"转让房地产"）并取得收入的单位和个人，为土地增值税的纳税人，应当依照《土地增值税暂行条例》缴纳土地增值税。如果转让一宗无国有土地使用权的房产，例如在租入土地上建造的房产，则不产生土地增值税纳税义务。但是，如果是应当办理而未办理土地使用权证，则应产生土地增值税纳税义务。

土地增值税的纳税人一般分为从事房地产开发的纳税人（简称"房企"）和非从事房地产开发的纳税人（简称"非房企"）。

土地增值税的征税对象是指纳税人转让的房地产，通常包括房企的新房及开发后一直未售的旧房，以及非房企转让的旧房。对于非房企，主要会发生旧房转让行为。

土地增值税采用四级超率累进税率（见表6-40）。其中，最低税率为30%，最高税率为60%。

表6-40　　　　　　　　　　土地增值税四级超率累进税率表

序号	增值率	税率	速算扣除率
1	X≤50%	30%	0%
2	50% < X≤100%	40%	5%
3	100% < X≤200%	50%	15%
4	X > 200%	60%	35%

（二）转让旧房土地增值税的计算方法

由于交控集团及成员企业一般会涉及转让旧房的土地增值税，因此本节重点介绍这方面的税收政策及操作注意事项。

根据现行土地增值税政策的规定，对于旧房及其附属建筑物的转让，土地增值额的计算方法共分三种：

第一种方法：不能据实提供扣除项目金额，但可以进行资产评估。

土地增值税是对土地增值额征税，征税的前提是能够准确地用转让收入减去扣除项目金额，进而计算出确定的增值额。但是，转让的旧房可能建造年代久远，或者原始成本费用资料保存不全，难以提供税法规定的扣除项目金额及其证明材料。对纳税人在纳税申报时不能据实提供扣除项目金额的，税法规定应将评估机构按照房屋重置成本价乘以成新度折扣率计算的房屋成本价作为房屋部分的扣除金额，土地成本部分则按取得土地使用权所支付的地价款和按国家统一规定缴纳的有关费用作为扣除项目金额。不能提供已支付的地价款凭据的，不允许扣除取得土地使用权所支付的金额。

$$\frac{土地}{增值额} = \frac{转让}{收入} - \frac{房屋评估}{价格} - \frac{取得土地使用权所支付的地价款和}{按国家统一规定缴纳的有关费用} - \frac{与转让房地产}{有关的税金} - \frac{评估}{费用}$$

显然，上述规定是针对企业转让自建房而言的，因为只有自建房才存在取得土地使用权、支付地价款的问题。在这种情况下，如果企业未能完整保存和提供取得土地使用权所支付的地价款资料，一般就不宜采用这种方法。

第二种方法：是纳税人转让旧房及建筑物，不能取得评估价格，但旧房及建筑物为外购，并且能够提供购房发票。

根据财税〔2006〕21号规定："纳税人转让旧房及建筑物，不能取得评估价格，但能够提供购房发票的，经当地税务部门确认，'取得土地使用权所支付的金额与旧房及建筑物的评估价格'可按发票所载金额并从购买年度起至转让年度止每年加计5%计算。另外，对纳税人购房时缴纳的契税，凡能提供契税完税凭证的，准予作为'与转让房地产有关的税金'予以扣除，但不作为加计5%的基数。"国税函〔2010〕220号进一步明确："计算扣除项目时'每年'按购房发票所载日期起至售房发票开具之日止，每满12个月计一年；超过一年，未满12个月但超过6个月的，可以视同为一年。"

因此，在销售外购房产时，如果购房发票、契税完税凭证保存完整，就可以首选这种方法，先模拟计算土地增值额，再作进一步的决策。

第三种方法：核定征收。

对于转让旧房及建筑物，既不能据实提供扣除项目金额，又不能提供评估价格，也不能提供购房发票的，税务机关可以直接根据《税收征管法》第三十五条的规定，依法实行核定征收。土地增值税应纳税额=转让收入×核定征收率。

苏财税〔2011〕36号第三条规定："对旧房转让实行核定征收的，按《国家税务总局关于加强土地增值税征管工作的通知》（国税发〔2010〕53号）文件第四条规定，核定征收率原则上不得低于5%。并应按《江苏省地方税务局关于加强土地增值税征管工作的通知》（苏地税发〔2011〕53号）文件第三条规定，在测算增值率的基础上，确定核定征收率，计征土地增值税。"

由于核定征收率有最低的基准比例规定，因此，需要事先评估采用这种方法计算出的增值额与实际情况是否有太大偏离。

（三）"非房企"涉及的土地增值税税收优惠与风险管理

1.企业被政府部门收回土地使用权

《中华人民共和国土地增值税暂行条例》规定，有下列情形之一的，免征土地增值税：纳税人建造普通标准住宅出售，增值额未超过扣除项目金额20%的；因国家建设需要依法征用、收回的房地产。"《中华人民共和国土地增值税暂行条例实施细则》规定："条例第八条（二）项所称的因国家建设需要依法征用、收回的房地产，是指因城市实施规划、国家建设的需要而被政府批准征用的房产或收回的土地使用权。因城市实施规划、国家建设的需要而搬迁，由纳税人自行转让原房地产的，比照本规定免征土地增值税。符合上述免税规定的单位和个人，须向房地产所在地税务机关提出免税申请，经税务机关审核后，免予征收土地增值税。"

财税〔2006〕21号文件对因城市实施规划、国家建设的需要而搬迁，纳税人自行转让房地产的征免税问题进一步明确，"《中华人民共和国土地增值税暂行条例实施细则》

第十一条第四款所称：因'城市实施规划'而搬迁，是指因旧城改造或因企业污染、扰民（指产生过量废气、废水、废渣和噪音，使城市居民生活受到一定危害），而由政府或政府有关主管部门根据已审批通过的城市规划确定进行搬迁的情况；因'国家建设的需要'而搬迁，是指因实施国务院、省级人民政府、国务院有关部委批准的建设项目而进行搬迁的情况。"

目前，国家对企业享受上述优惠实行核准制，因此，企业必须按规定提交各项资料，重点是政府有关部门与企业签订的收回国有土地使用权补偿协议、国有土地使用权证书、政府有关部门为收回国有土地使用权依规定发布的相关文件等。

2.企业事业单位改制重组有关土地增值税的特殊规定

《财政部　税务总局关于继续实施企业改制重组有关土地增值税政策的公告》（财政部　税务总局公告2021年第21号）规定：

（1）企业按照《中华人民共和国公司法》有关规定整体改制，包括非公司制企业改制为有限责任公司或股份有限公司，有限责任公司变更为股份有限公司，股份有限公司变更为有限责任公司，对改制前的企业将国有土地使用权、地上的建筑物及其附着物（以下称"房地产"）转移、变更到改制后的企业，暂不征土地增值税。

整体改制是指不改变原企业的投资主体，并承继原企业权利、义务的行为。

（2）按照法律规定或者合同约定，两个或两个以上企业合并为一个企业，且原企业投资主体存续的，对原企业将房地产转移、变更到合并后的企业，暂不征土地增值税。

（3）按照法律规定或者合同约定，企业分设为两个或两个以上与原企业投资主体相同的企业，对原企业将房地产转移、变更到分立后的企业，暂不征土地增值税。

（4）单位、个人在改制重组时以房地产作价入股进行投资，对其将房地产转移、变更到被投资的企业，暂不征土地增值税。

企业申报改制重组有关土地增值税减免税事项时，要注意如下几点：

第一，企业整体改制不征收土地增值税需要履行备案手续。

第二，上述改制重组有关土地增值税政策不适用于房地产转移任意一方为房地产开发企业的情形。

第三，公告所称不改变原企业投资主体、投资主体相同，是指企业改制重组前后出资人不发生变动，出资人的出资比例可以发生变动；投资主体存续，是指原企业出资人必须存在于改制重组后的企业，出资人的出资比例可以发生变动。但公告中没有限定原企业出资人必须存在于改制重组后的企业多长时间。

第四，改制重组后再转让房地产并申报缴纳土地增值税时，对"取得土地使用权所支付的金额"，按照改制重组前取得该宗国有土地使用权所支付的地价款和按国家统一规定缴纳的有关费用确定；经批准以国有土地使用权作价出资入股的，为作价入股时县级及以上自然资源部门批准的评估价格。按购房发票确定扣除项目金额的，按照改制重组前购房发票所载金额并从购买年度起至本次转让年度止每年加计5%计算扣除项目金额，购买年度是指购房发票所载日期的当年。

按照上述规定，改制重组中暂不征收的土地增值税会在下一次对外转让时一并计入增值一并纳税，由于土地增值税实行超率累进税率，因此很可能会导致适用更高一级的税率，这也是需要统筹考虑的地方。

四、城市维护建设税风险管理

（一）城市维护建设税基本规定

城市维护建设税（简称"城建税"）属于附加税，是以增值税、消费税"两税"实际缴纳的税额之和为计税依据，随"两税"征收而征收。凡缴纳增值税、消费税的单位和个人，均为城建税的纳税人。

城建税实行地区差别比例税率，纳税人所在地区不同，适用不同档次的税率，具体如下：纳税人所在地在市区的，税率为7%；纳税人所在地在县城、镇的，税率为5%；纳税人所在地不在市区、县城或者镇的，税率为1%。

城建税的应纳税额计算公式：

应纳税额=（实际缴纳的增值税额+实际缴纳的消费税额）×适用税率

（二）城建税的风险管理

1.异地预缴增值税有关城建税的风险管理

根据《财政部　国家税务总局关于纳税人异地预缴增值税有关城市维护建设税和教育费附加政策问题的通知》（财税〔2016〕74号）规定，纳税人跨地区提供建筑服务、销售和出租不动产的，应在建筑服务发生地、不动产所在地预缴增值税，以预缴增值税税额为计税依据，并按预缴增值税所在地的城建税适用税率和教育费附加征收率就地计算缴纳城建税。预缴增值税的纳税人在其机构所在地申报缴纳增值税时，以其实际缴纳的增值税税额为计税依据，并按机构所在地的城建税适用税率计算缴纳城建税。

2.增值税留抵退税后有关城建税的风险管理

根据《关于增值税期末留抵退税有关城市维护建设税　教育费附加和地方教育附加政策的通知》（财税〔2018〕80号）规定，对实行增值税期末留抵退税的纳税人，允许其从城市维护建设税、教育费附加和地方教育附加的计税（征）依据中扣除留抵退税的增值税税额。此项工作容易被遗漏，需要加强台账管理，前后税务岗人员工作交接时也要重视该事务的移交，在计算时应注意方法正确。相应的计算规则列示如下：

【例6-10】某公司于2021年6月申请过增值税增量留抵退税1 000万元。2022年3月份的销项税额为1 500万元，进项税额为800万元，当月应交增值税700万元；4月份的销项税额为1 550万元，进项税额为900万元，当月应交增值税650万元。

2022年3月份城建税及教育费附加计税依据：

700-700（增值税增量留抵退税）=0

2022年4月份城建税及教育费附加计税依据：

650-（1 000-700）=350（万元）

应交城建税=350×7%=24.5（万元）

应交教育费附加及地方教育附加=350×（3%+2%）=17.5（万元）

3.实行免抵退税办法后有关城建税的风险管理

根据《财政部　国家税务总局关于生产企业出口货物实行免抵退税办法后有关城市维

护建设税、教育费附加政策的通知》（财税〔2005〕25号）规定，经国家税务局正式审核批准的当期免抵的增值税税额应纳入城市维护建设税和教育费附加的计征范围，分别按规定的税（费）率征收城市维护建设税和教育费附加。

4.购进境外劳务、服务、无形资产等（非贸付汇）无须扣缴城建税

施行《中华人民共和国城市维护建设税法》（以下简称《城建税法》）后，购进境外提供的服务、无形资产等无需代扣代缴对应的城建税。

《城建税法》第三条规定："对进口货物或者境外单位和个人向境内销售劳务、服务、无形资产缴纳的增值税、消费税税额，不征收城市维护建设税。"

《关于城市维护建设税计税依据确定办法等事项的公告》（财政部　税务总局公告2021年第28号）规定：

"一、城市维护建设税以纳税人依法实际缴纳的增值税、消费税税额（以下简称"两税税额"）为计税依据。

依法实际缴纳的两税税额，是指纳税人依照增值税、消费税相关法律法规和税收政策规定计算的应当缴纳的两税税额（不含因进口货物或境外单位和个人向境内销售劳务、服务、无形资产缴纳的两税税额），加上增值税免抵税额，扣除直接减免的两税税额和期末留抵退税退还的增值税税额后的金额。

二、教育费附加、地方教育附加计征依据与城市维护建设税计税依据一致，按本公告第一条规定执行。"

《关于城市维护建设税征收管理有关事项的公告》（国家税务总局公告2021年第26号）规定："应当缴纳的两税税额，不含因进口货物或境外单位和个人向境内销售劳务、服务、无形资产缴纳的两税税额。"

因此在计算购进境外劳务、服务、无形资产的税费时，无需将城建税、教育费附加、地方教育附加考虑在内。

后 记

　　税收事务是企业日常必须处理的一项刚性事务，税务风险是企业风险管理的重点领域之一。本书针对集团企业这一特定主体，立足于江苏交控的实践，总结了江苏交控作为一家大型国有集团企业在税务风险管理领域的探索、实践情况，进而延伸到探讨其他集团企业税务风险管理的一些共性问题。本书从理论上剖析了税收、税务风险、税务风险管理、集团企业（大企业）税务风险管理之间的关系，全景式地呈现与分析了税制改革、税收征管改革的进程及对企业加强税务风险管理的影响。在具体的税务风险管理活动方面，针对集团层面与成员企业层面，分别以重点税务事项和税种为维度，对常见的税务风险点进行条分缕析，列示相应的税法依据，指出风险识别的途径与方法，提出税务风险管理的方案与措施，借此进一步探索税务风险管理制度、流程的建立与优化。

　　较之于在税务风险管理领域成就卓著的其他集团企业，江苏交控只是万里长征走了第一步，未来还有大量的工作需要推进和突破。例如，需要提高税务风险管理制度与流程的颗粒精细度，加强税务管理信息化、数字化建设，提升制度、流程与信息工具的贴合度。在管理机制上，要在细化部门、岗位职责的基础上，形成业财税融合的机制，形成内部税务管理信息及时、顺畅交流的机制，形成职责分明、奖惩有据的考核机制；在管理方法上，要将依托信息工具的标准化管理方法与依托税务管理团队进行个性化管理的方法进行有机结合；在集团内部，要根据行业、业务特征，建立起税务知识、法规、案例的分享平台。总之，江苏交控税务风险管理任重而道远，江苏交控永不满足，永不停歇，将不断汲取其他集团企业的先进经验，把自身税务风险管理实践不断推向新的高度。

　　感谢江苏交控多年来对税务风险管理工作的重视，对本书编撰工作的大力支持，感谢天赋国瑞兴光（江苏）税务师事务所各位专家协助收集整理了相关税收政策、案例、管理经验、统计数据等，并协助对全书引用、运用税收政策的准确性进行校对、复核，感谢编写组全体成员的辛勤付出，孜孜不倦地审稿、改稿、研讨，大家的忘我工作保证了本书在较短的时间内得以付梓。

　　因写作时间紧张和编写组人员专业能力有限，本书难免会存在一些不足之处，敬请读者指正并不吝赐教。

编写组